ACCESO GRATIS *a la Lectura en la Nube*

Para visualizar el libro electrónico en la nube de lectura envíe junto a su nombre y apellidos una fotografía del código de barras situado en la contraportada del libro y otra del ticket de compra a la dirección:

ebooktirant@tirant.com

En un máximo de 72 horas laborables le enviaremos el código de acceso con sus instrucciones.

La visualización del libro en **NUBE DE LECTURA** excluye los usos bibliotecarios y públicos que puedan poner el archivo electrónico a disposición de una comunidad de lectores. Se permite tan solo un uso individual y privado.

ANÁLISIS MORFOLÓGICO DE LOS PATRONES DE MANCHAS DE SANGRE Y SU IMPORTANCIA EN LA RECONSTRUCCIÓN DE LA ESCENA DEL CRIMEN

Procedimiento de selección de originales, ver página web:
www.tirant.net/index.php/editorial/procedimiento-de-seleccion-de-originales

ANÁLISIS MORFOLÓGICO DE LOS PATRONES DE MANCHAS DE SANGRE Y SU IMPORTANCIA EN LA RECONSTRUCCIÓN DE LA ESCENA DEL CRIMEN

MANUEL MORENO LOPERA

tirant lo blanch
Valencia, 2024

En caso de erratas y actualizaciones, la Editorial Tirant lo Blanch publicará la pertinente corrección en la página web www.tirant.com.

Director de la colección:
Francisco de Antón y Barberá

EDITA: TIRANT LO BLANCH
C/ Artes Gráficas, 14 - 46010 - Valencia
TELFS.: 96/361 00 48 - 50
FAX: 96/369 41 51
Email: tlb@tirant.com
www.tirant.com
Librería virtual: www.tirant.es
DEPÓSITO LEGAL: V-2329-2024
ISBN: 978-84-1056-996-6
MAQUETA: Tink Factoría de Color

Si tiene alguna queja o sugerencia, envíenos un mail a: *atencioncliente@tirant.com*. En caso de no ser atendida su sugerencia, por favor, lea en *www.tirant.net/index.php/empresa/politicas-de-empresa* nuestro procedimiento de quejas.

Responsabilidad Social Corporativa: http://www.tirant.net/Docs/RSCTirant.pdf

Índice

Capítulo 3

Propiedades físicas de la sangre y medidas de seguridad ante riesgos biológicos

Capítulo 4
Terminología y gráficos descriptivos sobre los patrones de manchas de sangre

Capítulo 5

Evolución de las distintas clasificaciones sobre los patrones de manchas de sangre

Capítulo 6

Revisión, actualización y ampliación de los sistemas de clasificación

Capítulo 7

Metodología de trabajo para el análisis de patrones de manchas de sangre y determinación del área origen

Capítulo 8

Estudio de patrones manchas de sangre en textiles

Capítulo 9

Estudio patrones manchas de sangre asociadas con armas de fuego

Capítulo 10

Manchas de sangre como resultado de la actividad de los artrópodos (insectos)

Capítulo 11

Terminología propuesta para las distintas manchas generadas por los insectos

Capítulo 12

Pruebas químicas presuntivas: pruebas confirmatorias y pruebas de realce visual para los patrones de manchas de sangre (cinética y catalizadores)

Capítulo 14

Introducción a la reconstrucción de la escena del crimen

Abreviaturas

A	Anchura
ADN	Ácido Desoxirribonucleico.
AFIS	Siglas en inglés del Sistema Automatizado de Identificación de Huellas Dactilares (Automated Fingerprint Identification System).
APMS	Análisis de Patrones de Manchas de Sangre.
ATO	Siglas en francés del Departamento de Antropología Tanatología-Odontología (Départamen Anthropologie-Thanatologie-Odontologie)
BPA	Siglas en inglés del Análisis de patrones de manchas de sangre (Bloodstain pattern analysis)
CAPS	Comité de Análisis Pericial de la Sangre.
ECIO	Equipo Central de Inspecciones Oculares.
DCIH	Siglas en francés de la División Criminalística de Identificación Humana (Division Criminalistique Identification Humaine)
DGRM	Siglas en alemán de la Sociedad Alemana de Medicina Legal (Deutschen Gesellwhaft für Rechtsmedizin)
EDTA	Ácido etilendiamino tetraacético
EE.UU	Estados Unidos
FBI	Siglas en inglés de la Oficina Federal de Investigación (Federal Bureau of Investigation)
HVIS	Sigla en inglés de Impacto de salpicadura a alta velocidad (High Velocity Impact Spatter)
IABPA	Siglas en ingles de la Asociación Internacional de Analistas de Patrones de Manchas de Sangre (International Association of Bloodstain Pattern Analysts)
IAI	Siglas en ingles de la Asociación Internacional de Identificación (International Association for Identification)
IBIS	Siglas en ingles del Sistema de Identificación Balística (Integrated Ballistics Identification System)
IOTP	Inspección Ocular Técnico Policial
IRCGN	Siglas en francés del Instituto de Investigación Criminal de la Gendarmería Nacional (Institut de Recherche Criminellede la Gendarmerie Nationale)
INTERPOL	Organización Internacional de Policía Criminal

L	Longitud
LCMTR	Método para la localización, caracterización, mecanismo, taxonomía o clasificación y reconstrucción de los patrones de manchas de sangre.
LVIS	Siglas en ingles de Salpicadura de impacto de baja velocidad (Low Velocity Impact Spatter)
MFRC	Siglas en ingles del Centro de Recursos Forense del Medio Oeste (Midwest Forensics Resource Center)
MVIS	Siglas en ingles de Salpicadura de impacto de media velocidad (Medium Velocity Impact Spatte)
NRC	Siglas en ingles del Consejo Nacional de Investigación de la Academia Nacional de Ciencias (National Research Council)
PMS	Patrones de Manchas de Sangre
SAID	Sistema Automático de Identificación Dactilar
SPTC	Superintendencia de la Policía Técnico-Científica.
VIH	Síndrome de la inmunodeficiencia adquirida
SLC	Siglas en portugués de Sección de la Escena del Crimen (Sector de Local do Crime)
SSTS	Sentencias del Tribunal Supremo
SWGSTAIN	Siglas en ingles del Grupo de Trabajo Científico sobre el Análisis de Patrones de Manchas de Sangre del FBI (Scientific Working Group on Bloodstain Pattern Analysis)

Prólogo

FRANCISCO DE ANTÓN BARBERÁ

El prólogo antecede al texto que conforma el libro y cuyo cometido es instruir al lector y persuadirlo para que lo lea, cometido del prologuista, al tiempo que presenta al autor, la obra y a la temática. Dicho quehacer ha recaído en un servidor de ustedes por encargo del escritor, profesional de prestigio, al cual profeso un gran afecto personal, de modo que he aceptado con satisfacción el cometido, además se trata de una materia técnico-científica relativa a la criminalística, la cual va más allá de fijar unos criterios básicos sobre el análisis morfológico de los patrones de manchas de sangre, pues aquí se pretende proporcionar una información veraz, concluyente, actualizada y precisa, que de modo inteligible resulte práctica y útil al lector, aportando luz a la investigación.

Al mismo tiempo, con ello se busca ofrecer una base de conocimientos fiables y sólidos que sean esgrimidos como una herramienta valiosa para todos aquellos profesionales y estudiosos relacionados con las ciencias forenses, cuyo fin último es proveer a la autoridad judicial el auxilio necesario para combatir este tipo de delitos.

Daré unas breves pinceladas con respecto al autor, **MANUEL MORENO LOPERA,** dado el extenso currículum de este miembro de las Fuerzas y Cuerpos de Seguridad del Estado, Guardia Civil (R). Profesor de Policía Científica, dentro del Grado de Criminología; doble grado de Psicología-Criminología y Derecho-Criminología de la Facultad de Ciencias Jurídicas y Políticas de la Universidad Loyola, en los campus de Córdoba y Sevilla. Profesor Externo Línea de Investigación Ciencias Forenses, Universidad de Alcalá (UAH) Madrid. Profesor-monitor del SUP (Sindicato Unificado de Policía) del Cuerpo Nacional de Policía. Profesor AUGC (Asociación Unificada de la Guardia Civil). Durante varios años ha sido Profesor Colaborador Honorario, adscrito al área de Derecho Penal de la Facultad de Derecho y CC.EE. y Empresariales de la Universidad de Córdoba, aportando conocimientos en el área de Criminalística. Doctor por la Universidad de Murcia. Programa Oficial de Posgrado en Ciencias Forenses. Sobresaliente Cum Laude. Máster Oficial en Ciencias Forenses (Universidad de Murcia). Máster Universitario en Criminalística, Consejero en Ciencias Forenses. (Universidad Autónoma de Barcelona). Máster Universitario en Grafoanálisis europeo, especialidad en Grafística, Grafopatología y Grafología Forense. (Universidad Autónoma de Barcelona). Máster Universitario en Criminalística, especialidad en Documentoscopia y Pericia Judicial en Propiedad Industrial e Intelectual (Universidad Autónoma de Barcelona). Máster Universitario en Investigación y Reconstrucción de Accidentes de Tráfico (Universidad de Valencia). Máster Universitario en Antropología Forense y Genética Forense (Universidad de Granada). Experto Universitario en Escenarios Criminales (UDIMA). Experto Universitario en Investigación Criminal. (UNED). Experto Universitario en Pericia Caligráfica (Bircham International University of U.S.A.). Experto Universitario en Ciencias Forenses para Miembros de las Fuerzas y Cuerpos de Seguridad del Estado (UNED). Es Académico Correspondiente de La Real Academia de Ciencias, Bellas Letras y Nobles Artes de Córdoba. Miembro Colaborador del Instituto Español de Ciencias Histórico-Jurídicas. Miembro de Sipdo (Sociedad Internacional de Peritos en Documentoscopia). Miembro de Acricifo (Asociación de Criminalística y Ciencias Forenses de la Ciudad Autónoma de Buenos Aires, Argentina)...

No es extraño que Manuel Moreno Lopera, como profesor universitario, en la actualidad en policía científica y ciencias forenses, ha tratado de conjugar un trabajo teórico-práctico, al objeto de hacer la lectura lo más agradable y clara posible. Para ello, la presente obra se ha ilustrado con más de 240 imágenes tanto de gráficos creados por el autor como de imágenes reales de la escena del crimen, todo ello asistido de ensayos y aportaciones propias.

En cuanto al texto se ha organizado desde lo más básico, donde su simple lectura no precisa del entendimiento previo de ningún área explícita, hasta conceptos donde la comprensión de un área depende de la idoneidad de otras, al interactuar en distintas superficies o diferentes objetos. En los primeros temas se han desarrollado conocimientos básicos abarcando desde los principios que rigen esta disciplina, y su evolución a través del tiempo hasta las propiedades físicas de la sangre, su terminología y clasificaciones actuales.

Pero de poco o nada sirve ceñirse a recopilar o aportar de forma rigurosa lo que otros autores ya han dicho sobre esta disciplina (de la cual existen numerosos artículos científicos y varios libros excelentes), si al publicar no se aporta originalidad al texto proporcionando nuevos criterios sobre la materia que puedan ser o no adoptados por la comunidad científica.

Por ello, se ha propuesto un sistema de clasificación de patrones de manchas de sangre, ampliando y/o modificando alguno de los aspectos de los ya existentes; así como también se ha propuesto una clasificación y terminología propia para las distintas manchas generadas por los insectos, a la vez que se ha llevado a cabo un estudio profundo y pormenorizado de la influencia de estos insectos sobre el estudio de los patrones de manchas de sangre.

Aun siendo conscientes de que el lenguaje de los patrones de manchas de sangre nos proporciona información dependiendo de la superficie sobre la que se deposita, y el objeto causante, se ha llevado a cabo un estudio profundo de su influencia al interactuar sobre textiles; así como de los patrones de manchas de sangre asociadas con armas de fuego.

Otro de los aspectos importantes que se resaltan en la presente obra, ha sido el estudio de las distintas pruebas químicas presuntivas u orientativas y de realce visual propias para las manchas o patrones de manchas de sangre.

Para finalizar, y no por ello menos importante, los últimos capítulos giran en torno a la forma de documentar, y elaborar los informes periciales sobre patrones de manchas de sangre; y la reconstrucción de la escena del crimen. En definitiva, con estos mimbres creo que se trata de una gran obra digna de figurar entre los trabajos más sobresalientes sobre esta materia.

Introducción

La intención del autor es proporcionar al lector una serie de materiales científicos, a través del análisis de patrones de manchas de sangre, los cuales sirvan a aquellas personas o colectivos involucrados en las ciencias forenses, y cuyo fin se pretende sea contribuir al debido auxilio a la autoridad judicial para que pueda emitir un veredicto justo, merced a un análisis técnico correcto.

Son, las manchas de sangre, un elemento de gran importancia en la reconstrucción dinámica de los acontecimientos violentos (Velho, 2013). No podemos obviar que, en una gran mayoría de los homicidios, lesiones, abusos, accidentes, se hallan presentes. Por ello se ha efectuado un estudio detallado el cual engloba desde su génesis histórica hasta los últimos avances, incluyendo una serie de clasificaciones y terminología adaptadas y otras propias que propone el autor, así como varios ensayos.

Está la sangre íntimamente unida al crimen, siendo éste un fenómeno social presente desde el inicio de los tiempos, y sobre el cual existe un pensamiento dicotómico con distintas teorías entre el aprendizaje o la herencia (adquirida o innata). Sea de una forma u otra, la sangre ha estado vinculada a la violencia desde tiempos inmemoriales, siendo su origen tan antiguo como la existencia del hombre. Incluso la religión, en sus orígenes, ha dejado constancia de ello: "Y según la ley, casi todo es purificado con sangre, y sin derramamiento de sangre no hay perdón" (Hebreos 9:22).

Hay que tener en cuenta que la vida es el bien más preciado, reconocido en el artículo 138 y ss. del Código Penal, siendo un derecho fundamental amparado en el artículo 15 de la Constitución Española. Por ello ratificamos que, de todos los delitos cometidos, es el homicidio el que, en general, emplea todos los medios de investigación a su alcance, lo cual merece especial consideración por la gran alarma social que produce, por lo que requiere se le dedique más tiempo y esfuerzo que al resto de delitos. El homicidio más antiguo del que se tiene constancia en la historia de la humanidad de forma intencional e interpersonal, data de al menos unos 430.000 años.

Un crimen puede ser premeditado cuando se lleva a cabo de forma intencionada con actos preparatorios y ejecutivos para causar la muerte o lesión a un tercero; o bien accidental cuando estos hechos sobrevienen de forma negligente o imprudente. Las muertes fortuitas quedan fuera de la esfera del Derecho Penal, no así del Civil.

Lo normal, cuando los hechos acontecen de forma accidental o negligente, no suelen presentar grandes dificultades al investigador y éste puede llegar a ser resuelto con cierta facilidad. El problema surge cuando para la perpetración del crimen se da premeditación, pues, en sus actos preparatorios, el autor piensa y reflexiona sobre la ejecución del crimen antes de su realización.

Capítulo 1

Principios y reflexiones de la prueba científica más comúnmente hallada en la escena del crimen

1.1. SANGRE: EVIDENCIA FÍSICA MÁS COMÚN ASOCIADA A DELITOS VIOLENTOS

Uno de los tipos de evidencias físicas más comunes asociadas en los delitos con violencia contra las personas es la sangre, resultando doblemente importante, ya que por un lado a través de su análisis podemos llegar a identificar a la persona o personas implicadas en este tipo de delitos a través de su perfil genético; y, por otro lado, si sabemos interpretar la situación, distribución y forma de la sangre es posible reconstruir lo sucedido.

De esta manera se puede llegar a confirmar o rebatir las declaraciones de sospechosos o testigos y en definitiva aportar datos, que con el resto de las pruebas pueden llevar a la resolución del caso, incluso aun después de haber sido limpiada la zona, ya que con los reactivos apropiados podemos hacerla visible permitiéndonos trabajar con ella como si se tratara en su estado primitivo.

No obstante, las escenas de crímenes en las que se ha producido derramamiento de sangre suelen ser entornos complejos en los que el éxito que se tenga para descifrar toda esa información va a depender en gran medida de la capacidad de los investigadores en analizar adecuadamente la escena, siendo preocupante el hecho de que no todos los que tienen facultades para intervenir en una investigación de esta índole, poseen los conocimientos indispensables para procesar toda la información que se puede extraer sobre los patrones de manchas de sangre.

El estudio de patrones de manchas sangre surge como disciplina integrante de la criminalística[1], convirtiéndose en un elemento científico que

---

1 Criminalística: este autor la define como una disciplina científico técnica, cuyo objetivo es el esclarecimiento de lo sucedido, la identificación del autor, y de la víctima, tras recoger los indicios en el lugar de los hechos o del hallazgo, que una vez analizados se convertirán en evidencias, que apoyen y sustente las hipótesis

aplica las matemáticas y los principios científicos de la biología y la física (por ejemplo, trigonometría, características de la sangre, dinámica de fluidos, la fuerza/aceleración, tensión superficial y las fuerzas de cohesión, etc.). Su práctica, por lo tanto, abarca métodos que son característicos de las ciencias naturales, cuyo objetivo es reconstruir lo sucedido en la escena del crimen.

El análisis de patrones de manchas de sangre (APMS) es un campo de estudio que se basa en el hecho de que la sangre es un líquido, y como tal, se adhiere a las leyes físicas siendo ampliamente predecibles y reproducibles bajo condiciones similares. El fin que persigue es establecer los eventos físicos que dieron lugar a su origen, basándose en el estudio científico de las consecuencias estáticas resultantes de eventos dinámicos de derramamiento de sangre y de las propiedades físicas de la sangre en movimiento. Dicho estudio consiste en detectar, describir y analizar el tamaño, forma, distribución, número y ubicación de los patrones de manchas de sangre, así como la naturaleza de las superficies de destino y la relación entre las diferentes manchas de sangre presentes en la escena del crimen. Las superficies potencialmente destinatarias son prácticamente cualquier superficie capaz de recibir manchas de sangre, por ejemplo: la víctima, la ropa de la víctima, el sospechoso, la ropa del sospechoso, cualquier arma (s), cualquier vehículo (s), u otras superficies, como paredes, suelos o techos. Scientific Working Group on Bloodstain Pattern Analysis, (2012).

Las principales áreas de estudio de los patrones de manchas de sangre que se encuentran respaldadas por numerosos estudios científicos son las siguientes:

1. Antigüedad de la sangre.
2. Biomecánica.
3. Ropa y tejidos.
4. Factores ambientales.
5. Sangre espirada (exhalada).
6. Armas de fuego.
7. Dinámica de fluidos.

---

planteadas y nos permitan realizar el correspondiente informe técnico pericial, al objeto de poder aportar a la autoridad judicial unas conclusiones que gocen del rigor científico del que se caracteriza esta ciencia.

8. Patrones de impacto.
9. Matemáticas y física.
10. Otros patrones.
11. Reconstrucción.
12. Teoría científica.
13. Búsqueda y mejora.
14. Secuenciación.
15. Software.
16. Superficie de destino.
17. Patrones de transferencia.

1.2. TEORÍA Y PRINCIPIOS APLICABLES AL ANÁLISIS DE PATRONES DE MANCHAS DE SANGRE

Las leyes y principios de las ciencias naturales forman la base de la criminalística y por ende los principios de sus disciplinas, entre las que se encuentra el análisis de patrones de manchas de sangre. Estos principios son ideas que han sido basadas en reglas y leyes científicamente aceptadas como verdades fundamentales cuyo fin es buscar y explicar el significado de un fenómeno.

En el caso del análisis de patrones de manchas de sangre esas reglas son relativamente sencillas ya que la sangre es un fluido y como tal se adhiere a las leyes físicas como consecuencia de fuerzas externas e internas que los hacen ampliamente predictibles. Por lo tanto, diferentes mecanismos van a generar diferentes patrones con distintas características que van a permitir englobarlos dentro de un grupo concreto.

Este conocimiento sobre cómo se comporta la sangre en condiciones controladas, se compara con patrones desconocidos encontrados en la escena del crimen. Gracias a estas leyes físicas es posible predecir cómo se comporta la sangre en condiciones conocidas, extrapolándose este conocimiento a escenarios reales y gracias a la predictibilidad y reproductibilidad de estos patrones es posible establecer el mecanismo que los generó.

Por lo tanto, al igual que en ningún otro campo de la ciencia, las suposiciones, conjeturas y corazonadas no tienen cabida en el estudio de los patrones de manchas de sangre, máxime cuando la vida o la libertad de una persona puedan depender de las conclusiones del analista.

En base a ello y para poder afirmar que la metodología a seguir en el análisis de patrones de manchas de sangre es científica, se han establecido una serie principios científicos que previamente han sido ampliamente analizados y comprobados.

Actualmente los principios reconocidos de forma unánime y universal para el APMS son tres:

- Principio de diversidad de patrones.
- Principio de la forma de la mancha y la correcta vectorial.
- Principio de la mancha de sangre físicamente alterada.

1.2.1. Principio de diversidad de patrones

Este principio reconocido hace más de ciento cincuenta años, viene a establecer que los patrones de mancha de sangre son reconocibles gracias a las variaciones existentes entre las combinaciones de volúmenes de sangre y las fuerzas que actúan sobre esos volúmenes.

Los parámetros son:

- La sangre se tiene que someter a una fuerza externa que cause un cambio en su energía mecánica (energía cinética más energía potencial).
- Esta fuerza externa puede estar generada por diferentes mecanismos que van a producir distintos patrones con diferentes características de clase.
- Estos patrones de sangre producidos por los mecanismos se rigen por principios basados en la física.

Hay que tener en cuenta una serie de factores, como que la sangre se mide en hematocritos (cantidad de sangre de una persona que está compuesta por glóbulos rojos), determinándose su viscosidad mediante viscosímetros. Por lo tanto, nos encontramos ante un fluido no newtoniano ya que no tiene un valor de viscosidad definido y constante presente en un fluido newtoniano.

Por otro lado, tenemos una fuerza y una energía. La fuerza se mide en newtons (N) y podemos definirla como cualquier acción que tiende a alterar el estado de reposo o movimiento de un cuerpo, mientras que la energía se mide en julios (J) y sería la capacidad para realizar un trabajo en forma de movimiento. De forma simplificada y extrapolado al APMS, podemos decir que la fuerza transfiere la energía (palo que golpea en la cabeza a una persona) y la energía activa (en este caso, sería la sangre que sale a consecuencia del golpe). Finalmente, el volumen sería el espacio que ocupa un objeto, en este caso la sangre que queda sobre una superficie.

Figura 1. Representación gráfica del principio de diversidad de patrones

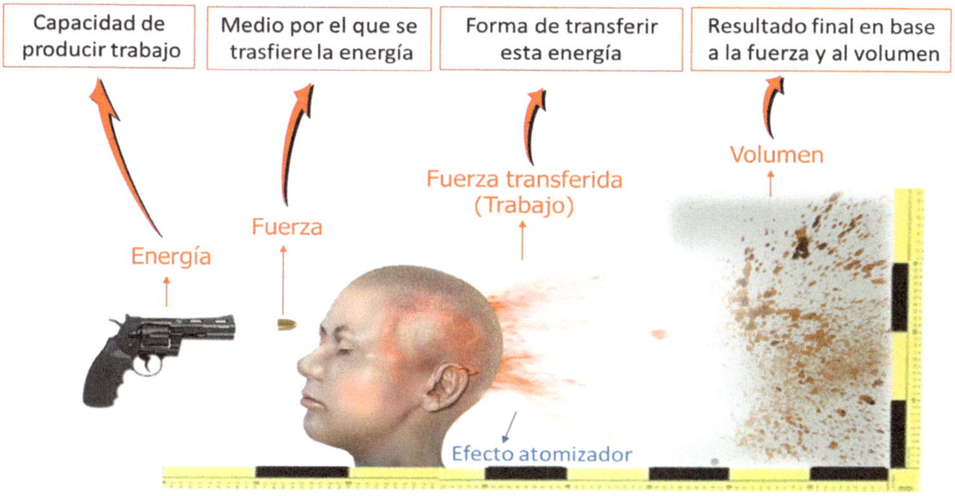

Fuente: Elaboración propia.

1.2.2. Principio de la forma de la mancha y la correcta vectorial

Este principio afecta a un grupo concreto de manchas de sangre encontradas en la escena del crimen. Establece que las formas de ciertas manchas de sangre proporcionan información tanto sobre la dirección que llevaba la mancha en el momento de depositarse sobre una superficie, como sobre su origen espacial. De forma general, este principio se subdivide en dos subprincipios: direccionalidad y ángulo de impacto.

- Subprincipio de direccionalidad, también denominado ángulo gamma o ángulo direccional. Establece que tanto las gotas de sangre en vuelo libre como las gotas procedentes de salpicaduras pueden presentar características de clase, en sus formas circulares o elípticas, que nos van a indicar la dirección en la que se desplazaban en el momento de impactar contra una superficie.

Estas características de clase estarán presentes en sus bordes o parte externa, en forma de salientes, espinas, festones, cola, o en su contorno, en forma de salpicaduras satélites.

En el caso de las espinas, salientes, festones o salpicaduras satélites, presentaran mayor concentración de éstas en el lado opuesto donde se origina el primer contacto. En el caso de las colas solo aparecerán en el lado donde la mancha termina por formarse completamente (fase final de formación de la mancha).

- Subprincipio de ángulo de impacto. Este subprincipio indica que cuando una gota en vuelo libre impacta sobre una superficie idónea, produce una mancha circular o elíptica bien formada que presentará un eje mayor y un eje menor. Las mediciones de estos ejes nos permitirán establecer una aproximación del ángulo con el que la gota golpeó esa superficie. No se tendrán en cuenta para dichas mediciones las espinas, festones o cola.

1.2.3. Principio de la mancha de sangre físicamente alterada

Finalmente, este principio establece que una vez que la sangre es expuesta fuera del organismo generará una reacción a las condiciones ambientales que afectará físicamente a las manchas de sangre, de manera predecible.

Son muchos los factores que pueden contribuir a alterar el estado de las manchas de sangre ya que tienen una influencia directa sobre éstas. Entre estos factores se encontrarían, entre otros, las corrientes de aire naturales, variaciones de la superficie, temperatura, humedad, etc.

Estos factores van a permitir al especialista extraer datos muy interesantes y en algunas ocasiones claves para la investigación, como pueden ser:

- Estimación del tiempo aproximado en el que la sangre fue expulsada del cuerpo y expuesta sobre una superficie:
    - ✓ Los cambios de color de la propia mancha, debido a la oxidación de ciertas moléculas que generaran descomposición y desnaturalización de esta.
    - ✓ La separación del suero en los charcos de sangre a temperatura ambiente normal nos puede indicar que han transcurrido un mínimo de 2 horas.

- Estimación del tiempo de secado en base al grosor del borde periférico de las manchas. Incluso las características de ciertos patrones regulares presentes en estos bordes pueden ser utilizadas para el diagnóstico de enfermedades.

Hay que hacer hincapié, en que se debe tener cuidado con ciertas manchas alteradas físicamente, ya que pueden llegar a generar error o confusión en el especialista. Esto va a depender de cierto tipo de factores medioambientales que, a priori, no tendrían cabida dentro de las condiciones predecibles ya que pueden estar presentes o no. Entre estos factores se encontrarían por citar algunos las corrientes de aire artificiales (producidas por un ventilador); el agua de lluvia o agua con fines domésticos, etc. También tendrían cabida dentro de éstas la actividad producida por los humanos y/o animales. En el caso de los humanos estas alteraciones pueden ser provocadas por el personal policial, sanitario, familiares, etc. En el caso de los animales vertebrados entre los más comunes se encuentran perros y gatos, y en el caso de los invertebrados dípteros, larvas, etc.

1.3. REFLEXIÓN SOBRE LOS PATRONES DE MANCHAS DE SANGRE EN LA ESCENA DEL CRIMEN

Se entiende por mancha todo cuerpo extraño que hace cambiar de color el elemento donde está, toda suciedad, ya sea visible o no. Esta mancha puede estar en un cuerpo humano, en un instrumento o sobre cualquier elemento que esté en la escena de un crimen y/o suceso. Ésta puede estar determinada por el depósito de un producto blando, líquido o incluso sólido, y el estudio de esta mancha pueda establecer vínculos entre los participantes del hecho o sobre el hecho mismo (Gisbert 1998).

Bevel y Gardner (2002) indican que la sangre que aparece en una escena del crimen nos puede dar mucho más que un perfil de ADN. Cuando se analiza el patrón de manchas de sangre nos puede proporcionar una gran cantidad de información (Pepper 2005).

Las manchas de sangre forman diferentes tipos de patrones que pueden ayudar a resolver los crímenes cuando son estudiados por los investigadores (Rollins y Dahl 2004).

La sangre es uno de los tipos de evidencia física más importante que se encuentra con frecuencia asociada con las investigaciones forenses de muerte y de crímenes violentos. Sin género de duda alguno, la imagen que mejor nos representa un crimen es la mancha de sangre, indicándonos con un índice muy alto de probabilidades la posibilidad de hallarnos ante el lugar de los hechos. Horswell (2004) indica que las salpicaduras de sangre son un tipo común de evidencia física en escenas con muertes siendo a menudo de gran relevancia.

Cazorla (2006) indica que el cuerpo humano contiene un promedio de 6 litros de sangre en los varones y 5 litros en las mujeres, siendo la pérdida de un 40% del volumen de esta causa de muerte, si bien la pérdida de una cantidad superior a 1,5 litros provocaría una incapacitación. Rollins y Dahl (2004) establecen que estas manchas de sangre forman diferentes tipos de patrones que son estudiados por los investigadores para ayudar a resolver crímenes.

Para Nickell y Fischer (1999), la naturaleza de las pruebas de sangre juega un papel crucial en reconstrucciones de muchos crímenes violentos, señalando algunas indicaciones a través de distintos autores: las diferentes formas de manchas de sangre aparecen cuando la sangre sale del cuerpo y se transfiere a una superficie. Los patrones de manchas de sangre pueden revelar, además de la cantidad de sangre que está presente, el tipo y orden de las lesiones, el tipo de arma que causó cada lesión, si la víctima estaba en movimiento cuando ocurrió una lesión, o si el cuerpo fue movido, o trasladado posteriormente (Dees 1995).

Eckert y James (1998) por su parte establecen que la naturaleza y las circunstancias de los delitos violentos, con frecuencia producen una variedad de manchas de sangre que proporcionan información de gran valor para ayudar al investigador con la reconstrucción de la escena. El uso de técnicas serológicas para asociar manchas de sangre con determinadas personas, en conjunto con la reconstrucción de eventos basados en los patrones de manchas de sangre proporciona mutuamente un recurso de evidencias físicas basadas en el estudio de la sangre. La correcta interpretación de las manchas de sangre ha demostrado ser crucial en numerosos casos en los que el tipo de muerte por suicidio, homicidio, accidente o muerte natural tiene que ser resuelto en un procedimiento civil o penal.

Para Newton y French (2008) una escena de un crimen en la que se halle presente el cuerpo, y en el que las manchas de sangre estén intactas, serán muy útiles a los investigadores a la hora de buscar respuestas para resolver el crimen.

No obstante, para que estas manchas sean útiles según Becker y Dutelle (2012), el examen y análisis de las manchas de sangre no puede llevarse a cabo en una escena en la que los agentes que llegan en primera instancia realizan recorridos innecesarios no conservando adecuadamente la escena. Estos mismos autores indican que el examen de las manchas de sangre se puede realizar mediante un examen directo de la escena del crimen, así como a través de fotografías a color.

La Comisión para la Identificación de las Necesidades de la Comunidad de Ciencias Forenses, Consejo Superior de Investigaciones Científicas (Committee on Identifying the Needs of the Forensic Sciences Community, National Research Council) establece que los patrones de manchas de sangre están comúnmente presentes en multitud de delitos como el homicidio, agresiones sexuales, robo, accidentes con fuga, etc., y se emplean en la reconstrucción del crimen o la reconstrucción de sucesos cuando una parte de la escena del crimen requiere ser interpretada por estos patrones. Sin embargo, son muchas las variables que surgen con la producción de los patrones, y su interpretación no es tan sencilla como el proceso implica.

Según Moreno (2002), la sangre ha sido considerada desde tiempos muy remotos un importante indicio del delito. Este autor resalta el significativo papel que juega la sangre en la investigación científica de los delitos, a través de las siguientes expresiones de otros autores:

- Von Hofman: "El estado de los vestigios de sangre en el punto donde se verificó un acto que se presume criminal puede, a veces, dar mucha luz acerca de varias circunstancias de gran interés para la investigación judicial y por eso merece siempre una atención particular, debiendo observarse, tanto el aspecto de los vestigios de sangre en el cadáver mismo como en su alrededor".
- Gross: "En las causas criminales, las manchas de sangre han ocupado casi siempre el primer puesto entre las piezas de convicción, a pesar de su aparente insignificancia".
- Svensson y Wendel: "Las manchas de sangre halladas en el lugar del crimen, sobre objetos o sobre el sospechoso, constituyen indicios muy importantes, y hasta la simple confirmación de la presencia de sangre tiene con frecuencia una decisiva importancia".
- Vélez Angei: "Posiblemente entre las manchas como prueba, las de sangre son las que mayor utilidad tienen para la investigación criminal".

Fisher y Fisher (2004), indica que los patrones de manchas de sangre están a menudo presentes en los delitos violentos, y que estudiando la forma y la distribución de las gotas de sangre nos pueden ayudar en la reconstrucción para saber cómo ocurrió el crimen.

Según Soderman y O' Connell (1990), es frecuente que el aspecto de las manchas de sangre nos dé datos importantes respecto a las circunstancias de un homicidio. Muchas veces ha sido posible deducir la posición del asesino y la manera de cómo manejó el arma, con sólo examinar las manchas de sangre.

French (2009), establece que las tres principales causas que pueden generar patrones de manchas de sangre en la escena de un crimen son producidas por disparos, por traumatismos con objetos romos o por objetos punzantes (apuñalamientos), y que todos ellos pueden producir cantidades sorprendentes de sangre que pueden fluir por una herida, gotear, o desplazarse por el aire, proporcionando a menudo una visión reveladora de cómo se desarrollaron los hechos.

El personal de la escena del crimen puede encontrar evidencia de sangre en muchos tipos de casos, incluyendo robos y otros delitos no violentos, pero se observa con mayor frecuencia en los delitos de violencia como el homicidio, asalto y asalto sexual (Lee y Harris 2000).

El término forense "análisis de patrones de manchas de sangre" se utiliza para describir el examen, identificación e interpretación de los patrones de manchas de sangre en relación con los hechos que dieron lugar a ellas. Implica visualizar el patrón, destacando específicamente las manchas individuales, con relación a como se muestren los límites y el sentido de la marcha de las manchas de sangre (Bevel y Gardner, 2002).

1.4. LA PRUEBA CIENTÍFICA

La prueba científica, dentro del contexto jurídico, trasciende la simple acumulación de evidencias para convertirse en una compleja y diversificada integración metodológica, esencial para la verificación de hechos a lo largo del proceso judicial. Esta modalidad de prueba se fundamenta en el método científico, aplicándolo rigurosamente desde la etapa inicial de investigación hasta la conclusión del proceso, garantizando así un alto nivel de rigor científico en cada fase.

Dicha concepción de la prueba científica se erige como una categoría innovadora y distinta de las clasificaciones tradicionales de fuentes y medios de prueba. Incluye no solo la obtención y demostración, sino también la evaluación meticulosa de las evidencias, lo que supone la formulación de una normativa específica que se armonice con el sistema probatorio vigente, dentro de un marco jurídico en continua evolución.

Uno de los retos más significativos en la definición de lo que constituye una prueba científica es la ausencia de criterios uniformes y definiciones claras en la legislación actual. En este sentido, al referirse al concepto de prueba científica, coincidimos con Sánchez (2019), *"Como ha sido puesto de manifiesto, al tratarse de una noción que no se encuentra determinada con exactitud, definir «prueba científica» resulta harto complicado en la medida en que no existe uniformidad en el lenguaje ni científico ni jurídico, motivo por el que surgen ciertas ambigüedades"* (p. 100). Ambigüedades que han tratado de ser resueltas mediante la jurisprudencia. Un ejemplo notable es el impacto de la sentencia Daubert vs. Merrell Dow Pharmaceuticals en el sistema legal anglosajón, que ha establecido parámetros claros para la admisibilidad de pruebas científicas.

Por ello, hemos considerado necesario realizar un análisis exhaustivo de las etapas probatorias y de los requisitos que estas deben satisfacer para ser consideradas científicas, promoviendo un diálogo constante entre el ámbito criminalístico y el jurídico para el perfeccionamiento de estos criterios. En conclusión, la prueba científica no solo es fundamental para la presentación eficaz de evidencias, sino que también desafía y enriquece la práctica jurídica, contribuyendo a una mayor precisión y seguridad en la administración de justicia.

La última década se ha caracterizado por un periodo de cambios y avances tecnológicos, tanto en el ámbito científico como tecnológico, avances basados en la prueba que han tenido una gran repercusión en el ámbito de la criminalística. La dactiloscopia, balística, documentoscopia, etc., son ejemplos de esta proyección de los conocimientos científicos en el campo policial y judicial (Gascón 2007).

Actualmente, la prueba científica es el elemento más importante que pueda ser incorporado en el proceso penal para la confirmación de un hecho, características de una cosa o constitución material de elementos orgánicos que estén relacionados con el hecho objeto del proceso. Como nos indica Castillo (2024) "La habilidad y precisión en la recogida y gestión de pruebas tienen un impacto directo en los resultados de las investigaciones criminales, jugando un papel crucial en la integridad de los procesos judiciales" (pp. 28-29).

Esta prueba científica es la resultante de obtener un elemento probatorio que pueda ser introducido al proceso de forma legal y pertinente, mediante una investigación científica específica. El resultado final de la investigación científica es proporcionarle un conocimiento científico a ésta. Bunge (2016) lo define como "ese creciente cuerpo de ideas llamado

-ciencia-, que puede caracterizarse como conocimiento racional, sistemático, exacto, verificable y por consiguiente falible" (p. 12); es decir, que la investigación tenga un carácter científico, por lo que los encargados de llevar a cabo la investigación le den sentido científico, para que la investigación y a su vez las conclusiones sean verificables empíricamente por el método científico que fue utilizado (Chamía 2013).

Gascón (2007) establece en este sentido que la validez de una prueba científica (y por consiguiente la fiabilidad de sus resultados) no es algo que haya que dar por de contado, sino que depende de la validez científica del método usado, que se haya utilizado la tecnología apropiada y que se hayan seguido rigurosos controles de calidad.

Por consiguiente, se comparte la idea según la cual "las pruebas científicas han incrementado incuestionablemente las posibilidades de averiguar la verdad, pero su valor en el proceso depende de que concurran las circunstancias que las hacen válidas y de que sus resultados se interpreten correctamente" (Ávila 2010).

En 1993 la Corte Suprema de los Estados Unidos, en su decisión 509 U.S. 579, 113 S. Ct. 2786, 125 L. Ed. 2d 469 de 1993, en el caso Daubert vs. Merrell Dow Pharmaceuticals, tras largos debates, y escuchar a diferentes especialistas y expertos, propusieron los siguientes criterios para admitir en un juicio una prueba pericial como científica, tanto en su teoría como en su práctica o técnica:

- Que esté científicamente demostrada.
- Que esté sujeta a revisión por iguales y a publicación.
- Que existan normas estandarizadas que controlen el uso de la técnica.
- Que esté aceptada por la comunidad científica.
- Que se conozca su tasa de error potencial y que ésta sea aceptable (Galera y cols. 2009).

Gracias a una iniciativa popular en Estados Unidos (EE.UU.) y Canadá denominada "Proyecto Innocence", compuesta por fiscales, abogados, jueces, profesores universitarios, senadores, políticos y ciudadanos anónimos, más de 300 personas han recuperado su libertad en los últimos 20 años al haberse demostrado erróneamente su autoría jurídica o sentenciada por diferentes tribunales, lamentando 17 casos en los que la pena capital impidió que fuesen exonerados en vida de sus condenas (Hombreiro,2013).

Por ello, la ciencia debe ser continuamente objeto de estudios y de investigación en cuanto a su fiabilidad y precisión, ya que en el caso contrario se puede desvirtuar la validez de la prueba e incluso existir error policial a la hora de interpretar los resultados con la consiguiente condena de una persona inocente. En este sentido compartimos y defendemos lo indicado por Castillo (2023) "Hemos de recordar que en el sistema procesal acusatorio rige el principio de libre valoración de la prueba, que nos llevaría a una sentencia absolutoria sino se llega a un convencimiento pleno, utilizando para ello otro principio consustancial con el anterior, la presunción de inocencia" (p. 57).

Durante más de treinta años, los expertos de la Oficina Federal de Investigación (FBI), han testificado sobre el análisis comparativo de plomo en la bala, técnica que se utilizó por primera vez en la investigación sobre el asesinato del presidente Kennedy (Giannelli, 2010).

En el año 2005 el laboratorio del FBI anunció que después de un amplio estudio y consideración, ya no iba a realizar más el estudio de plomo presente en la bala, en el que se utilizaba la química analítica para determinar las cantidades de oligoelementos (como el cobre, arsénico, antimonio, estaño, etc.), al objeto de comparar los resultados de los análisis de las balas halladas en la escena del crimen con las balas halladas en poder de un sospechoso.

Desde la década de 1980 hasta 2004, dicho laboratorio llevó a cabo este tipo de exámenes en aproximadamente 2.500 casos, cuyos resultados fueron presentados como prueba en juicio al menos en el 20 por ciento de los mismos.

Para este tipo de estudio, el FBI, dividía el examen del plomo de la bala en tres partes: método científico, análisis de datos y la interpretación de los resultados. Asimismo, pidió al Consejo Nacional de Investigación (NRC) de la Academia Nacional de Ciencias, una revisión imparcial de cada área. Tras el estudio, se establecieron unas recomendaciones del NRC a través de un informe de 2004 titulado "Forensic Analysis: Weighing Bullet Lead Evidence."

La NRC encontró que la instrumentación analítica del laboratorio del FBI era apropiada y la mejor tecnología disponible con respecto a la precisión y exactitud de los elementos analizados. Además, consideró que los elementos seleccionados por el FBI para este análisis eran los más adecuados. Sin embargo, expresó su preocupación sobre la interpretación de los resultados de los exámenes del plomo de bala (Bowers 2013).

Para evitar estos errores en las pruebas científicas aportadas por las Fuerzas y Cuerpos de Seguridad y otras instituciones como los Institutos de Medicina Legal o el Instituto Nacional de Toxicología y Ciencias Forenses, se han desarrollado protocolos y técnicas de trabajo que se han ido adaptando a estas exigencias.

Medina (2008) establece que de la aplicación de algunas de estas técnicas resultan actualmente estudios cuyas conclusiones, aportadas en un informe pericial, han sido calificadas por la Jurisprudencia penal como "rotundas" por su influencia en el esclarecimiento de los hechos enjuiciados. (STC 7/94, de 17 de enero; y SSTS de 30-6-89, 5-4-90, 2-1-91, 12-6-91, 11-7-91, y 22-12-93, entre otras muchas).

Robledo (2015) en un artículo publicado en la Gaceta Internacional de Ciencias Forenses, indica que, en España, hasta la fecha, el Tribunal Supremo no se ha pronunciado en referencia a la admisibilidad de la prueba pericial científica en el proceso penal. Este mismo autor establece que la prueba científica en la investigación penal supone el fin de un ciclo que desde hace varias décadas está cerrando el paso a los errores en los tribunales de justicia, ya que cada vez es más frecuente confiar en estas pruebas basándose en su carácter objetivo, imparcial y científico. En este sentido Castillo (2023) considera que "La Teoría del Derecho ha de acomodarse, mediante sus variables lógico-formales, al nuevo «ecosistema», digámoslo así, que se genera en las actuales sociedades tecnológicas" (p. 18).

Lucena (2014) en la revista de seguridad pública Cuadernos de la Guardia Civil, indica que son los laboratorios de criminalística ordinariamente los que auxilian a las autoridades judiciales, realizando las pericias científicas que precisan para el esclarecimiento de posibles hechos delictivos.

Por su parte, González (2012) afirma que la función actual de la policía en una investigación en lo relacionado con el ámbito penal se divide en dos principales razones:

1. La policía, en general, actúa como filtro de los rastros y vestigios con valor probatorio que estuvieren en el escenario o lugar del delito y que pudieran contener muestras susceptibles de análisis.
2. La policía científica suele ser la autora de muchos de los informes periciales que se introducen en el proceso penal y que, directamente, pueden servir para fundamentar una condena, sin ser necesaria la comparecencia de los autores del informe en el acto del juicio oral.

De Luca, Navarro y Cameriere (2013) publicaron en un artículo, que los jueces a lo largo de los tiempos han utilizado las interpretaciones y reconstrucciones de los crímenes de una manera científica (Santosuosso y Redi 2004a). Sin embargo, en la actualidad la evolución tecnológica ha hecho que los jueces intervengan en la aplicación de los métodos de investigación, ya sea en los procedimientos en la escena del crimen o en la custodia de las pruebas, para así poder establecer una aplicación correcta en el ámbito legal (Beecher-Monas 1998; Grove y Barden 1999; Dixon y Gill 2002; Santosuosso y Redi 2004a; Santosuosso y Redi 2004b)

En Europa, se hacen grandes esfuerzos por unificar criterios, como es el caso de la red ENFSI (*European Network of Forensic Science Institutes*). Esta corporación, reúne a 73 laboratorios en 39 paises europeos y de su entorno geográfico, al objeto de unificar criterios para implementar manuales, procedimientos de actuación, protocólos y metodologías analíticas aplicables a los diferentes campos de especialización forense.

Por ejemplo, en España existen diversos laboratorios que son miembros de la Red Europea de Institutos de Ciencia Forense (ENFSI, en adelante), dos de los cuales dependen del Ministerio del Interior (Cuerpo Nacional de Policía y Guardia Civil), otros dos de Gobiernos autonómicos (Ertzaintza en el País Vasco y Mossos d'Esquadra en Cataluña), y el último, del Ministerio de Justicia (Instituto de Toxicología y Ciencia Forense). Esta división repercute en la falta de coordinación técnica en la interpretación de los resultados expuestos en los informes periciales e, incluso, entre distintos departamentos de un mismo laboratorio se informa de los resultados de forma diferente (Lucena e Iranzo 2011).

Como normalmente suele ocurrir, la teoría está lejos de la realidad, por lo que aparecen numerosas dudas sobre las diferentes formas de adquirir conocimientos científicos para el desarrollo del proceso, surgiendo dos grandes preguntas (de Luca, Navarro y Cameriere 2013).

- ¿Saben los jueces cómo trabajan los científicos en sus laboratorios?
- ¿Y los científicos tienen alguna idea de cómo los tribunales opinan sobre casos relacionados con las Ciencias Forenses?

Es frecuente, actualmente, y en los ámbitos más diversos (legislativo, jurisprudencial, doctrinal, científico, técnico, académico, político, etc.), hablar de "nuevos medios" de prueba, pero sin llegar a concretar el alcance de dicha expresión ni la trascendencia o importancia de la misma, entendiendo por nuevos medios "aquellos que no aparecen relacionados en las antiguas leyes de enjuiciamiento (o, con mayor propiedad, aquellos que no pudieron estar en la mente del legislador al tiempo de promulgarse dichas leyes) y que son propiciados por los avances científicos o tecnológicos" (Gómez 2001).

Zunun (2007) indica que, como toda ciencia y disciplina científica, la criminalística evoluciona a medida que se suscitan nuevos avances científicos tecnológicos. Es por ello, que en el nuevo siglo esta disciplina se ha valido de nuevos conocimientos, pero ampliando su zona de estudio en todas sus disciplinas, pues esta evolución ha afectado notablemente su objeto de estudio, haciéndolo más técnico y científico, ya que los medios que se emplean en la actualidad para delinquir se han actualizado.

Capítulo 2

Historia y estudio de los patrones de manchas de sangre a través del tiempo

2.1. INTRODUCCIÓN

Aunque el binomio sangre y análisis de escena del crimen ha estado presente desde hace muchos años, cuando hablamos del análisis de patrones de manchas de sangre como disciplina de la Criminalística, automáticamente comenzamos a imaginar luces forenses; reactivos como Luminol o Bluestar, para detectar rastros de sangre imperceptibles al ojo humano; sofisticados programas de software; etc., pensando que se trata de una disciplina relativamente moderna. Lo que sí podemos afirmar es que es una de las más antiguas dentro de las ciencias forenses, ya que desde tiempos remotos su estudio ha estado presente para el esclarecimiento de delitos violentos. Por ello, no podemos pretender que el estudio de las manchas de sangre desde una perspectiva forense sea de invención moderna.

Desde todos los tiempos, la sangre ha jugado un papel importante tanto a nivel religioso "venerando la sangre de Cristo", como desde un punto de vista forense, ya que su aplicación para el esclarecimiento de casos criminales de los que se tiene conocimiento se remonta a la antigua sociedad romana.

2.2. ÉPOCA ROMANA

Ya en la antigua Roma se aplicaban principios científicos en la obtención de vestigios. Concretamente en el caso que se expone a continuación se puede hablar del «Principio de Intercambio», que obtiene su nombre del autor y criminalista francés Edmond Locard (1877-1966). No es de extrañar ya que la base del sistema judicial y legal de hoy en día procede del modelo romano.

Desde un punto de vista criminalístico podemos afirmar que la primera vez de la que se tiene conocimiento del estudio de los patrones de manchas de sangre para el esclarecimiento de un caso criminal data aproximadamente del año 100 d.C. Fue concretamente el jurista y orador romano Marco Fabio Quintiliano (35-95) el que cuestionó un caso criminal en base a los patrones de manchas de sangre (PMS) halladas en la escena de un crimen:

En la antigua Roma, un matrimonio tuvo un hijo que nació ciego. Tras el fallecimiento de la madre, el padre volvió a contraer matrimonio con otra mujer, si bien, dejó a su hijo como único heredero.

Una mañana, el padre fue hallado muerto en su domicilio, concretamente en la cama de su dormitorio, habiendo sido apuñalado por la espalda con una espada que resultó ser la de su hijo.

Numerosas huellas de manos ensangrentadas se encontraban por toda la pared, concretamente éstas iban desde el dormitorio del occiso, hasta el otro extremo de la vivienda donde estaba el dormitorio del hijo invidente.

La madrastra, declaró que había sido el hijo el que había cometido el parricidio, y en base a las siguientes pruebas que apuntaban hacia él fue detenido:

1. La declaración de la madrastra inculpándolo.
2. El arma utilizada para cometer el homicidio fue una espada que pertenecía al hijo.
3. Rastro de sangre (numerosas huellas de manos ensangrentadas se encontraban por toda la pared, concretamente desde el dormitorio del occiso hasta el del presunto autor. Todo parecía indicar que al ser invidente el hijo se desplazó a su dormitorio tocando las paredes).

Quintiliano, abogado conocido y excelente orador, fue contratado para defender al hijo. En defensa de su acusado, argumentó en primer lugar que su defendido no podía haber sido el autor del crimen, ya que el asesino tenía que haber sujetado la espada con tanta fuerza que era imposible que se hubiese manchado tanto de sangre las palmas de las manos. Asimismo, Quintiliano también expuso que las huellas palmares ensangrentadas en la pared —que iban desde el dormitorio del padre hasta el otro extremo del inmueble donde se encontraba el dormitorio del presunto autor (hijo)— tenían la apariencia de tratarse de una escena simulada. Quintiliano basó su teoría, en que tras observar las huellas palmares ensangrentadas comprobó que todas tenían prácticamente la misma densidad durante todo el recorrido que presuntamente realizó el hijo invidente. Era imposible que, habiendo sujetado la espada para cometer el crimen, las palmas de las manos se les hubiesen llenado de tal cantidad de sangre y más aún que las huellas no se hubiesen ido desvaneciendo según iba tocando la pared. Todo ello hacía indicar que el autor del hecho impregnaba las manos de sangre directamente de la herida de la víctima una y otra vez para simular el recorrido, y por ello siempre presentaban la misma densidad.

Figura 2. Escenografía homicidio época romana

Fuente: Elaboración propia.

2.3. ANTIGUA CHINA

Otro caso, del que se tiene conocimiento del esclarecimiento de un hecho delictivo gracias a la sangre, fue en la antigua China, tal y como se desprende de un libro escrito por Sung Tz´ en el siglo XIII, titulado "Hsi Yuan Lu" (El lavado de los errores). El libro describe un caso en el que una persona fue hallada muerta y el forense estableció que las heridas habían sido causadas por una hoz. Asimismo, tuvo conocimiento de que el fallecido había discutido con un hombre a consecuencia de un préstamo, fue a la aldea donde vivía el sospechoso y ordenó que todos los campesinos sacaran su hoz y la pusieran en el suelo delante de él. Al cabo de un rato se volvió hacia el hombre sospechoso y lo acusó de asesinato. Éste negó su culpa, pero el forense señaló a las moscas que se habían arremolinado y posado solo sobre su hoz de entre otras setenta más, atraídas por el olor de la sangre. Finalmente, el asesino confesó.

Figura 3. Representación gráfica moscas en sangre

Fuente: Elaboración propia.

También establecía este libro, que cuando un cuchillo hubiese estado en contacto con sangre, y tras haber transcurrido un tiempo que ya no mostrara restos de ésta, se calentara al rojo vivo en un fuego de carbón y se vertiera sobre él vinagre de primera calidad, y aparecerían las marcas de sangre.

2.4. PRIMEROS ARTÍCULOS DE LOS QUE SE TIENEN CONSTANCIA SOBRE PMS

John Gordon Smith (1792-1833). En el año 1829 publicó uno de los primeros artículos de los que se tiene constancia que vincularan directamente las manchas de sangre con la escena del crimen. En este artículo indicaba que la sangre estaba por todo el cuerpo de la víctima en estado líquida, circunstancia que según el autor del artículo "Nunca había encontrado en un caso de muerte natural".

Hasta aproximadamente cincuenta años después no aparece la primera publicación de la cual se tenga conocimiento, sobre las geometrías asociadas con las manchas de sangre, cuyo autor fue Dr. Woodman. En su libro "Medicina Forense y toxicología" (1877), dedicaba varias páginas a las manchas de sangre. Resulta curioso que, tratándose de la primera publicación conocida sobre este tema, no es reconocido en ninguna o casi ninguna publicación dedicada a esta disciplina.

Woodman fijaba que en las manchas de sangre se observaban a simple vista una considerable variedad de apariencias, que podían ser simples manchas y sin características, pero que con mayor frecuencia se encontraban pequeñas manchas circulares con márgenes bien definidos. Este autor indicaba que, si la gota de sangre hubiera salpicado de forma oblicua sobre la superficie que asentaba, la mancha tendría muy probablemente forma de cometa con la cabeza ovalada y en el otro extremo una cola larga y puntiaguda. Así mismo, establecía que si la mancha de sangre asentaba sobre una sustancia coloreada, se distinguiría mejor con luz artificial.

Establecía que el color de las manchas podía depender de varias causas en función de la antigüedad; grosor; cantidad de humedad y temperatura a la que hubiera estado sometida la sangre y material sobre el que asentase. Sobre este último punto, señalaba que, si las manchas estaban en cuerpos pulidos como metales, normalmente se verían como manchas brillantes y oscuras, pero si estaban sobre seda, lino, algodón, etc., presentaban forma rígida.

Con posterioridad, el francés Albert Florence, en su publicación: "Les taches de sang: leur signification, leur importance en médecine judiciaire" en 1885, relata que las manchas de sangre, (ubicación y forma) podían ser útiles para determinar lo sucedido en la escena de un crimen. Entre otras cuestiones, establecía algunas de las preguntas más frecuentes que un experto se debería de hacer:

1. ¿Las manchas son de sangre?
2. Si es sangre, ¿pertenece a hombre, mujer, adulto, animal, etc.?
3. ¿De qué parte del cuerpo proviene esta sangre?
4. ¿Es sangre arterial, venosa, menstrual?
5. ¿La sangre procede de una violación, un parto, un aborto?
6. ¿La sangre viene de un cadáver o de una persona que estaba viva?
7. ¿Qué antigüedad tiene la mancha?
8. ¿Intentaron hacerla desaparecer?
9. ¿Es esta sangre de la víctima o del asesino?
10. ¿Es posible reconstruir con la forma y disposición de las manchas, el escenario del crimen; saber el número de agresores; número de golpes y armas empleadas?
11. ¿Es posible establecer si se trata de un asesinato, un suicidio, etc.?

Florence afirmaba que la mayoría de estas preguntas podían ser resueltas, si no con absoluta certeza, sí al menos con suficiente aproximación.

En 1901, Jurgen Thorwald, escribió sobre los esfuerzos del profesor Florence, indicando que junto a Fricon, establecieron un sistema de clasificación de manchas de sangre causadas por goteo, salpicadura, chorro y contacto. Asimismo, Macdonell (1993), establece que fueron Florence y Fricon en 1900 los que investigaron por primera vez la relación de causa y efecto entre el ángulo de impacto y la relación longitud/ancho de la mancha, aunque este descubrimiento fue atribuido a Balthazard y otros (1939), el cual con sus experimentos mostró la relación existente entre el ancho y el largo de una mancha y el ángulo de impacto.

Figura 4. Direcciones de las gotas de sangre, caída desde distintas alturas, perpendicularidad, etc.

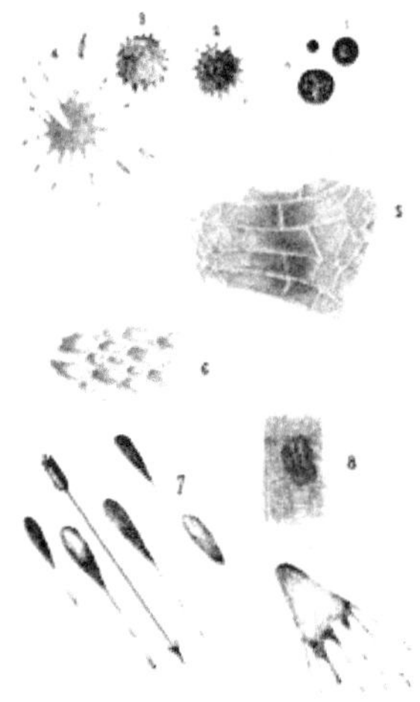

Fuente: Dibujos creados por Florence. "Manchas de sangre: su significado e importancia en medicina forense." Albert Florence.1885.

El Dr. Alexandre Lacassagne (1843-1924) pionero de la medicina legal francesa y fundador de la Escuela Lacassagne de Criminología, fue uno de los primeros en estudiar los patrones de las manchas de sangre.

En 1895, en colaboración con el doctor Florence, Lacassagne publicó un estudio de un trozo de tela que había pertenecido supuestamente a Cristo, la túnica de Argenteuil. ("La Tunique d'Argenteuil", Florence y Lacassagne).

A principios de la década de 1880 el obispado de Versalles solicitó un estudio sobre la autenticidad o no de la túnica de Argenteuil. Un equipo formado por un químico y un farmacéutico, examinaron la reliquia y concluyeron que la túnica de Argenteuil era auténtica.

Más tarde el obispo solicitó un segundo estudio al científico Lacassagne, que, junto con su equipo, concluyó que el primer informe pericial "No era rigurosamente científico". Lacassagne fundamentó su estudio principalmente en unas pocas manchas de sangre las cuales se encontraban en un lado de la prenda. Estableció que la clave para poder determinar la autenticidad o falsedad de la prenda estaba en esas pequeñas gotas de sangre, pero que teniendo en cuenta entre otras cosas el deterioro de ésta, era imposible establecer una conclusión categórica. Publicó un libro en 1895, en el que, con relación al estudio de las manchas de sangre sobre la presunta túnica de Argenteuil, indicaba entre otras las siguientes observaciones:

1. La túnica debía tener necesariamente muchas manchas de sangre, debido a la flagelación, coronación de espinas, el martirio del camino de la Cruz...
2. Que era muy extraño que nadie hubiese advertido antes las grandes manchas de sangre con las que estaba cubierta la túnica, siendo un informe del propio obispo de Versalles, en 1892 el que establecía que eran numerosas, rojizas, y que solo se encontraban en los hombros y en la parte inferior y central de la espalda.
3. Que las manchas de sangre en la túnica eran una prueba crucial, pero, sin embargo, quedaría por probar lo siguiente:
    - Que las manchas no fueron depositadas recientemente.
    - Que se tratase de sangre humana y no animal.
    - Que pertenecía a Cristo y no a los comerciantes griegos o judíos que sostuvieron la túnica.

Por todo ello, indicaba que un examen detallado de las manchas, su posición, dirección y, sin duda, los hallazgos inesperados tan frecuentes en este tipo de experiencias podrían ayudar a resolver el problema.

2.5. IMPORTANCIA E INFLUENCIA DE EUROPA EN LOS PMS

Son muchas las personas que creen que el análisis de patrones de manchas de sangre surgió en Estados Unidos, pero lo cierto es que se documentó por primera vez de forma científica en los albores del siglo XIX en Europa, en especial en Polonia y después en Alemania, por lo cual podemos establecer que es aquí donde en verdad nace esta disciplina.

En concreto fue en el año 1895 cuando el Dr. Eduard Piotrowski de la Universidad de Cracovia en Polonia, llevó a cabo el primer estudio científico sobre análisis de patrones salpicaduras de sangre. Se trataba de un estudio sistemático sobre las formas y distribución de la sangre, adoptando un enfoque contextual sobre los patrones de manchas de sangre (PMS). Este tratado se centraba en el origen, la forma, dirección y distribución de las manchas de sangre resultantes de heridas en la cabeza producidas a conejos anestesiados, generadas por golpes con diferentes herramientas (martillos, hachas, etc.). Posteriormente, este documento fue redescubierto en los archivos de la biblioteca del CUNY John Jay College of Criminal Justice y traducido del alemán al inglés, por el profesor Herbert Leon MacDonell.

Este científico realizó grandes avances a través de los estudios que llevó a cabo analizando los patrones de impactos producidos sobre conejos anestesiados, llegando a determinar las correlaciones existentes entre los golpes producidos a estos animales y la irradiación de la sangre, es decir, comportamiento ante estos estímulos. Fue durante estos experimentos donde pudo apreciar que las manchas de sangre solían aparecer en el segundo golpe, después que con el primero la sangre hubiese brotado de la herida.

Figura 5. Publicación en alemán de la obra del Dr. Piotrowski (1895)

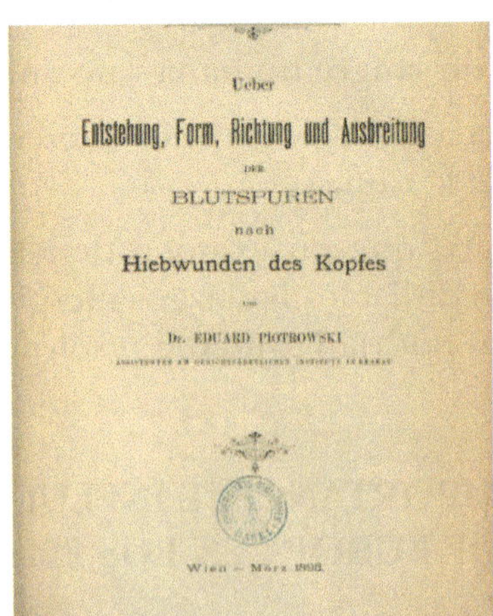

Ueber

Entstehung, Form, Richtung und Ausbreitung

DER

BLUTSPUREN

nach

Hiebwunden des Kopfes

Dr. EDUARD PIOTROWSKI

Wien – März

Fuente: https://www.e-rara.ch/bau_1/misc/content/zoom/22903575

Figura 6. Experimentos del Dr. Piotrowski (1895) en los que se golpeaba a conejos anestesiados con distintos objetos

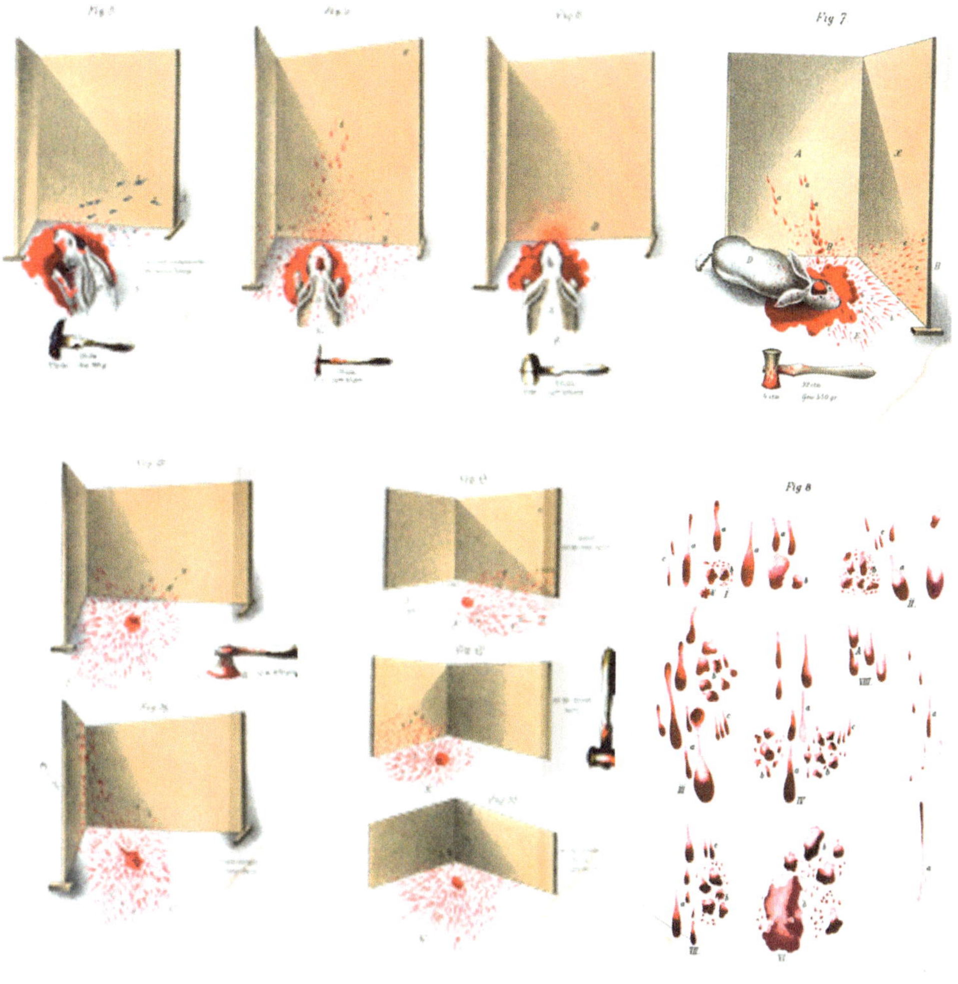

Fuente: https://www.e-rara.ch/bau_1/misc/content/zoom/22903575

Hans Gross (1893) publicó un manual para jueces de instrucción, en el que describió la importancia de las formas y distorsiones de las manchas de sangre.

En 1924 este mismo autor publicó otro libro para magistrados, agentes de policía y abogados, que era básicamente el mismo que el de la edición anterior. Establecía la importancia de las manchas de sangre dejadas en escenarios violentos. En esta obra indicaba cómo era posible determinar la direccionalidad de las gotas de sangre, explicado con sencillos experimentos que hacían fácil su comprensión. En esta obra Gross agregó un interesante comentario atribuido al químico forense Schauenstein, quien señaló enfáticamente con qué frecuencia los rastros más importantes eran destruidos por transeúntes, curiosos..., ya sea que ocurrieran debido a la coincidencia o la torpeza.

Pero no fue hasta el año 1939, cuando Víctor Balthazard hizo una presentación formal de esta disciplina en una conferencia celebrada en París durante el Congreso de Medicina Legal celebrado los días 5,6 y 7 de junio. Concretamente trató sobre el estudio de gotas de sangre proyectadas, y su relación entre la longitud y el ancho resultante de la mancha con el ángulo en el que impactó. Los resultados de este trabajo, que estuvo financiado por el gobierno con fondos destinados a la investigación científica, establecían entre otros puntos, algunos resultados prácticos para tratar de determinar las leyes físicas por las que se formaba una mancha derivada de una gota; así como de averiguar hasta qué punto era posible utilizar estas leyes en la práctica forense.

Finalmente, entre sus conclusiones establecía:

1. Que el aspecto de las manchas de sangre aportaba al investigador información valiosa.
2. Que las distintas formas que presentaban las manchas de sangre debían examinarse muy detenidamente, ya que dependían de varios factores, por lo que había que realizar los experimentos apropiados.
3. Que las leyes de la hidrodinámica que rigen la formación de manchas son muy precisas, pero también muy difíciles y el grado de certeza requerido, especialmente en asuntos judiciales, no estaría disponible mientras no se definieran todas estas leyes y reglas, con la mayor precisión posible.

Fue a raíz de este Congreso, cuando emergen los patrones de manchas de sangre como una disciplina dentro de la Ciencia Forense.

2.6. ANTECEDENTES HISTÓRICOS DE LOS PMS EN ESTADOS UNIDOS

En Estados Unidos los investigadores también comenzaron a estudiarlos y a utilizarlos, dando lugar a su uso en el famoso caso en el que el doctor Sam Sheppard fue juzgado y condenado por el asesinato de su esposa en 1954. El Dr. Paul Leand Kirk, profesor de Criminalística y reconocido científico de la Universidad de California en Berkeley, que trabajó en el proyecto Manhattan, fue contratado para examinar las pruebas en 1955. A través de un análisis de las salpicaduras de sangre ofreció una interpretación de lo sucedido que exculpaba a Sheppard, determinando, entre otras cosas:

- Que una mancha de sangre que se encontraba en la puerta del armario quizá pertenecía a la mano ensangrentada del atacante.
- Que el arma homicida era un objeto cilíndrico, como una tubería o una linterna, no un instrumento quirúrgico, como afirmó el forense.
- Que, al examinar las salpicaduras de sangre halladas en las paredes, observó que una parte de la pared no presentaba salpicaduras, por lo cual determinó que el agresor se tuvo que interponer entre la pared y la fuente de sangre, y por tanto sus prendas tendrían que estar salpicadas de dicha sangre. No obstante, en la ropa de Sheppard solo se halló una gran mancha de sangre en sus pantalones.
- Asimismo, también determinó que algunas de las manchas de sangre habían sido originadas por el retroceso del arma esgrimida y que la persona que la utilizó era zurda, dándose la circunstancia de que Sheppard era diestro.

El caso fue objeto de amplia publicidad y fue la base de una serie de televisión en la década de 1960 y una película de 1993, ambas tituladas "El fugitivo". La evidencia fue revisada en la década de 1990 con algunas diferencias de opinión.

En 1953, publicó el libro "Crime Investigation", considerado como uno de los primeros libros de investigación de la escena del crimen que incluía tanto información práctica como teórica.

Figura 7. Reseña del libro del libro Crime investigation

His 1953 Book

A review of his book was published in *Science* (August 28, 1953) 118: 256-257

Book Reviews

Crime Investigation: Physical Evidence and the Police Laboratory. Paul L. Kirk. New York-London: Interscience, 1953. 784 pp. Illus. $10.00.

Dr. Kirk's avowed intention that this book should serve the "needs of police investigators, general criminalists in the small police laboratories, and students of criminalistics and police science" appears to be too broad. The needs of these groups are not identical or even nearly so. The police investigator is by far the largest of the three groups and is in itself a "specialty" not closely allied to the worker in the small laboratory or the student.

. . .

Persons more experienced and more learned in the field of scientific criminal investigation will take a more kindly view of this book. Such must be the case as evidenced by the fact that New York University Graduate School of Public Administration and Social Service conducted an institute on "Modern Methods in Law Enforcement" on August 3-7, and selected this book as the textbook for the course.

WILLIAM E. KIRWAN

New York State Police Scientific Laboratroy
Albany, N. Y.

Fuente: (Paul Leand Kirk 1953)

En 1955 el Dr. Conrad K. Rizer, publicó un libro sobre "Matemáticas policiales aplicadas para estudiantes de policía en la universidad". En el libro exponía la correspondencia sobre las trayectorias de las gotas de sangre. Esta información fue muy útil para explicar cómo se podía usar la forma de la mancha de sangre para determinar el ángulo en el que la gota de sangre golpeaba una superficie.

Figura 8. Libro sobre "Matemáticas policiales aplicadas para estudiantes de policía en la universidad", publicado en 1995

En 1983 en los EE.UU., se funda la Asociación Internacional de Análisis de Patrones Mancha de Sangre (IABPA), donde MacDonell desempeñó un papel decisivo en la creación de dicha asociación.

Se trata de una organización de expertos forenses especializados en el campo del análisis de patrones de manchas de sangre encargada de fomentar y promover el conocimiento, la formación, la educación, las técnicas y la comprensión general de los patrones de manchas de sangre. En la actualidad cuenta con numerosos miembros a nivel mundial, donde publica boletines trimestrales que permite a sus miembros mantenerse al día con los problemas actuales de esta disciplina.

En 2002 la Oficina Federal de Investigación (F.B.I.) en EE.UU. organiza la formación de un grupo de trabajo científico sobre el análisis de patrones de manchas de sangre (SWGSTAIN). Este grupo de trabajo trata cuestiones dentro de la disciplina de PMS como la educación, capacitación, seguridad jurídica, la calidad, la investigación, la taxonomía y la terminología. Entre sus objetivos se encontraban:

1. Discutir, compartir y comparar métodos de análisis de patrones de manchas, protocolos e investigación para la mejora de las técnicas de análisis forense de patrones de manchas de sangre (APMS).
2. Diseñar y fomentar la aplicación por parte de los profesionales de un programa de garantía de calidad en el análisis de patrones de manchas de sangre, así como asesorar a la comunidad de análisis forense de patrones de manchas de sangre sobre las nuevas cuestiones de garantía de calidad.
3. Abordar el desarrollo y/o la validación de métodos de análisis forense de patrones de manchas de sangre.
4. La adopción de directrices para garantizar la calidad de la formación especializada en el ámbito del análisis de patrones de manchas de sangre.

Asimismo, la Asociación Internacional para la Identificación (IAI) que en un principio consideraba el análisis de patrones de manchas de sangre como parte del temario para certificar en la escena del crimen, convirtió posteriormente a esta disciplina como especialidad propia certificando a las personas que reúnen los requisitos exigidos.

En el año 2008, el FBI transfirió la dirección y administración de SWGSTAIN al Centro de Recursos Forense del Medio Oeste (MFRC), instalación que se encuentra en la Universidad Estatal de Iowa, y patrocinado por el Instituto Nacional de Justicia.

Para finalizar, en el año 2014, el National Institute of Standars and Technology de los Estados Unidos (NIST), se hizo cargo de los grupos de trabajo científicos y los denomina Organization of Scienctific Area Committees (OSAC). Esta organización entre otras funciones establece estándares y documentos de referencia tanto para la disciplina del análisis de patrones de manchas de sangre, como para otras muchas disciplinas de las Ciencias Forenses.

Tras un recorrido por la historia de la evolución de los patrones de manchas de sangre, nos lleva a la conclusión que si bien EE. UU., no ha sido el pionero, sí fue quien visibilizó el estudio de los patrones de manchas de sangre, dándoles su valor e implementando un modo de trabajo específico en esta área, convirtiéndola en una disciplina propia. Esta rutina de la tarea ha sido imitada por muchos otros países que en este momento también lo tienen implantado, o bien están en vías de desarrollo tras comprobar la eficacia, eficiencia y efectividad de su aplicación en las ciencias forenses.

2.7. ESTADO ACTUAL DEL TEMA

La técnica forense ha evolucionado en los últimos años para intentar dar respuesta a la pregunta: ¿"qué sucedió"?, en lugar de ¿"quién es el autor"? o ¿"por qué sucedió"? En un principio solo existían una treintena de expertos y en la actualidad, la Asociación Internacional de Analistas de Patrones de Manchas de Sangre (IABPA), cuenta con miembros por todo el mundo.

Haciendo un eje cronológico de los países y su implicación en el análisis de los patrones de sangre, hay que empezar en el año 2005 donde Asia, comenzó a formar a sus agentes, con la Agencia Nacional de la Policía de Corea, reconociendo la necesidad de incluir dichos análisis (PMS) en su agencia. También en dicho año, Alemania creó un grupo de trabajo sobre el análisis de rastros y distribución de manchas de sangre denominada DGRM, en el departamento de la Sociedad Alemana de Medicina Legal.

En Oceanía, en el año 2006, los oficiales forenses de toda Australia y Nueva Zelanda asistieron a un curso avanzado de patrones de manchas de sangre que se llevó a cabo en la Academia de Policía de Australia Occidental. Este curso fue el primero que se realizó en el hemisferio sur, siendo estos agentes los primeros en formarse y prestar sus servicios a esa región.

En el año 2018 se llevó a cabo el I Congreso Internacional de Análisis de Patrones de Manchas de Sangre (primera conferencia Sudamericana), celebrado en el Instituto Universitario de la Policía Federal del Argentina. Dicho evento fue organizado por la Asociación Internacional de Analistas de Patrones de Manchas de Sangre (IABPA), y por el Instituto Universitario de la Policía Federal Argentina (IUPFA). Este Congreso cuya Dirección corrió a cargo de Pablo Martín Núñez, marcó un antes y un después en esta área criminalística en América Latina[1].

En Europa, la Primera Conferencia sobre patrones de manchas de sangre (PMS) celebrada por la IABPA tuvo lugar en Middelburg, (Holanda) en el año 2006. Posteriormente le siguieron otras conferencias celebradas respectivamente en Zúrich, (Suiza), en el año 2008; en Lisboa, (Portugal) en mayo de 2010, siendo ésta organizada por Policía Judiciaria —Laboratorio de Policía Científica; en el año 2012 en Edimburgo, (Escocia), organizada por los servidos de Policía; En mayo de 2015 en Roma (Italia) organizada por el Arma dei Carabinieri— Departamento de Ciencias Forenses; en 2019 en el Laboratorio de Ciencias Forenses de la Gendarmería Francesa y finalmente 2022 en Londres (Reino Unido).

En el año 2012 la INTERPOL impartió 260 sesiones de formación, incluidos talleres, seminarios, cursos y otras reuniones educativas a las que asistieron personas de 175 países miembros, cuyo objeto era proporcionarles las capacidades y conocimientos que hiciesen frente a la labor policial. De entre los cursos impartidos, se llevó uno a cabo sobre técnicas de investigación del lugar de los hechos, que incluía el estudio de huellas dactilares, huellas de calzado, perfiles de ADN, e identificación de patrones de manchas de sangre y fotografía nocturna (Interpol 2012).

Distintos países comenzaron a tomar diferentes medidas para la implantación de un sistema efectivo de patrones de manchas de sangre, y a su vez se fueron formando pequeños departamentos para esta función.

En Portugal el laboratorio de Policía Científica de Policía Judicial (Policial Judiciaria) dentro de su área de Criminalística crea el Sector Crimen Local (Sector de Local do Crime (SLC)), cuya misión incluye la aplicación de nuevas técnicas, siendo una de ellas la interpretación de los patrones de salpicaduras y manchas de sangre teniendo como objetivo proporcionar

---

[1] https://www.universidad-policial.edu.ar/articulos/IN004_CongresoInternacionalAnalistasPatronesManchasSangre.html

información valiosa sobre lo que sucedió durante la comisión de un delito y el orden en que cada uno de esos acontecimientos tuvo lugar.

En Francia, el Instituto de Investigación Criminal de la Gendarmería Nacional "Institut de Recherche Criminelle de la Gendarmerie Nationale" (IRCGN), posee varios departamentos dentro de su División Criminalística de Identificación Humana (DCIH). Dentro del departamento de Antropología Tanatología-Odontología (ATO), existe un grupo especializado para el estudio de los patrones de manchas de sangre, "Morphoanalyste de traces de sang".

Por su parte, el Instituto Forense de Zúrich (Suiza) de la Policía Forenses, dentro de su sección de Ciencia/Tecnología, en su departamento de Criminalística tiene el departamento de análisis de trazas y fluidos corporales donde llevan a cabo el estudio e interpretación de las manchas de sangre.

En Italia, los miembros de la Unidad de Investigaciones Científicas de los Carabinieri (RIS) llevan a cabo inspecciones y análisis de la escena del crimen a través del análisis de patrones de mancha de sangre.

En España, miembros del Departamento de Identificación del Servicio de Criminalística de la Dirección General de la Guardia Civil (SECRIM), con sede en Madrid, realizaron un curso denominado "Interpretación de Manchas de Sangre". Dicho curso se llevó a cabo en Newcastle (Inglaterra) en agosto de 1.999. Este fue impartido por el Centro de Investigación Mountjoy, Dirham, Reino Unido y certificado por "Laboratory of Forensic Science", "Institute on the Physical Significance of Bloodstain Evidence".

Dentro de este Servicio de Criminalística se encuentra el Laboratorio Central, donde entre otras secciones están la de Identificación y Escena del Crimen y a su vez, el Departamento de Escena del Crimen que está estructurado en dos áreas técnicas:

- Área de Fotografía e Infografía: en esta área existe un software de uso forense que permite determinar la zona de origen desde donde son proyectadas las salpicaduras de sangre.
- Área de Inspección Ocular: esta área cuenta con el Equipo Central de Inspecciones Oculares (ECIO), que durante el año 2017 se ha formado sobre el estudio patrones de manchas de sangre. Este equipo tiene la peculiaridad de que se desplaza a cualquier punto del territorio nacional para prestar apoyo al resto de unidades.

En este mismo sentido, también cuentan con tecnología y formación sobre patrones de manchas de sangre los miembros Cuerpo Nacional de

Policía. En el año 2015 ya se formó a un grupo de agentes, y más recientemente, en mayo del 2023 se han vuelto a formar nuevamente sobre esta disciplina en las instalaciones de la Comisaria General, en el que participaron especialistas en inspecciones técnico-policiales de la Unidad Central de Coordinación Operativa, así como de las Brigadas Provinciales de Madrid, Valencia y Sevilla.

Como se puede comprobar en España aún no se ha implantado esta disciplina como rama independiente, si bien la evolución de las técnicas y tecnologías relacionadas con la investigación de patrones de manchas de sangre en la escena del crimen ha llevado a que en la actualidad exista un grupo de profesionales de las Fuerzas y Cuerpos de Seguridad que se ocupan de la embrionaria implementación de esta disciplina. Aunque aún no ocupa el lugar que le corresponde, ya se encuentra integrada dentro de una de las secciones o departamentos de Criminalística así como de la Unidad Central de Coordinación Operativa y de algunas brigadas de Policía Científica. Asimismo tampoco existe en nuestro país ningún organismo, asociación o entidad, pública o privada encargados de la producción de estándares de calidad, unificación de criterios, elaboración de manuales de investigación o protocolos de buena praxis policial de esta materia.

2.8. REGLAS BÁSICAS SOBRE LOS PATRONES DE MANCHAS DE SANGRE EN LA ESCENA DEL CRIMEN

MacDonell (1971), estableció algunas reglas básicas con relación a las manchas de sangre en su publicación "Características y patrones de manchas de sangre humana":

1. Las manchas de sangre pueden ser utilizadas para determinar la direccionalidad de la caída de la gota. Su forma, frecuentemente, permitirá una estimación en cuanto a su velocidad, ángulo de impacto y/o la distancia de caída, desde la fuente de origen al lugar de impacto final.
2. El diámetro de una mancha de sangre sólo tiene valor en la estimación de la distancia de caída cuando ésta es inferior a 1,5 o 1,8 metros. Más allá de este valor, la variación en el diámetro es demasiado reducida como para ser fiable.
3. Las características de los bordes de las manchas de sangre no tienen absolutamente ningún significado o valor, a menos que el efecto so-

bre la superficie de impacto sea bien conocido. Esto es especialmente cierto cuando se hacen intentos para estimar la distancia de lo que se conoce como “salientes o dentellones” alrededor del borde.

4. El grado de salpicaduras de una gota dependerá mucho más de la suavidad de la superficie de impacto, que de la distancia desde donde cae la gota. Cuanto más rugosa es la superficie, más probable es que se rompa y cree salpicaduras. Por ejemplo, un papel secante causará salpicaduras en una medida considerable a una distancia aproximada de cuarenta y cinco centímetros, mientras que una gota que cae a más de 30 metros no producirá salpicaduras si cae sobre un vidrio u otra superficie lisa.

5. No existen conclusiones sobre la causa de una mancha de sangre muy pequeña cuando procede de un número determinado de manchas. Partículas muy finas de sangre pueden ser el resultado de una "nebulización" o, de manchas satélites producidas por un patrón de lanzamiento de una gota más grande o más gotas. En ausencia de una gota mayor, cuando cientos de gotas menores de 3 milímetros están presentes de manera muy concentrada se puede concluir que han sido producidas por un impacto, y que cuanto más pequeño es el diámetro de esas gotas, mayor es la velocidad del impacto que las ha producido. La diferencia entre un impacto de media velocidad como el producido por un hacha o martillo, y un impacto de alta velocidad como el producido por un arma de fuego, es suficiente para diferenciar los dos.

6. La direccionalidad de una pequeña mancha de sangre se determina fácilmente, siempre y cuando el investigador sepa reconocer la diferencia entre una mancha de sangre independiente y las salpicaduras satélites que han sido despedidas desde una mancha principal. Las pequeñas manchas independientes tendrán una forma cónica uniforme y se asemejan a una lágrima apuntando siempre hacia su dirección de viaje. Las gotas por lanzamiento producen unas manchas parecidas a un renacuajo con su extremo largo y estrecho y una mancha con la cabeza bien definida. El extremo más agudo de estas manchas siempre apunta de nuevo hacia su origen. Dado que estas salpicaduras satélites sólo viajan a una distancia muy corta, la caída más grande casi siempre se puede encontrar en el punto de partida.

7. El carácter de una mancha de sangre, ya sea formada por gotas de mayor o menor diámetro o por extensas cantidades de sangre, puede revelar el movimiento en el momento en el que se produce la

mancha inicial o si posteriormente el cuerpo fue desplazado de su posición original.

8. Dependiendo del blanco y del ángulo de impacto, pueden producirse salpicaduras hacia atrás por una herida producida por arma de fuego. Sin embargo, el alcance de estas salpicaduras hacia atrás es considerablemente menor que las producidas en la misma dirección del proyectil.
9. La sangre es un material uniforme desde el punto de vista de su aerodinámica. Su capacidad para reproducir patrones específicos no se ve afectada de manera significativa debido a la edad o el sexo. Asimismo, puesto que la sangre se desprende de un cuerpo a temperatura constante y normalmente está expuesta a un ambiente externo por un tiempo muy corto, la temperatura atmosférica, presión y humedad no tienen ningún efecto medible sobre su comportamiento. Por supuesto, existen algunas excepciones como por ejemplo una gota de sangre cayendo a varios cientos de metros, o salpicaduras en una zona descubierta con una tormenta, o cuando cae en superficies muy calientes o frías. Si ocurren estas excepciones debido a esa naturaleza inusual se deben evaluar de forma individual.

En gotas de sangre, los bordes ondulados generalmente indican una mayor distancia de la caída que la que presentan los bordes perfectamente redondos, teniendo en cuenta la superficie del objetivo. Las estimaciones de distancia, sin embargo, no son de valor a menos que el efecto de la superficie sobre la cual la sangre cae sea bien conocido. La direccionalidad de una mancha de sangre pequeña (o gotita) es fácilmente determinable por su forma de lágrima uniforme, con la cola apuntando en la dirección de viaje.

Si no se observan gotas de mayor tamaño entre los cientos de gotas de menos de unos 3 milímetros de ancho, se puede concluir que el patrón es el resultado de un impacto (Fisher 1992).

El aspecto de los bordes de la mancha sólo es valedero cuando se tiene en cuenta las características de la superficie sobre la que ha caído la sangre. Si se usan iguales superficies de impacto entonces son válidas las asociaciones entre manchas desconocidas y los patrones existentes.

Cuanto más burda y áspera es la superficie, mayor es la posibilidad de que la gota se rompa y desparrame.

Diversos autores coinciden en que cuando las gotas caen verticalmente sobre una superficie lisa, a una distancia menor de 50 cm., su forma es circular con los bordes lisos.

Cuando la altura está comprendida entre 50 y 100 cm., los bordes ya se presentan festoneados, mientras que a una altura ente 100 y 150 cm., los mismos son más aguzados, produciéndose proyecciones radiales a una mayor altura. (Cardini y cols. 1983).

El experto en el lugar de los hechos debe tener en cuenta las características conocidas de la sangre, éstas se dividen en seis puntos centrales:

1. Si tiene un carácter igualitario y puede imitar patrones o modelos concretos.
2. Es de forma circular en una caída libre.
3. No suele romperse, a no ser que intervengan otros hechos que la rompa.
4. Si no es influenciada por otro elemento o fuerza, la gota de sangre tiene un volumen de 0,05 mililitros.
5. La velocidad terminal es de 7,65 metros por segundo (± 0,15 cm.) en caída libre.
6. La mayoría de las gotitas de alta velocidad tienen un diámetro menor de 1 mm. y usualmente no se desplazan a más de 1,20 metros (Guzmán 2000).

2.9. FUNCIÓN DEL ANALISTA DE PATRONES DE MANCHAS DE SANGRE EN LA ESCENA DEL CRIMEN

Como cualquier disciplina forense, el análisis de patrones de manchas de sangre busca definir en los hechos las circunstancias de un incidente en cuestión. El examen de la naturaleza física de las manchas de sangre nos proporciona información específica sobre acontecimientos que sucedieron durante el incidente.

A menudo nos referimos a lo que el analista evalúa como la "repercusión estática" de un hecho. La dispersión, las características de forma, el volumen, el número y el tamaño de las manchas de sangre, y su relación con el entorno de la escena son parte de esta repercusión. Esta información proporciona al investigador una ventana al pasado, ayudando a delimitar una historia objetiva para un incidente acaecido. La claridad no es una garantía, es posible que la información existente en las manchas de sangre no proporcione ninguna aclaración sobre los temas en cuestión. A menudo, sin embargo, el analista encuentra información directa y convincente que hace que la labor de la persona que busca sea más fácil (Bevel y Gardner 2008).

Cuando se estudian las manchas de sangre respecto a su geometría y distribución en diversas superficies, pueden revelar información valiosa para la reconstrucción de los hechos que produjeron el derramamiento de sangre en las siguientes áreas (MacDonell 1971; Eckert 1997; Stuart y William 1998; Raymond 2001; Bevel y Gardner 2002; Lyle 2004; Stuart y col. 2005; French 2008; Raymond 2009):

1. El origen u orígenes de los patrones de manchas de sangre.
2. Las distancias entre las áreas de impacto de sangre salpicada y origen en el momento del derramamiento de sangre.
3. El tipo y la dirección de impacto que produjeron los patrones de manchas de salpicadura.
4. Objeto(s) que producen patrones de manchas de sangre particulares.
5. Número de golpes, disparos, etcétera, que han tenido lugar.
6. Ubicación de la víctima, el asaltante, o los objetos en la escena durante el derramamiento de sangre.
7. El movimiento, dirección y velocidad de la víctima, asaltante o los objetos en la escena después del derramamiento de sangre.
8. Si una arteria pudo haber sido seccionada durante el crimen.
9. Corroborar o contradecir las declaraciones dadas por el sospechoso o testigos.
10. Criterios adicionales para la estimación del intervalo post-mortem.

Por su parte Kiely (2001) indica que el propósito del análisis de patrones de sangre es identificar las posibles actividades que tuvieron lugar para que la sangre se depositara, y también identificar la posible ubicación de la persona durante el derramamiento de sangre. Este autor señala que el primer paso es la identificación de los patrones básicos, y que una vez identificados los patrones, se pueden sacar conclusiones referentes a qué tipo de actividad se llevó a cabo para crear esos patrones. Estos patrones son reconocibles y reproducibles. Sin embargo, existen limitaciones al análisis de patrones de manchas de sangre, debido a la dificultad y la ambigüedad en la determinación de cómo se produjo una mancha.

Stuart y William (1998) establecen que la interpretación de patrones de manchas de sangre es una disciplina que utiliza principios matemáticos y científicos de la biología y la física (p. ej., trigonometría, características de la sangre, fuerza/aceleración, tensión superficial, fuerzas cohesivas). Por tanto, su práctica abarca métodos propios de las ciencias naturales. Esta interpretación puede lograrse por evaluación directa de la escena y/o estudio cuidadoso de las fotografías de la escena (preferentemente fotos coloreadas con elementos de visión a la vista) en conjunción con el examen detallado de ropa, armas, y otros objetos considerados como evidencia física. Los detalles de registros del hospital, la autopsia, y las fotos de autopsia también proveen información interesante y deberían ser incluidas para su posible estudio, debiendo tenerse acceso total a las fotos, bocetos detallados, diagramas, informes de los investigadores que acudieron a la escena y resultados del laboratorio.

Para estos autores, la meta de la reconstrucción de la escena del crimen utilizando la interpretación de los patrones de manchas de sangre es ayudar al conjunto de la investigación forense con las principales preguntas que deben ser respondidas, lo que incluye entre otras las siguientes:

- ¿Qué ocurrió?
- ¿Cuándo y en qué secuencia ocurrieron los hechos?
- ¿Quién estaba allí durante el acontecimiento?
- ¿Quién no estaba allí durante el acontecimiento?
- ¿Qué no ocurrió?

2.10. FORMACIÓN Y/O EXPERIENCIA PARA SER ANALISTA DE PATRONES DE MANCHAS DE SANGRE

En este apartado partimos de una premisa, tanto la formación como la experiencia son necesarias para ser un analista de patrones de manchas de sangre. La realización de cursos sobre patrones de manchas de sangre no es garantía suficiente de un adecuado ejercicio pericial si no está acompañado de las prácticas iniciales y un bagaje profesional que se va incrementando con el paso de los años. Prueba de ello son numerosos profesionales de nuestras Fuerzas y Cuerpos de Seguridad destinados en unidades de Policía Científica. Vaya por delante nuestro reconocimiento por su labor diaria sirviendo a los ciudadanos.

La efectividad en las investigaciones y la mejora en la calidad de los resultados forenses se ven potenciadas significativamente por el desarrollo de una reputación profesional sólida. Esta reputación se forja a través de la sinergia entre formación académica y experiencia práctica acumulada. A medida que los analistas de patrones de manchas de sangre se enfrentan a casos de mayor complejidad y adquieren experiencia, su estatus como expertos en el campo se consolida, abriendo el camino hacia oportunidades profesionales enriquecedoras, tales como la participación en investigaciones de renombre o en la formación de futuros especialistas. La construcción de esta reputación no se limita únicamente al ámbito de trabajo directo con casos forenses, sino que también se expande a través de la participación activa en conferencias, la publicación de investigaciones en revistas científicas de prestigio, y la contribución al desarrollo de estándares y mejores prácticas en el ámbito forense. Aquellos analistas que se dedican de manera activa a la comunidad forense y persisten en el enriquecimiento de su conocimiento mediante la educación continua y la investigación, se posicionan como líderes indiscutibles en su campo, marcando así la dirección futura de la disciplina.

La ética ocupa un lugar central tanto en la formación académica como en la práctica profesional del análisis de patrones de manchas de sangre. Es imperativo que los analistas se adhieran a los más altos estándares éticos, garantizando que sus análisis sean objetivos, imparciales y fundamentados exclusivamente en la evidencia. Frente a la presión de producir resultados que puedan favorecer a una de las partes en litigio, es esencial que los analistas mantengan su independencia y objetividad. La formación académica debe incorporar un fuerte componente ético, preparando a los analistas para afrontar desafíos con integridad y resistir cualquier intento de influencia indebida. La experiencia, por su parte, fortalece estos principios éticos, ya que los analistas con una trayectoria dilatada han sido testigos de las repercusiones que los errores o las conductas antiéticas pueden tener en la administración de la justicia.

En un contexto global, es crucial reconocer que el análisis de patrones de manchas de sangre es una disciplina dinámica, sujeta a evolución constante. Las normativas y procedimientos varían significativamente de un país a otro, y es fundamental que los analistas estén versados en los estándares y avances a nivel internacional, así como en las especificidades legales y técnicas de las jurisdicciones en las que ejercen. La movilidad profesional en un entorno globalizado exige que los analistas estén preparados para trabajar en diversos contextos legales y culturales a lo largo de sus carreras, adaptándose a las variaciones con agilidad. La formación continua y la experiencia se presentan como activos valiosos en este sentido, permitiendo a los analistas mantenerse actualizados con las mejores prácticas y protocolos de trabajo a nivel mundial y adoptar un enfoque más informado y versátil en su labor.

Es fundamental que los analistas de patrones de manchas de sangre comprendan la importancia de mantener una documentación precisa y detallada, así como de preservar estrictamente la cadena de custodia en el manejo de la evidencia. Cualquier error en estos aspectos puede comprometer la validez del análisis y la admisibilidad de los hallazgos en un tribunal. Por ello, los programas de formación deben enfatizar la necesidad de adherirse a procedimientos rigurosos en la documentación y manejo de evidencias. La experiencia práctica refuerza esta enseñanza, capacitando a los analistas en la prevención de errores y asegurando que su trabajo sea sólido y defendible en un contexto judicial.

Un analista de patrones de manchas de sangre ha de ser un profesional altamente capacitado y de gran integridad, cuya pericia y conocimiento le permiten interpretar correctamente la evidencia encontrada en la escena de un crimen. A través de la combinación de una formación teórica rigurosa, una experiencia práctica profunda y un compromiso inquebrantable con los estándares éticos y profesionales, llegaremos a un perfil de analista de patrones de manchas de sangre que juegue un papel crucial en la resolución de casos y en la administración de justicia. Su capacidad para analizar los detalles y comprender el comportamiento de la sangre en diferentes situaciones asegura que las conclusiones que proporcionan sean precisas y útiles en los procesos judiciales, contribuyendo significativamente al sistema de justicia.

2.11. ESTUDIO DE UN CASO: DAVID CAMM

El caso de David Camm es una historia profundamente compleja y trágica que muestra cómo errores en la interpretación de la evidencia forense pueden poner en peligro la presunción de inocencia. Este exoficial de la policía estatal de Indiana se encontró atrapado en una pesadilla legal tras ser acusado del brutal asesinato de su esposa, Kim Camm, y sus dos hijos, Brad y Jill, el 28 de septiembre de 2000. Lo que siguió fue una serie de giros inesperados, pruebas controvertidas y tres juicios que se extendieron a lo largo de 13 años, durante los cuales Camm luchó incansablemente para demostrar su inocencia.

El día de los asesinatos, David Camm había salido a jugar al baloncesto, y al regresar a su hogar en Georgetown, Indiana, encontró a su familia asesinada en el garaje. La policía arrestó a Camm solo tres días después, basándose en pruebas circunstanciales y un análisis de manchas de sangre que inicialmente se interpretó como una señal de su culpabilidad. Este análisis fue realizado por un experto en patrones de manchas de sangre que afirmó que las pequeñas manchas de sangre encontradas en la camiseta de Camm eran salpicaduras de alta velocidad, típicamente asociadas con disparos de arma de fuego. Esta interpretación situaba a Camm en la escena del crimen en un papel activo durante los asesinatos, una conclusión que resultó ser central para su condena en dos juicios separados.

Sin embargo, este análisis fue altamente controvertido y, con el tiempo, fue cuestionado por otros expertos. La defensa de Camm presentó a varios analistas de patrones de manchas de sangre que argumentaron que las manchas en su camiseta podrían haber sido causadas por transferencia, posiblemente cuando intentó sacar del vehículo a componentes de su familia en un esfuerzo desesperado por salvarlos. Este tipo de discrepancias subraya la importancia de una formación exhaustiva y una experiencia práctica robusta en el campo del análisis forense. Cuando se depende de pruebas tan técnicas y potencialmente ambiguas, es esencial que los análisis sean realizados con el máximo rigor y que se consideren todas las posibles explicaciones antes de llegar a una conclusión.

El caso de David Camm, surgieron cuestiones sobre la calidad de la investigación inicial, incluida la incorrecta identificación de una supuesta sustancia acuosa en la escena del crimen, que resultó ser simplemente suero separado de la sangre. Estos errores en la interpretación de la evidencia científica pusieron en riesgo la validez de todo el proceso judicial y reflejan la necesidad de que los analistas estén no solo bien formados, sino también preparados para abordar cada pieza de evidencia con un enfoque crítico y meticuloso.

La controversia continuó con la aparición de una camiseta ensangrentada, encontrada en la escena del crimen, que no pertenecía a ninguna persona de la familia Camm, pero que contenía ADN tanto de las víctimas como de un individuo desconocido. Este ADN fue posteriormente identificado como perteneciente a Charles Boney, un delincuente con un historial de violencia contra mujeres. La presencia de Boney en la escena del crimen, confirmada por sus huellas dactilares en la camioneta de la familia, fue un giro crucial en el caso y condujo a su condena en 2006. Sin embargo, a pesar de esta nueva evidencia, Camm tuvo que enfrentar un tercer juicio antes de ser finalmente absuelto.

Durante el tercer juicio, la defensa de Camm pudo presentar pruebas más detalladas y con nuevos argumentos científicos, incluidas reconstrucciones en 3D, que demostraron que las manchas de sangre en su camiseta no podían haber sido causadas por disparos, sino que eran consistentes con la transferencia de sangre al intentar rescatar a sus hijos. Estos análisis más criterio y rigor científico, jugaron un papel crucial en la absolución de Camm, subrayando cómo la aplicación precisa de la ciencia forense es esencial para la justicia.

Después de pasar 13 años en prisión, David Camm fue finalmente absuelto de todos los cargos en 2013. Este caso, que ha sido objeto de varios libros y programas de televisión, es citado frecuentemente como un ejemplo de error judicial y de los peligros de depender de pruebas forenses interpretadas incorrectamente. La historia de David Camm resalta los fallos en el sistema de justicia penal, la importancia de una evidencia basada en la ciencia y la necesidad de que los profesionales forenses estén formados y experimentados para evitar errores que puedan costar la libertad, o incluso la vida, de una persona inocente.

El caso de David Camm es, en última instancia, una lección sobre las complejidades del sistema de justicia penal y la necesidad de un análisis forense riguroso y preciso. La historia de cómo fue incriminado erróneamente y luego absuelto después de más de una década, sirve como un recordatorio poderoso de que la búsqueda de la verdad requiere una combinación de habilidad técnica, experiencia y un compromiso inquebrantable con los principios de justicia. Sin olvidar que todo ello ha de pivotar alrededor de una ética profesional que como nos indica Castillo (2029) requiere "una serie de valores y pautas de comportamiento ético que se conviertan en principios y reglas de su quehacer profesional diario" (p. 39).

Figura 9. Esquema de la escena del crimen (culpable, inocente, víctimas e indicios)

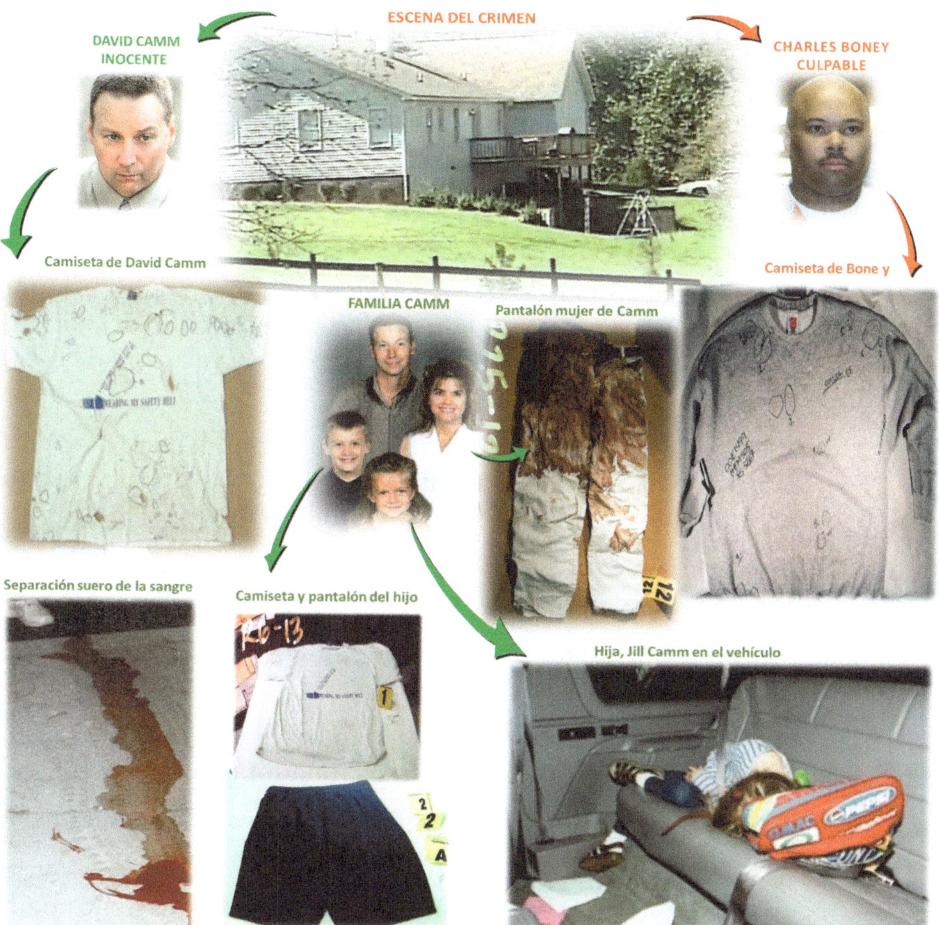

Fuente: Elaboración propia a partir de imágenes extraídas de fuentes abiertas en internet.

2.12. DIRECTRICES ESTABLECIDAS PARA UN NIVEL MÍNIMO DE FORMACIÓN

En base a lo anterior, se establecen directrices que por orden cronológico han ido surgiendo a lo largo del tiempo por algunos organismos para obtener un nivel mínimo de educación en esta área:

2.12.1. Grupo de Trabajo Científico del FBI (SWGSTAIN)

El grupo de trabajo científico SWGSTAIN para el análisis de patrones de manchas de sangre, en el año 2008 estableció una serie de directrices consistentes en:

1°. Poseer alguna de las siguientes titulaciones:

- Una licenciatura o equivalente en un campo de estudio relacionado con los patrones de manchas de sangre de un colegio o universidad acreditada.
- Un título de grado asociado o su equivalente en un campo de estudio relacionado con los patrones de manchas de sangre de un colegio o universidad acreditada, y dos años de experiencia relacionada con el trabajo.
- Un diploma de escuela secundaria o equivalente y cuatro años de experiencia relacionada con el trabajo como técnico en la escena del crimen; criminalista, o investigación criminal y de homicidios.

2°. Objetivos mínimos que se pretenden con estos requisitos, son que el estudiante sea capaz de demostrar:

- Una comprensión de los problemas de salud y seguridad asociados con los patrones de manchas de sangre.
- Un conocimiento de los agentes patógenos que pueden ser transmitidos por la sangre y otros peligros relacionados con la salud.
- Un conocimiento del equipo de seguridad y los procedimientos de seguridad de riesgo biológico.
- Un conocimiento de la evolución histórica del estudio de los patrones de manchas de sangre.
- Una comprensión de los principios científicos que se relacionan con los patrones de manchas de sangre y su aplicación, que incluya: problema de identificación; hipótesis; experimentación/recopilación de datos; análisis de los datos y conclusiones.
- Una comprensión de los principios matemáticos que se relacionan con el análisis de patrones de manchas de sangre, que incluya un conocimiento de los métodos utilizados en la medición de las manchas de sangre; funciones trigonométricas y métodos para la determinación del origen.

- Una comprensión de cómo la apariencia física de los patrones de manchas de sangre (tamaño, forma, distribución y ubicación) se relaciona con el mecanismo por el cual fueron creados.
- Los métodos aceptables para documentar las pruebas de patrones de manchas de sangre, que incluya fotografías, croquis, notas...
- Una comprensión de las metodologías para la preservación y recolección de pruebas del patrón de manchas de sangre que permitan ser examinadas en el futuro.
- Una comprensión de las lesiones que han generado el derramamiento de sangre, su ubicación, y sus posibles efectos sobre el patrón de manchas de sangre.
- Una comprensión de la búsqueda, análisis químicos, y técnicas de mejora, que se refieren a las manchas de sangre.
- Una comprensión de las limitaciones del análisis de patrones de manchas de sangre.
- La capacidad de aplicar el análisis de patrones de manchas de sangre para ayudar en la reconstrucción de un suceso(s) en el que exista derramamiento de sangre.
- La capacidad de comunicar los hallazgos, conclusiones y opiniones mediante métodos escritos y/o verbales.

En definitiva, recomendaba que para permanecer en constante actualización se realizase un mínimo de ocho horas de capacitación anuales, como pueden ser conferencias, seminarios y talleres.

2.12.2. Comisión para la Identificación de las Necesidades de la Comunidad de Ciencias Forenses

En el año 2009, la Comisión para la Identificación de las Necesidades de la Comunidad de Ciencias Forenses de los Estados Unidos estableció que eran muchas las variables que surgían con la producción de patrones de mancha de sangre, y que su interpretación no era tan sencilla como el proceso implica. Estableció que la interpretación e integración de los patrones de manchas de sangre en una reconstrucción debería requerir como mínimo de:

- Una formación científica adecuada.
- Un conocimiento de la terminología empleada (por ejemplo, el ángulo de impacto, las salpicaduras hacia atrás, el patrón de lanzamiento, etc.).
- Una comprensión de las limitaciones de los instrumentos de medición utilizados para realizar las mediciones del patrón mancha de sangre (por ejemplo: calculadoras, programas informáticos, láser, transportadores).
- Una comprensión de las matemáticas aplicadas y el uso de cifras significativas.
- Una comprensión de la física de la transferencia de fluidos.
- Una comprensión de la patología de las heridas.
- Una comprensión de forma general de cómo se comportan los patrones de manchas de sangre después de salir del cuerpo humano.

2.12.3. Academia Americana de Ciencias Forenses (AAFS)

En 2020, se establecen las normas ANSI/ASB 032 para la formación de analistas de manchas de sangre. Este documento establece tanto los requisitos mínimos para acceder a esta capacitación como para poder capacitarse como analista de patrones de manchas de sangre.

El borrador de esta norma fue elaborado por el subcomité para el análisis de PMS del Área Científica para las Ciencias Forenses (OSAC). Dicho borrador surge a raíz del ya existente por el grupo de trabajo científico SWGSTAIN para el análisis de PMS creado en el año 2008.

Requisitos:

- Estar en posesión de un título universitario y haber cursado estudios de trigonometría y cursos que estén relacionados con biología, física y química.

Formación mínima. Comprensión y conocimiento sobre:

- Agentes patógenos y otros peligros para la salud relacionados con la sangre.
- Riesgos químicos.
- Equipos de protección y procedimientos de seguridad frente a riesgos biológicos y químicos.

- Historia del análisis de patrones de manchas de sangre (PMS).
- Método científico y principios del análisis de PMS, incluyendo los siguientes: identificación del problema, recogida de datos; hipótesis barajadas; evaluación de estos datos e hipótesis y conclusiones.
- Anatomía y fisiología de la sangre.
- Efectos de las características de los patrones de manchas de sangre en las distintas superficies.
- Efecto de los factores ambientales en la formación y tiempo de secado en los PMS, debiendo incluir: humedad; corriente de aire; temperatura ambiente; temperatura y características del sustrato y actividad de animales e insectos.
- Principios de la física relacionados con el análisis de PMS (especialmente dinámica de fluidos), incluyendo: tensión superficial; gravedad; viscosidad; resistencia al aire; velocidad y leyes del movimiento de Newton.
- Características de la sangre en movimiento, incluyendo: formación de las gotas; oscilación; gota de acompañamiento; gotas liberadas por desprendimiento; rutas de vuelo; distribución de las gotas de sangre; energía cinética.
- Principios matemáticos relacionados con el análisis de PMS, incluyendo: los métodos utilizados para medir manchas de sangre individuales; funciones trigonométricas y métodos para estimar la zona de origen.
- Tamaño, forma, distribución, aspecto y localización de los PMS, en relación con los mecanismos que los crearon.
- Efectos de los PMS en los tejidos y ropa, incluyendo: composición; tratamiento; estado, etc.
- Clasificación de los PMS.
- Coagulación.
- Documentación de PMS, incluyendo: fotografía; croquis y notas.
- Métodos de conservación y recogida de pruebas de PMS.
- Reconocer y describir prueba químicas y técnicas de realce.
- Análisis de otros informes forenses
- Limitaciones e incertidumbres del análisis de PMS.

- Reconstrucción a través de PMS.
- Capacidad de demostración de forma precisa, objetiva y eficaz los resultados obtenidos y sus conclusiones.
- Reconocimiento el "sesgo cognitivo", incluyendo el sesgo: el contextual; de confirmación; motivacional, etc.

Formación continua:

- Para mantenerse actualizado se deberán llevar a cabo un mínimo de 8 horas al año de formación, y estar al corriente de la bibliografía actualizada.
- Pertenecer a alguna organización relacionada con el APMS.

Capítulo 3

Propiedades físicas de la sangre y medidas de seguridad ante riesgos biológicos

3.1. INTRODUCCIÓN

La sangre, a la que se le ha atribuido propiedades místicas, curativas y simbólicas, ha atraído al ser humano desde su más remota antigüedad, siendo relacionada la pérdida de ésta con enfermedades y con la muerte, dándose cuenta de que los heridos ante la pérdida de sangre se debilitaban y que los fallecidos no sangraban.

Desde las culturas antiguas que consideraban la sangre lo más valioso de la persona donde realizaban ofrendas de su propia sangre a los dioses e incluso sacrificios, hasta la actualidad donde los masáis (posiblemente el grupo étnico más famoso de África) beben sangre de león para adquirir su fiereza, no ha cesado la curiosidad por saber cómo se origina, de qué está hecha y cómo se mueve a través de los vasos del sistema circulatorio.

3.2. SISTEMA CIRCULATORIO HUMANO

El sistema cardiovascular, sanguíneo o circulatorio está compuesto por el corazón y una impresionante red de 19.000 km de vasos sanguíneos interconectados que llevan la sangre por todo el cuerpo. Este sistema debe considerarse como un todo, que está en conexión genética, morfológica y funcional con todos los demás sistemas de órganos del cuerpo humano.

El corazón es un órgano encargado de bombear la sangre a través de los vasos sanguíneos a todas las partes del organismo y está formado por cuatro cámaras huecas: dos aurículas, derecha e izquierda; y dos ventrículos, derecho e izquierdo, formados por músculo estriado involuntario. Entre la aurícula y el ventrículo de la misma mitad cardíaca, existen unas válvulas llamadas auriculoventriculares (tricúspide y mistral, tanto en la mitad derecha como en la izquierda). Estas válvulas se abren y se cierran continuamente, impidiendo o permitiendo que fluya la sangre desde el ventrículo a su aurícula correspondiente.

Los tres tipos principales de vasos sanguíneos son las arterias, venas y capilares que a su vez presentan diferentes estructuras en su pared.

En las arterias su pared es elástica y resistente, distinguiéndose respectivamente tres capas: túnica externa, media e interna. Esto permite soportar la presión con la que sale la sangre del corazón. Las arterias llevan la sangre desde el corazón hasta los órganos corporales, circulando por ellas la sangre a presión debido a la elasticidad de las paredes.

En las venas, su pared es más fina y menos resistente que en las arterias y transportan la sangre desde los órganos al corazón, por lo que la sangre circula con menos presión, desembocando en las aurículas.

En los capilares su pared está formada por una sola capa de células y son vasos de grosor extremadamente finos en los que se dividen las arterias penetrando por todos los órganos del cuerpo, y que al unirse de nuevo forman las venas.

3.3. CARACTERÍSTICAS BIOFÍSICAS DE LA SANGRE

La sangre es un fluido corporal coloidal no newtoniano[2] especializado del sistema circulatorio de composición compleja, a base de células, fragmentos celulares y plasma. Su temperatura normal es de 36,5°C y es 5 veces más viscosa que el agua. Constituye aproximadamente el 8% del peso corporal total (5.5 L en un hombre de 70 Kg y 250 ml en un recién nacido que pese 3.2 Kg), siendo su densidad media de aproximadamente 1.060 kg/m3.

La sangre tiene la capacidad de fluir libremente, por lo que su forma está únicamente limitada por su contenedor (arterias, venas y capilares). A diario nuestro organismo sufre una pérdida considerable de células sanguíneas que a la vez son reemplazadas por nuevas células sanguíneas. Por ejemplo, en un adulto de 70 kg de peso, se producen 2 x 1011 eritrocitos, 2 x 1011 plaquetas y 7 x 1010 granulocitos.

Un adulto medio conserva un volumen aproximado de sangre circulante de 4-5 litros de sangre si es mujer y, hasta 5-6 litros de sangre si es hombre. A este volumen de sangre se le denomina volemia y su volumen depende normalmente del estado de hidratación del sujeto. Cerca de 3 litros de este volumen sanguíneo se hallan en la circulación venosa sisté-

---

2 Un fluido no newtoniano es aquel que no tiene una viscosidad definida y constante que varía en función de la temperatura y fuerza cortante a la que esté sometido.

mica, 1 litro en los pulmones y otro litro repartido entre el corazón, las arterias sistémicas, las arteriolas y los capilares.

Peralta (2010) en su tesis estableció que, en todas las vertientes de la física, en lo que respecta a la mecánica de fluidos se debía partir de unas hipótesis para poder desarrollar los diferentes conceptos. Por lo que en lo que atañe a la mecánica de fluidos se toma como premisa que dichos fluidos poseen las siguientes leyes: mantenimiento de la masa y de volumen de movimiento, es decir, la primera y segunda ley de la termodinámica, aunque la premisa más importante en lo referente a la mecánica de fluidos es la hipótesis del medio continúo.

Este mismo autor, indica que la hipótesis del medio continuo considera que el fluido es continuo a lo largo del espacio que ocupa, ignorando por tanto su estructura molecular y las discontinuidades asociadas a ésta. Con esta hipótesis se puede considerar que las propiedades del fluido (densidad, temperatura, etc.) son funciones continuas.

3.4. COMPONENTES DE LA SANGRE

La sangre está constituida por un líquido denominado plasma y tres clases de células, cada una de las cuales desempeña una función específica. Estas células se clasifican en glóbulos rojos (eritrocitos), glóbulos blancos (leucocitos) y plaquetas o trombocitos. Se les denominan elementos formes y suponen el 45% del volumen total de la sangre, siendo éstos producidos por la hematopoyesis en la médula ósea.

3.4.1. Glóbulos rojos (eritrocitos)

Son las células más abundantes (unos 5 millones por mm^3 de sangre) y están especializadas en el transporte del oxígeno, son de las pocas células de las que se conoce su promedio de vida, de unos 120 días. Los glóbulos rojos (eritrocitos) son de color rojo debido a las altas concentraciones de hemoglobina que contiene en su interior. Su función básica es transportar oxígeno desde los pulmones a los tejidos, y el dióxido de carbono desde los tejidos a los pulmones para expulsarlo. Los glóbulos rojos (eritrocitos) no tienen ADN nuclear ni ADN mitocondrial, ya que, aunque en su origen sí lo tienen, lo destruyen para maximizar su contenido en hemoglobina.

3.4.2. *Glóbulos blancos (leucocitos)*

Son células incoloras, esféricas, encargadas de defender al organismo y tenemos unos 6000-7000 glóbulos blancos por mm^3 de sangre. Los leucocitos se dividen generalmente en dos grupos según posean gránulos en su citoplasma o no. Los granulocitos (poseen gránulos) constituyen el 60% de los leucocitos, incluyen neutrófilos, eosinófilos y basófilos; y los agranulocitos (que no poseen gránulos) que constituyen el 40% del total de los leucocitos incluyen a los linfocitos y monocitos.

3.4.3. *Plaquetas o trombocitos*

Son pequeños fragmentos celulares, que como veremos más adelante se encargan de evitar las hemorragias a través de la coagulación sanguínea y reparación de la pared de los vasos sanguíneos. Tenemos de 200.000 a 300.000 plaquetas por mm^3 de sangre.

3.4.4. *Plasma*

Es una solución acuosa de color ámbar, constituido por un 95% de agua y 5% de diversos compuestos químicos, suponiendo el 55% del volumen total de la sangre y, por lo tanto, equivale aproximadamente al 5% del peso corporal o 3,5 litros para un adulto de 70 kg (Ganong 1991). En promedio, una muestra de plasma contiene aproximadamente 90% de agua, 8% de proteína (los principales grupos son proteínas esenciales de coagulación, albúmina y globulinas), 1% de sales orgánicas, 0.5% lípidos, 0.1% de azúcares y 0.4% de elementos menores (Young et al, 2006). Su viscosidad es similar al agua y se comporta como un fluido newtoniano.

En numerosas ocasiones se emplean de forma indistinta los términos plasma y suero, sin embargo, aunque los dos son de color amarillento, no debemos confundirlos ya que no son lo mismo. La diferencia estriba en que el suero sanguíneo no contiene fibrinógeno y por ende no contiene fibrina, que es la proteína de la sangre que participa en el proceso de la coagulación sanguínea, sin la cual nuestro organismo es incapaz de contener hemorragias.

Con relación a la hemorragia, hay que tener en cuenta que cuando se produce una lesión corporal con algún objeto lesivo (que en principio no tendría por qué producir la muerte del sujeto), se puede llegar a producir ésta debido a algún proceso patológico que sufra el individuo. Existen ciertas enfermedades que como consecuencia de la lesión sufrida, pueden llegar a generar hemorragias importantes que afecten al sistema cardiovascular produciendo la muerte por insuficiencia cardiaca (hemofilia, cáncer de pulmón, cirrosis hepática, etc.).

3.5. FUNCIONES DE LA SANGRE

La sangre realiza entre otras las siguientes funciones:

1. Función respiratoria: transporta el oxígeno desde los pulmones (alvéolos) a los tejidos y transporta el dióxido de carbono de los tejidos a los pulmones para ser eliminado al exterior.
2. Nutricional: transporta materiales nutritivos que necesita el organismo (glucosa, aminoácidos, grasas, etc.) desde el tracto digestivo a los tejidos.
3. Excretora: elimina los productos de desecho del intercambio de sustancias (urea, ácido úrico, creatinina, etc.) del tejido a los lugares de su excreción.
4. Termorreguladora: ayuda a mantener el cuerpo a la temperatura correcta.
5. Protectora: defiende al organismo contra diversos agentes nocivos para la salud con la ayuda de proteínas complejas (antitoxinas, lisinas y otros anticuerpos). Asimismo, lleva a cabo procesos de cicatrización y coagulación.
6. Regulatoria: al transferir las hormonas producidas por las glándulas de secreción interna de hormonas a sus lugares de acción en diversas células y tejidos, así como proteínas, minerales, enzimas, vitaminas...

3.6. CARACTERÍSTICAS DEL FLUJO SANGUÍNEO

Comprender las propiedades físicas de la sangre es fundamental para entender su comportamiento, ya que éstas intervienen tanto en las características que presentan la forma de la sangre durante el vuelo como en las manchas resultantes.

La adhesión, cohesión y capilaridad son términos frecuentemente utilizados en la descripción de las características físicas de un líquido por lo que es conveniente saber su significado:

La adhesión es la atracción de fuerzas entre moléculas diferentes. Una gota de sangre se fija a una pared o un cuchillo por las fuerzas adhesivas.

La cohesión se diferencia de la adhesión en que la atracción de las fuerzas actúa en moléculas similares. En un recipiente con sangre o en una sola gota de sangre, son las fuerzas de cohesión las que resultan de las atracciones eléctricas que mantienen a las moléculas juntas.

La capilaridad o acción capilar se describe como el fenómeno en el que la tensión superficial provoca que un líquido se pueda elevar en un recipiente oponiéndose a la gravedad (Stuart y cols. 2005).

3.6.1. Fuerzas cohesivas y fuerzas disruptivas

La sangre al igual que cualquier otro fluido, está influenciada tanto por fuerzas cohesivas (por ejemplo, tensión superficial y viscosidad) como por fuerzas disruptivas (por ejemplo, la resistencia del aire, la gravedad y la aplicación externa de fuerza). Las fuerzas de cohesión operan dentro de ciertos parámetros en todos los seres humanos; por ejemplo, la viscosidad de los seres humanos sanos oscila entre 4.3 y 4.7. De todos modos, las fuerzas disruptivas (por ejemplo, la resistencia del aire y la gravedad) no afectan al resultado final del patrón de mancha de sangre, aunque sí afectan a la trayectoria de vuelo de estas gotas. Por esta razón, los patrones producidos por sangre son fenómenos reproducibles (Bevel y Gardner 2008).

Por lo tanto, son especialmente importantes tres propiedades físicas para la interpretación morfológica de las manchas de sangre, ya que las características de su formación y el vuelo de las gotas de sangre, como de cualquier mancha resultante están fuertemente influenciadas por estas propiedades físicas, a saber:

1. Viscosidad.
2. Tensión Superficial.
3. Densidad relativa (o gravedad específica).

Cualquier otra función biológica de la sangre, considerando sus componentes celulares y consistencia bioquímica son de menor importancia para el análisis de manchas de sangre, por lo que sólo se hará mención a estas tres propiedades físicas de la sangre.

3.6.2. Viscosidad

La viscosidad dinámica de la sangre es una medida de la resistencia interna de la sangre al fluir, que se deforma por cualquier tensión de cizallamiento o estrés extensional. En el Sistema Internacional de Unidades, la viscosidad dinámica se mide en pascales por segundo (Pa/s), que es equivalente a kg/m-1/s-1. Esto significa que, si un fluido con una viscosidad dinámica de 1 Pa/s se coloca entre dos placas, y una placa se mueve a un lado con una tensión de cizalla de 1 Pa, supera una distancia, que es igual al espesor de la capa entre las placas en 1s. MacDonell examinó esto y llegó a la conclusión de que dependiendo de la temperatura circundante, la viscosidad de la sangre es igual a 1/6 a 2/5 m/Pa/s con una temperatura de 37° C, respecto 3,4 a 4,3 m/Pa/s con una temperatura de 25° C.

La viscosidad sanguínea también depende en gran medida del número de glóbulos rojos, de la deformabilidad de los eritrocitos, del contenido en proteínas del plasma, y de la variación individual de los hematocritos y de su coagulación.

3.6.3. Tensión superficial

La tensión superficial no es exclusiva de la sangre y por tanto está presente en todos lo líquidos. Se puede definir como la fuerza que atrae las moléculas de la superficie de un líquido hacia su interior, disminuyendo el área de la superficie reduciendo su tamaño, y por tanto generando que el líquido se resista a la penetración.

Tanto si se trata de una sola gota de sangre como de un gran volumen se mantiene unida por fuerzas moleculares cohesivas que producen una tensión superficial dentro de cada gota y en la superfie externa, dándole a la sangre la habilidad de mantener su forma.

En conclusión, la tensión superficial es el resultado directo de las fuerzas cohesivas, que a su vez son las que generan que la gota adopte la forma de un esferoide.

Figura 10. Forma esferoide de una gota de sangre como resultado del efecto de la tensión superficial a medida que cae a través del aire después de separarse de un paño empapado en sangre

Fuente. Elaboración propia.

3.6.4. Densidad

La densidad de una sustancia es la medida de su peso por unidad de volumen (d =m / v) y se expresa en gramos por centímetro cúbico (g/cm^3). El término densidad relativa ha sido reemplazado por el término gravedad específica (Stuart y cols. 2005).

Ha quedado demostrado que la densidad relativa de la sangre influye en la trayectoria de vuelo de las gotas de sangre, y por lo tanto en su ángulo de incidencia cuando impacta contra una superficie (Raymond y cols. 2001).

3.7. RESPUESTA DEL CUERPO ANTES LESIONES O DAÑOS DEL SISTEMA CIRCULATORIO

Cuando la sangre sale del cuerpo humano, como consecuencia de una lesión que haya dañado o roto un vaso sanguíneo, queda expuesta a varias fuerzas que al entrar en contacto con alguna superficie van a establecer el comportamiento de los patrones de manchas de sangre, ya que son bastante predecibles. Esto se debe a las leyes de la física (viscosidad, gravedad específica, tensión superficial, etc.) y a las leyes de la hidrodinámica, formando todas ellas la base científica para su estudio.

Ante un trauma o lesión que haya dañado un vaso sanguíneo, el organismo debe responder rápidamente para evitar la pérdida de sangre activando un mecanismo natural de defensa denominado hemostasia, que detiene la pérdida de sangre a través de tres pasos: espasmo vascular, formación de un tapón de plaquetas y la formación de un coágulo sanguíneo.

- Espasmo vascular: los músculos lisos en la pared de los vasos sanguíneos se contraen para aumentar la presión arterial. Esto reducirá el flujo de la pérdida de sangre hasta treinta minutos después de una lesión, dejando tiempo a los otros dos mecanismos para que puedan actuar.
- Plaquetas: las plaquetas cambian de forma cuando se encuentran los vasos sanguíneos dañados, formando un tapón plaquetario que implica la activación, agregación y adherencia de las plaquetas en un tapón que reduce o incluso detiene la pérdida de sangre.
- Coagulación: ésta sería la tercera fase de la hemostasia y se produce cuando el tapón plaquetario no es suficiente para detener el sangrado, produciendo una masa coagulada de células sanguíneas y otros componentes sanguíneos (coágulo de sangre). Unas trece sustancias diferentes llamadas factores de coagulación están presentes en la sangre pudiendo iniciar la coagulación. Una de las proteínas implicadas en la coagulación es la fibrina, que se polimeriza para formar una "malla" que ayudará a formar el coágulo (en relación con las plaquetas) en un sitio de la herida.

Son varios los procesos patológicos que pueden provocar un aumento de la pérdida de sangre y retrasar la coagulación de la sangre. Por citar algunos: la cirrosis hepática, hemofilia, cáncer de pulmón, deficiencias de vitaminas, alcoholismo crónico, el uso de sustancias narcóticas, etc.

3.8. PRINCIPALES ARTERIAS DAÑADAS EN AGRESIONES

Normalmente entre las arterias dañadas más comúnmente en agresiones se encuentran las siguientes arterias: temporal, carótida, radial, aorta, femoral y la braquial.

1. Temporal: esta arteria es una rama terminal de la arteria carótida externa que se encuentra en ambos lados de la frente. Se origina a nivel del cuello de la mandíbula, atraviesa la glándula parótida y avanza superficialmente hasta el proceso cigomático del hueso temporal.
2. Carótida: ambos lados del cuello y se usa comúnmente para controlar el pulso. Se originan en la bifurcación carotidea, viajando a través

de la vaina carotidea en dirección ascendente a lo largo del cuello e ingresan al cráneo cruzando el conducto carotideo.

3. Radial: cerca de la superficie de la cara interna de la muñeca, próxima a la base del pulgar.
4. Aorta: es el vaso sanguíneo principal que sale del corazón, localizada en lo profundo de la cavidad torácica. Recorre nuestro cuerpo desde el corazón hasta las piernas, siendo a su vez la arteria más grande del cuerpo humano.
5. Femoral: se encuentra en la parte anterior e interna del muslo y va desde la ingle hasta la rodilla.
6. Braquial (humeral): se localiza en la zona interna de la parte superior del brazo.

Figura 11. Arterias dañadas en actos violentos

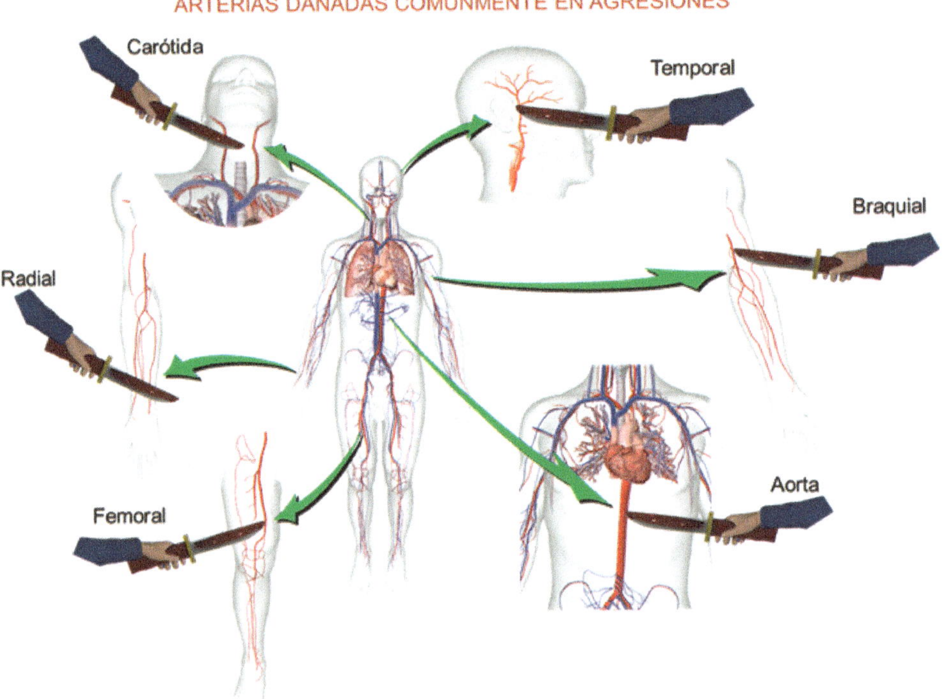

Fuente: Elaboración propia.

3.9. RIESGOS BIOLÓGICOS Y/O QUÍMICOS

El analista de la escena del crimen en general y el de los patrones de manchas de sangre en particular se enfrenta a peligros potencialmente peligrosos que pueden existir durante el procesamiento de la escena de un hecho presuntamente delictivo. Estos peligros pueden llegar a afectar a nuestra salud, por lo que es necesario establecer y llevar a cabo unos procedimientos para garantizar nuestra seguridad y nuestra integridad aplicando siempre el sentido común. Son varios factores los que nos pueden exponer a los riesgos biológicos como por ejemplo el desconocimiento de los procedimientos de seguridad o la ignorancia de los peligros asociados o vinculados a la escena del crimen. Si bien, en innumerables ocasiones es el error humano el causante de este tipo de "accidentes", ya que el factor humano es uno de los más difíciles de prever. Prueba de ello sería tanto el exceso de confianza o toma de decisiones sin conocer la magnitud del riesgo que ello conlleva para su propia vida al manipular cualquier tipo de indicio, como la toma decisiones a través de heurísticas[3] con métodos no rigurosos, EPIS no homologados, etc.

Aunque es imposible establecer unas directrices que abarquen todos los aspectos concernientes a bioseguridad en este tipo de escenarios, se deben tener en cuenta las prácticas de seguridad y los métodos disponibles más actuales para tratar de garantizar un entorno de trabajo seguro.

En base a estas medidas de seguridad se deben tener en cuenta los siguientes puntos:

- Analizar la situación y los peligros potenciales con los que podemos encontrarnos.
- Concretar objetivos de seguridad adecuados al caso.
- Distribuir los medios previamente dispuestos.
- Aplicar de forma adaptada los planes de seguridad propia sobre el terreno.

---

3 Según la RAE, en una de sus acepciones "heurística", es la manera de buscar la solución de un problema mediante métodos no rigurosos, como por tanteo, reglas empíricas, etc."

3.10. PATÓGENOS TRANSMITIDOS POR LA SANGRE Y OTROS PELIGROS PARA LA SALUD

3.10.1. Riesgos biológicos

Cuando se trabaja con evidencias biológicas, la seguridad para evitar la contaminación de las pruebas es muy importante. No debemos olvidar que estas evidencias biológicas constituyen una potencial amenaza para la salud humana que pueden incluir bacterias, virus, hongos y/o parásitos. Los patógenos que se pueden transmitir a través de la sangre son microorganismos que pueden causar enfermedades potencialmente mortales y por consiguiente un riesgo muy grave para los analistas de PMS.

De los patógenos transmitidos por sangre, son tres los de la mayor preocupación para los analistas de patrones de manchas de sangre: el VIH (virus de la inmunodeficiencia humana), la hepatitis B y el virus de la hepatitis C.

El virus de inmunodeficiencia humana (VIH) se transmite a través del contacto directo con sangre, semen, etc., si bien en comparación con la hepatitis B y C, el riesgo percutáneo de transmisión es más bajo.

La hepatitis B es un virus hepatotrópico[4] que se transmite a través de la sangre o el semen, capaz de provocar una infección crónica persistente.

La hepatitis C, es otro virus hepatotrópico, siendo su riesgo de transmisión, a través de la sangre, más bajo que el de la hepatitis B.

Por todo ello deben mantenerse una serie de precauciones encaminadas a proteger tanto al personal que realiza dicha recogida, como a la propia muestra que puede llegar a verse afectada si el proceso no se lleva a cabo con las suficientes garantías.

---

4 Que posee afinidad para el hígado.

Figura 12. Patógenas transmitidos por la sangre: hepatitis A, B, C y VIH

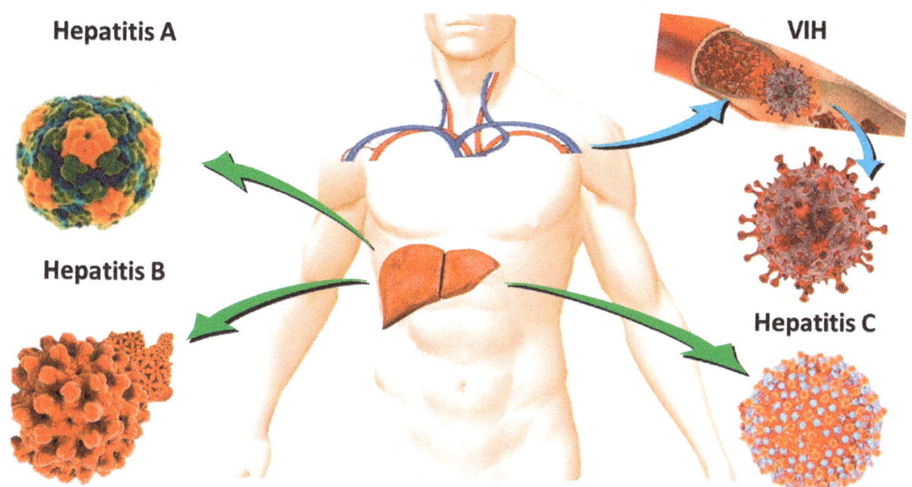

Fuente: Elaboración propia.

Vías de entrada

Estos patógenos pueden ser transmitidos por numerosas causas siendo algunas de las más habituales a través de pinchazos accidentales, cortes, abrasiones, transmisión por lesión percutánea causada por elementos punzocortantes, etc.

Por lo tanto, no se debe de olvidar nunca que la clave de la seguridad es la prevención. Trabajar con pruebas biológicas pone al analista de la escena en un riesgo de salud mayor que al resto de las personas, ya que durante el procesamiento de la escena del crimen pueden ser varias las vías de acceso de entrada al organismo de enfermedades infecciosas como, por ejemplo, a través de los ojos, nariz, inhalación, absorción, etc.

Figura 13. Vías por las que pueden entrar al organismo enfermedades infecciosas: por la piel, por los ojos, por inhalación y por ingestión

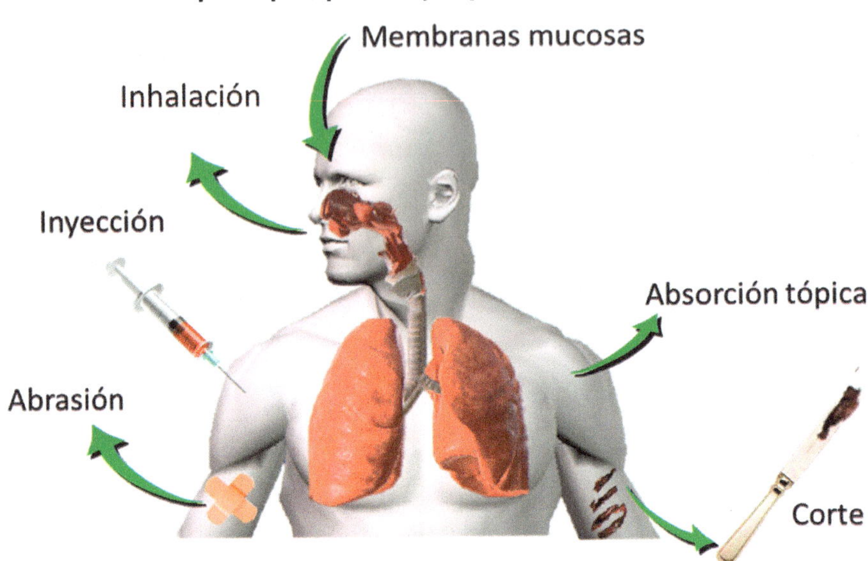

Fuente: Elaboración propia.

3.10.2. Riesgos originados por productos químicos

Al igual que ocurre con las evidencias biológicas, también es extremadamente importante evitar los riesgos para la salud originados por los productos químicos utilizados por el analista de la escena del crimen en general o el analista de PMS en particular, así como también los originados por los contaminantes químicos. Entendemos por contaminante químico los constituidos por la materia inerte (orgánica, inorgánica, natural o sintética) en cualquiera de sus tres estados: sólido, líquido o gaseoso. Para que se considere contaminante es requisito que su presencia en la atmósfera genere alguna alteración que puede dañar la salud del especialista.

Las principales vías de acceso al organismo son las vías respiratorias (penetrando mezclado con el aire inspirado); la vía dérmica (por absorción, pudiendo pasar directamente a la sangre que circula por las venas, arterias y capilares del organismo); y finalmente y aunque poco probable en el caso que nos ocupa, la vía oral.

3.11. EQUIPOS DE PROTECCIÓN PERSONAL (EPI)

Es fundamental que el analista de PMS acceda a la escena de un presunto hecho delictivo provisto de un equipo de protección individual (EPI), el cual debe incluir mono de trabajo con capucha, guantes, gafas, mascarilla y cubre calzado. Su objetivo es proteger al especialista contra uno o más riesgos biológicos y/o químicos que puedan poner en peligro su salud.

El EPI debe ajustarse y adaptarse cómodamente al especialista, siendo crucial ya que va a marcar la diferencia entre estar protegido y quedar expuesto a los peligros ya citados. No obstante, también es sumamente importante saber cómo ponérselo y quitárselo correctamente.

Como hemos visto en el punto anterior, durante el procesamiento de la escena del crimen, pueden ser varias las vías de acceso de entrada al organismo de enfermedades infeccionas como, por ejemplo, a través de los ojos, nariz, inhalación, inyección, absorción, cortes, etc.

Pero no debemos olvidar que, aunque los EPI nos van a proteger, se tienen que barajar alternativas para tratar de eliminar el peligro o reducirlo al máximo, como por ejemplo mantener ventiladas las instalaciones que se estén procesando, abriendo ventanas y puertas, tener la zona suficientemente iluminada evitando cortes y roces con objetos peligrosos, etc.

a) Mono de trabajo con capucha

El mono, o también conocido en otras partes del mundo hispano como overol, mameluco o cubridor, es el traje protector de ropa que cubre todo el cuerpo, excepto manos y pies, debiendo incluir capucha para cubrir la cabeza. Tiene que ser desechable.

b) Gafas y mascarilla

La mascarilla debe estar bien colocada cubriendo la boca y la nariz, ya que su misión es hacer de barrera entre el analista y el entorno hostil en el que tiene que desarrollar su labor evitando la transmisión directa de agentes infecciosos. No obstante, también evita que la persona que la lleva puesta pueda contaminar las muestras a analizar, ya que cuando respiramos, tosemos, estornudamos, etc., liberamos en mayor o menor cantidad microgotas procedentes de las membranas mucosas de la boca o la nariz.

Es fundamental para que el nivel de eficacia sea efectivo que la mascarilla que utilice el análisis de PMS, esté dotada de algún medio que se pueda ceñir sobre la nariz, la boca y la barbilla de quien la lleve puesta, así como de otros factores como la calidad del material, eficacia de filtración, capacidad de absorción de humedad del aire exhalado, etc.

c) Guantes

Los guantes tienen como misión mantener las manos aisladas evitando cualquier tipo de contaminación a través del contacto directo con sangre o fluidos corporales. Entre los más utilizados dentro de los guantes de materiales poliméricos (goma y plástico) se encuentra los de nitrilo, PVC, vinilo, jebe, etc. Sea cual sea el tipo de guante utilizado, tienen que ser cómodos y resistentes a la abrasión. Si éstos van a ser utilizados por el analista de PMS, se recomiendan de nitrilo de 8 mm. de grosor ya que proporcionan más protección contra los patógenos transmisores por la sangre.

d) Cubre calzado

El uso de cubre calzado desechable, como parte del equipo de protección personal, es fundamental tanto para el primer personal uniformado que acude al presunto hecho delictivo como para el resto del personal incluidos los especialistas. Su importancia radica en que evitan introducir elementos que contaminen la escena del crimen sirviendo como barrera de control frente a posibles contaminaciones arrastradas por el propio calzado, controlando con ello la transmisión secundaria a áreas o zonas sensibles frente a agentes externos.

Se recomienda que el cubre calzado sea con suela antideslizante para reducir peligro de una caída.

Figura 14. Equipo de protección personal: mono de trabajo con capucha, guantes, gafas, mascarilla y cubre calzado

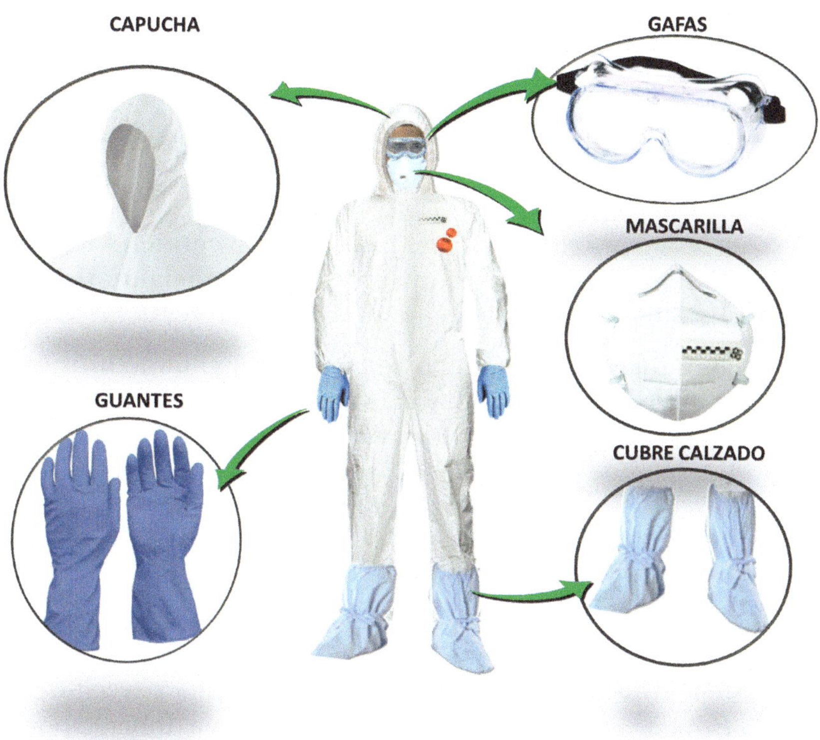

Fuente: Elaboración propia.

3.12. PROCEDIMIENTOS DE PROTECCIÓN Y ACTUACIÓN ANTE PELIGROS BIOLÓGICOS Y/O QUÍMICOS

En base a lo anterior se deben seguir una serie de precauciones básicas para garantizar un entorno laboral seguro:

A) Aislar y proteger, lo más rápidamente posible la escena del delito.

B) Aplicar las precauciones universales y estándares durante el procesamiento de pruebas biológicas, partiendo de la base de que estas pruebas sean portadores de patógenos (HIV, Hepatitis B, y otros). Los analistas deben usar equipamiento de protección personal adecuados.

C) Evitar cualquier contacto con la cara, la nariz, los ojos o la boca.

D) Usar guantes desechables, que deben cambiarse con frecuencia. Pero de poco o nada sirve llevar guantes si no nos lo ponemos o quitamos de forma correcta.

Forma correcta de ponerse los guantes:

1. Verificar el tamaño del guante.
2. Quitarse los anillos o cualquier otro elemento que se pueda enganchar.
3. Con las manos limpias, comenzar primero cubriendo la mano dominante, sujetando el guante por el interior del puño, deslizándolo seguidamente por la mano dominante.
4. A continuación, sujetar el otro guante por el puño introduciendo la mano no dominante hacia la abertura, evitando no tirar demasiado fuerte para evitar rasgaduras.

Manera adecuada de quitarse los guantes contaminados:

Debemos evitar tocar la parte exterior del guante con la piel. Por ello debemos seguir una serie de pasos muy simples:

1. Se comienza pellizcando cerca de la muñeca con el dedo índice y el pulgar la parte superior externa del guante con la otra mano, doblándose sobre sí mismo mientras se quita parcialmente para que quede del revés, dejando la parte interna doblada por encima de los dedos.
2. Seguidamente y manteniendo agarrado el guante que acabamos de quitarnos, retire el guante de la otra mano tirando por el puño y girándola del revés, utilizando la parte de los dedos de la otra mano que aún están protegidos por el guante.
3. Finalmente, se sujeta por la parte que se dobló sobre los dedos de la primera mano, se retira completamente el guante y se desechan en un lugar seguro.

E) Evitar hablar o estornudar sobre las muestras. Usar mascarilla.

F) Usar ropa protectora (Mono tipo tyvek, con capucha).

G) El pelo largo debe ir recogido o cubierto.

H) Usar cubre pies o patucos (fundas de plástico de un solo uso que se ponen en los zapatos).

I) Usar protección ocular.

J) Utilizar instrumental desechable (de un solo uso) siempre que sea posible o limpiarlo bien antes de recoger indicios biológicos.

K) Dejar secar las muestras a temperatura ambiente en lugar protegido, antes de empaquetarlas para su envío definitivo al laboratorio.

L) Empaquetar cada muestra por separado para evitar la contaminación cruzada.

M) Siempre que sea posible, empaquetar la muestra en bolsas de papel o cajas de cartón, evitando utilizar plásticos.

N) Utilizar los materiales y equipo de protección personal; guantes, bata o mono con capucha, gafas, gorra, cubre calzado y mascarilla, entre otros.

Ñ) Identifique con etiqueta "Material biológico potencialmente infeccioso" toda muestra o evidencia que tenga mancha de sangre.

Capítulo 4

Terminología y gráficos descriptivos sobre los patrones de manchas de sangre

4.1. INTRODUCCIÓN

Para evitar diferentes interpretaciones en el estudio de los PMS se hace necesario establecer sistemáticamente una terminología que sea común a todos los trabajos de investigación, informes y conclusiones de expertos.

La Asociación Internacional de Analistas de Patrones de Manchas de Sangre con fecha 7 de noviembre de 1996, redactó un documento en el que se establecía una terminología para que fuese utilizada tanto por los miembros de la asociación como por el resto de las personas que trabajaban en el campo del análisis e interpretación de los patrones manchas de sangre, siendo publicada el 4 de diciembre de ese mismo año en la revista oficial de la citada asociación. El objetivo era establecer una lista de términos básicos que fuese utilizada en la enseñanza de los analistas en este campo. Esta terminología ha sido la que se ha utilizado en todos los libros, artículos, publicaciones y manuales, hasta el año 2009.

En el año 2009, el Grupo de Trabajo Científico en el Análisis del Patrón de Manchas de Sangre del F.B.I. (SWGSTAIN), desarrolló y definió una lista con la terminología recomendada para su uso, después de haber sido revisada la terminología anterior.

En octubre de 2009, tras una reunión en Portland (Oregón, EE.UU.) los miembros de la Asociación Internacional del Analistas de Patrones de Manchas de Sangre (IABPA) votaron a favor de adoptar la terminología de SWGSTAIN como terminología recomendada, quedando en la actualidad obsoleta.

En noviembre de 2017 entró en vigor la nueva terminología que quedó aprobada por la Junta de Normas de AAFS Standards Board y registrada en un depósito de estándares publicados y propuestos de alta calidad, técnicamente sólidos, para la ciencia forense (OSAC).

Esta terminología viene recogida en el Informe técnico ASB 033, y establece las definiciones y términos propuestos por el subcomité de análisis de patrones de manchas de sangre, de la Organización de Comités de Área

Científica. Asimismo, aborda los tipos básicos de patrones de manchas de sangre y conceptos relacionados.

En agosto de 2021 en Brasil, una Orden SPTC nº 128 del 18 de junio de 2020, establece una serie de términos y definiciones (unas propias y otras ya aceptadas), para ser utilizados en la redacción de informes técnico-periciales y documentos normativos vinculados a la Superintendencia de Policía Técnica y Científica de São Paulo. Esta surge a raíz de la propuesta discutida y presentada por el Comité de Análisis Pericial de la Sangre (CAPS), creado mediante la Ordenanza SPTC nº 128 del 18 de junio de 2020. Su pretensión es facilitar el entendimiento y la comprensión, intentando alinear la nomenclatura básica recomendada, que debido a las divergencias entre distintos autores pueden causar malentendidos.

4.2. TERMINOLOGÍA

4.2.1. Gota de acompañamiento

Término referente a la morfología de las manchas de sangre, consistente en una pequeña gota producida como subproducto durante la formación de la gota. Equivale al término de acompañamiento de la caída descrito en el informe técnico 033 de ASB ed. 2017.

Figura 15. Representación gráfica de una gota de acompañamiento

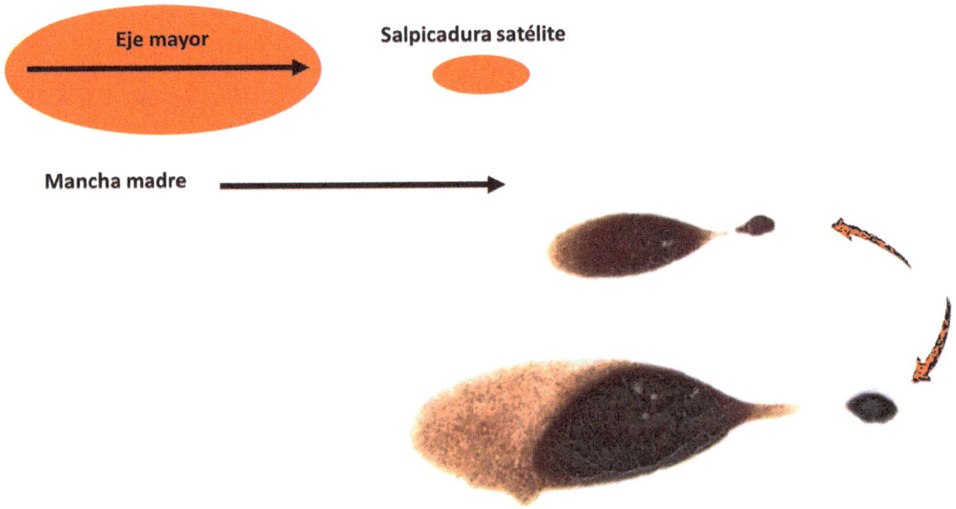

Fuente: Elaboración propia.

4.2.2. Alteración de las manchas

Término relacionado con la morfología de las manchas de sangre, que consiste en una mancha con características que indican que se ha producido un cambio físico. Este término es equivalente al de mancha alterada descrito en el informe técnico de ASB, 2017.

Figura 16. Representación gráfica de una mancha de sangre alterada

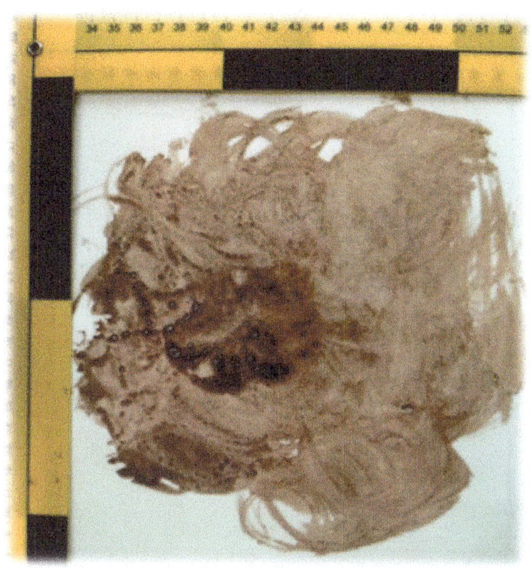

Fuente Elaboración propia.

4.2.3. Ángulo de impacto

Término relativo a la morfología de las manchas de sangre, referente al ángulo agudo, con relación al plano en el que una gota de sangre golpea al objetivo. Este término es equivalente al de ángulo de impacto descrito en el informe técnico de ASB, 2017.

La Orden SPTC nº 128 del 18 de junio de 2020, de la Superintendencia la Policía Técnico-Científica de São Paulo (Brasil), define este término como morfología de las manchas de sangre, consistente en el ángulo de incidencia, el menor ángulo formado entre la trayectoria de la gota en vuelo y el plano de la superficie del objetivo.

Figura 17. Representación gráfica del ángulo de impacto

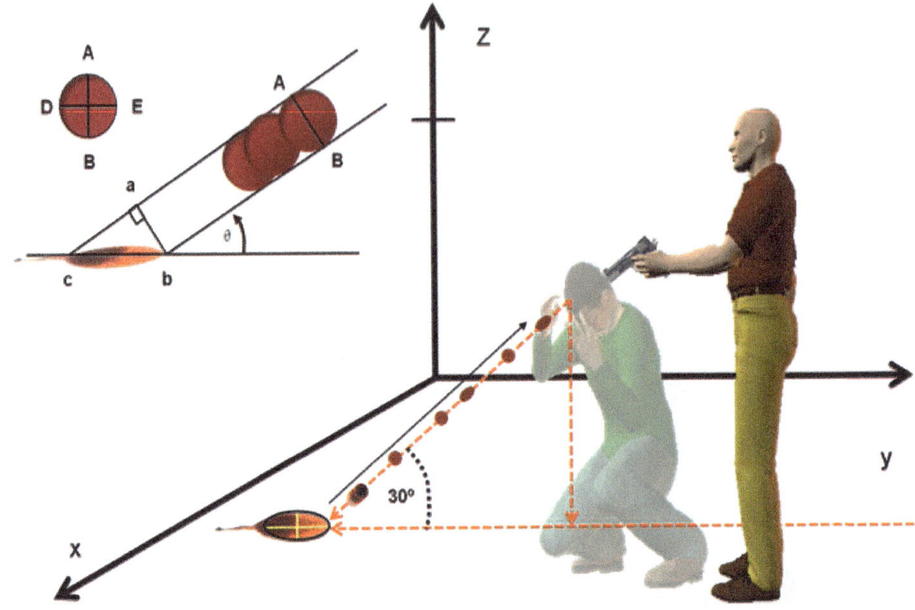

Fuente: Elaboración propia.

4.2.4. Área de convergencia

Término relativo al espacio en dos dimensiones en el que se pueden trazar las direccionalidades de las manchas de salpicaduras para determinar la ubicación del evento que las produjo. Este término es equivalente al descrito en el informe técnico de ASB, 2017.

La Orden SPTC nº 128 del 18 de junio de 2020, de la Superintendencia de la Policía Técnico-Científica de São Paulo (Brasil), define este término como la morfología de las manchas de sangre, equivalente al espacio en dos dimensiones representado por la región donde convergen las líneas imaginarias trazadas a lo largo de los ejes longitudinales de las manchas angulares, formadas a partir de un mismo evento.

Figura 18. Representación gráfica de la determinación del área de convergencia

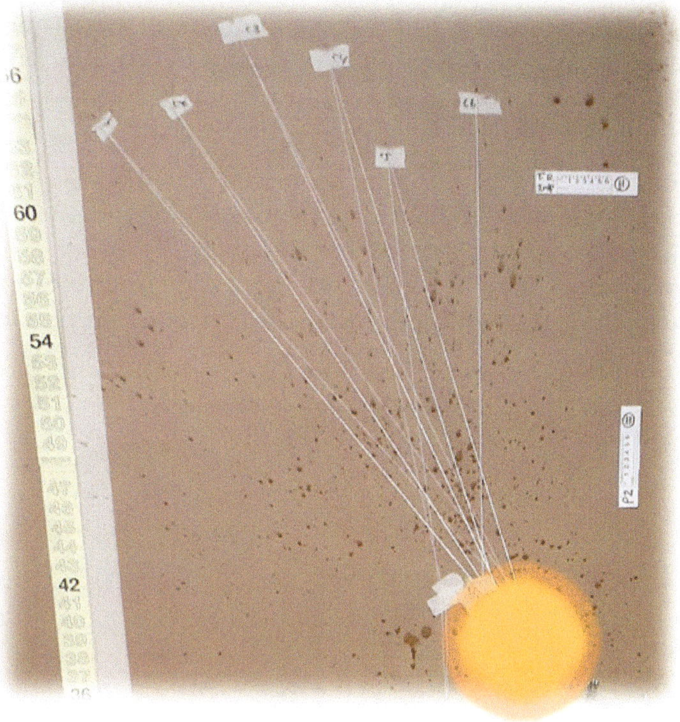

Fuente: Cortesía de Keila Aparecida de Almeida. Perita Criminalista.

Figura 19. Representación gráfica de la determinación del área de convergencia

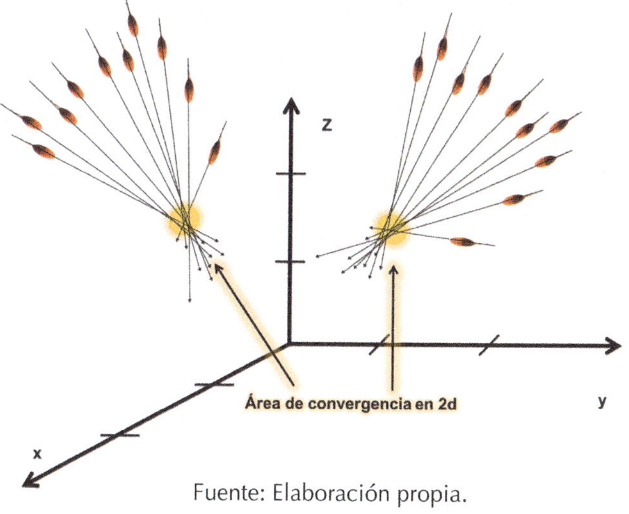

Fuente: Elaboración propia.

4.2.5. *Área de origen*

Término relativo al espacio en tres dimensiones en el que se pueden utilizar las trayectorias de las salpicaduras para determinar la localización del evento que las produjo. Este término es equivalente al descrito en el informe técnico de ASB, 2017.

La Orden SPTC nº 128 del 18 de junio de 2020, de la Superintendencia de la Policía Técnico-Científica de São Paulo (Brasil), define este término relativo a la morfología de las manchas de sangre, consistente en el espacio en tres dimensiones del que proceden las gotas de sangre. Se puede determinar a partir de la trayectoria de un grupo de manchas de sangre.

Figura 20. Área de origen

Fuente: Cortesía de Keila Aparecida de Almeida Perita Criminalista.

Figura 21. Representación gráfica de la determinación del área de origen y del área de convergencia

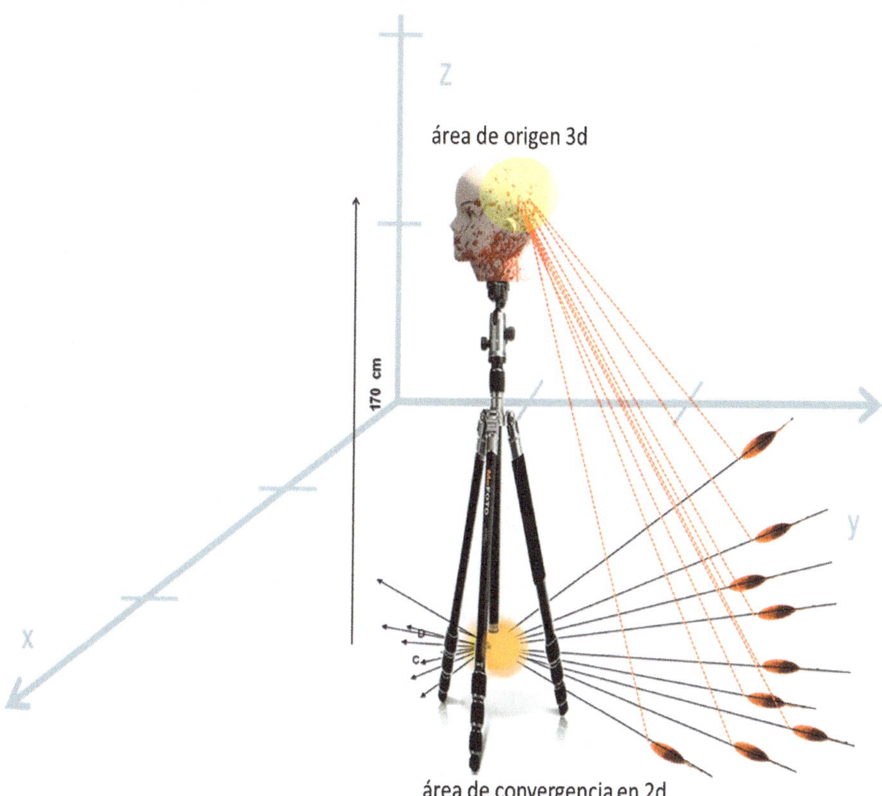

Fuente: Elaboración propia.

4.2.6. Patrón de salpicadura hacia atrás

Término relativo a la morfología de las manchas de sangre, consistente en un patrón de salpicadura hacia atrás resultante de las gotas de sangre que pueden producirse cuando un proyectil crea una herida de entrada. Este término es equivalente al descrito en el informe técnico de ASB, 2017.

Figura 22. Representación gráfica de un patrón de salpicadura hacia atrás

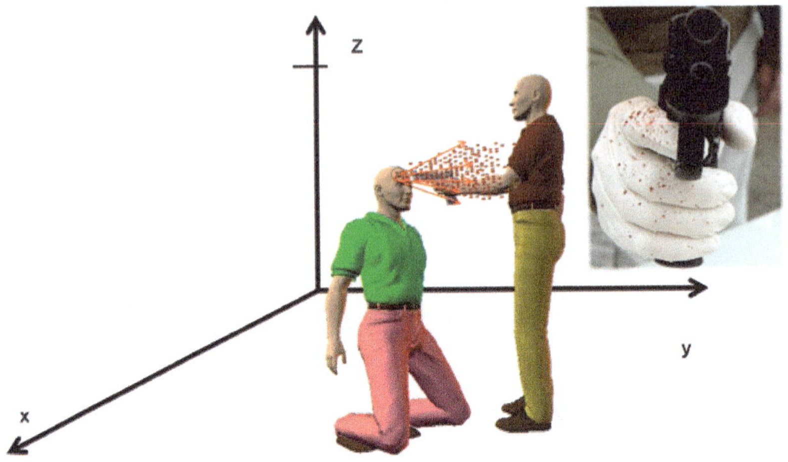

Fuente: Elaboración propia.

4.2.7. *Coágulo de sangre*

Término relativo a una masa gelatinosa formada por un complejo mecanismo que envuelve células rojas, fibrinógeno, plaquetas y otros factores de coagulación. Este término es equivalente al descrito en el informe técnico de ASB, 2017.

Figura 23. Demostración de la formación de coágulos en la sangre después de 7 min

Fuente: James y otros (2005).

4.2.8. Mancha de sangre

Un depósito de sangre en una superficie. Este término es equivalente al descrito en el informe técnico de ASB, 2017.

Figura 24. Mancha de sangre

Fuente: http://hemospat.com.

4.2.9. Patrón de mancha de sangre

Un grupo o distribución de manchas de sangre, que indican a través de forma regular o repetitiva, la forma en la que se depositó el patrón. Este término es equivalente al descrito en el informe técnico de ASB, 2017.

Figura 25. Representación gráfica de un patrón de manchas de sangre, observando la forma repetitiva de las manchas

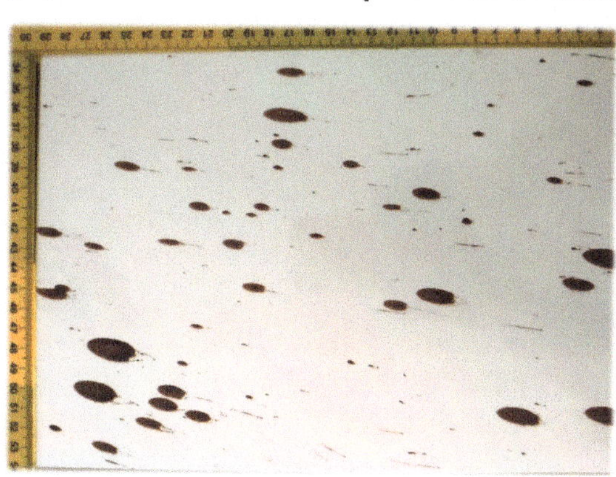

Fuente: Elaboración propia.

4.2.10. Anillo de burbuja

Relativo al contorno dentro de una mancha de sangre resultante del aire en la sangre. Este término es equivalente al descrito en el informe técnico de ASB, 2017.

La Orden SPTC nº 128 del 18 de junio de 2020, de la Superintendencia de la Policía Técnico-Científica de São Paulo (Brasil), define este término como la morfología de una mancha de sangre, consistente en una región circular, generalmente de pequeñas dimensiones, en el centro de una mancha de sangre, resultante de burbujas de aire.

Figura 26. Representación de una burbuja de aire

Fuente: http://hemospat.com

4.2.11. Patrón de desprendimiento

Un patrón de mancha de sangre resultante de la liberación de gotas de sangre de un objeto debido a su movimiento. Este término es equivalente al descrito en el informe técnico de ASB, 2017.

Figura 27. Representación de un patrón por lanzamiento

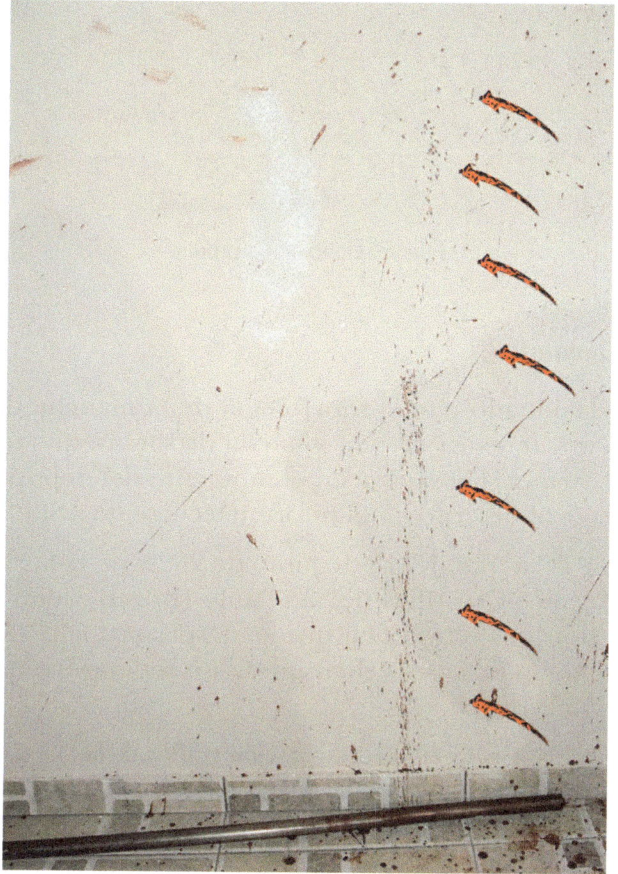

Fuente: Cortesía de la Superintendencia de la Policía Técnico-Científica (SPTC) de São Paulo (Brasil).

4.2.12. Patrón de cese

Un patrón de mancha de sangre resultante de la liberación de gotas de sangre de un objeto debido a su abrupta deceleración. Este término es equivalente al descrito en el informe técnico de ASB, 2017.

Figura 28. Representación gráfica de un patrón de cese

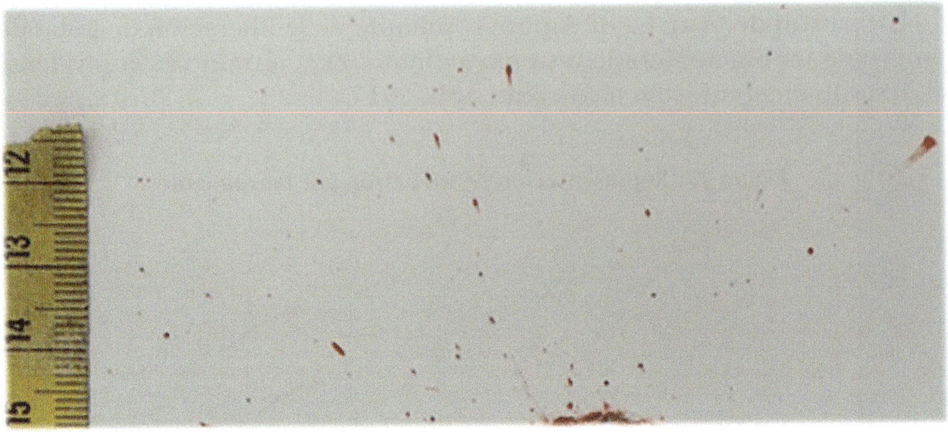

Fuente: Elaboración propia.

4.2.13. Direccionalidad

Término relacionado con la morfología de la mancha de sangre, que determina la característica de una mancha de sangre que indica la dirección en la que se movía la sangre en el momento del depósito. Este término es equivalente al descrito en el informe técnico de ASB, 2017.

La Orden SPTC nº128 del 18 de junio de 2020, de la Superintendencia de la Policía Técnico-Científica de São Paulo (Brasil), define este término como la dirección y el sentido en que se desplazaba la gota en ambas dimensiones del plano de la superficie, antes de la deposición.

Figura 29. Representación gráfica de la direccionalidad de una mancha de sangre

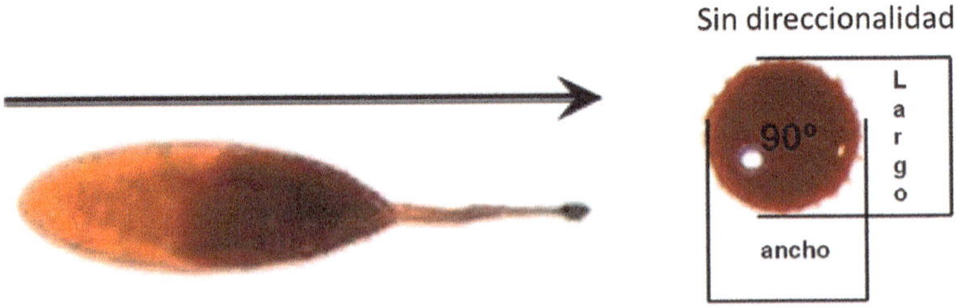

Fuente: Elaboración propia.

4.2.14. Ángulo direccional

El ángulo (gamma) entre el eje largo de una mancha de salpicadura y una línea de referencia definida en el objetivo. Este término es equivalente al descrito en el informe técnico de ASB, 2017.

Figura 30. Representación gráfica del ángulo direccional de una gota de sangre

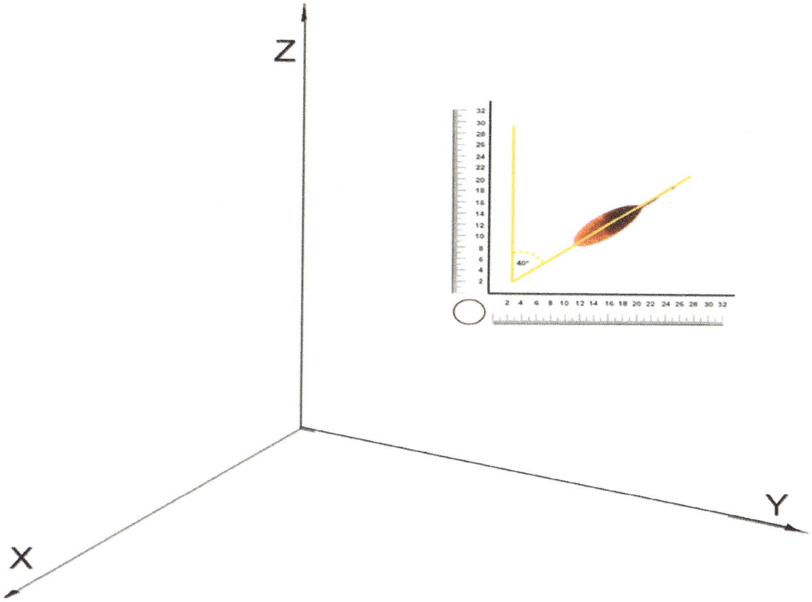

Fuente: Elaboración propia.

4.2.15. Patrón de goteo

Un patrón de mancha de sangre resultante del goteo de un líquido en otro líquido, siendo al menos uno de ellos sangre. Este término es equivalente al descrito en el informe técnico de ASB, 2017.

Figura 31. Representación gráfica de un patrón por goteo

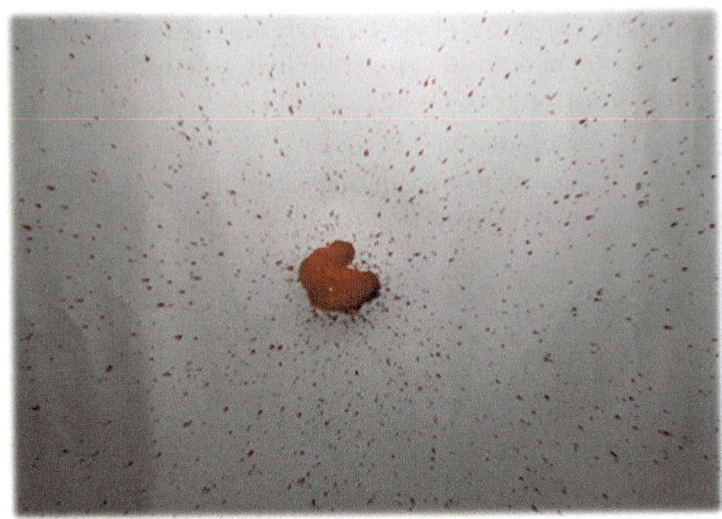

Fuente: Elaboración propia.

4.2.16. *Mancha de goteo*

Una mancha de sangre resultante de la caída de una gota que se ha formado a consecuencia de la gravedad. Este término es equivalente al descrito en el informe técnico de ASB, 2017.

Figura 32. Representación gráfica de manchas por goteo en superficie rugosa

Fuente: Elaboración propia.

4.2.17. Reguero de goteo

Un patrón de mancha de sangre resultante del movimiento de una fuente de manchas de goteo entre dos puntos. Este término es equivalente al descrito en el informe técnico de ASB, 2017.

Figura 33. Representación gráfica de un sendero o rastro por goteo

Fuente: Cortesía de la Superintendencia de la Policía Técnico-Científica (SPTC) de São Paulo (Brasil).

4.2.18. Característica de borde

Característica física de la periferia de una mancha de sangre. Este término es equivalente al descrito en el informe técnico de ASB, 2017.

4.2.19. Patrón de espiración

Un patrón de mancha de sangre resultante del flujo de aire que sale de la nariz, la boca o una herida. Este término es equivalente al descrito en el informe técnico de ASB, 2017.

Por error y probablemente debido a una mala traducción, a este término se le cita como patrón de expiración. Para ello nos basamos en su significado en sí, según RAE:

1. Expiración: Acción y efecto de expirar. Sinónimo.: muerte, fallecimiento, defunción… Expirar: acabar la vida.
2. Espiración: Acción y efecto de espirar. Sinónimo.: exhalar, expulsar, expeler, despedir.

Figura 34. Representación gráfica de un patrón por espiración

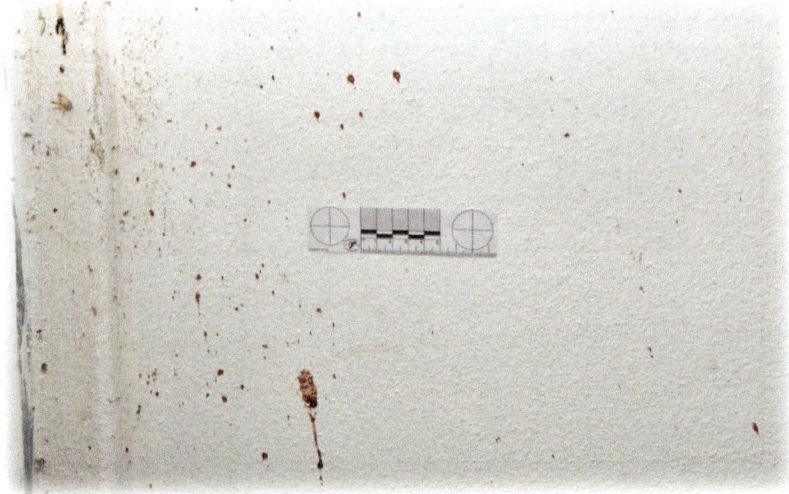

Fuente: Cortesía de la Superintendencia de la Policía Técnico-Científica (SPTC) de São Paulo (Brasil).

4.2.20. Flujo

Una mancha de sangre resultante de los movimientos de un volumen de sangre sobre una superficie, debido a la gravedad o al movimiento del objetivo. Este término es equivalente al descrito en el informe técnico de ASB, 2017.

Figura 35. Representación gráfica de un patrón flujo

Fuente: Cortesía de la Superintendencia de la Policía Técnico-Científica (SPTC) de São Paulo (Brasil).

4.2.21. Patrón de salpicadura hacia delante

Un patrón de manchas de sangre resultante de las gotas de sangre que se pueden producir cuando un proyectil crea una herida de salida. Este término es equivalente al descrito en el informe técnico de ASB, 2017.

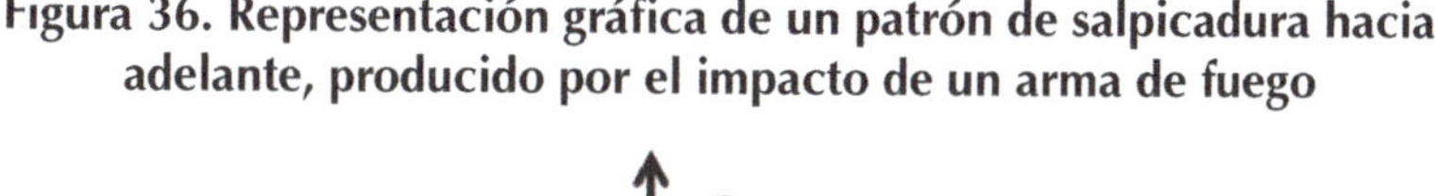

Figura 36. Representación gráfica de un patrón de salpicadura hacia adelante, producido por el impacto de un arma de fuego

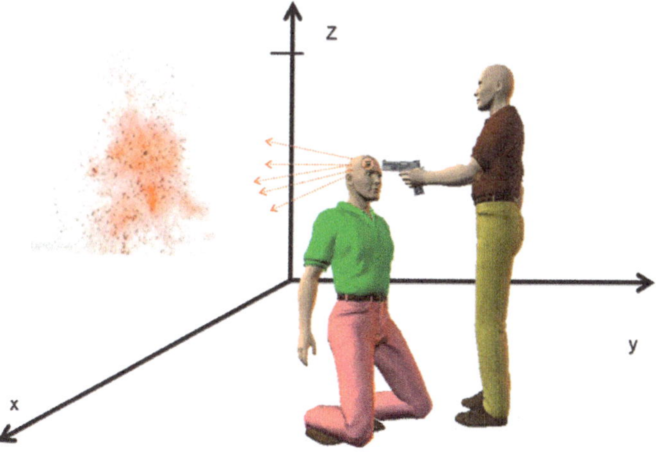

Fuente: Fuente: Elaboración propia.

4.2.22. Patrón de impacto

Un patrón de mancha de sangre resultante de un objeto golpeando sangre líquida. Este término es equivalente al descrito en el informe técnico de ASB, 2017.

Figura 37. Representación gráfica de un patrón de impacto

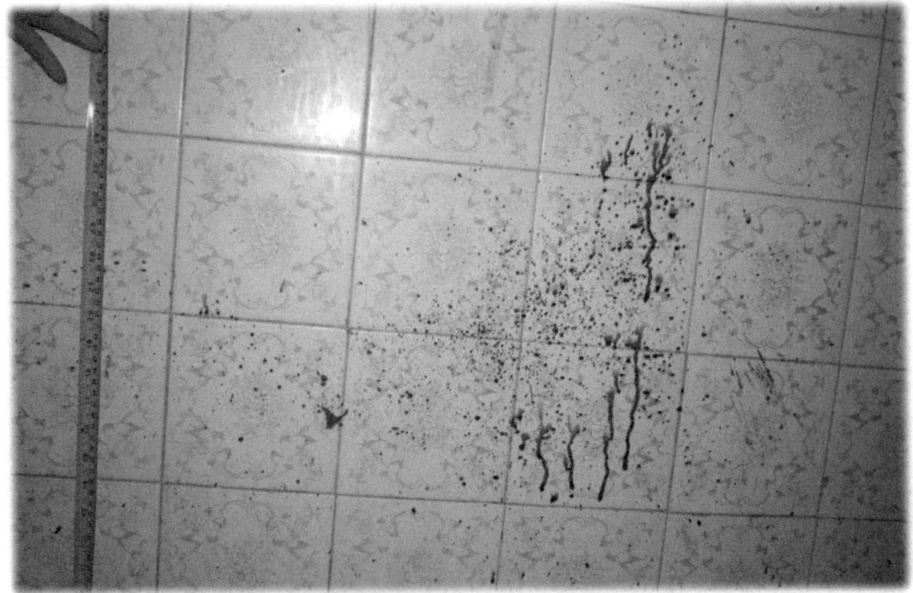

Fuente: Cortesía de la Superintendencia de la Policía Técnico-Científica (SPTC) de São Paulo (Brasil).

4.2.23. Mancha de insecto

Una mancha de sangre resultante de la actividad de insectos. Este término es equivalente al descrito en el informe técnico de ASB, 2017.

Figura 38. Representación gráfica de manchas producidas por moscas

Fuente: elaboración propia.

4.2.24. Mancha primaria

Mancha de sangre a partir de la cual se originaron manchas satélites. Este término es equivalente al descrito en el informe técnico de ASB, 2017.

Figura 39. Representación gráfica de un patrón de una mancha principal

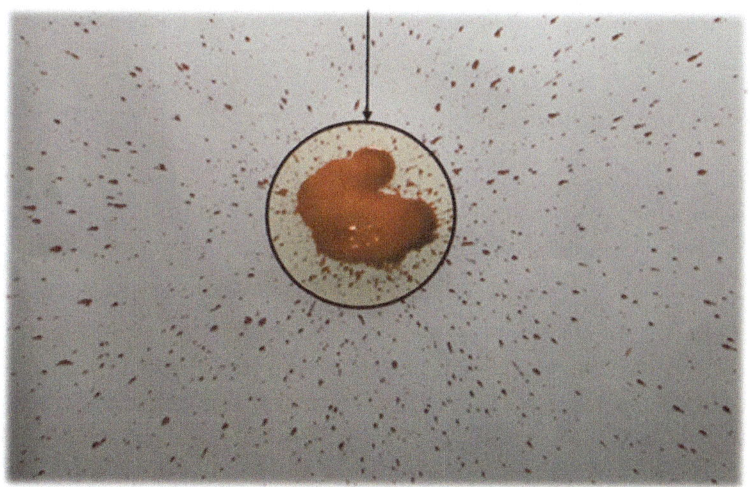

Fuente: Elaboración propia.

4.2.25. Mancha satélite

Término relativo a la morfología de la mancha de sangre, consistente en una mancha de sangre de menor tamaño que la originada durante la formación de la mancha primaria como resultado de la sangre impactando en la superficie. Este término es equivalente al descrito en el informe técnico de ASB, 2017.

Figura 40. Representación gráfica de un patrón de mancha satélite

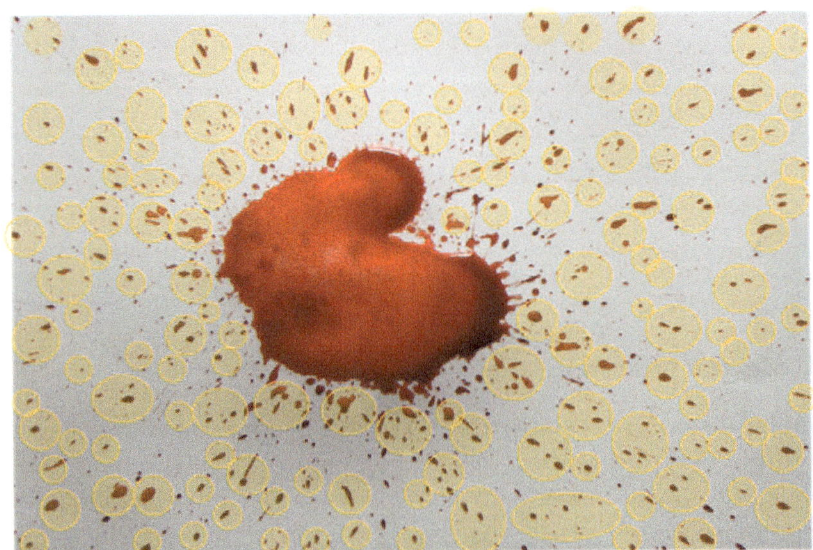

Fuente: Elaboración propia.

4.2.26. Mancha de saturación

Término relativo a la morfología de las manchas de sangre resultante de una acumulación de sangre líquida sobre un material absorbente. Este término es equivalente al descrito en el informe técnico de ASB, 2017.

La Orden SPTC nº128 del 18 de junio de 2020, de la Superintendencia de la Policía Técnico-Científica de São Paulo (Brasil), establece una definición similar pero más completa: acumulación de sangre líquida sobre una superficie absorbente, mientras se satura, presentando una forma de borde definida según la superficie, incluyendo las formadas por absorción capilar.

Figura 41. Representación gráfica de sangre por saturación

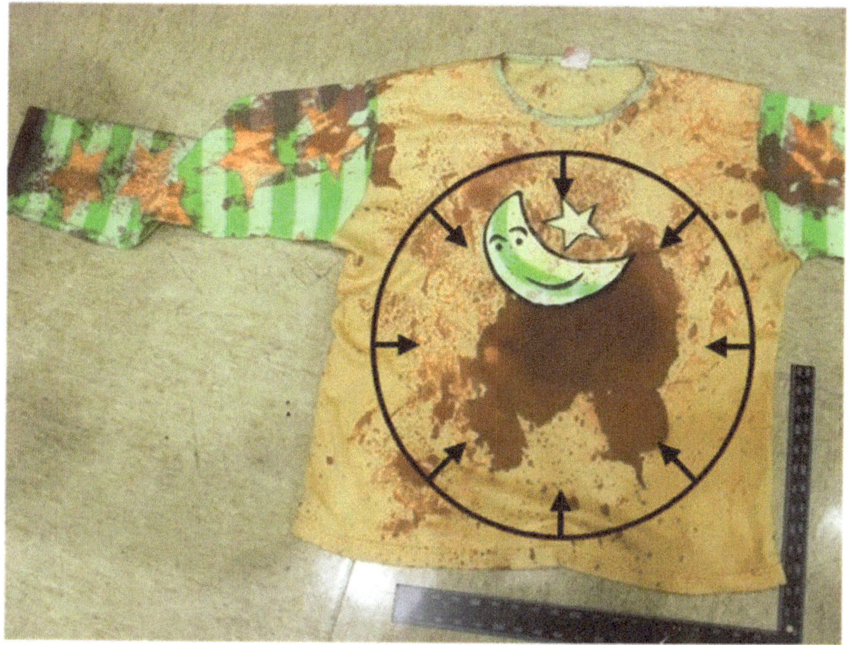

Fuente: Elaboración propia.

4.2.27. Mancha de sérum

La mancha resultante de la porción líquida de la sangre (suero) que se separa durante la coagulación. Este término es equivalente al descrito en el informe técnico de ASB, 2017.

4.2.28. Mancha de salpicadura

Una mancha de sangre resultante de una gota de sangre en el aire, debido a una fuerza externa aplicada sobre sangre líquida. Este término es equivalente al descrito en el informe técnico de ASB, 2017.

Figura 42. Gota de sangre de salpicadura sobre superficie vertical

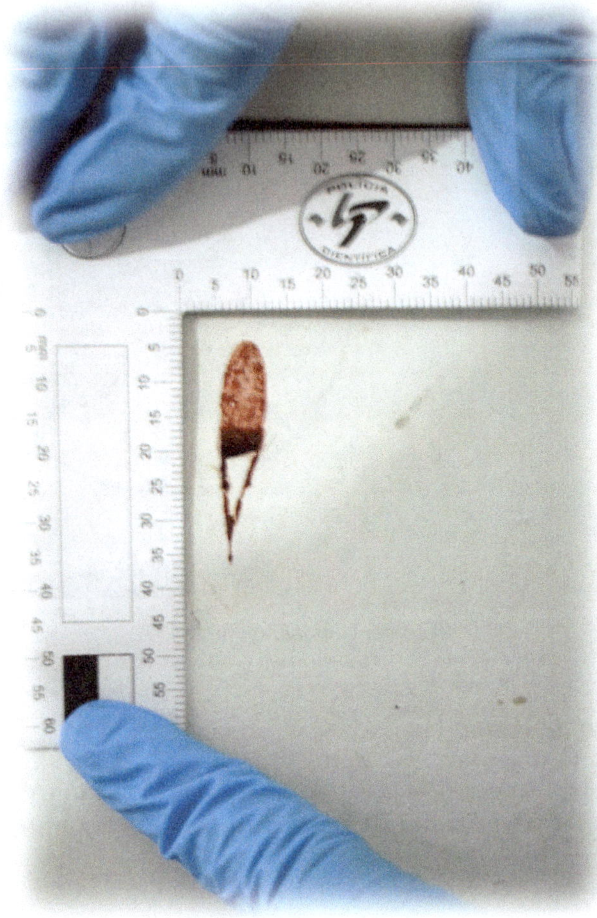

Fuente: Cortesía de la Superintendencia de la Policía Técnico-Científica (SPTC) de São Paulo (Brasil).

4.2.29. Patrón de salpicadura

Un patrón de mancha de sangre creado por la caída de un gran volumen de sangre líquida sobre una superficie. Este término es equivalente al descrito en el informe técnico de ASB, 2017.

Figura 43. Representación gráfica de un patrón de sangre por salpicadura

Fuente: Elaboración propia.

4.2.30. Deslizamiento

Una mancha de sangre resultante de la transferencia de sangre desde una superficie ensangrentada a otra, con características que indican movimiento relativo entre las dos superficies. Este término es equivalente al descrito en el informe técnico de ASB, 2017.

Figura 44. Mancha alterada por arrastrar alguna parte del cuerpo sobre una superficie ensangrentada

Fuente: Cortesía de la Superintendencia de la Policía Técnico-Científica (SPTC) de São Paulo (Brasil).

4.2.31. Mancha de transferencia

Una mancha de sangre resultante del contacto entre una superficie ensangrentada y otra superficie. Este término es equivalente al descrito en el informe técnico de ASB, 2017.

Figura 45. Representación gráfica de una huella de pisada en sangre por transferencia

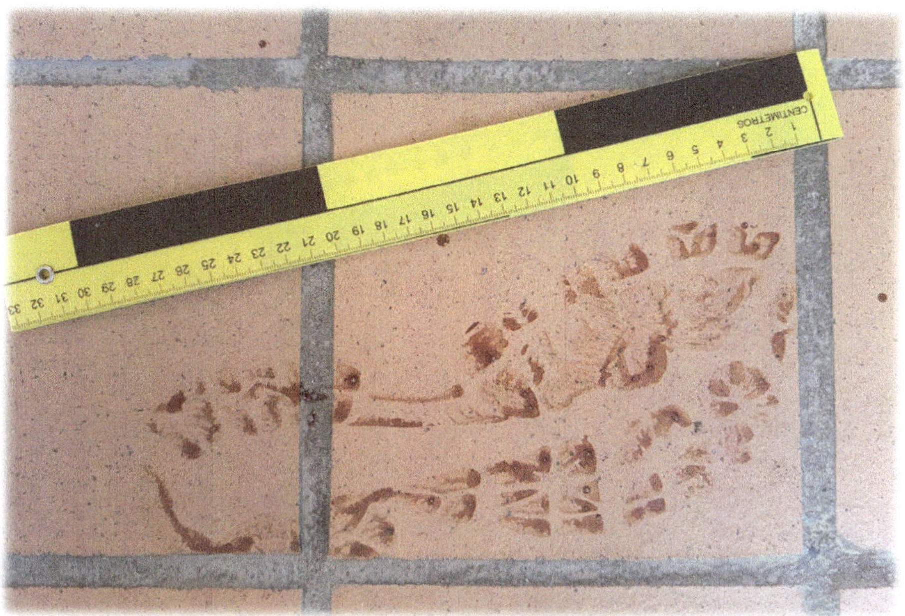

Fuente: Elaboración propia.

4.2.32. Objetivo

Una superficie en la que la sangre ha sido depositada. Este término es equivalente al descrito en el informe técnico de ASB, 2017.

4.2.33. Vacío

La ausencia de sangre en un patrón de mancha de sangre que de otro modo sería continuo. Este término es equivalente al descrito en el informe técnico de ASB, 2017.

Figura 46. Representación gráfica de un vacío

Fuente: Elaboración propia.

4.2.34. Limpieza

Una mancha alterada resultante del movimiento de un objeto sobre una mancha de sangre preexistente. Este término es equivalente al descrito en el informe técnico de ASB, 2017.

Figura 47. Mancha alterada por arrastrar un objeto sobre una superficie ensangrentada

Fuente: Cortesía de Francisco Antón Barbera.

Figura 48. Utensilio que utilizó el agresor para intentar limpiar la sangre

Fuente: Cortesía de Francisco Antón Barbera.

Capítulo 5

Evolución de las distintas clasificaciones sobre los patrones de manchas de sangre

5.1. INTRODUCCIÓN

A lo largo del tiempo han ido surgiendo distintos sistemas de clasificación que han permitido evaluar las características físicas de estas manchas de sangre para poder establecer si existía o no un patrón, y por tanto poder incluirlo dentro de esa clasificación.

No obstante, la existencia de diferentes denominaciones que han ido evolucionando y perfeccionándose junto al desarrollo de la disciplina, han generado un problema para neófitos ya que esta variedad de sistemas, pueden crear confusión e incluso sensación de poco rigor científico. Si bien esto no es exclusivo para el análisis de PMS, encontrándose también en otras disciplinas que no por ello carecen del rigor científico que las caracteriza.

Esta confusión, que puede afectar tanto a estudiantes como a investigadores noveles, es aprovechada por los detractores de esta disciplina (APMS) que, amparándose en la variedad de sistemas de clasificación, tratan de ponerla en tela de juicio al considerar que no goza de un rigor científico.

No obstante, esto que a priori parece un problema, tiene fácil explicación ya que como ocurre con el resto de las disciplinas dentro de la Criminalística, con el paso del tiempo han ido surgiendo mejores sistemas de clasificación aceptados por la comunidad científica. Han ido evolucionando y presentando diferentes perspectivas a lo largo del tiempo, permitiendo a cada sistema de clasificación que pueda ordenar o disponer en su inicio de forma distinta, por ejemplo, en base al mecanismo que los produjo, tamaño de las salpicaduras, etc., pero que al final todos van a llegar o regresar a los mismos tipos de patrones básicos.

5.2. EVOLUCIÓN DE LOS SISTEMAS DE CLASIFICACIÓN DE LOS PATRONES DE MANCHAS DE SANGRE

Realizada una búsqueda exhaustiva en la literatura a nivel global, se obtiene que la primera clasificación formal de la que se tiene conocimiento fue realizada en la década de 1930 por el patólogo escocés Sir John Glaister. Tanto él como su padre eran profesores de medicina forense, lo que demuestra que el tema había sido aceptado como un área importante de la ciencia a finales del siglo XIX. Glaister estableció seis tipos básicos para clasificar las manchas de sangre: gotas, salpicaduras, chorros, charcos, roces y regueros (Innes 2007; Cooper 2008).

En 1960 Radziki sugirió agrupar todos los patrones de manchas de sangre hallados en la escena de un crimen en cuatro categorías: por transferencia, pasiva, impacto/proyectada, y varios, estando todavía en uso hoy en día (Dutelle 2011).

En 1971 Herbert MacDonell y Lorena Bialousz publicaron un artículo que llevó por título "Características de vuelo y los patrones de manchas de sangre humana", con el apoyo del Instituto Nacional de Aplicación de la Ley y la Justicia Penal de los Estados Unidos. Una de las secciones principales incluía determinaciones de la velocidad. La investigación realizada sugería dos categorías de velocidad de manchas de sangre: media velocidad y alta velocidad. De acuerdo con MacDonell y Bialousz, la velocidad media incluía golpes con objetos, como los palos de golf o martillos. Estas salpicaduras de media velocidad se producen cuando la fuerza de impacto está entre 5 y 25 metros por segundo. Por su parte las salpicaduras de alta velocidad incluyen las causadas por arma de fuego, y pueden producir una fina niebla de sangre (Clark 2006). Esta clasificación fue adaptada y revisada, creando la categoría de baja velocidad.

En 2001, Anita Wonder creó un sistema de clasificación en base a la dinámica de la sangre.

En 2002, Bevel y Gardner proponen un sistema basándose en cuatro categorías básicas.

En 2005 Stuart y cols., establecen un método de clasificación taxonómico.

En 2008 Bevel y Gardner establecen otro sistema de clasificación taxonómico.

En 2018 Dias Filho establece un nuevo sistema de clasificación, basado en cuatro grupos.

En la bibliografía española no existe apenas documentación alguna en relación al estudio de los patrones de manchas de sangre y menos aún en torno a su clasificación. Tan sólo existen algunas publicaciones, entre ellas (Gisbert 1998; Verdú y cols. 2006) las que hacen alusión al mecanismo de producción, establecido por Simonin, descrito más adelante.

Otros autores (Antón y Turégano 1998), indican que la medicina legal clasifica las manchas de sangre atendiendo a aspectos macroscópicos, en función de diversos factores: por su origen, el soporte donde asientan, el mecanismo de producción, y la forma y dimensión de la mancha.

Aunque actualmente, no hay una clasificación de los patrones de manchas de sangre que sea utilizada por todos los analistas, existe una corriente bastante generalizada por el método de clasificación taxonómico expuesto por Bevel y Gardner.

No obstante, debemos de tener en cuenta que no todos los patrones que se encuentran en una escena encajan perfectamente con un solo tipo de patrón, ya que en ocasiones nos podemos encontrar patrones complejos. Es decir, patrones que presentan características comunes a más de uno de los cuatro patrones básicos, lo cual puede generar duda o confusión en el especialista.

5.2.1. Mecanismo de producción, establecido por Simonin (Gisbert 1998; Verdú 2006)

Este sistema indica que las manchas de sangre que se encuentran en la escena de un hecho violento pueden haberse generado por diferentes tipos de mecanismos:

5.2.1.1. Por proyección

Se produce por el lanzamiento de sangre a distancia y en varias direcciones. También cuando gotea desde cierta altura. Este tipo de mecanismo es el caso que más dificultades plantea. El patrón que se obtiene dependerá de la dirección y la intensidad de la fuerza aplicada.

Por lo tanto, podemos distinguir entre sangre por goteo estática o proyectada:

a) Manchas por goteo desde cierta altura. Se refiere a la caída libre y pausada de la sangre. Su morfología estará de acuerdo con la distancia de caída, cantidad de sangre, origen, dimensión, profundidad de la lesión y superficie donde asienta.

b) Manchas proyectadas. En este tipo de manchas interviene una fuerza adicional a la fuerza de la gravedad, observándose con numerosas salpicaduras.

5.2.1.2. Por escurrimiento

En este caso la sangre cae deslizándose, formando regueros y charcos. El estudio de los regueros nos dará información sobre posibles cambios de posición de la víctima. También podrían indicar que la víctima ha sobrevivido a la agresión, pudiéndose determinar, si es el caso, posibles desplazamientos.

5.2.1.3. Por transferencia

Este caso se da cuando una superficie manchada con sangre transfiere ésta a una segunda superficie, pudiéndose producir a su vez por tres mecanismos:

a) Por contacto: Es la impresión que deja cualquier objeto ensangrentado al entrar en contacto con una superficie.

b) Por impregnación: Se produce cuando el sustrato es absorbente, la sangre lo empapa y se difunde, dando lugar a manchas uniformes y de bordes limpios.

c) Por limpiadura: Mecanismo mixto entre el contacto y la impregnación. Es producto del contacto (limpieza) de un objeto manchado con sangre contra una superficie absorbente.

5.2.2. Clasificación de las manchas de sangre atendiendo a aspectos macroscópicos, en función de diversos factores (Antón y de Luis 1998)

5.2.2.1. Por su origen

a) Hemorragia procedente de arteria.

b) Hemorragia procedente de vena.

5.2.2.2. Por el soporte donde asienta la mancha

a) Sobre cuerpo permeable.

b) Sobre cuerpo impermeable.

5.2.2.3. Por su mecanismo

a) Manchas por proyección.

b) Caída perpendicular al suelo.

c) Caída oblicua al suelo.

d) Caída de gota de sangre en movimiento.

5.2.2.4. Por la forma y dimensión de la mancha

a) Charco.

b) Salpicadura.

c) Chorro.

d) Escurrimiento.

e) Huellas de sangre por deslizamiento.

f) Huellas ensangrentada.

g) Manchas por absorción.

h) Manchas referidas a acciones limpieza.

5.2.3. Mecanismo de impactos a baja, media y alta velocidad en función de la intensidad de la fuerza aplicada

Esta otra clasificación que se basó en las primeras investigaciones realizadas por MacDonell y Bialousz, establece que en función de la intensidad de la fuerza aplicada y el tamaño de la mancha de sangre que se genera como consecuencia de esa fuerza, se clasifican en tres categorías los patrones, siendo éstas respectivamente impactos de baja, media y alta velocidad.

5.2.3.1. Impacto a baja velocidad

En esta primera categoría, la fuerza externa que se aplica sobre la fuente de sangre es de baja intensidad, pudiendo llegar a alcanzar una velocidad de hasta 1,5 m/segundo. El tamaño normal que puede llegar a alcanzar estas manchas de sangre es de unos 3 mm. de diámetro, pudiendo ser su tamaño superior.

Son el resultado de una cantidad considerable de sangre que impacta contra una superficie horizontal o vertical a baja velocidad, y que puede deberse a tres mecanismos diferentes siendo éstos respectivamente por salpicadura, por presión o por movimiento repetido.

a) Salpicadura. Se produce generalmente cuando se lanza una cantidad de sangre contra una superficie, formándose una mancha con un área central más o menos grande, de contorno irregular y con elongaciones y manchas periféricas.

b) Presión. La sangre sale a gran presión, como por ejemplo la mancha que se genera como consecuencia de un vómito de sangre o de hemorragia arterial. Se producen patrones específicos con manchas de sangre grandes y alargadas que generan gran cantidad de regueros por acción de la gravedad.

c) Movimiento repetido. Este patrón se produce cuando se golpea repetidamente a la víctima con un objeto (bate de béisbol, martillo, etc.). Al estar este objeto en movimiento impregnado de sangre, producirá manchas sobre la superficie de impacto horizontal o vertical que se encuentran a su alrededor, pudiéndonos indicar el número mínimo de golpes generados a la víctima, y por consiguiente ayudándonos a reconstruir como se produjo la agresión.

   Este tipo de patrón de mancha de sangre resulta generalmente de:

   - Gotas de sangre en caída libre que sólo se ven afectadas por la gravedad (goteo de la sangre de una persona tanto si se encuentra parado).
   - Gotas individuales que caen en el aire con un movimiento horizontal (cuando se está caminando o corriendo y caen las gotas a consecuencia de dicho movimiento)
   - El arma ensangrentada que produjo la herida.
   - La sangre goteando en sangre.
   - Sangre salpicada o proyectada.

- Sangre pisada.
- Patrones de flujo sanguíneo en superficie horizontal o vertical.
- Patrón de transferencia de sangre (rayas de pelo, impresiones de manos, pies u objetos ensangrentados).

Figura 49. Impacto a baja velocidad

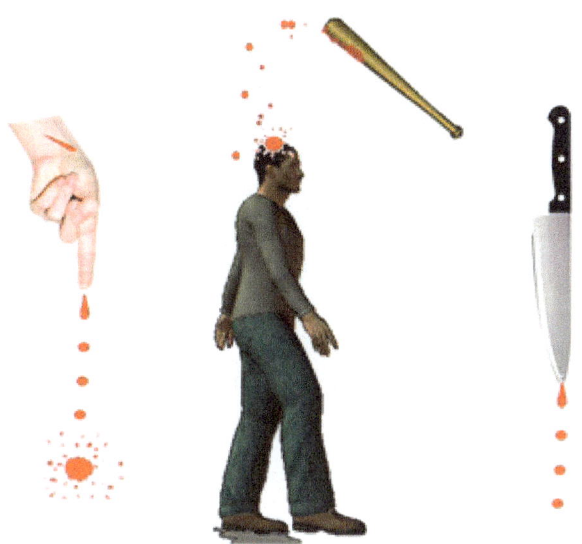

Fuente: Elaboración propia.

5.2.3.2. Impacto a media velocidad

En este caso, la sangre se proyecta como consecuencia de un impacto a una velocidad que oscila entre 1,5 y 7,65 m/seg, siendo el tamaño aproximado de las manchas de sangre producidas por este tipo de impactos de entre 1 y 3 mm. de diámetro.

El patrón característico en estos casos es de estructura radial, formándose múltiples manchas de pequeño tamaño y de forma más o menos alargadas, dependiendo del ángulo de impacto sobre la víctima, la superficie sobre la que ésta se encuentra y el área que la rodea.

La categoría de las manchas asociadas con este tipo de impactos se correlaciona principalmente con los golpes y las puñaladas. Ejemplos de actividades que producen manchas de sangre en esta categoría son:

- Traumatismos por objetos contundentes (golpes sobre la víctima con los puños, palos, bates, ladrillos, martillos o algún objeto).
- Traumatismpo por corte y apuñalamiento (heridas por arma blanca, etc.).

No obstante, también cabe la posibilidad de que se genere este patrón en algunos casos de hemorragias arteriales (que afecten a arterias menores), o cuando la víctima tosa o exhale sangre como consecuencia de la agresión. En esta última situación, la detección de mucosidad o saliva puede ser orientativa de su origen.

Figura 50. Impacto a media velocidad

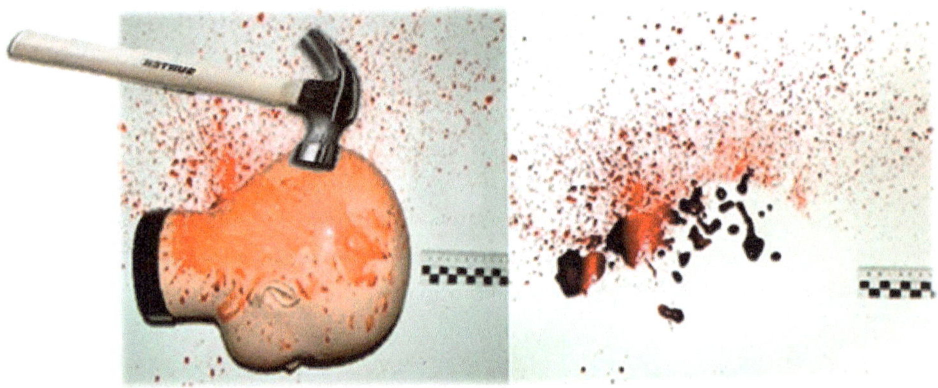

Fuente: Elaboración propia.

5.2.3.3. Impacto a alta velocidad

Se considera un impacto a alta velocidad al que iguala o supera los 30 m/seg. Como consecuencia de un impacto de este tipo se generan manchas de muy pequeño tamaño, siendo aproximadamente inferior a 1 mm. de diámetro y muy dispersas. Además, debido a su pequeño tamaño aparecen cerca del punto de origen. Se trata de patrones de sangre relacionados con:

- Traumatismos por arma de fuego.
- Explosiones.

- Heridas causadas por máquinas (por herramientas eléctricas, como por ejemplo sierras eléctricas).
- Accidentes de tráfico.

Figura 51. Impacto a alta velocidad

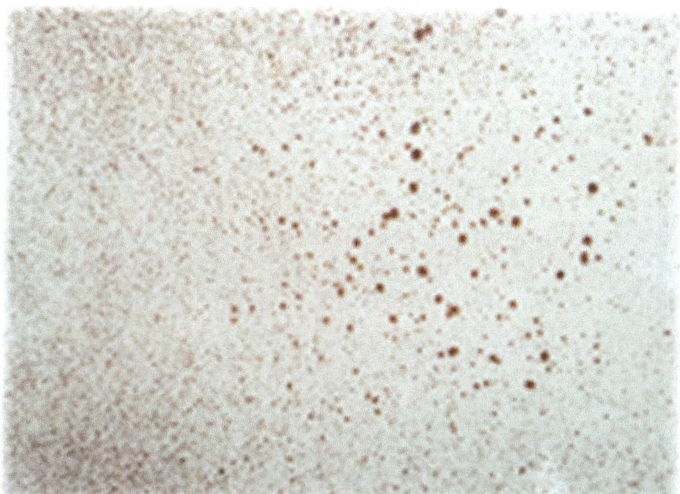

Fuente: Elaboración propia.

La clasificación resultante que creó la categoría adicional de "baja velocidad" fue adaptada y revisada, tanto por la Asociación Internacional del Análisis de Patrones de Manchas de Sangre, como por la Asociación Internacional para la Identificación. Estas alteraciones posteriores dieron lugar por una variedad de autores a la adaptación del criterio de tamaño para la velocidad de las manchas, quedando de la siguiente manera:

- Velocidad baja (LVIS) – manchas de 4 mm. o mayores en diámetro.
- Velocidad media (MVIS) – manchas de entre 1 y 4 mm. de diámetro.
- Velocidad alta (HVIS) – manchas de un diámetro inferior o igual a 1 mm.

Este método de clasificación no fue aceptado por todos los analistas, debido a una serie de deficiencias, consistentes en el solapamiento entre el tamaño de las manchas de sangre (Laber 1985; Raymond y cols. 2001; Stuart y cols. 2005).

En este sentido Bevel y Gardner (2008) establecen que existen problemas con el sistema de baja, media y, alta velocidad. La primera preocupación es que el tamaño de la salpicadura de las diversas categorías (por ejemplo, baja, media, alta) no es específico, pudiendo superponerse las distintas categorías. El criterio del tamaño está basado en el tamaño preponderante de la mancha y MacDonell (1993) claramente indicó que la salpicadura de mayor y menor tamaño podría ser encontrada en cualquiera de los patrones. Sin embargo, siempre existe una cierta ambigüedad cuando se usa este método.

Por su parte Gunn (2009) indica que se está abandonando este sistema de clasificación, ya que por ejemplo, una paliza severa o las lesiones producidas por un arma de fuego pueden generar ciertas distribuciones de tamaño de mancha de sangre similares, a pesar de que estas dos causas normalmente se clasifican como de media y alta velocidad, respectivamente, mientras que otros mecanismos, tales como estornudar o toser puede producir manchas en la categoría del mismo tamaño como de media o de alta velocidad.

5.2.4. Sistema de clasificación en base a la dinámica de la sangre

Por su parte Wonder (2001), creó un sistema de clasificación en base a la dinámica de la sangre. Este sistema de clasificación se divide en dos grupos: patrones de salpicadura y patrones sin salpicaduras. Cada uno de estos grupos se puede dividir en una serie de patrones específicos. Adicionalmente, identificó un nuevo patrón al que denominó compuesto.

Figura 52. Categoría de Patrones de Manchas de Sangre

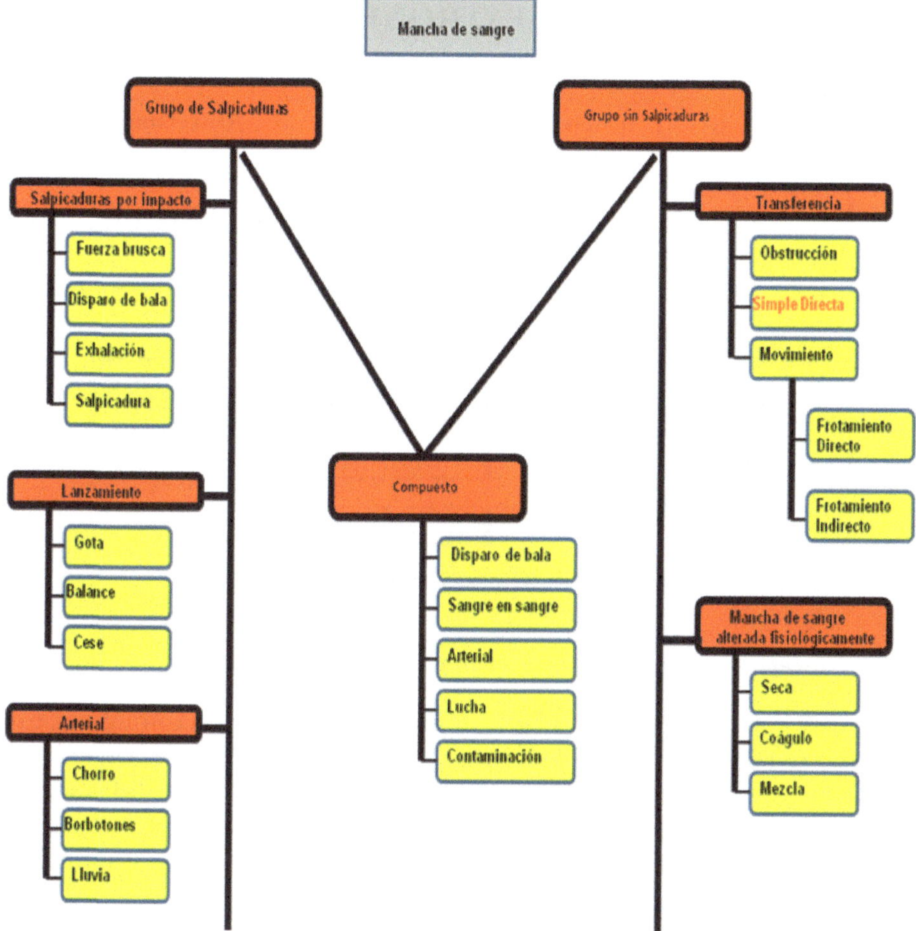

Fuente: Wonder (2001).

5.2.5. Sistema de clasificación en cuatro categorías (patrones básicos)

Por lo general, todas las manchas de sangre se pueden encuadrar en cuatro categorías básicas: pasiva, transferencia, proyectadas y misceláneo. Por ello, y basándose en la sugerencia propuesta por Radziki (Bevel y Gardner 2002) publican una clasificación que permite agrupar una categorización básica de los patrones de manchas de sangre en estas cuatro categorías. No obstante, estos autores indican que a largo plazo es necesario llevar a cabo una categorización más específica.

Figura 53. Categoría de Patrones de Manchas de Sangre

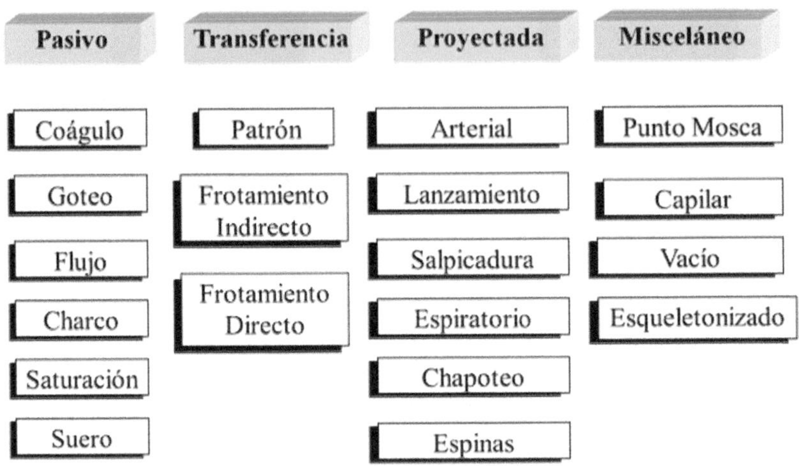

Fuente: Bevel y Gardner (2002).

5.2.6. *Sistema de clasificación taxonómico*

Stuart y cols. (2005) establecen un método de clasificación taxonómico en el que se reconocen tres categorías principales de patrones de manchas de sangre: salpicadura, pasiva, y alterada, las cuales están divididas sobre la base del mecanismo más probable que los produjo. Gunn (2009), indica que éste es quizás el mejor sistema de clasificación que se establece en detalle.

5.2.6.1. Pasivo

Patrones de manchas de sangre pasivos, son los patrones cuyas características físicas indican que fueron creados sin ninguna fuerza significativa que no sea la fuerza de la gravedad y la fricción (roce).

5.2.6.2. Salpicadura

Patrones de manchas de sangre por salpicadura exhiben direccionalidad, varían en tamaño, y están asociados con una fuente de sangre que está siendo sometido a una fuerza externa (s), en adición a la gravedad y fricción (roce).

5.2.6.3. Alterado

Patrones de manchas de sangre alterados son los patrones que han sufrido una alteración física y/o fisiológica.

Figura 54. Categoría de Patrones de Manchas de Sangre

Mancha de sangre

Pasiva
Transferencia
gotas
Flujo
Gran volumen

Salpicadura
Mecanismo de impacto
Mecanismo Secundario
Mecanismo de Proyección

Alterada
Coagulada
Diluida
Difusa
Insectos
Vacios
Secuencia

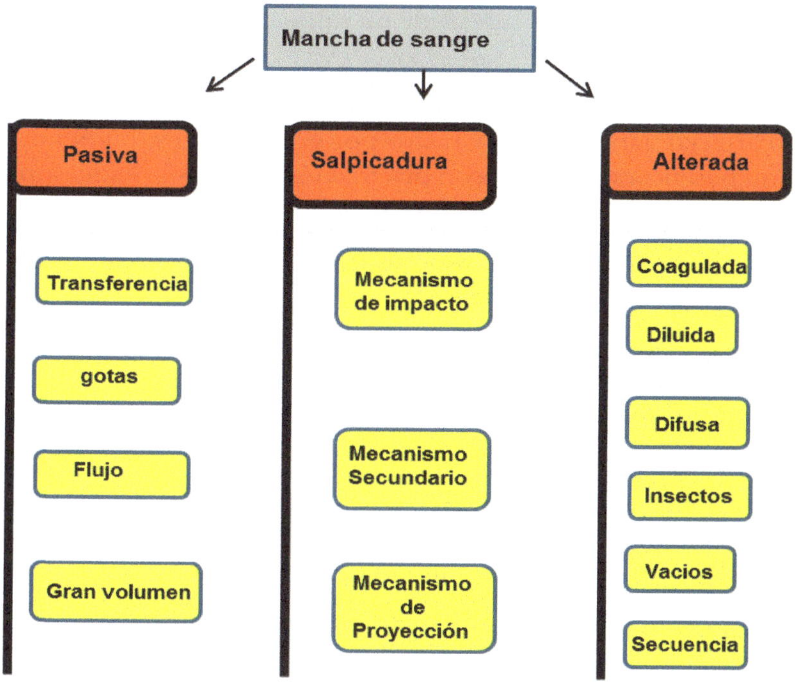

Fuente: (Stuart y cols. 2005).

5.2.7. Nuevo sistema de clasificación taxonómico que coincide con el indicado por el grupo de trabajo científico del FBI

El Grupo de Trabajo Científico del FBI para el Análisis del Patrón de Manchas de Sangre (SWGSTAIN), divide estos patrones en dos tipos generales: salpicadura y sin salpicadura. Estos tipos se subdividen en salpicaduras lineales/salpicaduras no lineales y en manchas de margen regular e irregular (Matisoff y Barksdatle 2011).

Por su parte, Bevel y Gardner (2008) establecen un nuevo sistema de clasificación taxonómico que coincide con el indicado por el Grupo de Trabajo Científico del FBI para el análisis del patrón de manchas de sangre

(SWGSTAIN). Desde este punto de vista taxonómico este método establece dos categorías básicas: manchas con salpicadura y manchas sin salpicaduras.

5.2.7.1. Salpicadura

Esta categoría a su vez se subdivide en salpicaduras lineales y salpicaduras no lineales.

a) Las salpicaduras lineales se agrupan en tres tipos de patrones: chorro arterial, lanzamiento y rastro por goteo, correspondiéndose con manchas dispersas afines con orientación lineal sobre una superficie.

b) Las salpicaduras no lineales se agrupan en las siguientes categorías: por impacto, expectorada y por goteo.

5.2.7.2. Sin Salpicadura

Esta categoría asimismo se subdivide en margen irregular y margen regular.

a) Las manchas por margen irregular se agrupan en las siguientes categorías: sangre goteando en sangre, chapoteo-chorro, y mancha que a su vez, puede ser por frotamiento directo o frotamiento indirecto.

b) Las manchas por margen regular se corresponden con las siguientes categorías: Patrón de transferencia; flujo, charco y saturación.

Figura 55. Categoría de Patrones de Manchas de Sangre

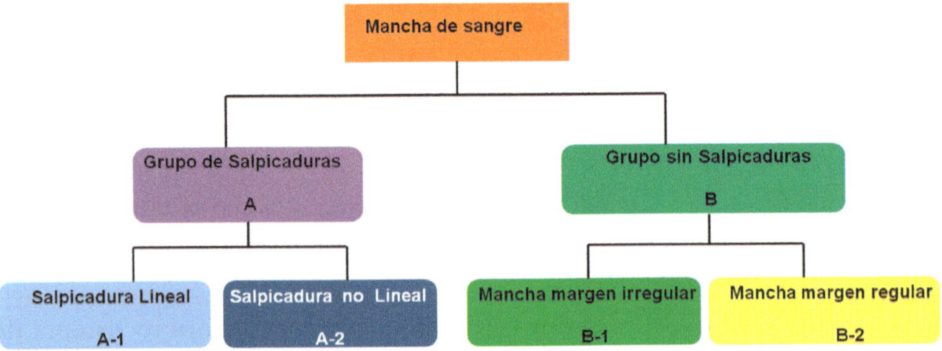

Fuente: (Bevel y Gardner 2008).

Figura 56. Categoría de Patrones de Manchas de Sangre

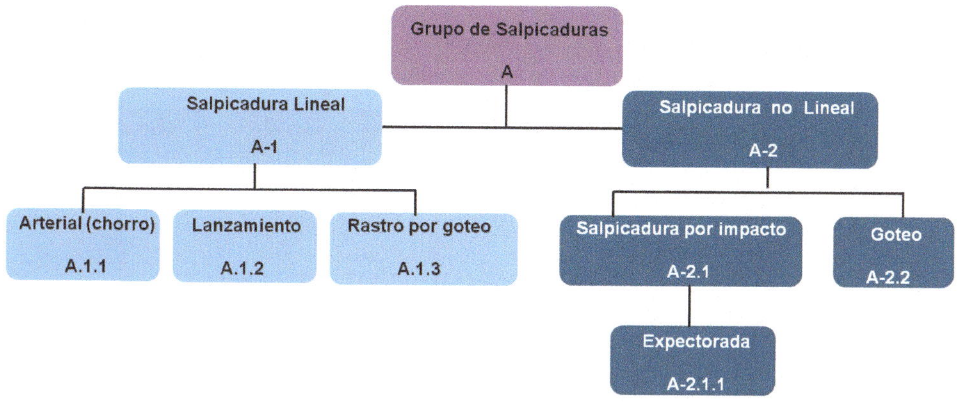

Fuente: Bevel y Gardner (2008).

Figura 57. Categoría de Patrones de Manchas de Sangre

Grupo sin Salpicaduras
B
Mancha margen irregular
B-1
Mancha margen regular
B-2
Sangre en sangre
B.1.1
Chorro
B.1.2
Mancha
B. 1.3
Patrón de Transferencia
B.2.1
Flujo
B.2.2
Charco
B. 2.3
Saturación
B.2.4
Patrón por Frotamiento Directo
B.1.3.1
Patrón por Frotamiento Indirecto
B.1.3.2

Fuente: (Bevel y Gardner 2008).

5.2.8. Sistema de clasificación utilizado por la Policía Técnico-Científica de São Paulo (SPTC)

Por su parte Dias Filho et al, 2018, propuso un nuevo sistema de clasificación que es el que actualmente utiliza la Superintendencia de la Policía Técnico-Científica (SPTC), también conocida como Policía Científica de São Paulo (Brasil). Este método de clasificación establece cuatro grupos: manchas de formación pasiva, activa, alterada y ausencia de manchas.

Figura 58. Categoría de Patrones de Manchas de Sangre

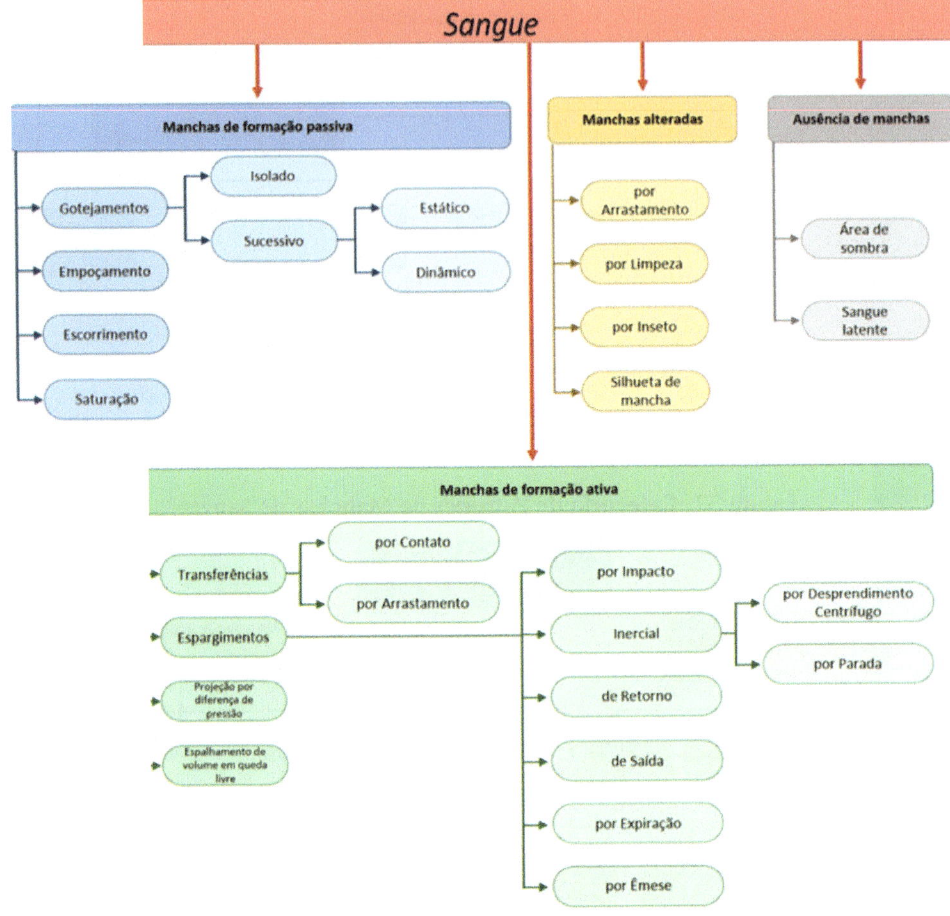

Fuente: Dias Filho et al, (2022).

En la actualidad los sistemas de clasificación de patrones de manchas de sangre más comunes encuentran sus raíces en los sistemas propuestos por McDonell, Bevel y Gardner, Wonder, y James y cols. (Bevel y Gardner 2008).

Capítulo 6

Revisión, actualización y ampliación de los sistemas de clasificación

6.1. INTRODUCCIÓN

Para evitar que se ponga en tela de juicio cualquier aspecto relacionado con la disciplina del análisis de patrones de manchas de sangre se hace necesario que los métodos utilizados se lleven a cabo con un escrutinio riguroso. Para ello, un principio clave de esta revisión ha sido proporcionar a los especialistas una clasificación integral capaz de caracterizar la diversidad de estos patrones, describiendo sus peculiaridades físicas como paso previo para poder establecer posteriormente su causalidad. En este sentido al abordar el término causalidad nos estamos refiriendo a aquellos mecanismos[5] que motivaron estas manchas.

Con este sistema se pretende mejorar ciertos aspectos conjugando las características físicas con el mecanismo causal que las produjo, adaptando los ya existentes, e introduciendo y modificando algunos conceptos, a la vez que se proporciona un lenguaje común que permite seguir compartiendo información estandarizada a nivel global, especialmente a los profesionales y estudiantes de habla hispana.

6.2. SISTEMA DE CLASIFICACIÓN ACTUALIZADO

El sistema de clasificación propuesto sigue utilizando las recomendaciones que estableció en su día el Grupo de Trabajo Científico del FBI (SWGSTAIN) el cual dividía estos patrones en dos tipos generales: salpicadura y sin salpicadura, subdividiendo estos tipos en salpicaduras lineales/salpicaduras no lineales y en manchas de margen regular e irregular (criterio de clasificación taxonómico establecido en 2008 por Bevel y Gardner).

---

5 A menudo la información contextual de la escena ayudará a establecer el mecanismo que motivó las manchas, debiendo ser muy cautos en este sentido ya que nos podemos encontrar mecanismos de patrones complejos que pueden llegar a producir técnicamente un patrón similar.

A su vez, se han tenido en cuenta otros métodos de clasificación ya existentes, llevando a cabo un estudio pormenorizado de los mismos, sirva de ejemplos el de Stuart y cols. (2005), o el de Dias Filho (2016), sistema este de clasificación utilizado en la actualidad por la Superintendencia de la Policía Técnico-Científica (SPTC), también conocida como Policía Científica de São Paulo (Brasil).

Como resultado se proponen dos nuevos tipos generales: manchas alteradas y ausentes, que a su vez se han subdividido en manchas alteradas: física/química/ambientalmente y en mancha ausentes: vacíos/latentes. Con esta clasificación se engloban prácticamente todos los patrones clasificables que puedan encontrarse en la escena del crimen.

Figura 59. Taxonomía de los tipos de patrones de manchas de sangre

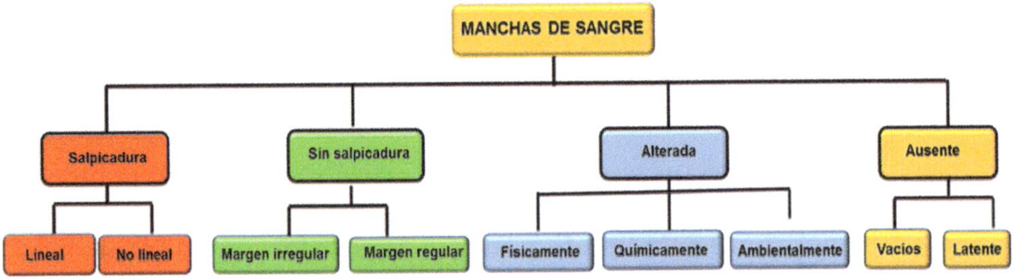

Fuente: Elaboración propia.

6.2.1. *Salpicadura*

Esta categoría siguiendo las directrices establecidas por Bevel y Gardner (2008), se refiere a manchas de sangre de forma circular o elíptica que han sido producidas por sangre que ha estado expuesta en vuelo libre por algún mecanismo. Su ángulo de impacto, ángulo direccional y su proximidad son las tres características básicas para establecer la relación entre estas salpicaduras. Dentro de este grupo se engloban las salpicaduras lineales y las no lineales.

6.2.1.1. Salpicaduras Lineales

Al igual que en el método taxonómico anterior las salpicaduras se siguen agrupando en tres tipos de patrones: chorro, lanzamiento y rastro por goteo, correspondiéndose con manchas dispersas afines con orientación lineal sobre una superficie.

No obstante, dentro del tipo chorro se ha establecido un nuevo subtipo: venoso (varicoso) quedando, por tanto, subdividido en arterial y en venoso (varicoso). Asimismo, dentro del tipo lanzamiento se encuentran los subtipos: sangre arrojada y desprendida. El rastro por goteo queda igual.

Figura 60. Clasificación de los tipos de patrones de manchas de sangre lineal

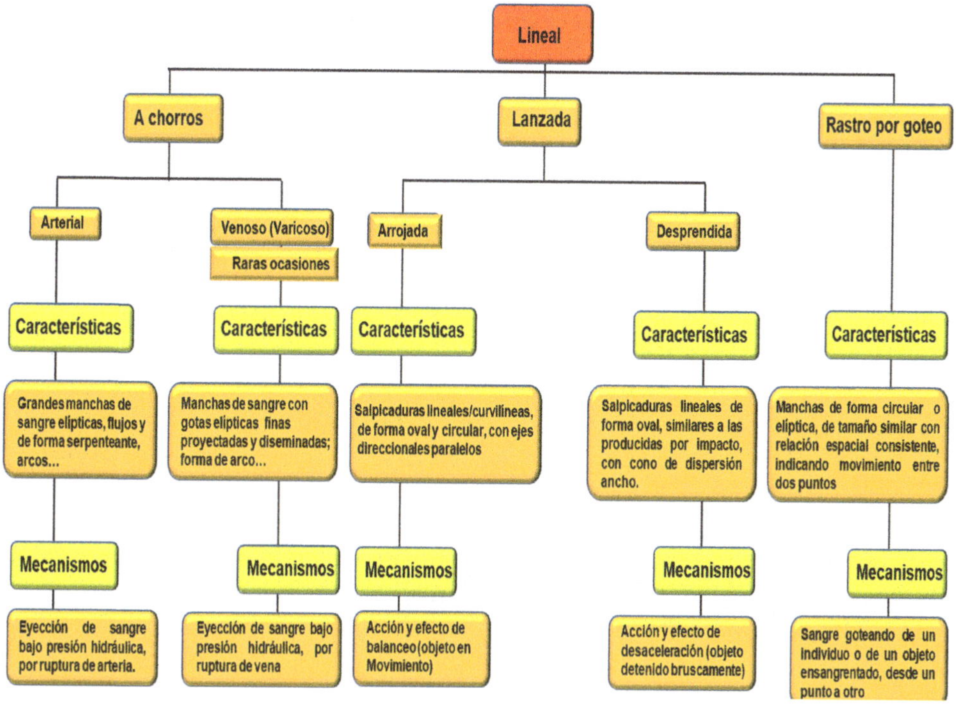

- Lineal
  - A chorros
    - Arterial
      - Características: Grandes manchas de sangre elípticas, flujos y de forma serpenteante, arcos...
      - Mecanismos: Eyección de sangre bajo presión hidráulica, por ruptura de arteria.
    - Venoso (Varicoso) — Raras ocasiones
      - Características: Manchas de sangre con gotas elípticas finas proyectadas y diseminadas; forma de arco...
      - Mecanismos: Eyección de sangre bajo presión hidráulica, por ruptura de vena
  - Lanzada
    - Arrojada
      - Características: Salpicaduras lineales/curvilíneas, de forma oval y circular, con ejes direccionales paralelos
      - Mecanismos: Acción y efecto de balanceo (objeto en Movimiento)
    - Desprendida
      - Características: Salpicaduras lineales de forma oval, similares a las producidas por impacto, con cono de dispersión ancho.
      - Mecanismos: Acción y efecto de desaceleración (objeto detenido bruscamente)
  - Rastro por goteo
    - Características: Manchas de forma circular o elíptica, de tamaño similar con relación espacial consistente, indicando movimiento entre dos puntos
    - Mecanismos: Sangre goteando de un individuo o de un objeto ensangrentado, desde un punto a otro

Fuente: Elaboración propia.

A) A chorros

Podemos definirlas como manchas de sangre que se crean cuando dicha sangre sale a presión con velocidad en forma de chorro, normalmente procedente de una arteria o el corazón, si bien también puede provenir de una vena (varicosa).

a) Procedencia arterial

Definición: Manchas de sangre que se crean cuando la sangre sale proyectada a gran presión con un movimiento acelerado, en forma de chorro procedente de una arteria o corazón.

Características: Grandes manchas de sangre elípticas, flujos y de forma serpenteante, arcos, etc., relacionadas en una orientación lineal o curvilínea.

Mecanismos: Eyección de sangre bajo presión hidráulica, por rotura de arteria.

Los patrones de manchas de sangre que se generan a consecuencia de las lesiones sufridas están directamente relacionados con el tipo de lesiones producidas y por el tipo de vasos sanguíneos que han sido afectados.

En el caso de los patrones generados por manchas de sangre arterial, obedecen más a un factor causal interno que externo, ya que el patrón que se produce es a consecuencia de la forma en la que el sistema circulatorio obliga a la sangra a salir del cuerpo humano.

Tras dañarse una arteria como consecuencia de un objeto cortante, contundente, etc., la sangre sale proyectada a gran presión con un movimiento acelerado muy característico con un aumento y disminución de sangre que se corresponde con la presión arterial sistólica y diastólica en el corazón.

Este movimiento es estimulado por los latidos del corazón que son los que la impulsan hacia fuera en forma de chorro intermitente de sangre proyectada fina y que se va dividiendo en gotas individuales paralelas entre sí, y aproximadamente del mismo tamaño. Aquí influye fundamentalmente el tamaño de las lesiones, ya que las heridas más pequeñas, producirán gotas más pequeñas y proyectarán la sangre a una distancia mayor que las heridas más grandes que producirán gotas más grandes y serán proyectadas a una distancia inferior.

A menudo, este patrón se encuentra a cierta distancia de la víctima, siendo posible establecer en algunas ocasiones si la víctima estaba en movimiento o estaba parada, ya que cuando la persona lesionada está en movimiento se puede generar un patrón en V o W que nos lo va a indicar, o bien, las gotas se pueden observar de manera lineal. Por el contrario, si la persona estaba parada, se puede producir una mancha de sangre de varios centímetros de diámetro, pudiéndose apreciar salpicaduras secundarias que se generan por la caída de sangre sobre sangre, lo cual nos está indicando una falta de movimiento por parte de la víctima.

Figura 61. Clasificación de los tipos de patrones de manchas de sangre por salpicadura lineal-chorros-arterial

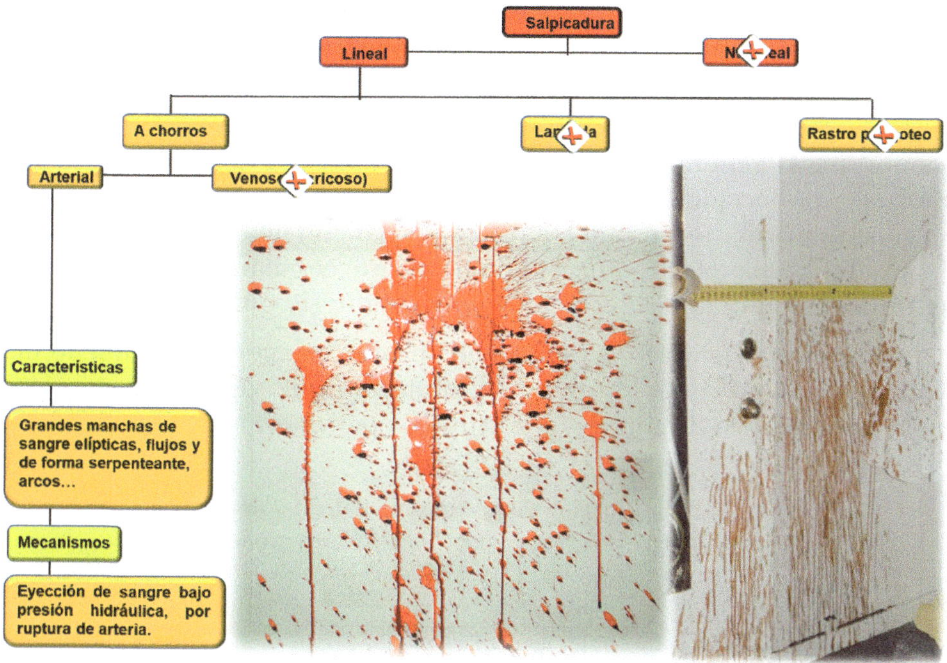

Fuente: Elaboración propia e imagen derecha extraída (Stuart y cols. 2005).

b) Procedencia venosa (varicosa)

Definición: Manchas de sangre que se crean por ruptura de una vena (varicosa) ante el aumento de presión de la sangre, provocando una hemorragia pulsátil.

Características: Manchas de sangre elíptica proyectada, flujos, en forma de arcos y relacionadas en una orientación lineal o curvilínea. Pueden presentar aspecto diseminado. Patrón más ligero y de gotas más pequeñas que el producido por sangre arterial. En zonas verticales apreciable en partes bajas.

Mecanismo: Eyección de sangre bajo presión hidráulica, por rotura de vena.

Las varices afectan a un 40% de la población y la rotura de una vena varicosa no es un caso frecuente de muerte. Los patrones de manchas de sangre generados por varices en las extremidades inferiores son los de interés para el analista por su similitud con los patrones por sangre arterial. Estos pueden producirse al acumularse la sangre en las venas de las extremidades inferiores (parte inferior de la pierna o del pie), generándole una presión anormalmente alta, que puede derivar en una rotura espontanea.

Lo normal es que se produzca un charco debido a una presión mucho menor que la generada por el tipo arterial, donde la sangre tiende a acumularse y por acción de la gravedad tras vencer la tensión superficial genera gotas esféricas que en caída libre al impactar con una superficie horizontal producen manchas de forma prácticamente circulares de gran tamaño, entre 13-21,5 mm., sin direccionalidad aparente (Roger et al. 2007).

En ocasiones esta hemorragia puede producir una presión mucho mayor dando como resultado una fina salpicadura de sangre "de tipo arterial", pudiendo confundirse con ese tipo de patrones.

Figura 62. Clasificación de los tipos de patrones de manchas de sangre por salpicadura lineal-chorros venosa

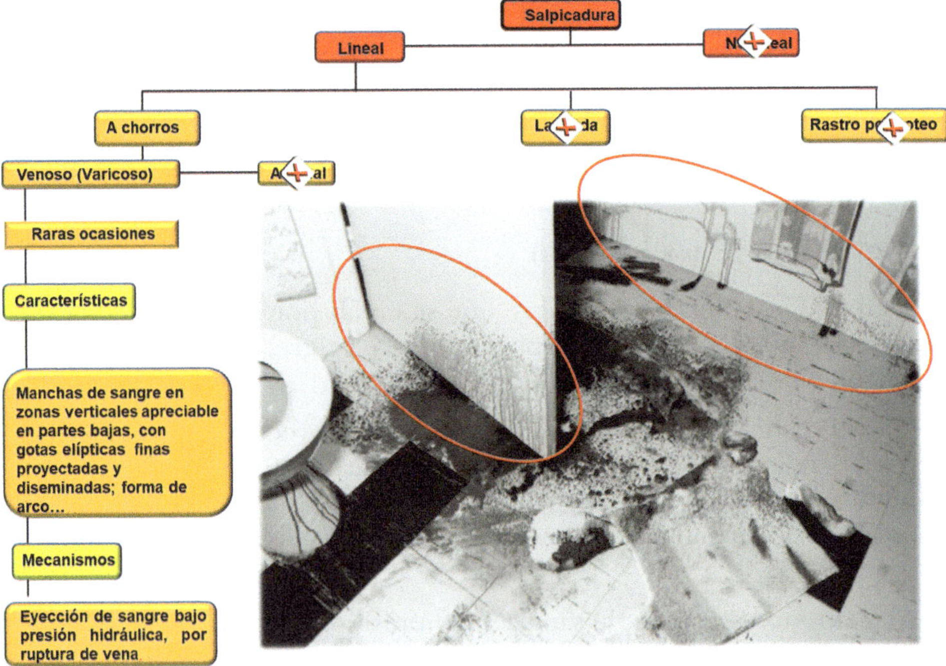

Fuente: Elaboración propia e imágenes extraídas Byard Roger et al. (2007).

B) Lanzada

Definición: Manchas creadas cuando la sangre es impulsada desde un objeto que está en movimiento o que se detiene repentinamente. Esta sangre puede ser arrojada o desprendida, y las manchas están formadas por un esparcimiento inercial por desprendimiento centrífugo.

a) Procedencia arrojada

Definición: Patrón de manchas de sangre resultante de gotas de sangre que se separan de un objeto debido a su movimiento.

Características: Manchas de sangre pequeñas de forma elíptica o circular con salpicaduras lineales o curvilíneas, presentado ángulos direcciónales paralelos y ángulos de impacto cambiante.

Mecanismo: Acción y efecto de balanceo (objeto en movimiento).

Este tipo de patrones se da cuando la sangre es arrojada desde un objeto ensangrentado en movimiento que está siendo utilizado como instrumento o medio destinado a atacar o a defenderse. Aunque normalmente se producen cuando el agresor golpea a la víctima con un objeto como un palo, bate de béisbol, etc., también pueden producirse debido al balanceo de alguna de las extremidades superiores ensangrentadas tanto de la víctima como del victimario.

Las gotas lanzadas resultantes serán más pequeñas que las producidas por goteo, encontrándose éstas normalmente en superficies como paredes y techos, aunque también pueden estar en suelos u otros objetos que se interpongan en su camino.

Durante la oscilación hacia atrás o adelante del objeto ensangrentado (arma), la sangre adherida saldrá despedida desplazándose tangencialmente al arco de ese balanceo, pero para ello debe tener suficiente peso y volumen para superar la tensión superficial y fuerza de la gravedad.

Otro dato a tener en cuenta es que el tipo de arma utilizada y la cantidad de sangre involucrada generan un efecto directo sobre estos patrones ya que por ejemplo, un cuchillo, creará patrones más finos y lineales debido a su pequeña superficie, que un bate de béisbol, que producirá de forma general un patrón de mayor volumen.

Figura 63. Clasificación de los tipos de patrones de manchas de sangre por salpicadura lineal-lanzada-arrojada

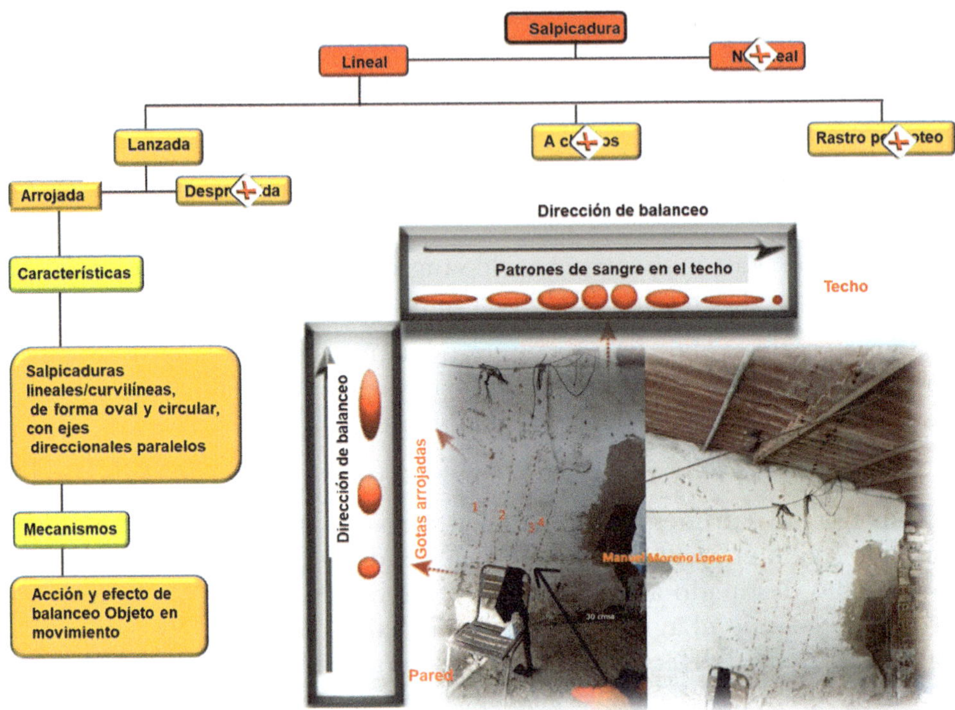

Fuente: Elaboración propia.

b) Procedencia desprendida

Definición: Patrón de manchas de sangre resultante de gotas de sangre desprendidas de un objeto que presenta una brusca desaceleración.

Características: Manchas de sangre pequeñas de forma oval, pudiendo presentar también pequeñas gotas circulares, agrupadas radialmente (similares a las producidas por impacto), con cono de dispersión ancho, distribuidas de forma radiante o curvilínea.

Mecanismo: Acción y efecto brusco de desaceleración (objeto detenido bruscamente).

Este tipo de patrones se genera cuando se produce una desaceleración abrupta de un objeto ensangrentado en movimiento provocando un esparcimiento inercial de esa sangre, por desprendimiento centrífugo a la misma velocidad y en la misma dirección en la que el objeto ensangrentado viajaba.

Como resultado se produce un cono de dispersión ancho, distribuido a lo largo de todo el patrón de forma radiante o curvilínea, presentando ángulos paralelos que se van modificando de forma gradual a lo largo del mismo. Este tipo de patrones presenta variables similares al patrón de impacto, que van, desde el tipo de arma utilizada hasta la cantidad de fuerza y cantidad de sangre presente.

Estos patrones no son frecuentes de encontrar ni fáciles de clasificar, más allá de una salpicadura. Se considera que, la forma más objetiva de clasificarlos es la existencia de alguna evidencia de que un objeto en movimiento se detuvo de forma abrupta contra una superficie, causándole daño a la misma. Por ejemplo, el agresor está golpeando a la víctima con un bate de béisbol que está ensangrentado y en uno de los golpes falla y golpea contra la pared generando un daño en la superficie sobre la que golpea, que nos está indicando que las gotas de salpicaduras de alrededor corresponden a la sangre desprendida del objeto que se ha detenido bruscamente.

Figura 64. Clasificación de los tipos de patrones de manchas de sangre por salpicadura lineal-lanzada-desprendida

Salpicadura
Lineal
No lineal
Lanzada
A c…os
Rastro p…teo
Desprendida
Ar…da
Características
Salpicaduras lineales de forma oval, similares a las producidas por impacto, con cono de dispersión ancho.
Mecanismos
Acción y efecto brusco de desaceleración (Objeto detenido bruscamente)

Fuente: Elaboración propia (imagen propia, imagen extraída de de Bevel y Garnded 2008 y de.Laber et al.).

En la siguiente ilustración podemos observar un ensayo llevado a cabo en laboratorio, donde se ha golpeado sobre una superficie a unos 90° aproximadamente con una herramienta ensangrentada (llave de tubo de tuerca de rueda). Se pueden apreciar gotas de sangre con formas de distinto tamaño, siendo en su gran mayoría de forma oval, aunque también se observan gotas circulares.

Este tipo de patrón difícil de clasificar más allá de una salpicadura no generará ninguna duda cuando se aprecien daños sobre la superficie. Pero cuando no se observen a simple vista, y/o se sospeche que pueda tratarse de este tipo de salpicaduras, un método que pude resultar eficaz, aunque invasivo, tal y como se aprecia en la ilustración consistirá en aplicar sobre la zona sospechosa, algún producto de limpieza. En este caso se aplicó desengrasante, observando cómo va desapareciendo progresivamente la sangre y apareciendo el daño causado por la herramienta sobre la superficie.

En caso de proceder de esta manera, se debe tener en cuenta:

1. Llevarlo a cabo siempre con las debidas garantías de bioseguridad.
2. No entrar nunca en contacto directo con la sangre, por lo que se aplicará:
    a) Bien con torunda u objeto similar previamente impregnado del producto de limpieza.
    b) Bien aplicando dicho producto directamente desde el envase mediante pulverización sin que tenga contacto con la superficie.
3. Solo se llevará a cabo este método de limpieza, una vez concluidas todas las tareas de investigación en el lugar por los distintos especialistas, siempre y cuando hayan sido recogidas las muestras pertinentes adecuadamente, analizando y reseñando el patrón (fotografía, video...).
4. Finalmente puede quedar ilustrado en el informe tal y como se indica en la imagen, donde se observa:
    a) Un patrón generado por el contacto de la herramienta utilizada y otro patrón por desprendimiento.
    b) Herramienta utilizada.
    c) Proceso de limpieza y finalmente lesión producida en la superficie.

Figura 64 BIS. Ensayo patrón por desprendimiento

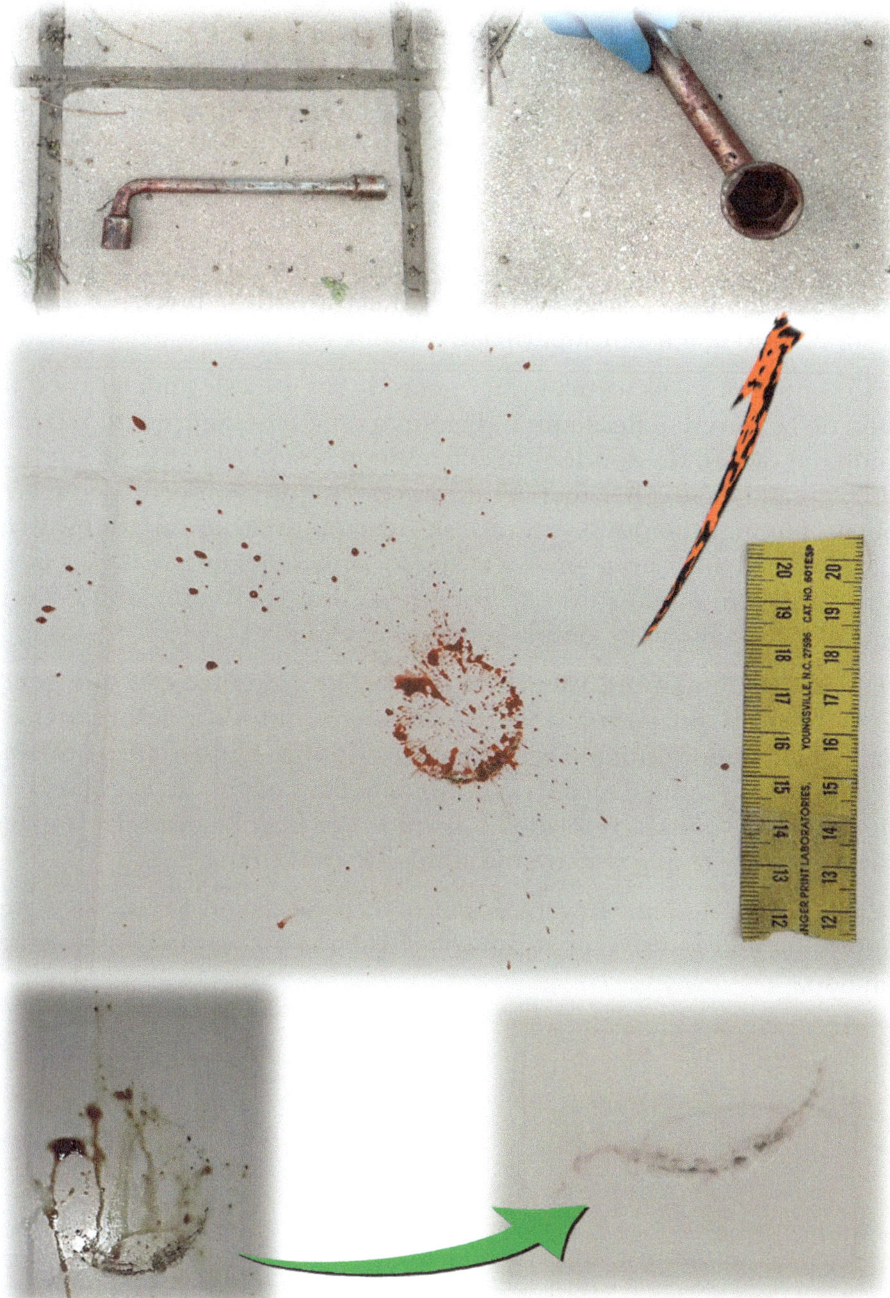

Fuente: Elaboración propia.

C) Rastro por goteo

Definición: Patrón de manchas de sangre generado por un goteo sucesivo dinámico entre dos puntos.

Características: Manchas de goteo de forma circular o elíptica de similar tamaño que suele oscilar entre 3 y 25 mm., con conexión en la relación espacial entre ellas en forma lineal. Ángulo direccional coherente con la fuerza gravitatoria.

Mecanismo: acción y efecto de la gravedad. Fuerza de atracción entre dos objetos con masa (sangre y superficie), a través de la fuerza de la gravedad superando la tensión superficial.

Este tipo de rastros formado por gotas de sangre esferoidales caen por acción de la gravedad desde un individuo u objeto ensangrentado. Dependiendo del origen de donde procede la sangre, será bastante más prolongado si emana de una herida (víctima-agresor), que si procede de un arma u objeto ensangrentado. Asimismo, su relación espacial variará en virtud de la velocidad a la que se mueva el sujeto/objeto del que se desprende la sangre, indicándonos a su vez a través de sus bordes festoneados o alargados la direccionalidad de desplazamiento y velocidad.

La gravedad es la única fuerza que actúa en los goteos, lo que genera que se acumule un mayor volumen de sangre antes de desprenderse la gota, dando como resultado gotas mayores y por lo tanto de mayor diámetro. Pero no es el único factor determinante del tamaño de la gota, ya que influyen otros como la velocidad a la que viaja la gota antes del impacto, superficie sobre la que se acumula, altura de caída, etc.

En este tipo de patrones los ángulos en general son los mismos, pero puede aumentar o decrecer según velocidad a la que vaya el objeto ensangrentado.

Figura 65. Clasificación de los tipos de patrones de manchas de sangre salpicada lineal-rastro por goteo

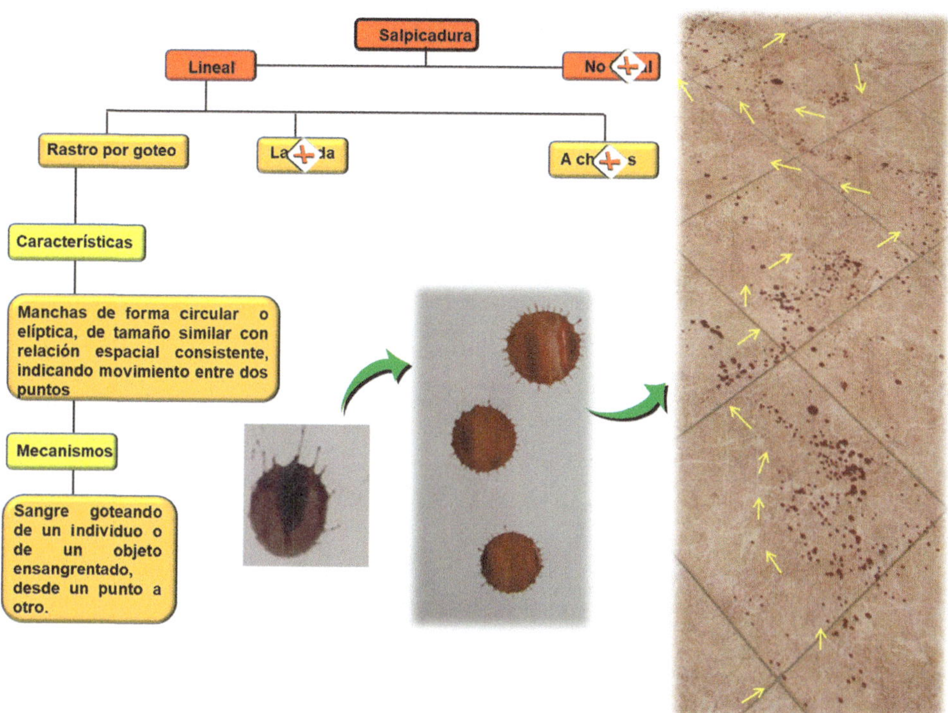

Fuente: Elaboración propia.

6.2.1.2. Salpicaduras no Lineales

En el método taxonómico establecido por Bevel y Gardner (2008) se agrupa en las categorías de salpicaduras de impacto y por goteo. Dentro del impacto se encontraba como subgrupo la sangre expectorada.

En la nueva actualización propuesta se agrupan en tres tipos de patrones: manchas por impacto, manchas por esparcimiento y manchas por goteo. Dentro del tipo de manchas por esparcimiento se han establecido dos subtipos: expectorada y por espasmo emético. Dentro del tipo de manchas por goteo se han establecido otros dos subtipos: individual y múltiple.

Este tipo no lineal se corresponden con manchas por salpicaduras relacionadas entre sí, que están dispersas sobre una superficie pero que no presentan orientación lineal.

Figura 66. Clasificación de los tipos de patrones de manchas de sangre no lineal

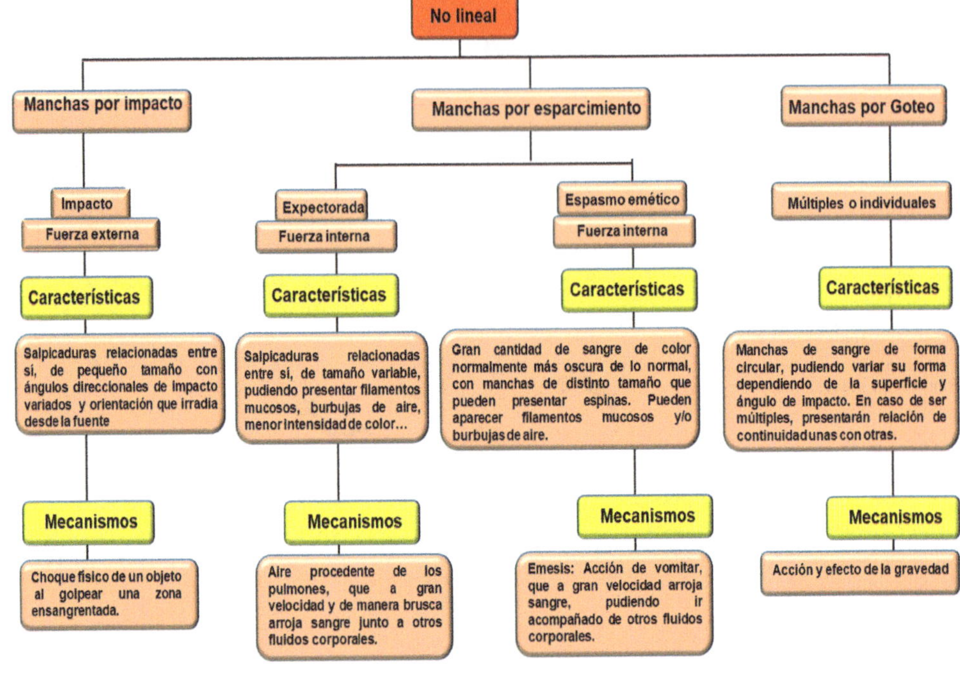

Fuente: Elaboración propia.

A) Manchas por impacto[6] *(fuerza externa)*.

Definición: Patrón de mancha de sangre que se generan como resultado del choque de un objeto sobre una zona ensangrentada.

Características: Patrón radiante con pequeñas manchas de sangre de forma circular o elíptica, relacionadas entre sí, con ángulos direccionales de impacto variados y orientación que irradia desde una misma área.

Mecanismos: Choque físico de un objeto al golpear una zona ensangrentada. Las herramientas o actividades que pueden generar salpicaduras de impacto serían: proyectil de arma de fuego; golpear/apuñalar; patear/pisotear; caídas; puñetazos; impacto de vehículos; herramientas eléctricas, etc.

En los patrones de impacto influyen multitud de factores como, por ejemplo:

---

6 Nota: Que existan salpicaduras de impacto no significa que necesariamente se hayan producido por un acto violento.

- Distancia recorrida, dirección y cantidad de sangre salpicada.
- Cantidad de sangre disponible en el lugar donde se produce el impacto.
- Forma, tamaño y masa del objeto que impacta.
- Posición relativa de las superficies en las que se depositan las salpicaduras con respecto al lugar del impacto.
- Fuerza, velocidad y ángulo del arma/objeto golpeador en el momento del impacto.

Para su estudio pormenorizado se tienen que tener en cuenta una serie de criterios objetivos:

- Forma del patrón.
- Alineación de las manchas con referencia a otras.
- Alineación de manchas dentro del patrón.
- Tamaño de las manchas.
- Número de manchas.

Figura 67. Clasificación de los tipos de patrones de manchas de sangre de salpicadura-impacto

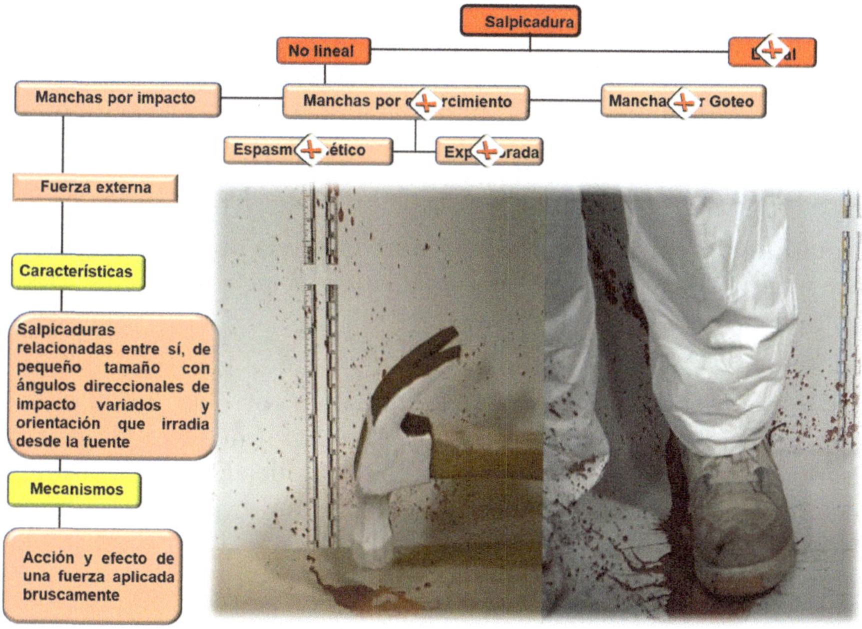

Salpicadura
No lineal
Manchas por impacto
Fuerza externa
Características
Salpicaduras relacionadas entre sí, de pequeño tamaño con ángulos direccionales de impacto variados y orientación que irradia desde la fuente
Mecanismos
Acción y efecto de una fuerza aplicada bruscamente

Fuente: Elaboración propia (imágenes extraídas de Laber et al).

B) Manchas por esparcimiento

Definición: Manchas de sangre generadas como resultado de una fuerza interna procedentes de un mismo origen, esparcidas en gotas menudas independientes, o en grandes manchas que conforman un patrón.

a) Procedencia: expectorada (fuerza interna)

Definición: Patrón de manchas de sangre resultante de la sangre forzada por el flujo de aire fuera de la boca, la nariz o de una herida.

Características: Salpicaduras relacionadas entre sí de tamaño variable y distribución concéntrica, pudiendo presentar si es por la boca filamentos mucosos consistentes en finas vetas de sangre de color rojo brillante; puede tener burbujas de aire y un aspecto diluido con menor intensidad de color (esta última característica no es exclusiva de este tipo de patrones, ya que por ejemplo, una salpicadura de sangre por impacto en la cabeza puede ir mezclada con fluido craneal).

Mecanismos: Aire procedente de los pulmones, que a gran velocidad y de manera brusca arroja sangre junto a otros fluidos corporales. Esta reacción funcional puede deberse a estornudos, tos, resoplidos, respiración, compresión del pecho…

Este tipo de patrones pueden producir una distribución regular de las manchas y puede ser difícil de caracterizar, llegando a generar desde salpicaduras pequeñas, hasta de un rango similar a las salpicaduras de impacto.

En caso de duda se recomienda realizar la prueba de la amilasa (presencia de saliva).

Asimismo, se aconseja comprobar tanto in situ la presencia de sangre en la boca y nariz de la víctima, como en la autopsia la presencia de sangre en los pulmones o vías respiratorias.

Siendo conscientes que esto no siempre es posible puesto que en ocasiones se trabaja sobre imágenes, lo idóneo para corroborar o descartar sería revisar el expediente y comprobar si en el informe técnico fotográfico, realizado con motivo de la inspección técnico policial, se aprecia sangre en la boca de la víctima, así como llevar a cabo una revisión del informe de autopsia.

Figura 68. Sangre expectorada

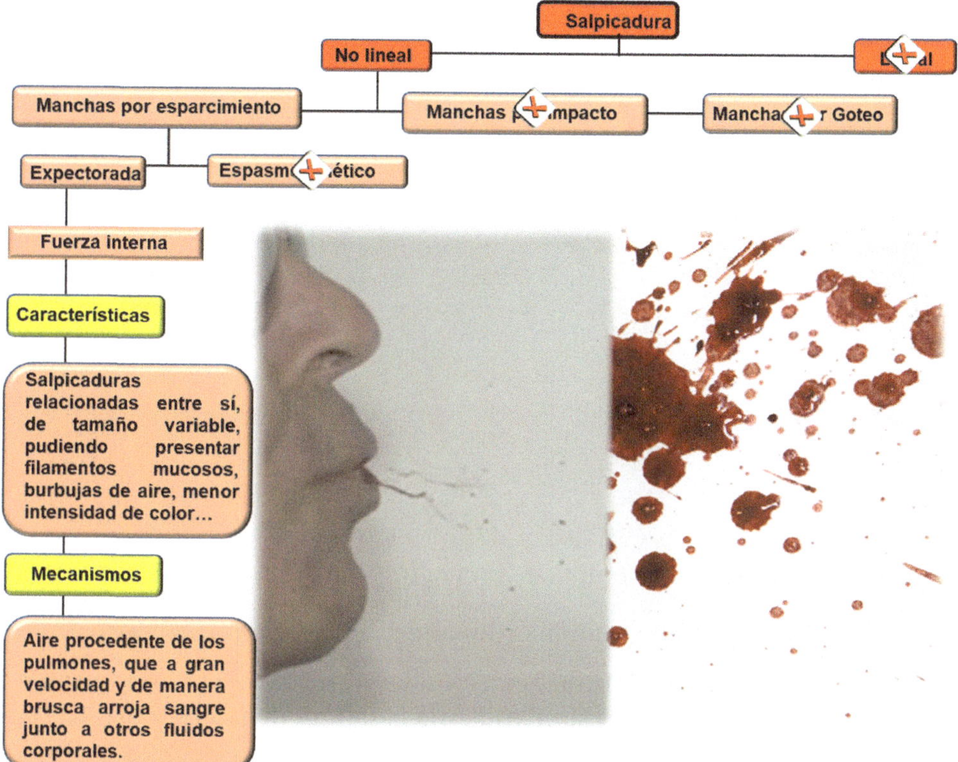

Fuente: Elaboración propia (imágenes extraídas de http://hemospat.com y de Laber et al.).

En la siguiente ilustración, se advierte la diferencia con el patrón anterior, observando sangre y saliva arrojada por la boca con movimientos repetidos en el interior de ésta (tipo enjuague bucal), donde se aprecian los glóbulos de aire y los filamentos.

Figura 69. Sangre expulsada por la boca

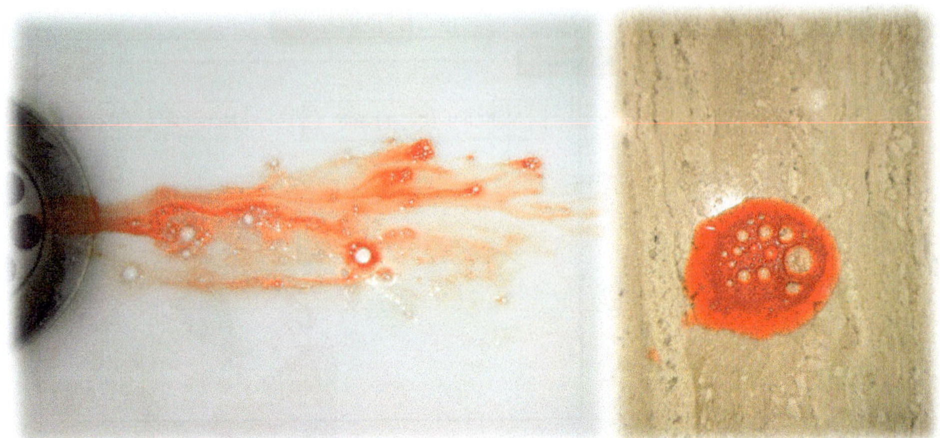

Fuente: Elaboración propia.

b) Procedencia: espasmo emético (fuerza interna)

Definición: Patrón de manchas de sangre generado por vómito.

Características: Salpicaduras relacionadas entre sí de tamaño variable y distribución concéntrica. Al ser expulsada la sangre de manera brusca puede provocar espinas o salientes alrededor de la mancha central, y múltiples salpicaduras relacionadas entre sí. Principalmente este patrón va a depender de la cantidad de sangre vomitada y de la parte de la superficie que golpee (inodora o suelo...). Suelen presentar un color negro o marrón oscuro como el sedimento del café. Este color se produce como resultado de la desnaturalización de la sangre por parte de los ácidos del estómago.

Mecanismos: Acto reflejo complejo e involuntario del organismo que implica la expulsión forzada de sangre a través de la boca, cuyo origen puede ser debido a hemorragias por úlceras péptica (estomacales o duodenales), vasos sanguíneos rotos, cáncer de pulmón...

Este tipo de patrones no suelen ser difíciles de identificar ya que normalmente pueden observarse próximas al inodoro, y la víctima normalmente no presenta lesiones externas. En caso de presentar lesiones que produzcan heridas sangrantes es probable que se encuentren en la cabeza, debido a caídas que sufra la víctima.

Figura 70. Clasificación de los tipos de patrones de manchas de sangre de salpicadura no lineal-esparcimiento-espasmo emético

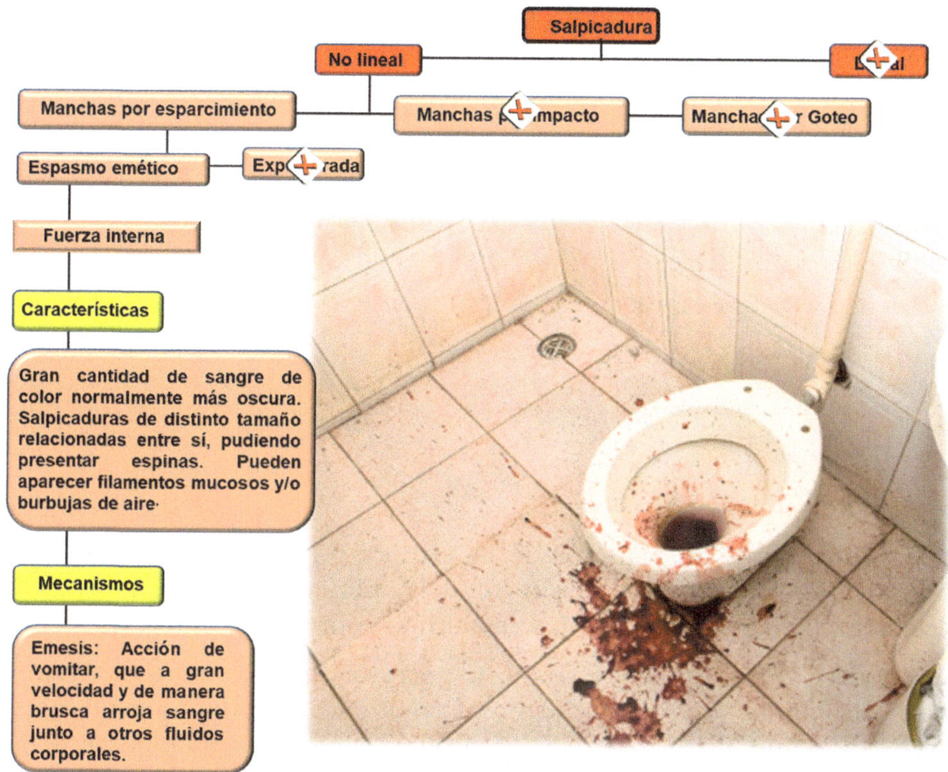

Fuente: Elaboración propia, Imagen Cortesía de la Superintendencia de la Policía Técnico-Científica (SPTC) de São Paulo (Brasil).

C) Manchas por goteo

Procedencia: venosa.

Definición: Mancha de sangre resultante de una gota esferoidal, segregada y desprendida de un objeto por acción de la gravedad.

Características: Estas manchas presentan forma circular, pudiendo llegar a variar en base a la superficie y ángulo de impacto. Dependiendo de la superficie sobe la que golpea, su contorno puede ser estrellado o no. Aproximadamente, en superficies no absorbentes la mancha de goteo más pequeña es de 4 mm., y en superficies absorbentes es de 3 mm. Si son múltiples presentan disposición al azar, presentando relación de continuidad unas con otras por producirse en un mismo acto.

Mecanismo: acción y efecto de la gravedad. Fuerza de atracción entre dos objetos con masa (sangre y superficie), a través de la fuerza de la gravedad superando la tensión superficial.

Estas gotas de sangre esferoidales caen por acción de la gravedad desde un individuo u objeto ensangrentado, generando manchas de sangre unas junto a otras e incluso superpuestas parcialmente.

Cuando la gota de sangre golpea sobre una superficie, se producen cuatro fases distintas de impacto, independientemente de la superficie sobre la que caiga, velocidad a la que se mueva o ángulo en el que caiga.

Estas cuatro fases son:

- Contacto.
- Desplazamiento.
- Dispersión.
- Retracción.

El diámetro de las manchas de sangre por goteo que caen sobre una superficie horizontal varía en función del volumen de la gota, la distancia de caída y de la composición de la superficie sobre la que impacta.

Bevel y Gardner (2008), establecen que el diámetro de las manchas producidas por goteo debería oscilar en un tamaño comprendido en un rango entre 3 y 25 mm. de diámetro. Estos mismos autores indican que por debajo de 3 mm. es más frecuente que pertenezcan a algún tipo de salpicadura dinámica como de impacto, expectorada…, y si exceden de 25 mm., es más probable hayan sido generadas por otro mecanismo como por ejemplo tipo arteria.

La textura de la superficie desempeña un papel fundamental en la fase de desplazamiento cuando la gota impacta. En superficies lisas, duras y no porosas se producirán manchas bien definidas debido a la resistencia de la tensión superficial. Por el contrario, en superficies rugosas o porosas se altera la tensión superficial, generándose normalmente un desplazamiento de la gota que producirá una mancha de forma irregular asimétrica, dando lugar a una fase de contracción anormal que provoca distorsión en la mancha y bordes espinosos.

Cuando estas mismas gotas esféricas en caída libre impactan sobre una superficie no horizontal, presentaran una forma elíptica u ovalada, dependiendo su forma final del ángulo de impacto.

Figura 71. Clasificación de los tipos de patrones de manchas de sangre de salpicadura no lineal-mancha por goteo sobre distintas superficies

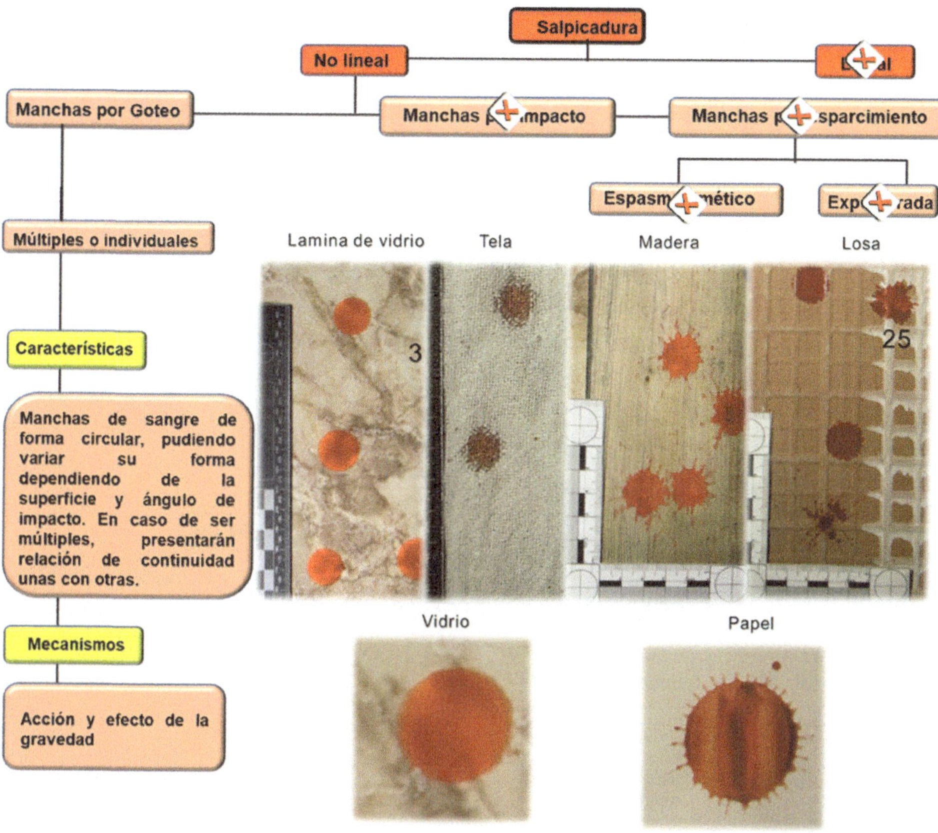

Fuente: Elaboración propia.

6.2.2. *Sin salpicadura*

Esta otra categoría al igual que la clasificación taxonómica de Bevel y Gardner (2008), incluye patrones y manchas de sangre donde las manchas primarias no se corresponden con gotas pequeñas circulares o elípticas puesto que no están producidas por salpicaduras, lo que no significa que no existan salpicaduras secundarias asociadas a estos patrones.

Esta categoría asimismo se subdivide en margen irregular y margen regular.

6.2.2.1. Margen irregular

En la clasificación de Bevel y Gardner (2008), las manchas por margen irregular se agrupan en las siguientes categorías: sangre goteando en sangre, chapoteo-chorro, y mancha que a su vez puede ser por frotamiento directo o frotamiento indirecto.

En la actualización propuesta se mantienen los mismos tipos de patrones, pero se emplean términos distintos: goteo sucesivo estático, salpicadura por brote, y por transferencia que a su vez se subdivide en deslizamiento directo o indirecto.

Figura 72. Clasificación de los tipos de patrones de manchas de sangre sin salpicadura de margen irregular

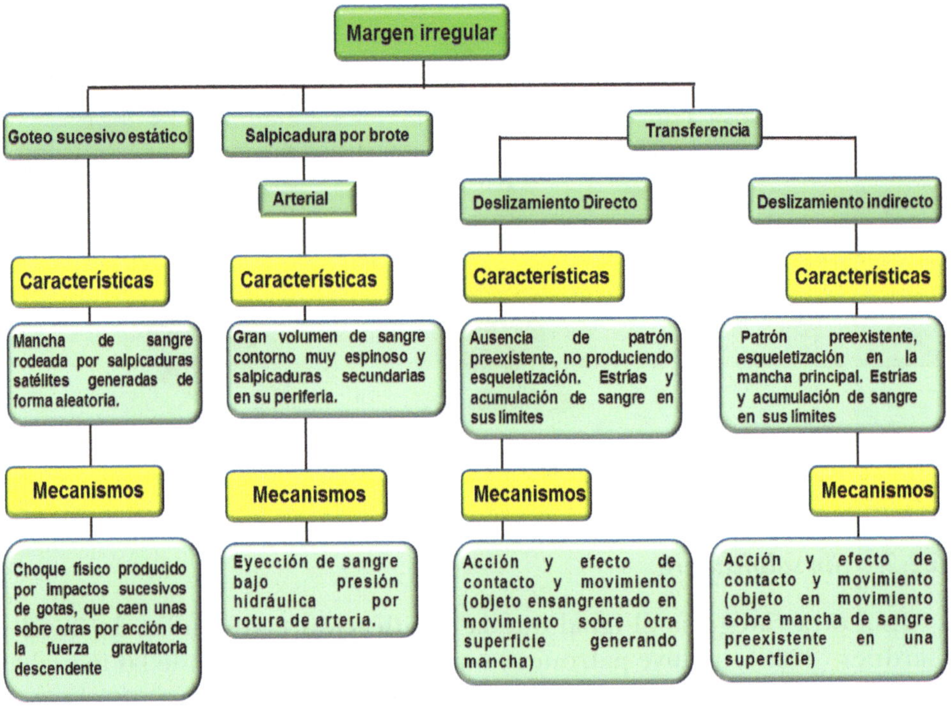

Margen irregular

Goteo sucesivo estático
Características
Mancha de sangre rodeada por salpicaduras satélites generadas de forma aleatoria.
Mecanismos
Choque físico producido por impactos sucesivos de gotas, que caen unas sobre otras por acción de la fuerza gravitatoria descendente

Salpicadura por brote
Arterial
Características
Gran volumen de sangre contorno muy espinoso y salpicaduras secundarias en su periferia.
Mecanismos
Eyección de sangre bajo presión hidráulica por rotura de arteria.

Transferencia

Deslizamiento Directo
Características
Ausencia de patrón preexistente, no produciendo esqueletización. Estrías y acumulación de sangre en sus límites
Mecanismos
Acción y efecto de contacto y movimiento (objeto ensangrentado en movimiento sobre otra superficie generando mancha)

Deslizamiento indirecto
Características
Patrón preexistente, esqueletización en la mancha principal. Estrías y acumulación de sangre en sus límites
Mecanismos
Acción y efecto de contacto y movimiento (objeto en movimiento sobre mancha de sangre preexistente en una superficie)

Fuente: Elaboración propia.

A) Goteo sucesivo estático

Definición: Manchas de sangre resultantes de un líquido goteado sobre otro líquido, dando lugar a una acumulación, siendo al menos uno de ellos sangre (normalmente sangre sobre sangre).

Procedencia: Fuente estática.

Características: Mancha central grande de forma irregular, rodeada de pequeñas salpicaduras satélite distribuidas al azar, con formas circulares u ovaladas. Las manchas satélites de forma oval convergen todas hacia la mancha principal.

Mecanismo: Choque físico producido por impactos sucesivos de gotas, que caen unas sobre otras por acción de la fuerza gravitatoria descendente.

James et al. (2005) indica que no se producirán salpicaduras satélites cuando la sangre gotea sobre una superficie lisa y dura desde una altura inferior 30,48 cm. Asimismo, indica que es posible que se cree un charco de sangre a consecuencia de un mecanismo de goteo y no se produzca tampoco este tipo de salpicaduras secundarias.

Figura 73. Clasificación de los tipos de patrones de manchas de sangre de salpicadura sin salpicadura-margen irregular-goteo sucesivo estático

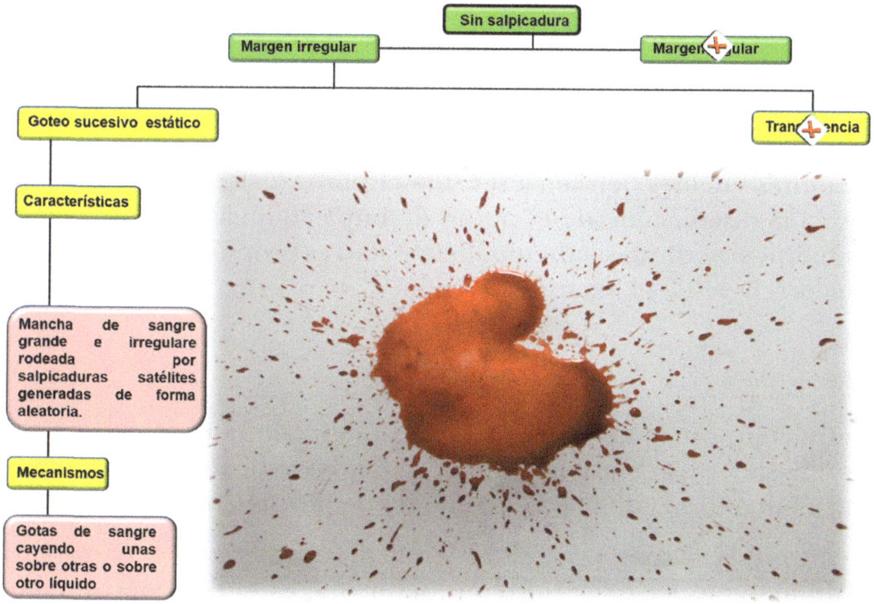

Fuente: Elaboración propia.

B) Salpicadura por brote

Definición: Patrón de mancha de sangre, resultante de sangre saliendo a presión en cantidad y con velocidad, generado por una lesión en el sistema circulatorio.

Procedencia: Arterial

Características: Gran mancha irregular de contorno puntiagudo (forma de espinas), que presenta a su alrededor salpicaduras satélites que irradian de la mancha principal.

Mecanismo: Eyección de sangre bajo presión hidráulica por rotura de arteria.

Esta categoría, aunque es producida por el mismo mecanismo de proyección (presión arterial) que en el caso de la salpicadura lineal "a chorros", puede inducir a confusión si se vuelve a clasificar nuevamente con el mismo nombre, tal y como se establece en la clasificación de Bevel y Gardner (2008). En base a ello se ha propuesto clasificarla como brote arterial. Este término propuesto, es perfectamente compatible tal y como se desprende de la aceptación 8ª de la RAE, donde dice: arrojar, que a su vez significa impeler con violencia algo, de modo que recorra una distancia, movido por el impulso que ha recibido.

En este caso el resultado del patrón por brote arterial, aunque sale bajo presión, presenta más el aspecto de una masa de sangre lanzada que el de sangre expulsada a presión, siendo sus salpicaduras satélites más grandes y alargadas que en el caso de las producidas por chorro arterial.

James et al. (2005), establecen que, en una superficie horizontal, las salpicaduras satélites tienden a ser más elípticas o alargadas a medida que aumenta la distancia desde el punto de impacto inicial. Mientras que, en una superficie vertical, su ángulo de impacto es proporcional a la distancia que recorren desde el lugar de la lesión.

C) Transferencia

Definición: Cualquier mancha o patrón creado por acción y efecto de pasar una superficie húmeda y ensangrentada desde un objeto a otro, mediante alguna forma de contacto seguido de movimiento.

Se introduce el término de transferencia (transferir) dentro de las manchas de margen irregular por considerar que es el que más se adapta y aproxima a este tipo de patrones, tal y como se desprende de la acepción primera establecida por la RAE: "Pasar o llevar algo desde un lugar a otro".

Asimismo, se sustituye el termino frotamiento por el de deslizamiento, ya que éste no tiene cabida dentro de este subgrupo por su propio significado ya que, según RAE, significa "Pasar muchas veces", con lo cual no define correctamente el mecanismo real de este tipo de patrones.

a) Deslizamiento directo

Definición: Mancha o patrón creado por la transferencia y deslizamiento de una superficie húmeda y ensangrentada por otra cuya superficie está limpia.

Procedencia: Objeto ensangrentado en movimiento.

Características: Ausencia de esqueletización en la mancha principal. En ocasiones el punto de contacto inicial presenta un contorno más homogéneo que su lado opuesto, donde puede reflejar forma de "flecos o plumas" que nos pueden llegar a indicar la dirección de desplazamiento del objeto. Asimismo puede presentar estrías, disminución del volumen de sangre en el cuerpo de la mancha y acumulación en los otros límites.

Mecanismo: Acción y efecto de contacto y movimiento (objeto ensangrentado en movimiento sobre otra superficie generando mancha).

Figura 74. Clasificación de los tipos de patrones de manchas de sangre sin salpicadura —margen irregular— transferencia directa. (Pelo de la víctima ensangrentada, transfiriendo la sangre sobre la superficie)

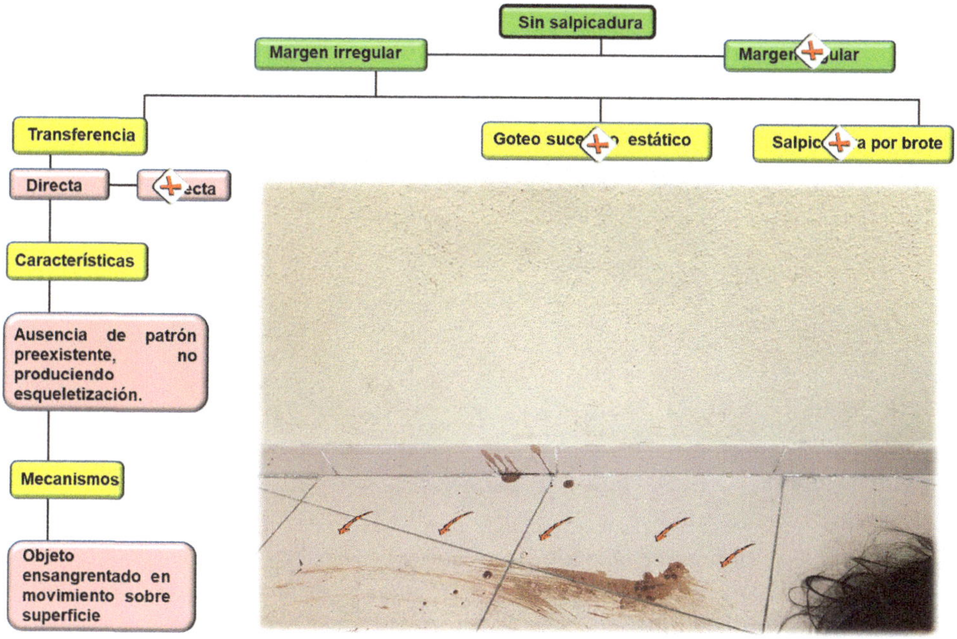

Fuente: Elaboración propia.

b) Deslizamiento indirecto

Definición: Mancha o patrón creado por el movimiento de un objeto sobre una mancha ya existente, eliminándola y / o modificando su apariencia primitiva.

Procedencia: Objeto en movimiento sobre superficie ensangrentada.

Características: Entre otras, puede presentar cualquiera de las siguientes particularidades: esqueletización en la mancha principal; estrías dentro de la mancha; acumulación de sangre en sus límites y disminución de sangre en su cuerpo.

Mecanismo: Acción y efecto de contacto y movimiento (objeto en movimiento sobre mancha de sangre preexistente en una superficie).

Figura 75. Clasificación de los tipos de patrones de manchas de sangre sin salpicadura —margen irregular— transferencia indirecta. (Deslizamiento de una mancha de sangre ya existente. Obsérvese el contorno de la mancha alterada)

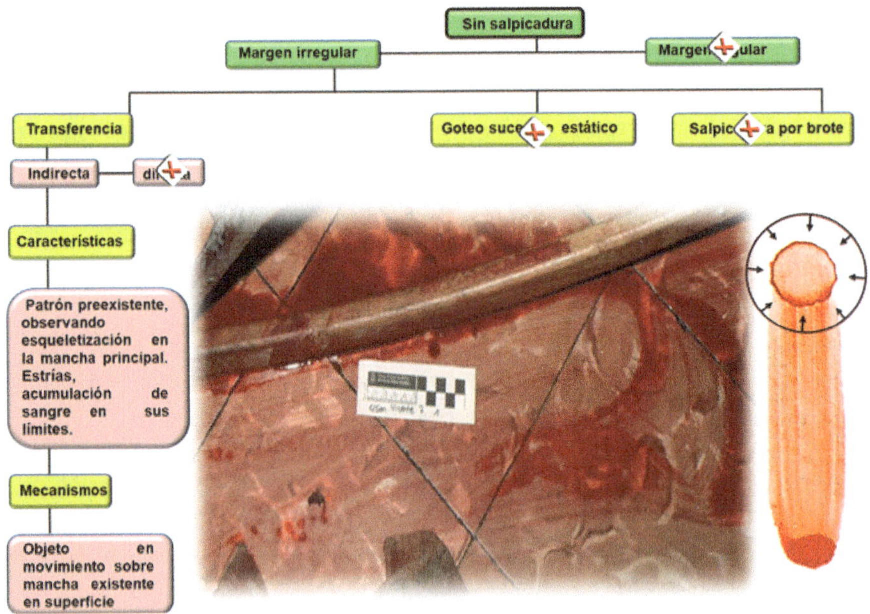

Fuente: Elaboración propia. Imagen cortesía de Francisco Antón Barbera.

6.2.2.2. Margen regular

Las manchas por margen regular se corresponden en la clasificación de Bevel y Gardner con las siguientes categorías: patrón de transferencia; flujo, charco y saturación.

En la actualización propuesta se agrupa en patrón de charco, absorción, flujo y contacto. A su vez dentro del grupo de contacto se han establecido dos subtipos: determinado e indeterminado, y dentro de este último tres grupos: reconocible, determinado y de clase.

Figura 76. Clasificación de los tipos de patrones de manchas de sangre de margen regular

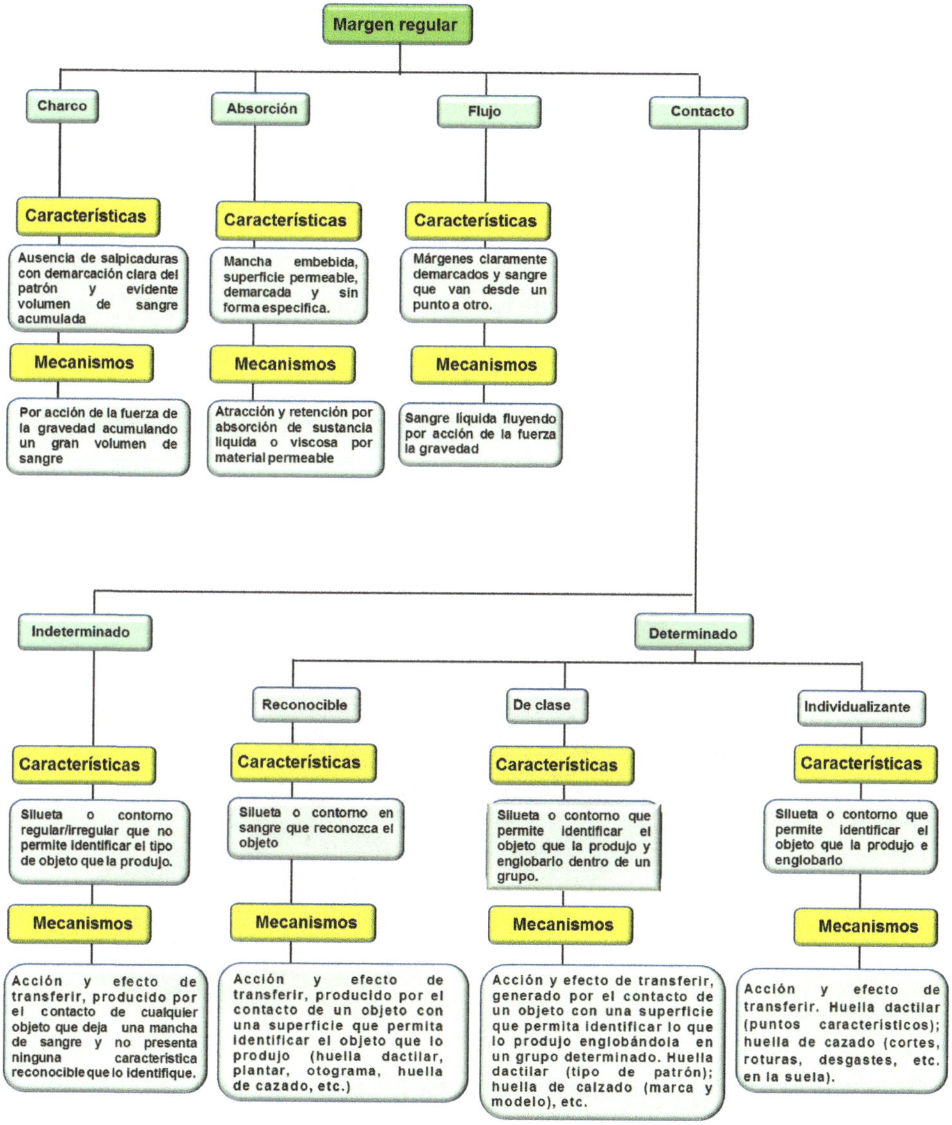

Fuente: Elaboración propia.

A) Charco

Definición: Mancha o patrón generado como resultado de la acumulación de sangre líquida en una superficie no absorbente.

Procedencia: Hemorragia externa venosa por el flujo de sangrado constante.

Características: Forma no especifica que viene determinada por el contorno de la superficie receptora; volumen considerable de sangre sin salpicaduras; puede presentar separación del suero.

Mecanismo: Acción y efecto de la gravedad.

Este tipo de patrones se producen como resultado de un flujo de sangre constante, uniforme y sin "pulsaciones". Debido a su volumen puede llegar a ocultar otros tipos de patrones de manchas de sangre.

Figura 77. Clasificación de los tipos de patrones de manchas de sangre sin salpicadura —margen regular— charco

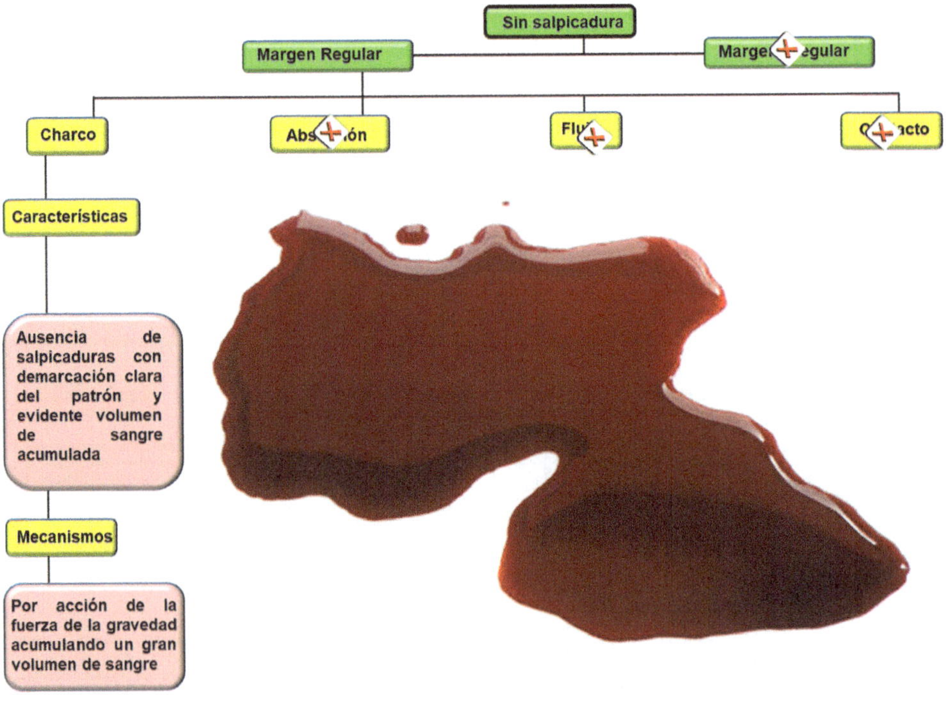

Fuente: Elaboración propia.

En la siguiente ilustración se puede apreciar un patrón de sangre generado como resultado de la acumulación de sangre líquida en una superficie horizontal no absorbente, como consecuencia de un homicidio.

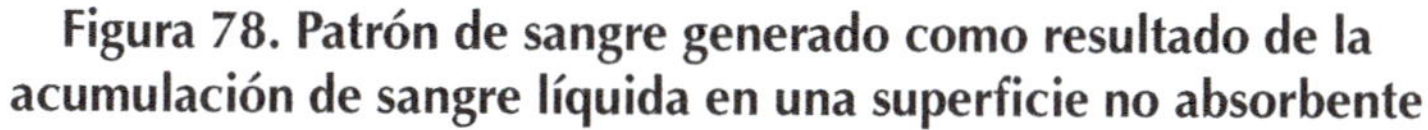

Figura 78. Patrón de sangre generado como resultado de la acumulación de sangre líquida en una superficie no absorbente

Fuente: Cortesía de la Superintendencia de la Policía Técnico-Científica (SPTC) de São Paulo (Brasil).

B) Absorción

En todos los libros, manuales y cursos se emplea el término "saturación" para clasificar a este tipo de patrones. No obstante, si atendemos al significado de la palabra podemos comprobar que no es el término correcto, probablemente debido a una mala traducción. Según la RAE, saturar significa en su acepción primera "llenar de modo que exceda". Este autor entiende que la unidad lingüística más acorde sería el termino absorción.

Definición: Mancha resultante de la trasferencia por absorción de sangre líquida en un material permeable.

Procedencia: Hemorragia normalmente extensa.

Características: Estas manchas presentan formas no específicas con límites demarcados y bordes irregulares. Sangre embebida en superficie permeable con ausencia de salpicaduras.

Mecanismo: Atracción y retención por absorción de sustancia liquida o viscosa por material permeable.

Este tipo de patrones suelen producirse como resultado de una hemorragia extensa por parte de la víctima, generándose comunmente en ropa de la víctima, alfombras, ropa de cama (sábanas, colchones), etc.

Proporcionan poca información al especialista, e incluso a menudo estropean o destruyen otros patrones de sangre de interés que se hayan producido en esas superficies antes de la absorción.

Figura 79. Clasificación de los tipos de patrones de manchas de sangre sin salpicadura —margen regular— absorción

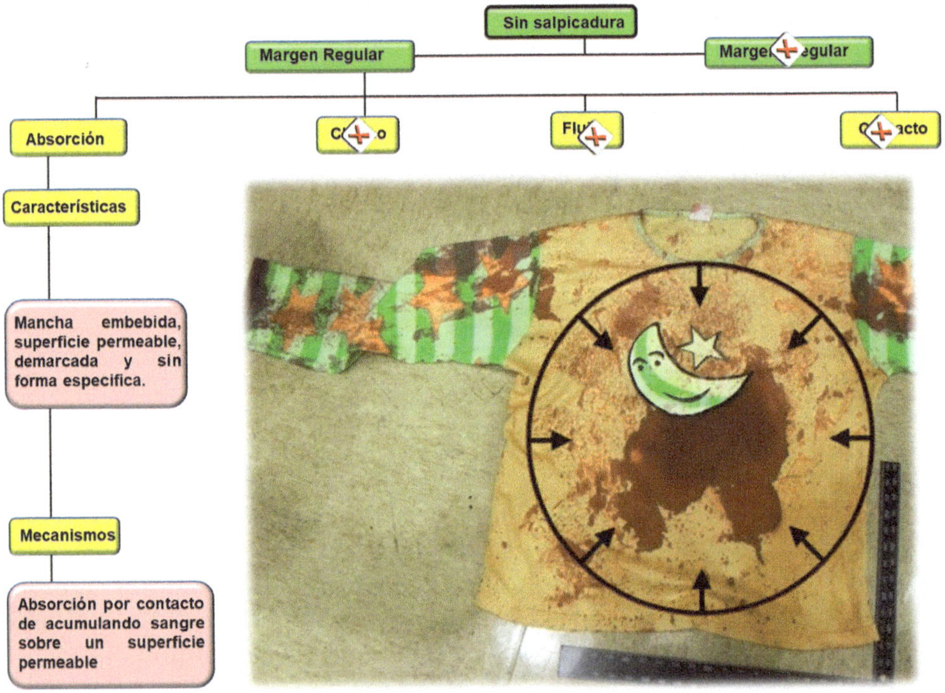

Fuente: Elaboración propia.

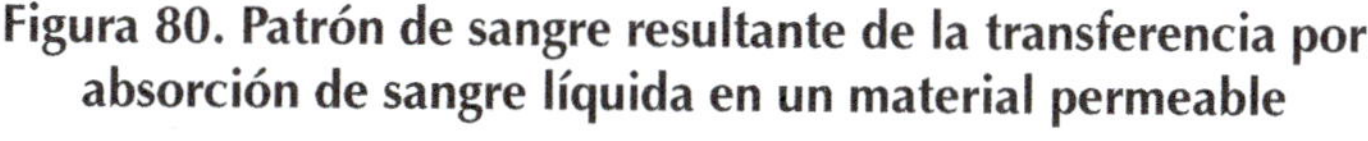

Figura 80. Patrón de sangre resultante de la transferencia por absorción de sangre líquida en un material permeable

Fuente: Cortesía de la Superintendencia de la Policía Técnico-Científica (SPTC) de São Paulo (Brasil).

En la siguiente imagen podemos apreciar la cantidad de sangre por absorción que presentaba el autor de un doble homicidio, en la parte delantara y trasera de los pantalones vaqueros que llevaba en el momento de la agresión. Esta persona manifestó que se había manchado de sangre al intentar socorrer a las víctimas.

Figura 81. Patrón de sangre resultante de la trasferencia por absorción de sangre líquida en un material permeable. El autor de un doble homicidio manifestó que la sangre hallada en sus prendas era el resultado de haber socorrido a las víctimas

Fuente: Cortesía del Dr. Juan José Ramírez Perea.

C) Flujo

Definición: Mancha de sangre resultante del movimiento de un volumen de sangre sobre una superficie debido a la gravedad o al movimiento del objeto. (ASB, 2017).

Procedencia: Hemorragia arterial o venosa.

Características: Estas manchas presentan sus bordes claramente definidos con sangre que cae o "babea" a modo de corriente desde un punto a otro, indicando movimiento. Márgenes regulares o consistentes con la rugosidad de la superficie sobre la que se desplaza. Ausencia de salpicaduras.

Mecanismo: Sangre líquida fluyendo por acción de la fuerza la gravedad.

Es bastante común que estos patrones presenten alteraciones en el cambio de la dirección del flujo debido a las obstrucciones o cambios que pueda presentar la superficie sobre la que se desplaza.

Este tipo de patrones pueden aportar información muy importante en caso de que no sean coherentes con la posición de la víctima, pudiéndonos indicar que el cuerpo ha sido movido, aunque debemos ser muy cautos a la hora de llevar a cabo estas valoraciones. Es decir, no es lo mismo una persona herida por arma blanca que no haya fallecido en el momento (puede tener cambios de posición y, por ende, originar distintos cambios de dirección de flujo), que una persona que fallece en el acto de un disparo en la cabeza.

Figura 82. Clasificación de los tipos de patrones de manchas de sangre sin salpicadura —margen regular— flujo

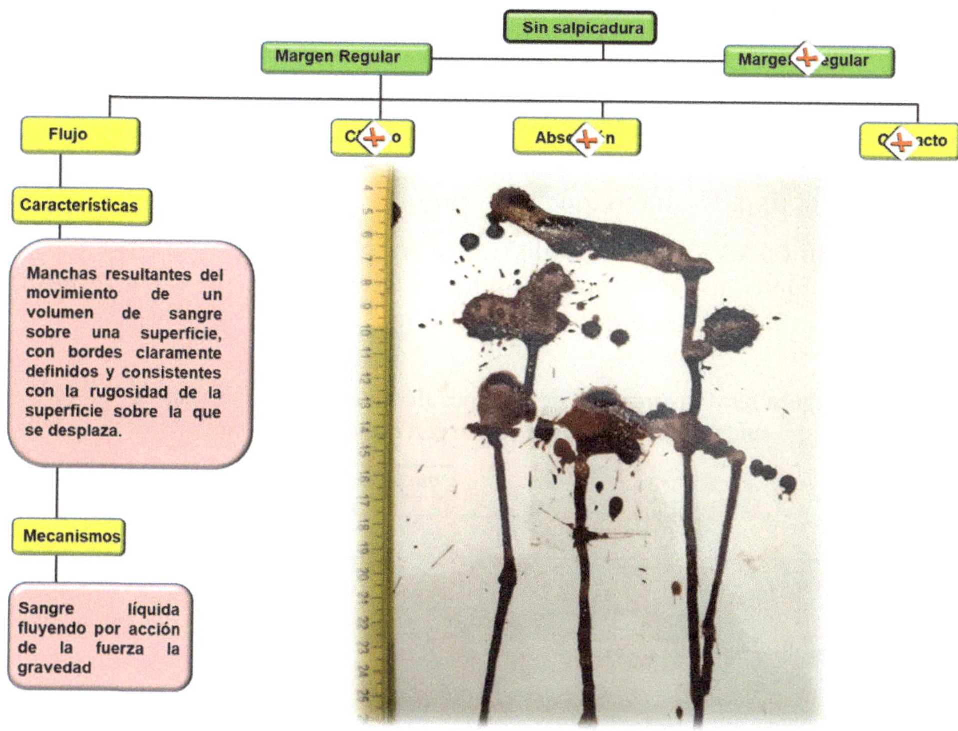

Fuente: Elaboración propia.

D) Contacto

Se introduce este término dentro de las manchas de margen regular sin salpicaduras por considerar que es el que más se adapta y aproxima a este tipo de patrones, ya que ese contacto va a dejar una impronta que en mayor o menor medida reproducirá características del objeto ensangrentado que lo produjo, independientemente de si se puede reconocer o no.

Dentro del patrón de contacto se han establecido dos nuevas categorías: indeterminado y determinado. Finalmente, dentro del grupo determinado se ha ido desde lo más genérico a lo más específico, estableciendo tres nuevos subtipos: reconocible, de clase e individualizante.

Definición: Cualquier mancha o patrón creado a partir del contacto de una superficie húmeda y ensangrentada con otra superficie, pudiendo haberse generado o no característica o imágenes reconocibles.

- **Contacto indeterminado**

Definición: Mancha o patrón creado por el contacto de una superficie húmeda y ensangrentada con otra sin contener características reconocibles que indiquen el objeto que lo produjo.

Procedencia: Objeto ensangrentado.

Características: Silueta o contorno regular/irregular que no permite identificar el tipo de objeto que la produjo.

Mecanismo: Acción y efecto de transferir, generado por el contacto de cualquier objeto que deja una mancha de sangre y no presenta ninguna característica reconocible que lo identifique.

Figura 83. Clasificación de los tipos de patrones de manchas de sangre sin salpicadura —margen regular— contacto

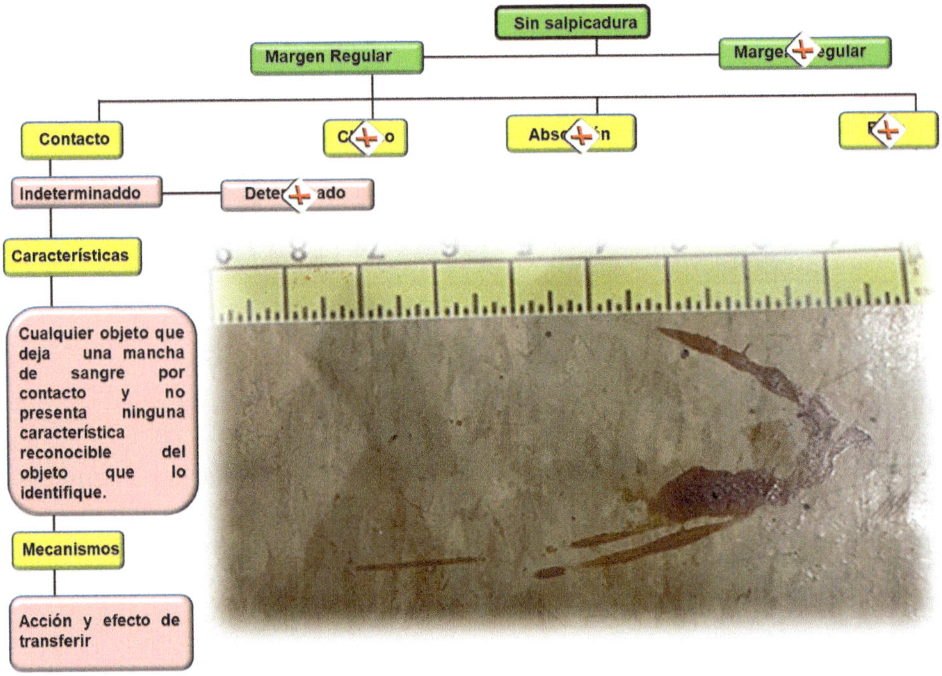

Fuente: Elaboración propia.

- **Contacto determinado**

Definición: Mancha o patrón creado por el contacto de una superficie húmeda y ensangrentada con otra, que permite reconocer el objeto que lo produjo independientemente del grado de identificación.

Dentro de este grupo se establecen tres subgrupos: reconocible, de clase e individualizante.

Figura 84. Clasificación de los tipos de patrones de manchas de sangre sin salpicadura de margen regular por contacto determinado y sus subgrupos: reconocible, de clase e individualizante

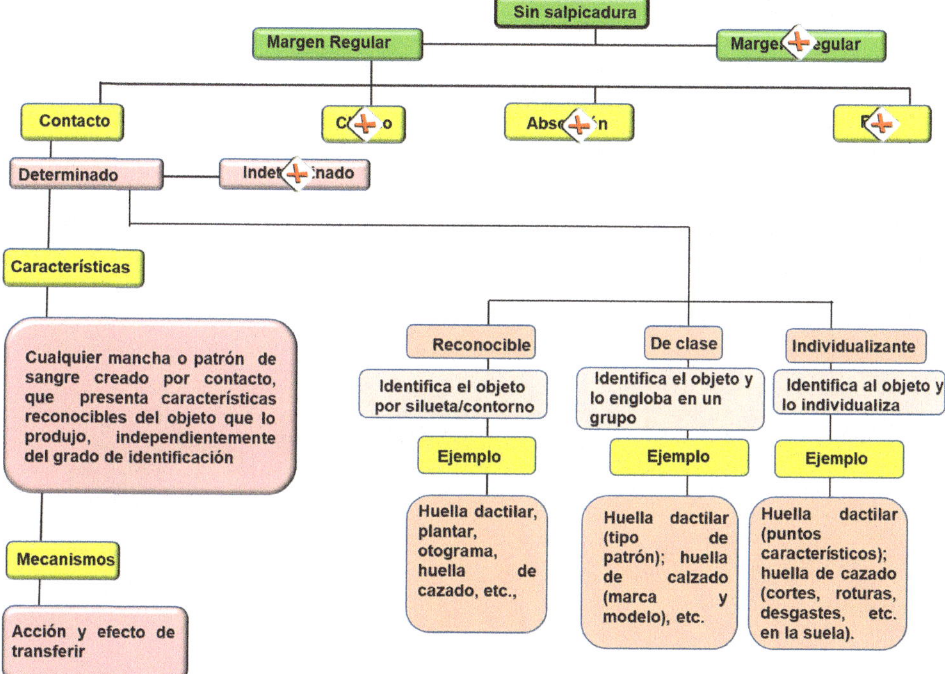

Fuente: Elaboración propia.

– **Contacto determinado reconocible**

Definición**:** Mancha o patrón creado por el contacto de una superficie húmeda y ensangrentada con otra superficie que solo permite establecer el tipo de objeto que la creo. (ej. contorno huella de calzado, mano, pie, etc.).

Procedencia: Objeto ensangrentado.

Características: Silueta o contorno regular/irregular que permite identificar el tipo de objeto que la produjo.

Mecanismo: Acción y efecto de transferir, producido por el contacto de un objeto con una superficie que permita identificar el objeto que lo produjo (huella dactilar, plantar, otograma, huella de cazado, etc.)

Figura 85. Clasificación de los tipos de patrones de manchas de sangre sin salpicadura —margen regular— contacto —determinado— reconocible (huella de calzado que no nos permite precisar más datos)

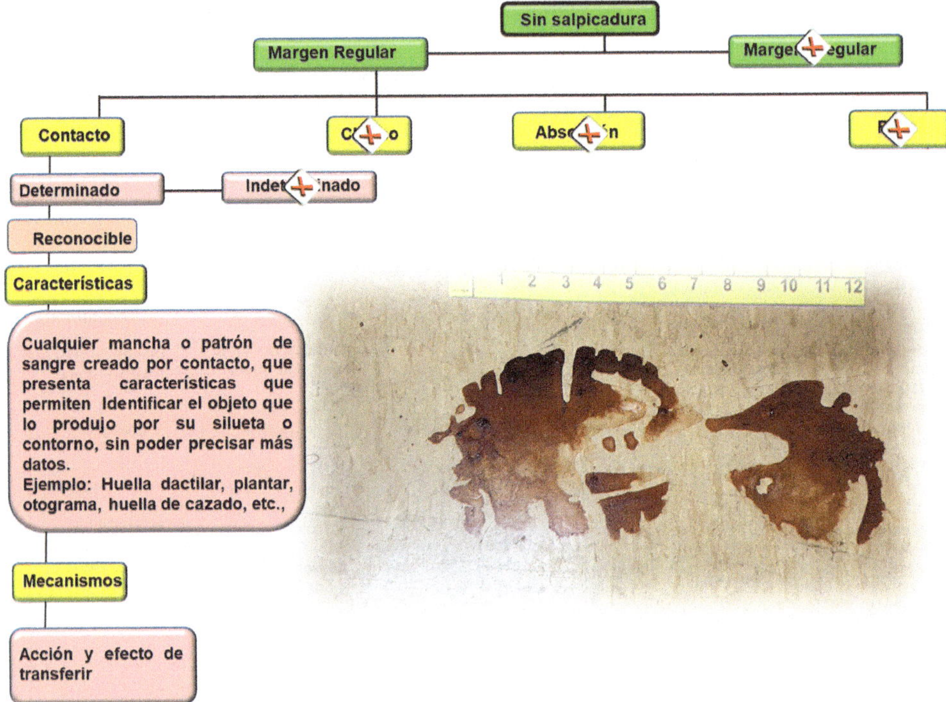

Fuente: Elaboración propia.

– Contacto determinado de clase

Definición: Mancha o patrón creado por el contacto de una superficie húmeda y ensangrentada con otra superficie, dejando características reconocibles que son comunes a un grupo ej. huella dactilar (tipo de patrón); huella de calzado (marca y modelo, etc.).

Procedencia: Objeto ensangrentado.

Características: Silueta, contorno, dibujo o motivo de formas regulares/irregulares englobadas dentro de un grupo.

Mecanismo: Acción y efecto de transferir, generado por el contacto de un objeto con una superficie que permita identificar lo que lo produjo englobándola en un grupo determinado.

Figura 86. Clasificación de los tipos de patrones de manchas de sangre sin salpicadura —margen regular— contacto —determinado— de clase (huella de calzado que nos ha dejado características reconocibles que son comunes a un grupo)

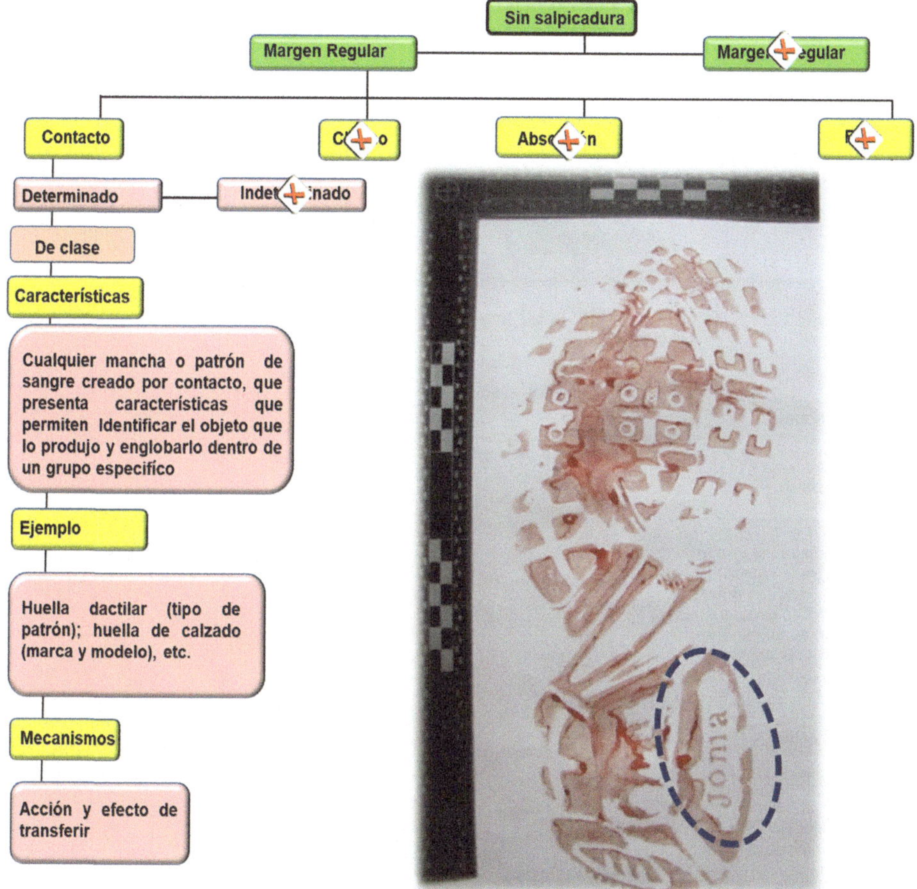

Fuente: Elaboración propia.

- **Contacto determinado individualizante**

Definición: Mancha o patrón creado por el contacto de una superficie húmeda y ensangrentada con otra superficie, dejando características reconocibles que lo hacen único. Por ej. huella dactilar (puntos característicos); huella de cazado (cortes, roturas, desgastes en la suela, etc.).

Procedencia: Objeto ensangrentado.

Características: Silueta, contorno, dibujo o motivo de formas regulares/ irregulares que permiten identificar de forma plena el tipo de objeto que las produjo, individualizandolo entre todol lo demás.

Mecanismo: Acción y efecto de transferir..

Figura 87. Clasificación de los tipos de patrones de manchas de sangre sin salpicadura —margen regular— contacto —determinado— de clase (huella de calzado que nos ha dejado características reconocibles que lo hacen único)

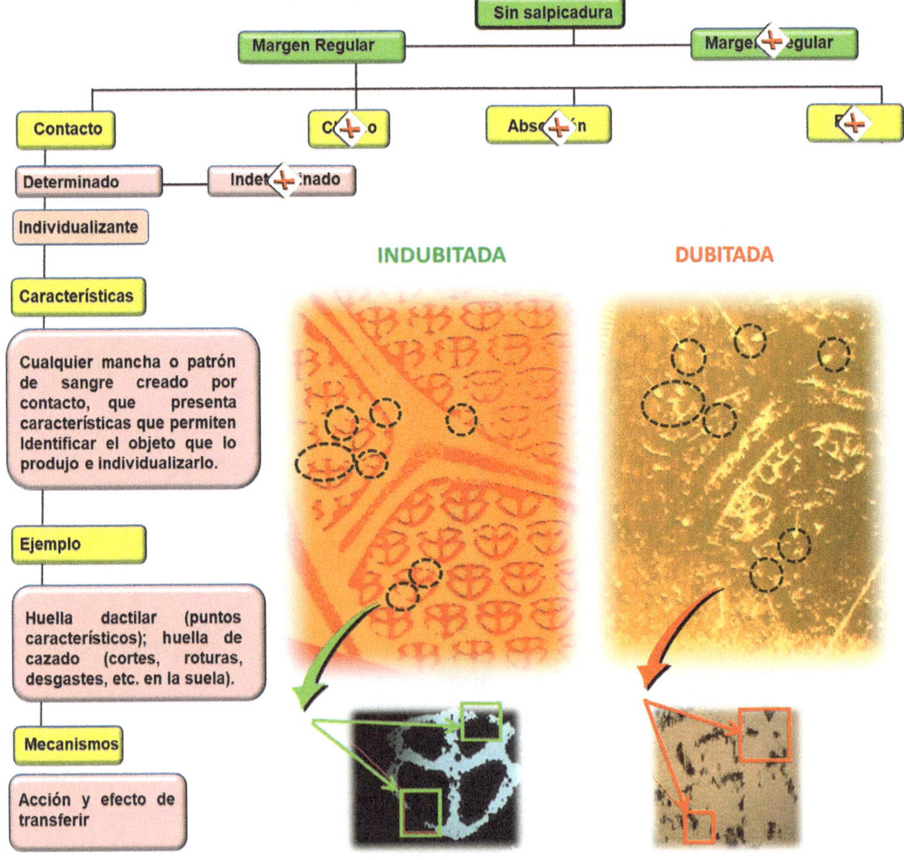

Fuente: Elaboración propia.

6.2.3. Alterada

No se puede comenzar con esta categoría sin obviar la amplia gama de objetos o elementos que pueden alterar de una otra forma estas manchas o patrones de sangre. Se han incluido en esta clasificación los más comunes, pero no por ello los más importantes, como por ejemplo, la actividad de los animales o, los cambios que pueden surgir en la apariencia de los patrones o manchas de sangre como resultado por ejemplo, de una manipulación incorrecta del artículo, embalaje, almacenamiento y transporte, especialmente en de la ropa, etc.

Definición: Cualquier mancha o patrón que presente un cambio de estado en su esencia o forma primitiva.

Esta categoría propuesta presenta la siguiente agrupación: física, química y ambiental.

Dentro de las físicas se engloban tres subgrupos: coágulo, esqueletización, y secuencial.

Dentro de las químicamente alteradas se incluyen las difuminadas.

Dentro de las ambientales se encuentran los subgrupos sangre diluida y actividad de los insectos.

Figura 88. Clasificación de los tipos de patrones de manchas de sangre alterada

- **Alterada**
  - **Físicamente**
    - **Coágulo**
      - Características: Cambio de estado de la sangre fuera del cuerpo, transformándose de estado líquida a masa gelatinosa
      - Mecanismos: Por acumulación de células sanguíneas en la fibrina, interviniendo entre otros factores los glóbulos rojos, el fibrinógeno y las plaquetas.
    - **Esqueletización**
      - Características: "Anillo" en la periferia o contorno de una gota o mancha de sangre. Descamación.
      - Mecanismo: Acción y efecto de secado continuo desde los bordes hacia el centro, interrumpido.
    - **Secuenciación**
      - Características: Superposición de un patrón sobre otro. que pueden generar cambios en el orden de los acontecimientos.
      - Mecanismos: Acción y efecto de interponer P. ej. sangre proyectada de la victima encima de una huella dactilar en sangre del sospechoso; sobre una huella de calzado...
  - **Químicamente**
    - **Difuminada**
      - Características: Muy poca intensidad de la mancha alterando su apariencia.
      - Mecanismos: Agente químico externo (Fuego-hollín, lavado con detergente, legía, etc...)
  - **Ambientalmente**
    - **Diluida**
      - Características: Condiciones que pueden alterar su aspecto inicial o posterior, diluyendo la sangre
      - Mecanismos: Agente externo ambiental: humedad-lluvia, nieve, agua, etc...
    - **Actividad insectos**
      - Características: Nota: Consultar tema especifico activad de los insectos.
      - Mecanismos: Acción y efecto de:
        - Regurgitación,
        - Defecación,
        - Alimentación,
        - Arrastre,
        - Desplazamiento...

Fuente: Elaboración propia.

6.2.3.1. Físicamente

Definición: Cualquier mancha o patrón que presente un cambio de estado físico en su esencia o forma sin modificar su composición.

En este grupo se incluyen tres categorías: coágulo, esqueletización y secuencial.

– **Coágulo**

Definición: Masa de sangre que ha cambiado su estado de líquido a semisólido.

Procedencia: Sangre venosa o arterial.

Características: Masa gelatinosa.

Mecanismo: Por acumulación de células sanguíneas en la fibrina, interviniendo entre otros factores los glóbulos rojos, el fibrinógeno y las plaquetas.

Cuando la sangre está dentro del cuerpo se mantiene en un estado líquido, pero cuando está fuera del cuerpo, después de producirse una herida en una persona viva y sana comienza a coagular entre 3 y 15 minutos.

Figura 89. Clasificación de los tipos de patrones de manchas de sangre alterada —físicamente— coágulo

Alterada
Físicamente
Coágulo
Características
Cambio de estado de la Sangre una vez fuera del cuerpo, transformándose de estado líquida a masa gelatinosa
Mecanismos
Por acumulación de células sanguíneas en la fibrina, interviniendo entre otros factores los glóbulos rojos, el fibrinógeno y las plaquetas.

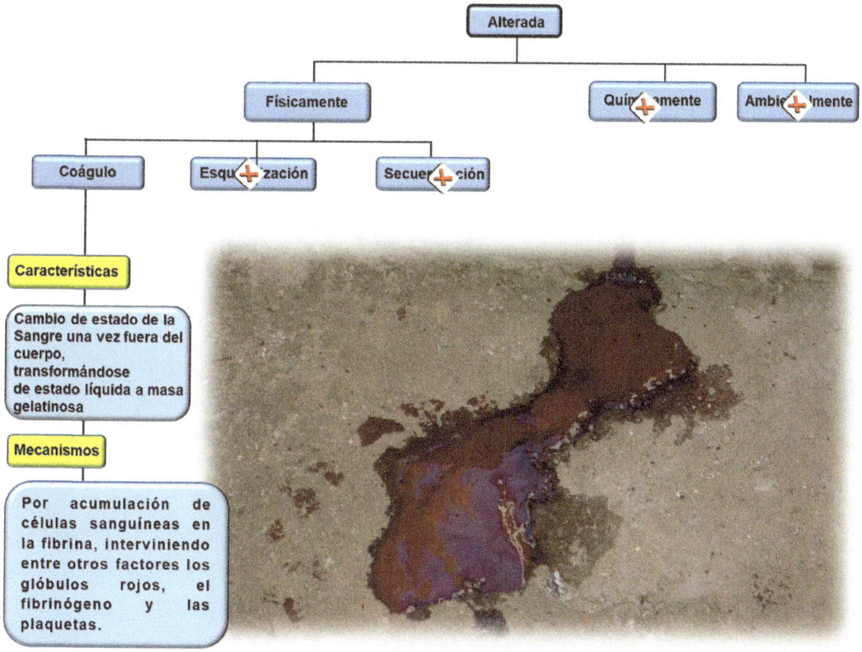

Fuente: Cortesía de la Superintendencia de la Policía Técnico-Científica (SPTC) de São Paulo (Brasil).

– **Esqueletización**

Definición: Mancha de sangre que ha sido alterada, pero que refleja su forma y tamaño original gracias a su contorno.

Procedencia: Sangre venosa o arterial.

Características: “Anillo” oscurecido en la periferia de una gota o mancha de sangre.

Mecanismo: Acción y efecto de secado continuo desde los bordes hacia el centro, interrumpido.

Se produce por una transferencia directa con algún objeto sobre una mancha de sangre parcialmente seca, alterando su zona central. Durante este proceso los bordes de una mancha se secan sobre una superficie en un período de tiempo específico (dependiendo de las condiciones ambientales y de la superficie); la esqueletización sigue siendo evidente incluso después de que el resto de la mancha de sangre haya sido alterada y modificada, como por ejemplo pasar un paño por la mancha parcialmente seca.

Otro tipo de mancha de sangre esqueletizada tambien se produce por la descamación de una mancha de sangre que se encuentre completamente seca.

Figura 90. Clasificación de los tipos de patrones de manchas de sangre alterada —físicamente— esqueletización (Estas gotas de sangre alterada, reflejan su forma y tamaño original gracias a su contorno)

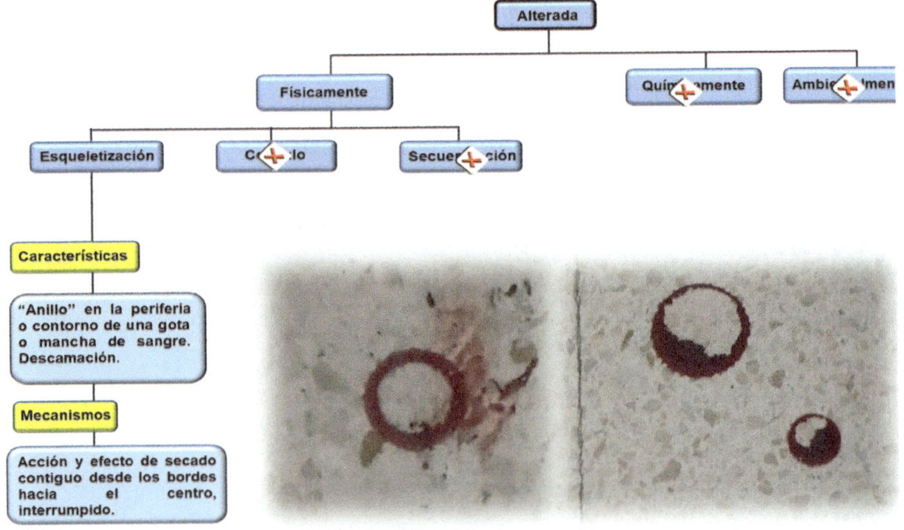

Fuente: Elaboración propia.

- **Secuenciación**

Definición: Distintos patrones o manchas de sangre sobre una misma superficie, que han sido generadas en un orden de acontecimientos temporal distinto alterando los ya existentes.

Procedencia: Sangre venosa o arterial.

Características: Superposición de un patrón sobre otro.

Mecanismo: Acción y efecto de sobreponer.

Este tipo de patrones pueden generar cambios en función de la sucesión temporo-espacial; es decir, entre lo que sucede y el orden en que se presenta, pudiendo ser trascendental para la investigación. Por ejemplo, sangre proyectada de la victima encima de una huella dactilar en sangre del sospechoso; sobre una huella de calzado...

Figura 91. Clasificación de los tipos de patrones de manchas de sangre alterada-físicamente-secuenciación. (Pueden observarse distintos patrones superpuestos)

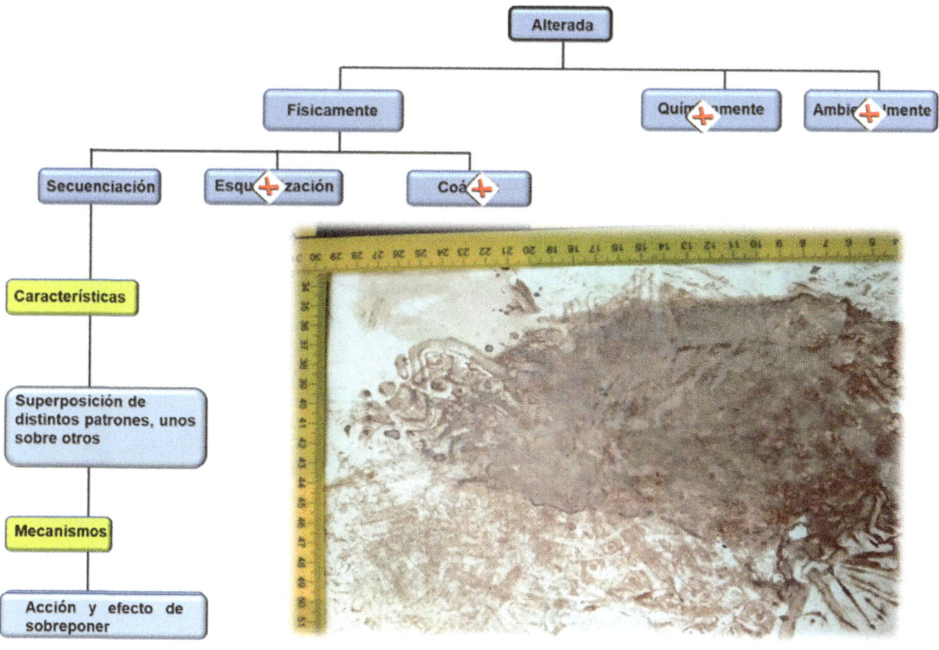

Fuente: Elaboración propia.

6.2.3.2. Químicamente

Definición: Patrón o mancha de sangre que ha perdido intensidad o ha quedado parcialmente oculta, provocado por alguna reacción química o como consecuencia de ésta.

– **Químicamente difuminada**

Procedencia: Sangre venosa o arterial.

Características: Manchas con poca intensidad o difuminada.

Mecanismo: Agente químico externo.

Figura 92. Clasificación de los tipos de patrones de manchas de sangre alterada-químicamente-difuminada

Alterada

Químicamente

Físic[illegible]nte

Ambie[illegible]mente

Difuminada

Características

Muy poca intensidad de la mancha alterando su apariencia.

Mecanismos

Agente químico externo (Fuego- hollín, lavado con detergente, legía, etc...)

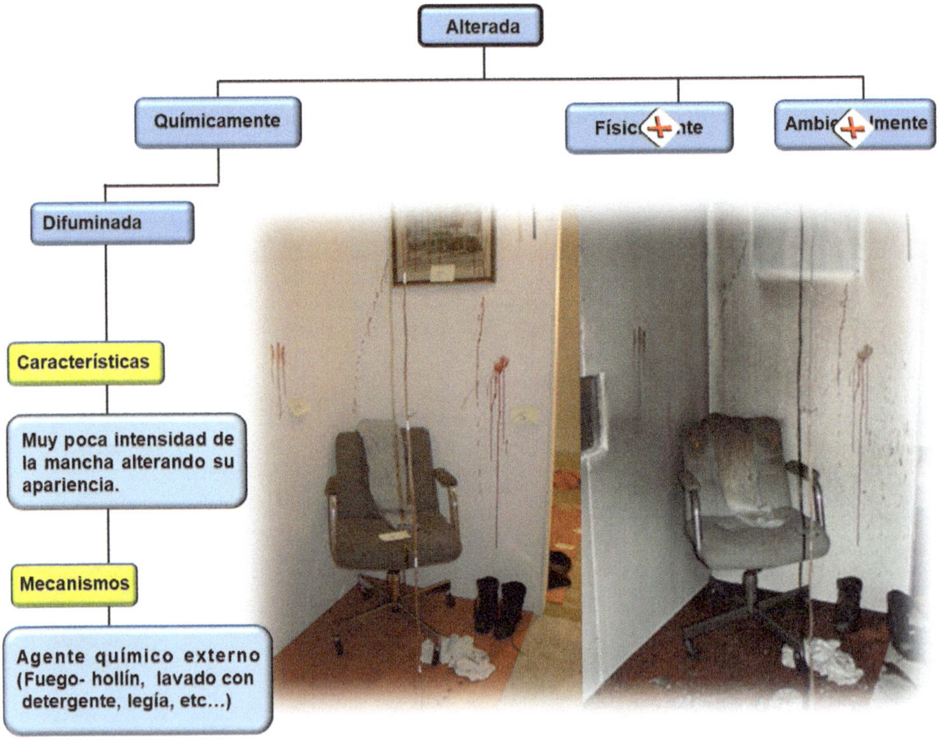

Fuente: Imágenes extraídas Tontarski KL, et al. (2009).

6.2.3.3. Ambientalmente

Definición: Patrón o mancha de sangre que ha sido modificado por alguna reacción de condiciones o circunstancias ambientales del entorno, o como consecuencia de éstas, que actuan alterando su forma y/o diluyéndola.

Aunque normalmente estas condiciones pueden venir dadas fundamentalmente por la humedad o los insectos, no se debe descartar otros como pueden ser fluidos corporales, animales, etc.

– **Alterada ambientamente diluida**

Definición: Patrón o mancha de sangre que ha perdido intensidad y/o ha modificado su forma a consecuencia de algún fenómeno atmosférico como la lluvia, nieve, etc.

Procedencia: Sangre venosa o arterial.

Características: Manchas diluidas.

Mecanismo: Agente externo ambiental, procedentes de la humedad, lluvia, nieve, agua...

Figura 93. Clasificación de los tipos de patrones de manchas de sangre alterada-químicamente-diluida

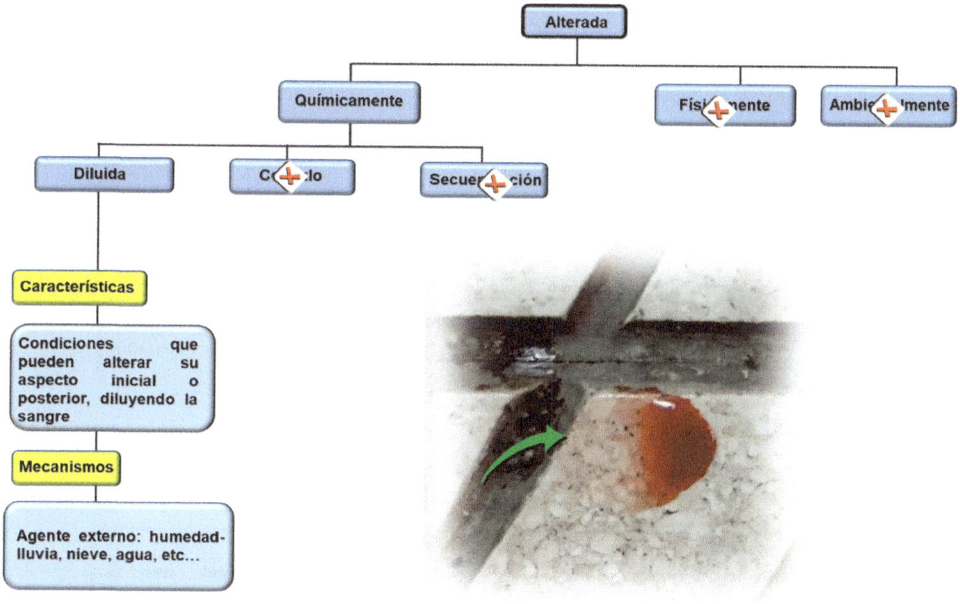

Fuente: Elaboración propia.

– **Alterada ambientalmente por actividad insectos**

Definición: Mancha de sangre en la que la actividad de los insectos ha estado presente, creando patrones adicionales y/o alteranado los ya existentes.

Procedencia: Sangre venosa o arterial.

Características: Consultar tema especifico activad de los insectos.

Mecanismo: Acción y efecto de regurgitación; defecación; alimentación; arrastre y desplazamiento.

6.2.4. *Ausente*

Finalmente se incorpora otra categoría donde se agrupan dos tipos de patrones: vacío y latente.

Definición: Desaparición parcial o completa de una mancha de sangre o patrón en una zona donde debería o se presupone que debería estar.

Este tipo de patrones no son naturales, y ayudan a determinar el lugar donde se depositó la sangre.

Figura 94. Clasificación de los tipos de patrones de manchas de sangre ausente

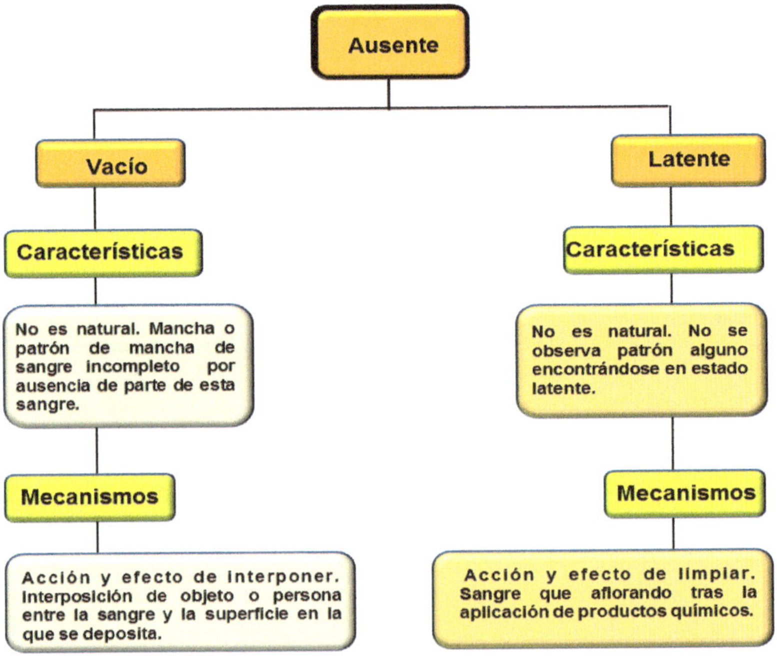

Fuente: Elaboración propia.

6.2.4.1. Vacío

Ausencia de parte de un patrón o manchas de sangre en una superficie como consecuencia de la interposición de un objeto o de una persona entre la sangre y dicha superficie.

Procedencia: Sangre venosa o arterial.

Características: Zona ausente de sangre cuyos contornos presentan sangre indicando continuidad de un patrón inexistente.

Mecanismo: Acción y efecto de interponer.

Figura 95. Clasificación de los tipos de patrones de manchas de sangre ausente-vacía

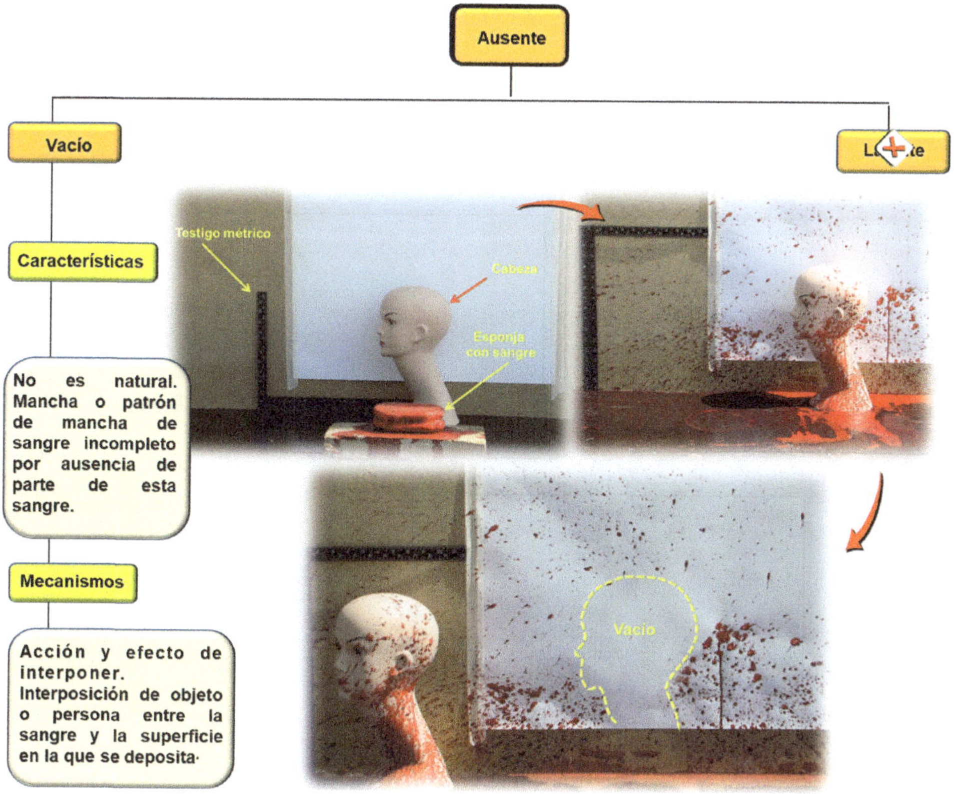

Ausente

Vacío

Características

No es natural. Mancha o patrón de mancha de sangre incompleto por ausencia de parte de esta sangre.

Mecanismos

Acción y efecto de interponer. Interposición de objeto o persona entre la sangre y la superficie en la que se deposita.

Fuente: Elaboración propia.

6.2.4.2. Latente

Patrón de mancha de sangre que ha sido eliminado aparentemente pero que aflora tras aplicación de los reactivos apropiados.

Procedencia: Sangre venosa o arterial.

Características: Manchas diluidas.

Mecanismo: Acción y efecto de limpiar. Sangre que aflorando tras la aplicación de productos químicos.

Figura 96. Clasificación de los tipos de patrones de manchas de sangre ausente-latente (sangre eliminada que aflora a través de reactivos químicos)

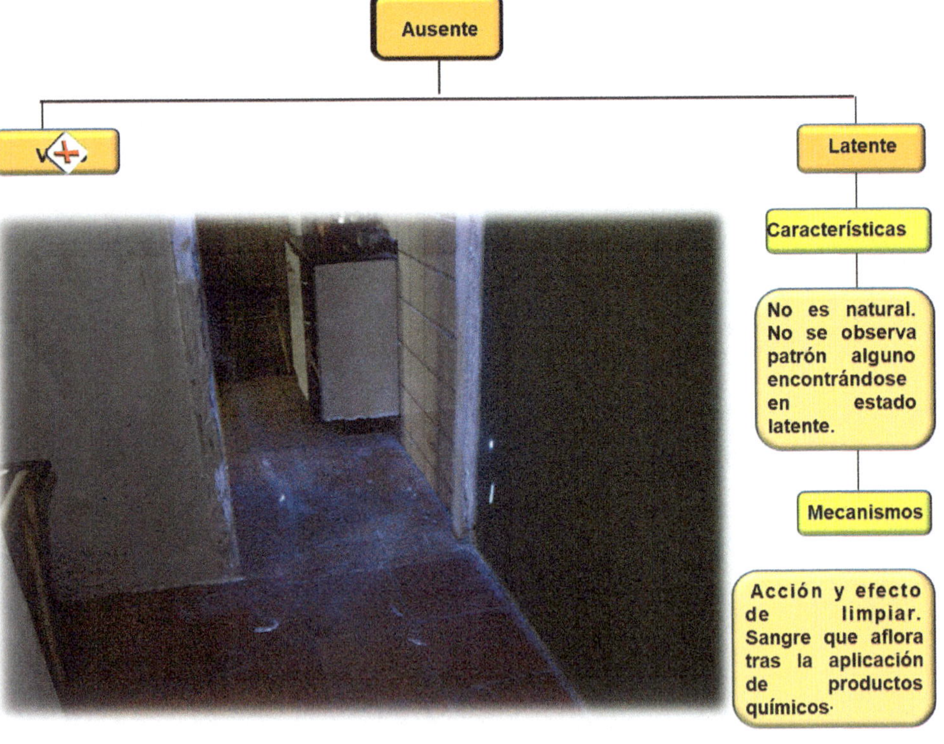

Fuente: Imagen Cortesía de la Superintendencia de la Policía Técnico-Científica (SPTC) de São Paulo (Brasil).

6.3. PATRONES COMPLEJOS

Como hemos comprobado a lo largo de este capítulo, existen distintos sistemas de clasificación en los que están encuadrados los distintos tipos de patrones, que permiten al analista comprender los mecanismos que los produjeron y por consiguiente establecer unas conclusiones certeras.

No obstante, esto no siempre es así ya que es muy probable que se puedan encontrar en la escena del crimen patrones problemáticos que presenten cierta ambigüedad creando incertidumbre o confusión en el analista. Estos patrones a los que nos referimos se denominan patrones complejos, que bien pueden tener características de más de un mecanismo básico y por lo tanto no pueden encajar en una clasificación específica; o por el contrario, pueden mostrar características tan limitadas que no sea posible su clasificación ya que no parecen tener suficientes características individuales que permitan a los analistas distinguir de forma fiable entre los diversos mecanismos causales, por lo que no siempre se van a poder establecer conclusiones sobre los mismos.

En este sentido también se ha pronunciado en Estados Unidos la Comisión para la Identificación de las Necesidades de la Comunidad de Ciencias Forenses, Consejo Superior de Investigaciones Científicas (Committee on Identifying the Needs of the Forensic Sciences Community, National Research Council), al establecer que los patrones de mancha de sangre encontrados en escenas de crímenes pueden ser complejos. Sirva de ejemplo patrones superpuestos que aunque en principio puedan parecer simples, en muchas ocasiones llegan a ser difíciles o imposibles de interpretar.

Estos patrones pueden responder a distintas causas, como por ejemplo la sangre espirada que a menudo produce un patrón de niebla, que se asemeja a las salpicaduras de alta velocidad de impacto causadas por heridas de arma de fuego, explosivos y palizas con un objeto contundente o accidentes con máquinas (Emes y Price 2004). Otros ejemplos serían cuando se genera una acumulación de patrones por distintos mecanismos sobre una misma superficie superponiéndose unos sobre otros produciendo características de diferentes tipos; desplazamiento de objetos en la escena sobre los patrones de manchas de sangre; impactos sobre un charco de sangre bien con el pie o con la mano; eventos dinámicos, etc..., añadiendo un factor a esta complejidad la superficie sobre la que asienten las manchas de sangre.

Capítulo 7

Metodología de trabajo para el análisis de patrones de manchas de sangre y determinación del área origen

7.1. INTRODUCCIÓN

El Subcomité de Análisis de Manchas de Sangre de la Organización de Comités del Área Científica (OSAC) para las Ciencias Forenses de EE. UU., propone en el año 2022 una metodología a emplear para esta disciplina, estableciendo entre otros una serie de términos, definiciones y normas sobre la forma de recoger los datos para poder llevar cabo un correcto estudio sobre los patrones de manchas de sangre.

Por parte del autor de la presente obra, se propone un método para llevar a cabo el análisis basado en distintas etapas.

7.2. NORMAS PARA LA RECOGIDA DE DATOS QUE PERMITAN EL ESTUDIO DE LOS PMS

La recogida eficaz de información en un suceso violento a través de esta técnica nos va a permitir interpretar todos los datos para determinar el posible escenario y los mecanismos que lo crearon. Estas interpretaciones pueden ser genéricas (impacto, transferencia...), o específicas (impacto producido por un disparo o transferencia generada por un calzado, pie descalzo, huella dactilar...).

Pero para poder realizar un estudio eficaz que aporte objetividad y transparencia y nos permita de forma clara reconocer la información contextual relevante, el autor de la presente obra propone llevar a cabo el análisis en distintas etapas que se complementen pero que no se solapen, a través de un método sencillo. Este método consiste en cinco pasos: Localización, Caracterización, Mecanismo, Taxonomía o clasificación, y Reconstrucción, al que de ahora en adelante denominaremos como método LCMTR (*locomotor*).

7.2.1. Localización

Este primer paso consistirá en localizar todas las zonas donde haya sangre, teniendo especial cuidado en su búsqueda sobre todo en aquellas zonas donde la escasa cantidad de sangre pueda pasar desapercibida (salpicaduras). Asimismo también debe de hacerse constar aquellas zonas donde la sangre esté ausente ya que esto pudiera ser un indicio, que junto a otros (desorden, mobiliario alterado...) nos puede llegar a indicar desplazamientos de la víctima antes o después de las heridas, zonas a las que no se accedió, etc.

Aunque pueda parecer una obviedad este primer paso, no es la primera vez que una búsqueda poco exhaustiva pueda hacer girar el rumbo de la investigación, ya que muchas veces nos centramos en el patrón o patrones en su conjunto y no prestamos atención a salpicaduras aisladas u otro tipo de mancha, que pueden dar un giro a la investigación.

EJEMPLO DE UN CASO:

En el año 2011, el autor de la presente obra, fue requerido para realizar un estudio "in situ" sobre los patrones de manchas de sangre hallados en la pared de una vivienda donde había aparecido muerta una persona, la cual se encontraba con una soga atada al cuello.

El lugar se trataba de un inmueble en una zona rural, tipo caseta, accediéndose desde un camino en malas condiciones. La finca estaba rodeada por una valla metálica (malla y postes metálicos), siendo concretamente entre la parte de la valla metálica próxima al camino que lindaba con la parte trasera del inmueble, donde apareció el cuerpo y en cuya pared se hallaba gran cantidad de sangre.

Uno de los postes metálicos que sujetaba la malla estaba a unos tres metros de altura y perpendicular al cadáver, y en un principio, la hipótesis principal era que esta persona había atado la soga a uno de los orificios del poste de hierro y que al intentar ahorcarse se había soltado la soga del hierro. Que según esta hipótesis, la persona cayó hacia el interior de su propiedad, golpeándose con una piedra en la cabeza y estando mal herido se levantaba, deambulaba inconscientemente y volvía a caer (manchando toda la fachada de sangre), falleciendo finalmente, presentando varias heridas en la cabeza.

Tras llevar a cabo un análisis exhaustivo en la pared, se encontraron algunas salpicaduras a distintas alturas, siendo concretamente la de mayor altura a 2,60 m. del suelo aproximadamente. Este hecho de por sí, desmontó la hipótesis principal, ya que era imposible que una persona se golpeara con una piedra al caer en el suelo y las salpicaduras viajaran en sentido vertical, concretamente una de ellas hasta una altura de unos 2,60 m. Estas salpicaduras fueron producidas por sangre lanzada, que fue arrojada como consecuencia del balanceo del objeto con el que se golpeó a la víctima, depositándose en la pared.

Asimismo, analizando las características de otro patrón, se comprobó que presentaba morfología compatible con una huella de oreja, encontrándose a

su alrededor múltiples salpicaduras. Este patrón se produjo por un mecanismo mixto, entre un contacto de la huella de oreja con la superficie (contacto determinado reconocible) y el choque físico de un objeto al golpear la cabeza ensangrentada de la víctima, produciendo dichas salpicaduras.
A raíz de aquí retomó fuerza la hipótesis del homicidio, dando como resultado tras una intensa y ardua investigación, la detención de un individuo que confesó el crimen.

7.2.2. Caracterización

En este segundo paso el analista se limitará exclusivamente a la caracterización del patrón llevando a cabo observaciones sobre el tamaño, la forma distribución, número... de las manchas de sangre (es decir, a la medición y anotación de todas sus características observadas).

Cuando se hace referencia al tamaño de las manchas de sangre del tipo salpicaduras, se refiere al ancho de las manchas, si bien, en manchas no salpicadas su tamaño será teniendo en cuenta las dimensiones totales de la mancha. En ambos casos e independientemente del tipo de manchas que sea, se debe documentar las dimensiones totales de las manchas agrupadas y el número total de las mismas.

Figura 97. Dimensiones totales de las manchas agrupadas

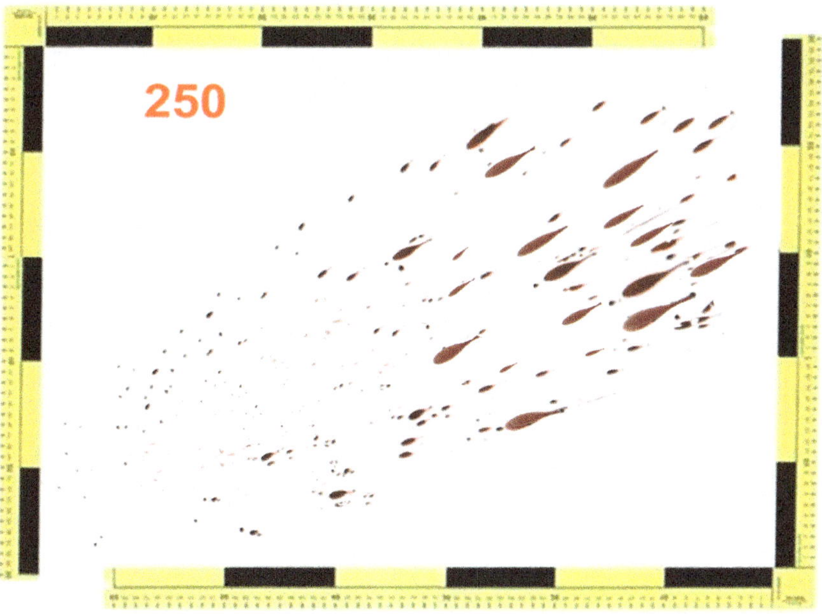

Fuente: Elaboración propia.

Se hará constar individualmente la forma de las manchas y la forma del patrón en su conjunto.

De forma individual: Se indicará si presenta forma circular, elíptica, irregular, curvilínea o lineal; así como se incluirán también las características que presenten sus bordes (espinas, salientes, afilados, definidos…).

Figura 98. Forma del patrón

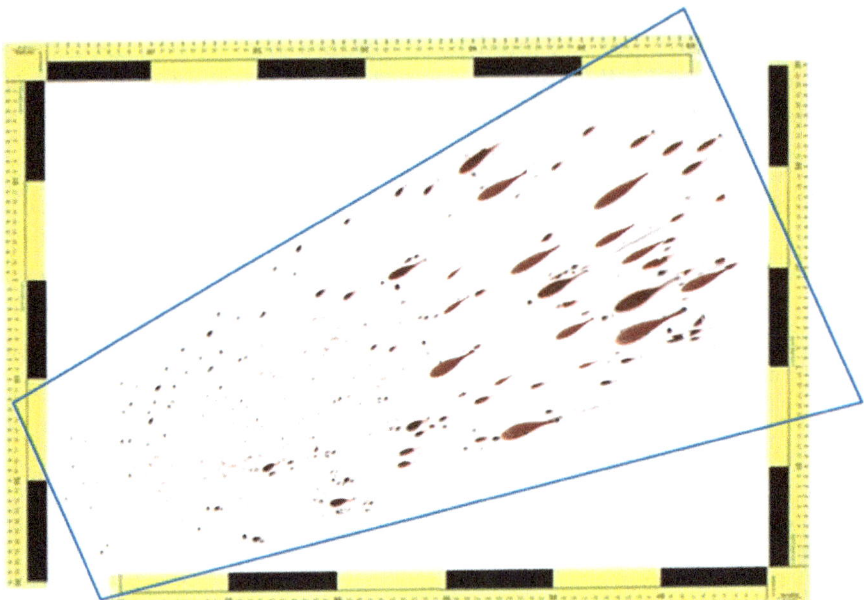

Fuente: Elaboración propia.

Se indicaran entre otros aspectos el color de la mancha o patrón; si se encuentra húmeda, seca, descamada o esqueletizada, coagulada, alterada, con vacuolas, filamentos, etc.

Se dejará constancia del tipo de superficie sobre el que se encuentran las manchas: superficie porosa o no porosa y si ésta es plana, en ángulo, etc. Si la superficie es textil, se debe aportar el mayor número de datos posibles observados, como por ejemplo el color del tejido donde asienta la mancha, tipo de prenda, así como si es posible establecer si se trata de lana, algodón nylon…, datos que en algunas ocasiones se pueden extraer si presenta etiqueta.

Figura 99. Alineación de las manchas o patrón

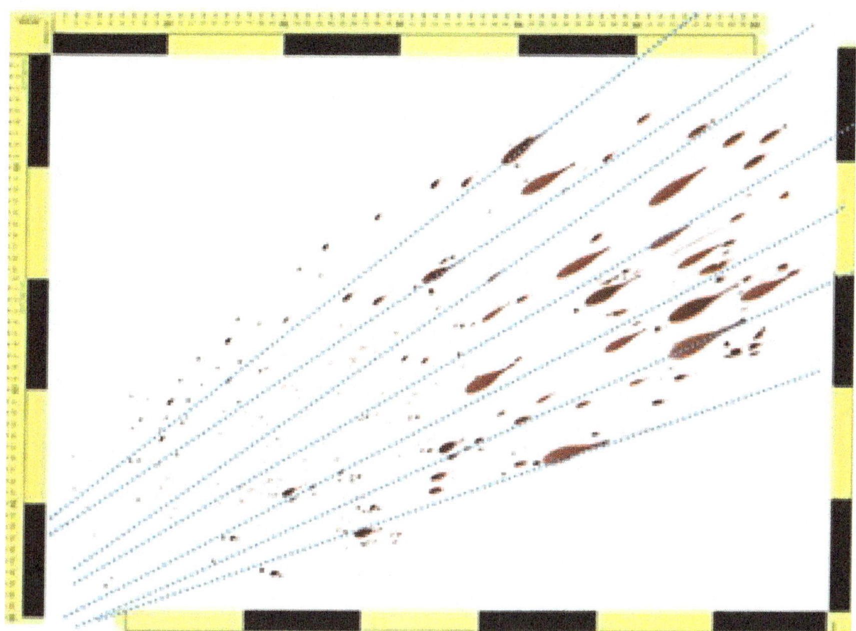

Fuente: Elaboración propia.

Se tendrá en cuenta si de las manchas o patrones objeto de estudio, se puede extraer información válida, ya que en ocasiones no es posible debido a múltiples factores como puede ser alteración de la mancha, superficie sobre la que asienta la mancha poco fiable, superposición de patrones, etc.,

De los patrones de los que se puede extraer información, se agruparán las zonas del patrón por tamaño, forma, apariencia, distribución y ubicación.

Figura 100. Tamaño de las manchas

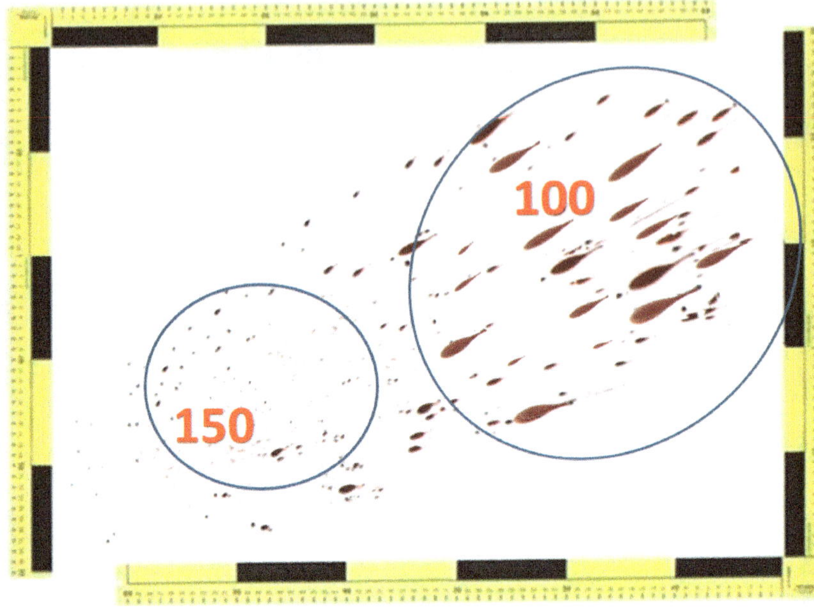

Fuente: Elaboración propia.

7.2.3. *Mecanismo*

Es en este tercer paso, donde el especialista en base al punto anterior irá fraguando el tipo de mecanismo que generó el patrón: eyección de sangre bajo presión hidráulica por ruptura de vena; objeto en movimiento; sangre goteando; choque físico de un objeto al golpear una zona ensangrentada, etc.

7.2.4. *Clasificación*

Una vez estudiadas todas las características anteriores, se procederá a clasificar las manchas y patrones de manchas de sangre en base a los datos observados.

7.2.5. *Reconstrucción*

Finalmente, en este quinto paso y con los datos anteriores analizados en el orden establecido y de forma independiente, se procederá a llevar a cabo una opinión sobre la naturaleza del suceso que dio lugar al patrón, en este punto, entrarían en juego las hipótesis (debido a su importancia se le dedicará un apartado).

7.3. APLICACIÓN DE LAS MATEMÁTICAS Y LA FÍSICA PARA EL ANÁLISIS DE PATRONES DE MANCHAS SANGRE

Tanto la física como las matemáticas juegan un papel crucial en el análisis de patrones de manchas de sangre, pero ¿entendemos realmente estos principios?...

Tenemos la creencia de que las gotas de sangre que se generan como consecuencia de un impacto y que sirven para determinar el área de origen parten todas de un solo punto. Pues bien, ese concepto no es del todo correcto, ya que durante un impacto la sangre sale en forma de una masa, generando ligamentos líquidos que terminan rompiéndose y formando gotas. Estas gotas van generándose alrededor y por encima del punto de impacto real donde el arma causó la lesión, y van a seguir su camino el cual se verá afectado por el arrastre y la gravedad. Por lo tanto, será imposible que al hallar el área de convergencia todas las trayectorias se crucen en un solo punto, ya que no existe ningún método manual ni informático que permita que todas las trayectorias se crucen en el mismo punto. En caso de que esto ocurriera se debe de poner en tela de juicio la pericia del analista.

Figura 101. Representación gráfica sangre en forma de ligamentos

Fuente: Fotogramas extraidos de: https://www.youtube.com/watch?v=Vy_Bp9ImfBs.

Figura 102. Representación gráfica del área de convergencia

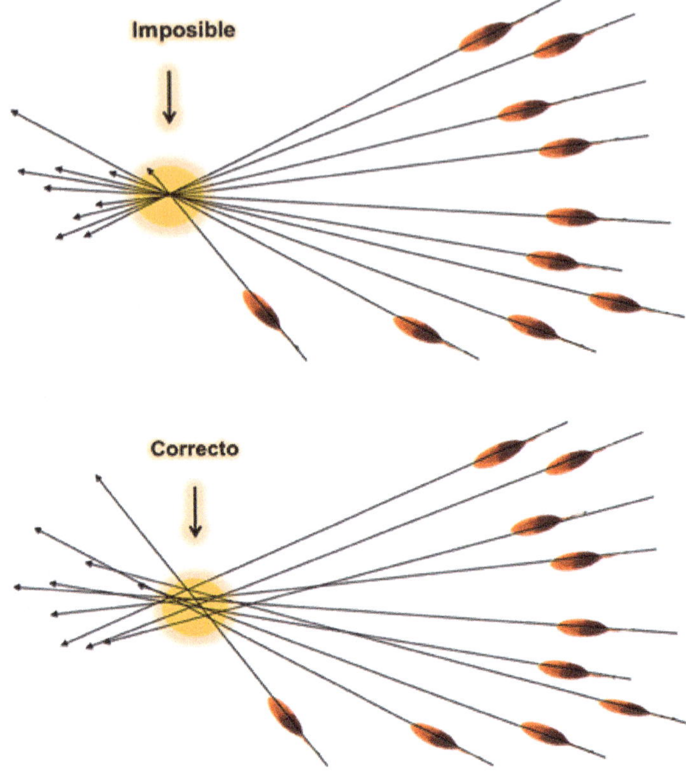

Fuente: Elaboración propia.

También hay que tener en cuenta que aplicando la fórmula del Dr. Bathezard para hallar el ángulo de impacto, se traza una trayectoria en línea recta, que no tiene en cuenta ni la gravedad ni la resistencia. Esto va a dar como resultado una sobreestimación del origen real de donde partió la sangre. Evidentemente mientras más distancia exista entre el origen de partida de las manchas de sangre y la superficie vertical que golpeen, mayor sobreestimación existirá.

En las siguientes ilustraciones podemos apreciar la desviación causada a consecuencia de la línea recta intermitente azul, y la línea roja que es el vuelo real aproximado.

Figura 103. Representación gráfica de la sobreestimación del origen (desviación) de una gota de sangre

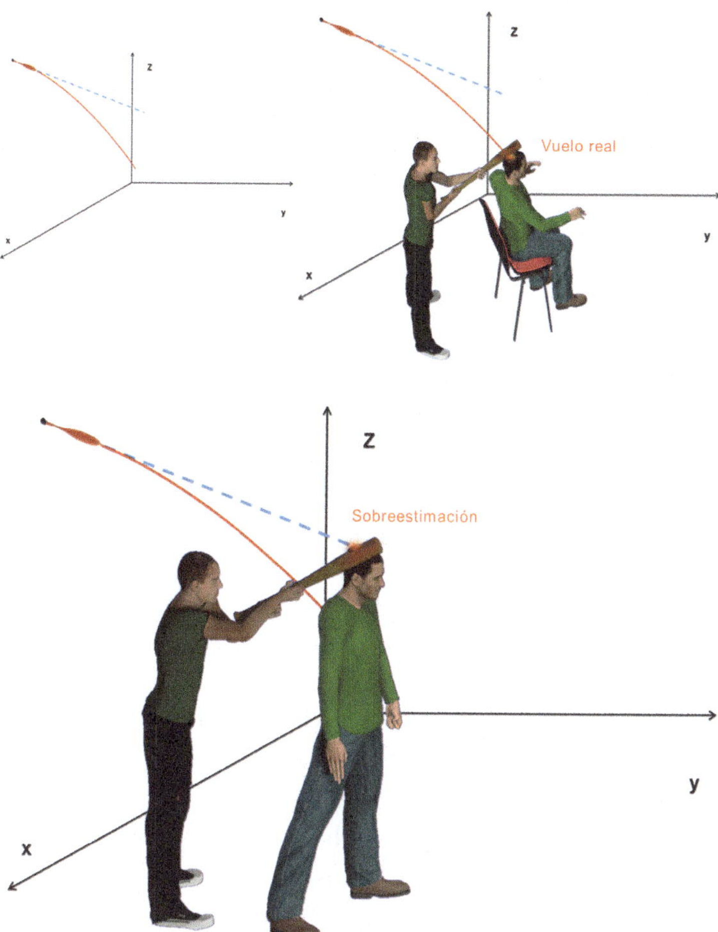

Fuente: Elaboración propia.

7.4. DETERMINACIÓN DEL ÁREA DE CONVERGENCIA Y DEL ÁREA DE ORIGEN DE LOS PATRONES DE MANCHAS DE SANGRE

7.4.1. Introducción

Frecuentemente en las investigaciones de escenas de crímenes sangrientos se suele tratar de establecer el área de origen o, lo que es lo mismo, la zona real desde donde partieron esas manchas de sangre en fase de estudio. Este método nos va a poder determinar con precisión y de una forma fiable aspectos tan importantes como la posición de una persona en el momento de la agresión.

El análisis de PMS se puede efectuar tanto en la escena del crimen como en el laboratorio, pero para ello tiene que estar todo bien documentado creando un registro claro, conciso y preciso del tamaño de los patrones de manchas de sangre, de su forma, distribución, localización y apariencia general, así como todos los factores que pueden influir en la aparición y/o la formación de estos patrones de manchas de sangre. Si la documentación ha sido confeccionada de forma correcta se podrá llevar a cabo una correcta reconstrucción en base a estos patrones, permitiendo ser contrastada con la opinión de otros analistas que no hayan estado en la escena del crimen.

No obstante, hay que ser consciente de que todas las manchas de sangre no muestran patrones apreciables y no se prestan a la evaluación, así como que la evidencia deberá ser manejada de una manera que no altere la apariencia de las manchas.

Para poder estimar el sitio aproximado de un impacto que produjo una lesión y que generó salpicaduras de sangre, se tienen que llevar a cabo una serie de pasos sin los cuales sería imposible determinar el origen aproximado de esas salpicaduras. Estas proyecciones de sangre, forman un solo patrón que ha sido generado de forma instantánea en un solo evento y por lo tanto dentro del mismo tiempo y espacio.

Estos análisis de las trayectorias de las gotas de sangre nos van a proporcionar información retrospectiva sobre el posicionamiento espacial de una persona herida, y por consiguiente, nos permitirá establecer el área de origen.

El área de origen ha estado presente desde los comienzos de esta disciplina, concretamente desde que en el año 1939 el Doctor Balthazard introdujo la teoría de la relación que existía entre la longitud y anchura de una mancha de sangre con el ángulo de impacto sobre una superficie, convirtiéndose desde entonces esencial para esta disciplina. Balthazard fue el primero en publicar sobre este tema, y posteriormente Macdonell, y Bialouz (1971), realizaron una publicación más detallada. No obstante, tal y como se indicó anteriormente, según MacDonell, los primeros en investigar esta relación "causa-efecto" entre el ángulo de impacto y la longitud y la anchura de la mancha de sangre, corresponde a Florence y Fricon en 1900.

Estos patrones son ampliamente identificables, ya que su dispersión desde la herida produce un modelo radial con características propias de este tipo de patrones, si bien, no se pueden llegar a reproducir de forma exacta ya que existen variables como el tipo de arma (tamaño, forma, etc.), posición del victimario, sitio concreto del impacto, cantidad de salpicaduras y dirección de éstas, intensidad y dirección de la fuerza aplicada por el arma en el momento de la agresión, etc.

7.4.2. *Precisión y exactitud*

Las matemáticas juegan un papel importante en el análisis de los patrones de manchas de sangre. Se utilizan para determinar la posición de una víctima (o sospechoso) en el momento de la lesión, basándose en los tipos de patrones de manchas de sangre encontradas en la escena del crimen.

El análisis matemático de las pruebas de manchas de sangre se basa en dos principios importantes: precisión y exactitud. Estos dos principios habitualmente se utilizan de forma indistinta, si bien esto no es del todo correcto ya que aunque sus significados son distintos, ambos están íntimamente ligados con la incertidumbre.

- Precisión: la posibilidad de obtener la misma medida en varias ocasiones.
- Exactitud: el grado de proximidad de las mediciones para un valor real basado en el instrumento utilizado para realizar las medidas. En este sentido, señalar que por ejemplo una regla de acero tiene una precisión de 0,5 mm. en comparación con un micrómetro cuya precisión es de 0,0001 mm. (Matisoff y Barksdale 2011).

En este contexto, cuando nos referimos al área de origen, también existe un grado de incertidumbre debido a la inexactitud humana a la hora de la medición morfológica de las manchas de sangre. Este grado de incertidumbre nos va a hacer que no coincida exactamente con el valor real de dicha magnitud, por lo que va a afectar en mayor o menor medida al cálculo del ángulo de impacto y por consiguiente a la aproximación del área de origen. No obstante, siempre y cuando se haya minimizado ese margen de error la diferencia será más reducida e insignificante.

Actualmente con las nuevas tecnologías los cálculos son muy aproximados y han minimizado mucho ese grado de incertidumbre, con unos parámetros que están dentro de los márgenes de error permitidos.

Otra variable, que también puede generar un grado de incertidumbre debido nuevamente al factor humano, es la selección de las muestras de mancha de sangre ya que, por ejemplo, no existe un número estándar de manchas de sangre establecido para calcular el área de origen. No obstante, un estudio de la University of Canterbury, ha demostrado que 20 manchas, diez en cada lado, son el número que más se aproxima al área de origen, siendo un número mayor a éste indiferente.

Bevel y Gardner (2008), establecen que, para poder determinar la zona de origen en patrones por salpicaduras, se tienen que dar los siguientes pasos:

1. Identificar la mancha por salpicadura bien formada en el patrón.
2. Identificar la direccionalidad de las manchas.
3. Identificar el área de convergencia del patrón.
4. Combinar la información para establecer una zona de origen.

Fisher (2008) señala que la zona donde se cruzan las múltiples líneas, tanto para la reconstrucción bidimensional en 2d, "área de convergencia", como para la reconstrucción tridimensional en 3d "área de origen", son aproximadamente del tamaño circular de una pelota de voleibol.

7.4.3. Determinación de la direccionalidad de desplazamiento de la mancha de sangre

Establecer la direccionalidad de una mancha de sangre es un proceso sumamente importante, ya que si no se establece con precisión nos va a dar un área de convergencia incorrecta y por consiguiente nos dará errónea el área de origen. También es importante para poder establecer la secuencia fáctica en un crimen sangriento.

Cuando se producen salpicaduras por impacto, múltiples gotas de sangre que no tienden a romperse viajan por el aire, manteniendo una trayectoria de vuelo, que solo se verá afectada cuando actúen otras fuerzas distintas de las aerodinámicas y gravitacionales. Estas gotas de sangre van a generar en su conjunto un patrón por salpicaduras, en el que las gotas se van apartando sucesivamente unas de otras, y nos va a permitir establecer tanto la dirección de viaje como las trayectorias, y por consiguiente la intersección de estas trayectorias. Todo ello nos posibilitará reproducir diagramas específicos, determinados por el ángulo con el cual la gota de sangre cae al chocar contra una superficie. Esto obedece a la ley física de la inercia, es decir, la resistencia de un cuerpo en movimiento al modificar su dirección o su velocidad ante cualquier fuerza externa. Cuando la velocidad disminuye bruscamente debido a la superficie contra la que choca, la sangre se desvanece en un extremo puntiagudo el cual indica la dirección de recorrido de la gota.

Por lo tanto, la dirección de la mancha se refiere al sentido en el que viaja la sangre en el momento de la lesión cuando una gota de sangre impacta sobre una superficie en un ángulo distinto a 90°, produciéndose una mancha de sangre elíptica cuya direccionalidad se aprecia a través de su cola, espinas o gotas satélites en el momento en el que se depositan. Estas gotas satélites o secundarias por lo general siempre apuntan hacia la gota principal, dando lugar a manchas parecidas a signos de exclamación.

Aunque las direccionalidades de las gotas de sangre son fáciles de distinguir, las dificultades se pueden plantear cuando estas gotas caen sobre superficies irregulares o absorbentes. También se vuelve más difícil de establecer a medida que el ángulo de impacto aumenta, sobre todo al analizar las manchas comprendidas entre los 70° y 90°. Por lo tanto, cuanto más elíptica sea la mancha de sangre más definida quedará su dirección.

Para establecer la direccionalidad, dibujamos una línea desde el eje mayor de la mancha y la dividimos en dos partes iguales, no obstante, tenemos que tener cuidado como ya se ha dicho anteriormente con las manchas más circulares ya que en este caso resulta más difícil establecer su direccionalidad.

Figura 104. Representación gráfica de la direccionalidad de la cola de una mancha de sangre

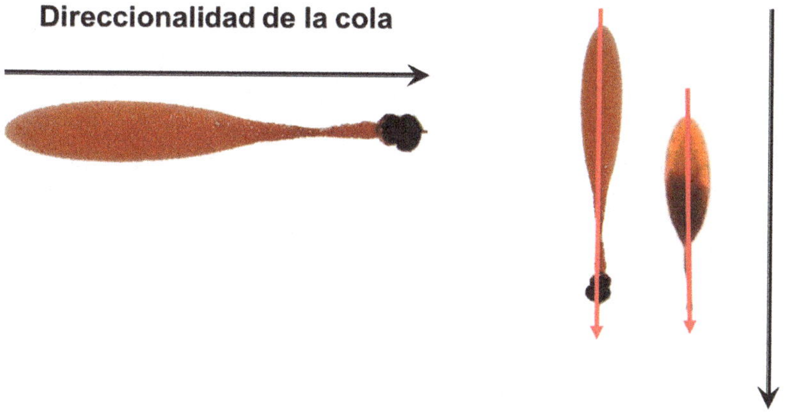

Direccionalidad de la cola

Fuente: Elaboración propia.

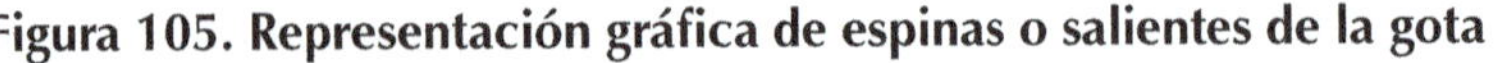

Figura 105. Representación gráfica de espinas o salientes de la gota

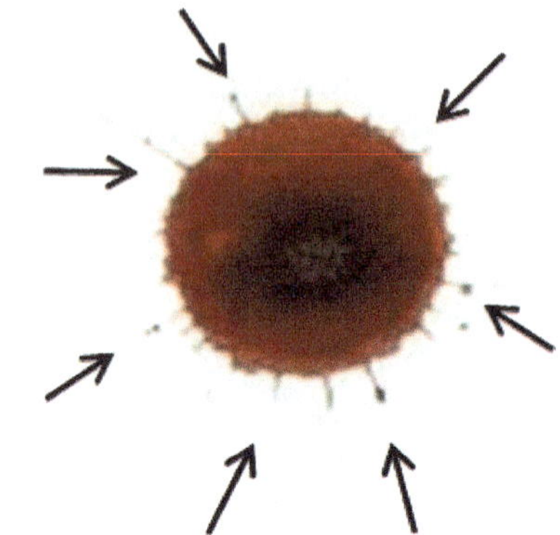

Fuente: Elaboración propia.

Por todo ello, y teniendo en cuenta que la regla anterior también se aplica si lo que se analiza es un rastro de sangre, observando el borde y la forma de las manchas podemos llegar a saber no solo desde donde vino la gota de sangre, sino también si la persona estaba estática o en movimiento, tanto lento como rápido, así como recorridos de víctima, agresor, etc.

Las gotas de sangre que caen sobre una superficie de forma perpendicular forman gotas circulares, y es imposible establecer su direccionalidad. Por ejemplo, si una persona herida o un cuchillo ensangrentado no se mueve, se puede decir que al dejar caer gotas de sangre sobre una superficie horizontal generará manchas circulares producidas por un ángulo de 90º cuyo diámetro variará, dependiendo principalmente de la altura desde donde cae la sangre y las características de la superficie sobre la que impacta presentando uno u otro contorno.

Si la sangre impacta sobre superficies lisas y duras el contorno de las manchas es regular. Sin embargo, si se generarán las manchas sobre superficies rugosas como, por ejemplo, cemento, madera no pulida, etc., se generarán manchas distorsionadas, de contorno irregular y espinoso, que frecuentemente forman pequeñas manchas satélites alrededor de la principal.

Este tipo de manchas en principio no presenta problema alguno, ya que realizando pruebas a diferentes alturas es posible determinar desde donde cayó ésta, así como también nos está indicando que la persona o el arma ensangrentada no estaba en movimiento.

Figura 106. Representación gráfica de una gota de sangre sin direccionalidad, a 90° sobre cristal

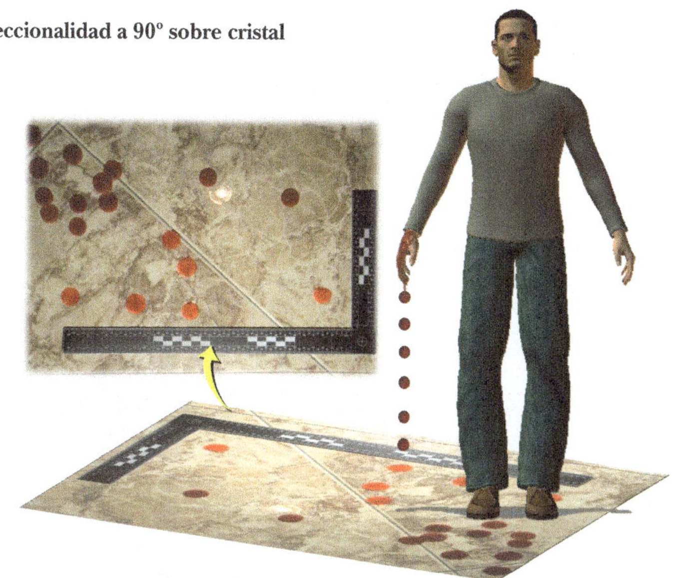

Fuente: Elaboración propia.

Figura 107. Representación gráfica de una gota de sangre sin direccionalidad, a 90° sobre madera

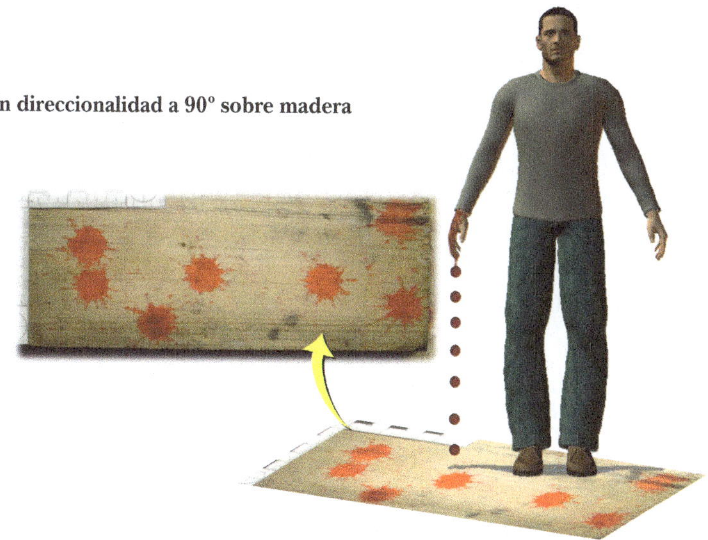

Fuente: Elaboración propia.

Mayor dificultad puede presentar si la sangre impregnara un sustrato, ya que ésta se difundiría en mayor o menor medida en función de la capacidad de absorción del sustrato, formándose manchas irregulares y distorsionadas.

Figura 108. Representación gráfica de una gota de sangre sin direccionalidad, a 90º sobre tela

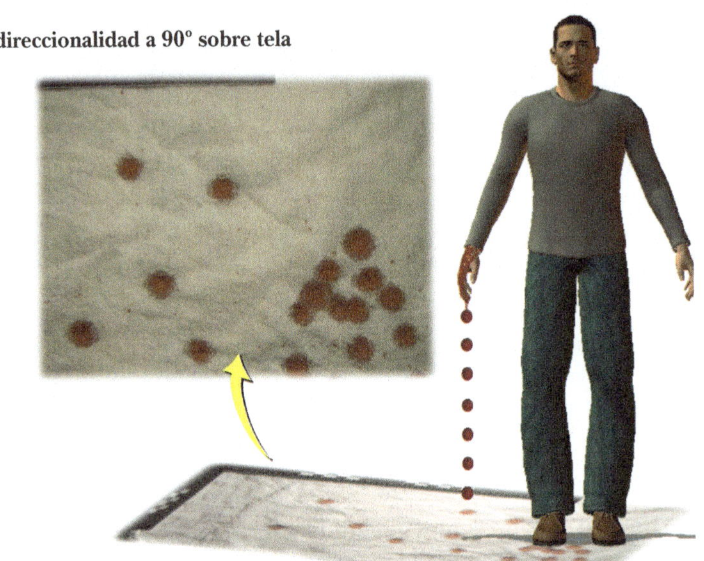

Fuente: Elaboración propia.

Si por el contrario la persona herida se mueve rápidamente, generará manchas alargadas con el eje principal en el sentido del desplazamiento y con un extremo anterior redondeado y el otro terminal más afilado que nos indica la dirección del desplazamiento. Como consecuencia de la velocidad del desplazamiento se produce un ángulo de impacto diferente a 90º, formando manchas que dibujan en el extremo terminal un "signo de exclamación", e incluso con una estructura distorsionada presentando forma elíptica.

Si la persona herida o el objeto lesivo están ensangrentados y se mueven lentamente, las manchas de sangre serán casi circulares, ya que en este caso el ángulo será próximo a los 90º y por tanto será más difícil deducir la dirección del desplazamiento, siendo la forma en este caso oval. Pero el impulso de la persona herida o el objeto lesivo en movimiento, van a generar en esas manchas de sangre espinas o incluso manchas satélites que nos van a indicar la direccionalidad de las mismas.

Figura 109. Gráfico de mancha de sangre: persona parada, andando y corriendo

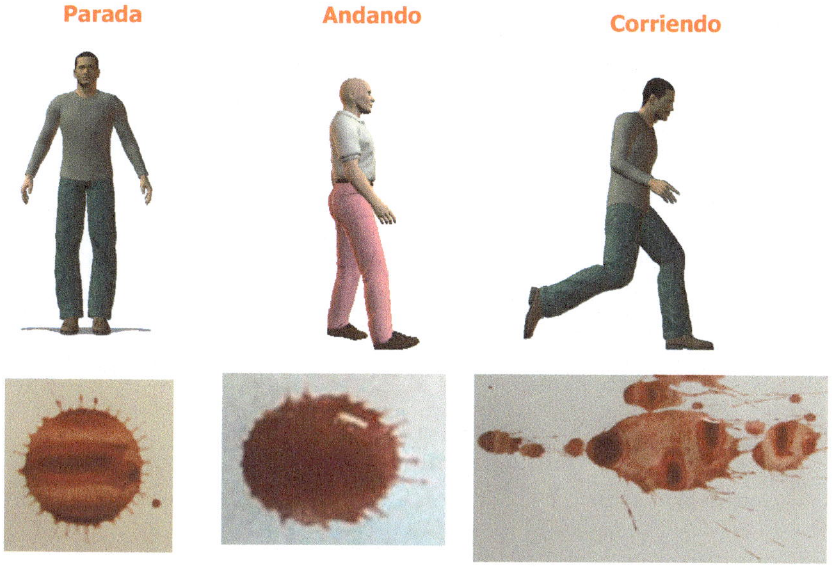

Parada

Andando

Corriendo

Fuente: Elaboración propia.

7.4.4. Determinación del Área de Convergencia: Salpicaduras

Stuart y William (1998), establecen que cuando una fuente de sangre es sometida a una fuerza o impacto, las gotas de sangre resultantes pueden golpear la superficie del blanco en diversos ángulos de impacto y direcciones, siendo el área de convergencia el sitio desde donde partieron las gotas que generaron las manchas de sangre.

Matisoff y Barksdatle (2011) indican que debido a que la sangre no se libera desde un único punto de origen, el verdadero "punto" de convergencia no se puede establecer, sin embargo, los ángulos y direcciones de impacto se pueden utilizar para determinar el área estadísticamente probable de convergencia donde se originó el derramamiento de sangre. El área de convergencia es una representación en dos dimensiones, es decir, en el mismo plano en el que se hallan proyectadas (suelo, paredes, techo, etc.).

Bell (2008) en su obra "Encyclopedia of Forensic Science" señala que el punto de convergencia abarca un área circular donde múltiples líneas se cruzan.

Por su parte Stuart y cols. (2005) exponen que para hallar el área de convergencia se tienen que seleccionar varias manchas de sangre bien definidas de ambos lados del patrón. Con una cuerda, o dibujando una línea que esté alineada con el eje largo de la mancha se proyecta hacia atrás, hacia su ángulo opuesto, es decir 180°, en la dirección en la que viaja cada gota de sangre. Cada una de estas líneas son aproximaciones de la trayectoria de viaje de la gota antes del impacto, obviamente, ignorando el eje perpendicular. A medida que el proceso continúa, la zona donde se cruzan las líneas equivale a la ubicación de la fuente de sangre, representada en dos dimensiones.

Aunque desde un punto de vista matemático solo son necesarias tres manchas de sangre para poder establecer el área de convergencia, a continuación, vamos a indicar detalladamente los pasos a seguir y el número de manchas de sangre.

7.4.4.1. Pasos a seguir para determinación del área de convergencia: salpicaduras

1. Se comienza con un estudio general de las manchas individuales presentes en el patrón, para seleccionar las que nos van a servir para llevar a cabo la reconstrucción.

Figura 110. Gráfico salpicadura de sangre

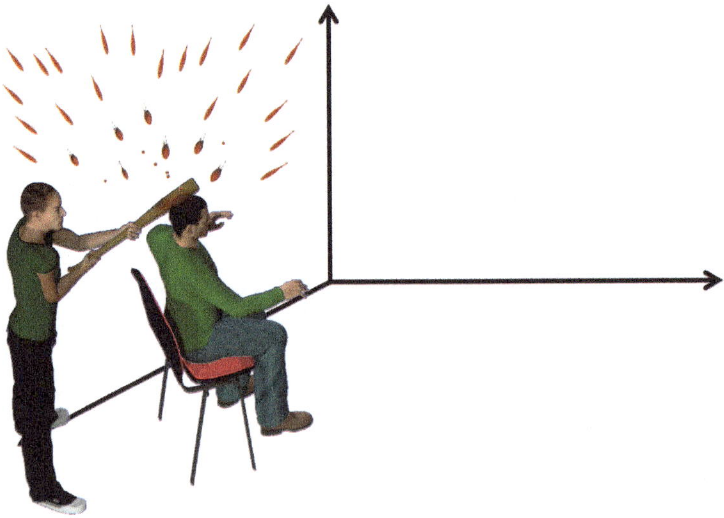

Fuente: Elaboración propia.

2. En base a este estudio, seleccionar un número comprendido entre 10 y 20 manchas de sangre, del patrón de impacto, de tamaño medio, forma uniforme, y con direccionalidad promedio.
3. Si el patrón es de forma cónica, las manchas deben ser seleccionadas a ser posible en igual número de cada lado del patrón de impacto.

Figura 111. Gráfico salpicadura de sangre

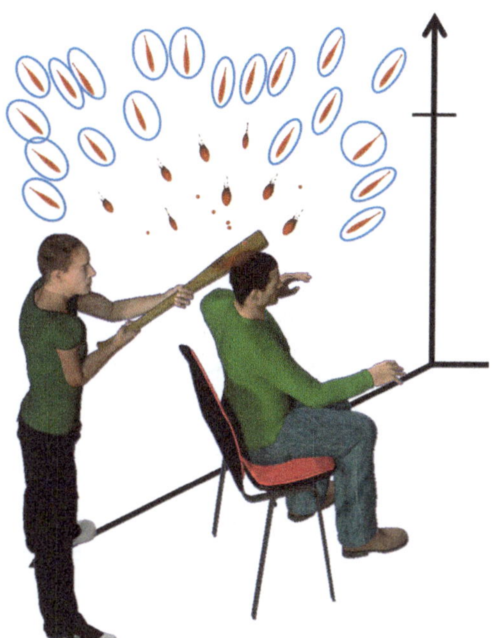

4. Se deben excluir las manchas cuyas formas y/o direcciones de desplazamiento indiquen que son el resultado de gotas de sangre afectadas por la gravedad.
5. En cada una de las manchas seleccionadas, coloque una cuerda sobre la superficie plana a modo de línea recta sobre la trayectoria presentada por cada una de las manchas de sangre que ha elegido. Desde el extremo más puntiagudo se prolonga la cuerda hacia el extremo opuesto trazando un eje de simetría en la mancha de sangre. Esta línea de convergencia, se aproxima al plano sobre el cual la gota de sangre viajó antes de depositarse en la superficie.

6. Para llevar a cabo el paso anterior se pueden utilizar cuerdas, gomas elásticas o incluso cuando sea posible, se pueden trazar las líneas en la propia superficie.
7. Una vez colocadas las cuerdas, gomas elásticas, etc., sobre la superficie, el lugar donde convergen o intersecan la mayoría de las líneas es punto o área de convergencia.
8. Si se obtienen diferentes puntos de convergencia, se puede deducir que ha habido múltiples puntos de impacto o que la víctima se ha movido.

Figura 112. Determinación del área de convergencia en 2d

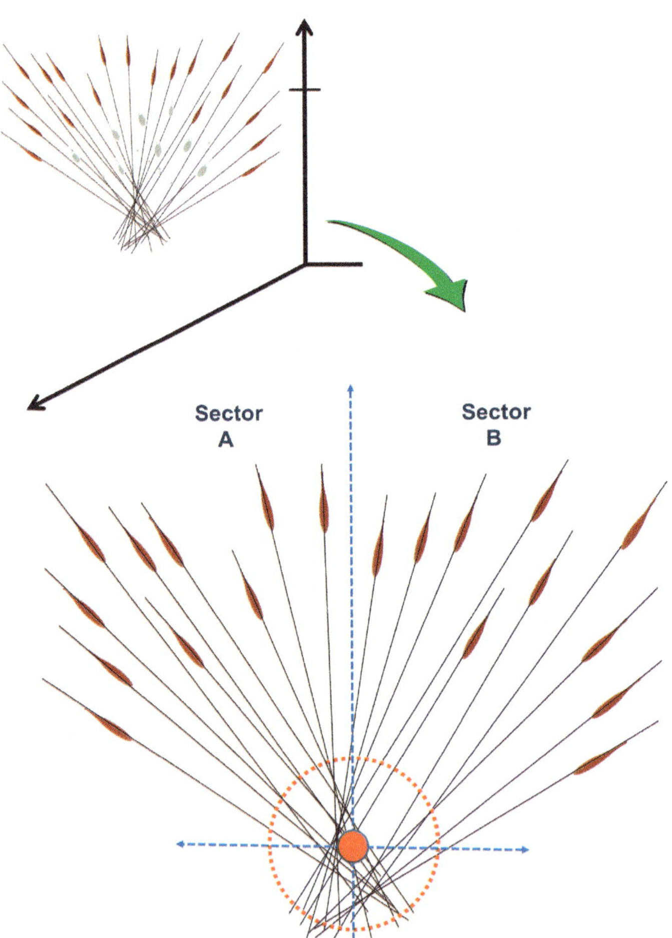

Fuente: Elaboración propia.

7.4.5. Cálculo del ángulo de impacto: salpicaduras

Cuando una gota de sangre que está en movimiento impacta sobre una superficie en un ángulo inferior a 90°, va a generar deformaciones sobre esa gota de sangre produciendo una onda, con un patrón similar al que se genera cuando una gota de sangre impacta sobre una superficie estacionaria sobre un ángulo más agudo. Las características que se producen en esa mancha de sangre van a depender de la mecánica del impacto, y por lo general estos patrones producen menos espinas y salpicaduras satélites.

Por lo tanto, la forma (ancho y largo) que se genera al producirse una mancha de sangre está directamente relacionada con el ángulo en el que la gota de sangre golpea una superficie.

Figura 113. Mancha de sangre generada según ángulo de impacto

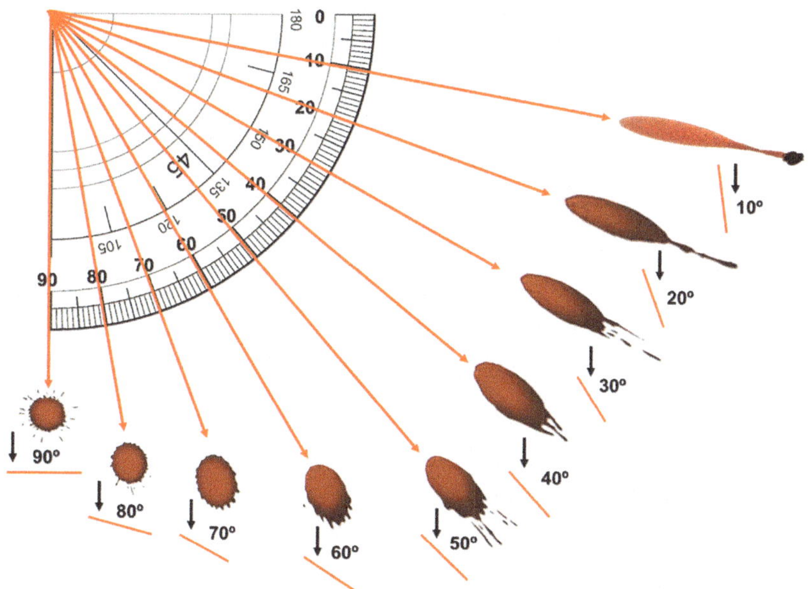

Fuente: Elaboración propia.

El ángulo de impacto es el ángulo agudo o interno formado entre la dirección de caída de una gota de sangre y el plano de la superficie que golpea, dependiendo la forma de la mancha de sangre del ángulo de impacto sobre la superficie que golpea (Raymond *y* cols. 2001). El ángulo más grande de impacto posible es de 90° y describe una gota que cae perpendicular sobre un blanco horizontal. Este ángulo de 90° produce una mancha al impactar de forma circular que es igual en anchura y longitud. No obstante, para que sean esencialmente circulares, tienen que impactar en superficies lisas y duras. A medida que el ángulo de impacto se hace más agudo la mancha resultante se vuelve más alargada a lo largo de la línea de desplazamiento [eje largo] (Wonder 2001; James y cols. 2005). Este eje largo, junto con la presencia de manchas satélites, festones y espinas permite determinar la direccionalidad de una mancha de sangre. Esta direccionalidad se establecerá con mayor precisión a medida en que la mancha resultante sea más elíptica y la superficie en la que impacte más lisa (Bisel y Gardner 2002).

Determinar el ángulo de impacto es un procedimiento esencial para poder llevar a cabo el análisis de los patrones de manchas de sangre. La relación matemática entre la velocidad de impacto de una gota de sangre sobre una superficie, y la anchura y longitud de la mancha de sangre resultante ha sido un principio aceptado desde hace tiempo para el análisis de patrones de manchas de sangre. Este principio establece que si la relación entre el ancho dividido por el largo (ancho/largo) es menor que 1.0, entonces la relación es igual al seno del ángulo de impacto; por lo tanto, el seno inverso es igual al ángulo de impacto. Sin embargo, como para una mancha de sangre circular, el ancho y la longitud (ancho/largo) son iguales, la relación es igual a 1.0, y por lo tanto el ángulo de impacto es de 90°.

Esta relación trigonométrica es fundamental para el cálculo de cualquier ángulo de impacto de una gota sobre una superficie (Macdonell y Bialousz 1971; Pizzola y cols. 1996; Eckert y James, 1998; Carter 2001; Willis y cols 2001; Raymond y cols. 2001; Bisel y Gardner 2002; Chafe 2003; James y cols. 2005).

Las siguientes fórmulas son las que se utilizan para calcular el ángulo θ basándose en la longitud y la anchura de las mediciones de una mancha de sangre en particular.

La relación entre estas variables es la siguiente:

$$\text{Seno } \theta = (\text{ancho/largo})$$

Por lo tanto:

$$\theta = \text{arcoseno } (\text{ancho/largo})$$

Dónde:

l = longitud de la elipse (eje mayor) (AB)

w = anchura de la elipse (eje menor) (DE)

θ = ángulo de impacto

Para ello se divide el cateto opuesto (que en este caso sería el ancho de la gota de sangre) sobre la hipotenusa, que sería el largo de la citada gota, lo que nos daría el seno. A continuación, se halla el arcoseno y nos daría el ángulo con el cual ha impactado la gota de sangre.

Un artículo publicado por Chafe (2003) en la revista especializada International Association of Bloodstain Pattern Analysts Newsletter indica que este método tradicional resulta fácil a la hora de seleccionar manchas bien definidas. No obstante, puede plantear problemas a personas con poca experiencia al realizar mediciones de manchas de sangre con elipses que no sean perfectas, debido a que las colas o espinas pueden ser difíciles de imaginar en el vértice de la elipse.

Algunas propiedades matemáticas asociadas a la elipse general, presentan métodos adicionales para determinar la relación asociada al seno del ángulo del impacto de una mancha de sangre.

Considerando que una elipse es el conjunto de todos los puntos, en un plano, cuya suma de distancias a dos puntos fijos es constante, la ecuación estándar general de una elipse, con el paralelo de longitud al eje "x" y centrado en el origen, se puede plantear como:

$$\frac{x^2}{a^2}+\frac{y^2}{b^2}=1$$

Donde los valores numéricos asociados a la "a " y "b" de esta ecuación tienen una relación con la longitud y la anchura de la elipse (ver figuras 113-114).

Figura 114. Formula del gráfico

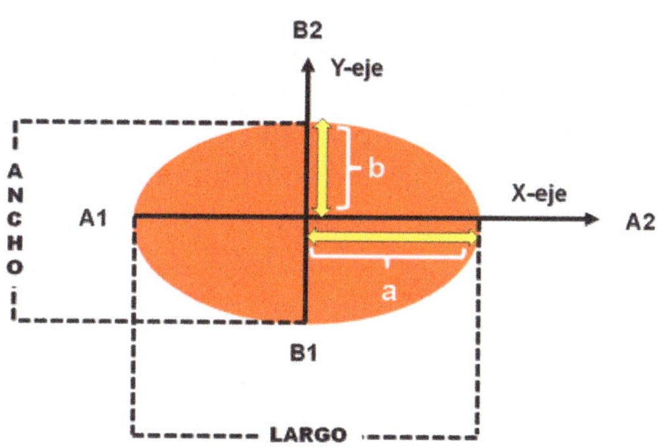

Fuente: Elaboración propia.

$$(x,y)\ :\ \frac{x^2}{a^2}+\frac{y^2}{b^2}=1$$

Teniendo en cuenta que el eje mayor (o longitud) es igual a "2a", mientras que la medición del eje menor (o ancho) es igual a "2b", podemos sustituir esta información y obtener el mismo ángulo de impacto:

$$SEN\ \theta\ = \frac{Ancho}{Largo} = \frac{2b}{2a} = \frac{b}{a}$$

Por lo tanto, una mancha de sangre donde b=6 y a=12, nos daría:

Figura 115. Formula del gráfico

$$SEN\ \theta\ = \frac{b}{a} = \frac{6}{12} = 0.5$$

$$\text{SEN}\ \theta\ = \frac{2b}{2a} = \frac{12}{24} = 0.5$$

$$\theta = (SEN)^{-1}0.5 = 30º$$

Fuente: Elaboración propia.

Willis y cols. (2001), realizaron un trabajo de investigación en el Departamento de Ciencias Forenses de la Universidad George Washington, EE. UU. en el que se llevaron a cabo ensayos con cinco ángulos de impactos para determinar el grado de precisión (15°, 30°, 45°, 60° y 75°). Los resultados demostraron que la ecuación predijo correctamente la varianza observada hasta un ángulo de 60°, creciendo ésta considerablemente a medida que el ángulo de impacto se aproxima a los 90°. Los autores también pusieron de manifiesto que las incertidumbres en el ángulo de impacto están determinadas principalmente por los errores en las medidas de la anchura y la longitud de la mancha de sangre.

Figura 116. Varianza experimental calculada en función del ángulo de impacto

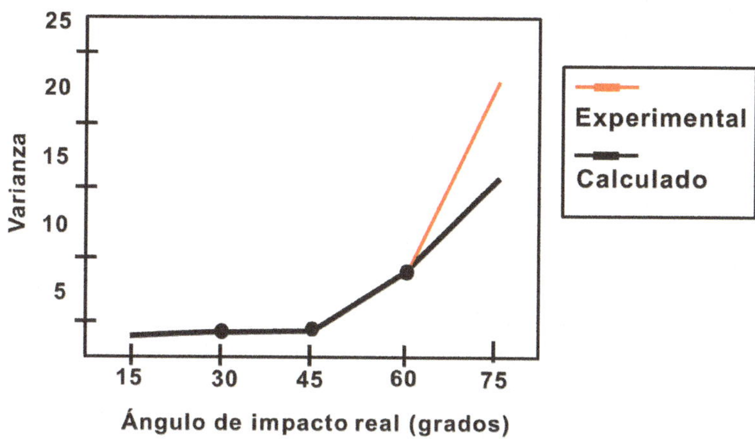

Fuente: elaboración propia extraído de Willis y cols. (2001).

Por su parte Bevel y Gardner (2008) establecen que cuando se trata de manchas que impactan entre 10° y 45°, el porcentaje de error es sólo de 2° a 3°. Este error aumenta a 6° a 7° para las manchas que impactan a 60°. A partir de 60° el porcentaje de error aumenta drásticamente. Al igual que en el caso de la direccionalidad, la tasa de error exige que el analista considere cuidadosamente qué manchas se utilizan para determinar el área de origen.

Figura 117. Varianza experimental calculada en función del ángulo de impacto

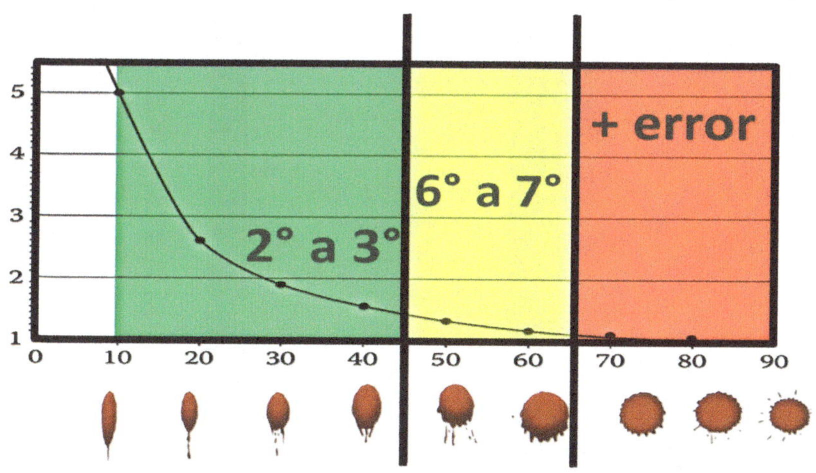

Fuente: elaboración propia extraído de Bevel y Gardner (2008).

Algunos investigadores y agencias prefieren no usar una calculadora para realizar la ecuación matemática, resultando más fácil mirar una tabla. Esta tabla de funciones del seno puede ser un instrumento valioso para cualquier persona que no tenga experiencia en matemáticas (West Virginia University 2011).

Figura 118. Tabla de funciones del seno

Grados	Seno	Grados	Seno	Grados	Seno
1	0.0175	31	0.515	61	0.8746
2	0.0349	32	0.5299	62	0.8829
3	0.0523	33	0.5446	63	0.891
4	0.0698	34	0.5592	64	0.8988
5	0.0872	35	0.5736	65	0.9063
6	0.1045	36	0.5878	66	0.9135
7	0.1219	37	0.6018	67	0.9205
8	0.1392	38	0.6157	68	0.9272
9	0.1564	39	0.6293	69	0.9336
10	0.1736	40	0.6428	70	0.9397
11	0.1908	41	0.6561	71	0.9455
12	0.2079	42	0.6691	72	0.9511
13	0.225	43	0.682	73	0.9563
14	0.2419	44	0.6947	74	0.9613
15	0.2588	45	0.7071	75	0.9659
16	0.2756	46	0.7193	76	0.9703
17	0.2924	47	0.7314	77	0.9744
18	0.309	48	0.7431	78	0.9781
19	0.3256	49	0.7547	79	0.9816
20	0.342	50	0.766	80	0.9848
21	0.3584	51	0.7771	81	0.9877
22	0.3746	52	0.788	82	0.9903
23	0.3907	53	0.7986	83	0.9925
24	0.4067	54	0.809	84	0.9945
25	0.4226	55	0.8192	85	0.9962
26	0.4384	56	0.829	86	0.9976
27	0.454	57	0.8387	87	0.9986
28	0.4695	58	0.848	88	0.9994
29	0.4848	59	0.8572	89	0.9998
30	0.5	60	0.866	90	1.0000

Fuente: (Introduction to Bloodstain Pattern Analysis. West Virginia University 2011).

Seguidamente se indica de forma detallada los pasos para establecer el ángulo de impacto.

7.4.5.1. Pasos a seguir para calcular el ángulo de impacto: salpicaduras

1. En primer lugar se debe de seleccionar un número de manchas que a ser posible oscilará entre un mínimo de 10 y un máximo de 20 manchas de sangre.
2. Seguidamente se mide con precisión el ancho (A) o dimensión del eje corto de una de las manchas de sangre seleccionadas del patrón de impacto. Esta medición se debe de realizar en el punto más ancho de la dimensión corta de la mancha.
3. A continuación mida la longitud (L), o dimensión longitudinal del eje, de la misma mancha.
4. Medir únicamente el cuerpo principal de la mancha de sangre excluyendo la cola, espinas o gota de acompañamiento.
5. Para llevar a cabo la medición se puede utilizar una lupa de 5x a 10x con escala en milímetros y una regla de acero de precisión o un calibre.
6. Divida la medida de la anchura de la mancha por su longitud (A/L). Este es el valor del seno para el ángulo de impacto (θ). Se pueden utilizar distintos métodos, a saber:
   a) Usando una calculadora científica, utilice el seno inverso (Sin^{-1}) para calcular el ángulo de impacto (θ) en grados.
   b) Alternativamente, se puede utilizar una tabla trigonométrica en la que ya vienen representados en una columna en grados los valores del seno para el ángulo de impacto (θ).
7. Realice estos pasos con cada una de las manchas seleccionadas.

Ejemplo: Una mancha mide 24 mm. de largo y 12 mm. de ancho.

Figura 119. Medidas de la mancha de sangre

Fuente: Elaboración propia.

Si aplicamos las fórmulas que se utilizan para calcular el ángulo θ basándose en las mediciones de la longitud y la anchura de una mancha de sangre daría los siguientes resultados:

$$SEN\ \theta = \frac{Ancho}{largo} = \frac{12}{24} = 0.5$$

$$\theta = (SEN)^{-1} 0.5 = 30^{\circ}$$

Otro método, para personas con poca experiencia y en manchas de sangre con elipses que no sean perfectas debido a sus colas o espinas, consiste en medir el semieje mayor y el semieje menor de la mancha de sangre.

Ejemplo: Tomando como referencia las medidas de la mancha de sangre anterior y aplicando este método donde b=6 y a=12 nos da como resultado:

Figura 120. Medidas semieje mayor y el semieje menor de la mancha de sangre

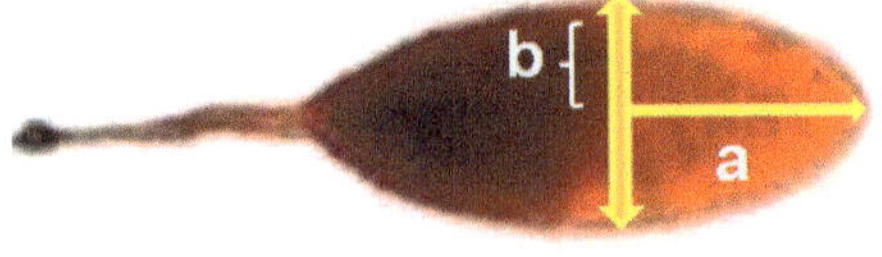

Fuente: Elaboración propia.

$$SEN\ \theta = \frac{b}{a} = \frac{6}{12} = 0.5$$

$$\theta = (SEN)^{-1} 0.5 = 30^{\circ}$$

Por lo tanto, como podemos comprobar aplicando uno u otro método llegamos al mismo resultado.

7.4.6. Métodos de determinación del área de origen. Salpicaduras

Todo patrón de mancha de sangre está directamente relacionado con la forma de producirse. Cuando se golpea a una víctima con algún objeto contundente la sangre se dispersa por el aire en forma de gotas, generando sobre la superficie que golpea un patrón radiante, conocido como patrón de impacto. Es precisamente este tipo de patrones el que nos va a proporcionar información para poder establecer el lugar aproximado de donde partieron esas manchas de sangre, al que denominamos área de origen.

James y Eckert (1998) indican que el "punto" o área de origen es el punto real desde donde partió la sangre, es decir, el que nos da la altura y la distancia entre la herida que originó la sangre y el punto de impacto contra la superficie. Se representa en un plano en tres dimensiones.

El grupo de trabajo científico del F.B.I. (SWGSTAIN) lo define como la ubicación tridimensional a partir de la cual se originó la salpicadura.

Para calcular la zona de origen es necesario combinar en cada una de las manchas de sangre seleccionadas el área de convergencia que se representa en dos dimensiones, más el ángulo de impacto que añade la tercera dimensión sobre la zona de convergencia, creando una representación espacial de la ubicación de la fuente de sangre (James y Eckert 1998; Bevel y Gardner 2002; James y cols. 2005).

La zona de convergencia muestra una posición de la víctima en una habitación o zona determinada, y la zona de origen proporciona información acerca de su postura relativa: de pie, de rodillas, sentado o acostado (James y cols. 2005).

Los métodos que se utilizan para determinar la zona o área de origen son cuatro:

7.4.6.1. Método físico: encordonado

Se trata de un método laborioso e invasivo que actúa directamente sobre las manchas de sangre, por lo que actualmente ha sido sustituido de forma gradual por otras técnicas no invasivas a través de software. No obstante, tanto los métodos convencionales como virtuales siguen el mismo principio.

Pese a ello, la técnica de encordonado ha sido y sigue siendo enseñada como una parte esencial de los cursos básicos del análisis de patrones de manchas de sangre, siendo el método estándar utilizado por excelencia en todo el mundo. Esta técnica ha existido desde la introducción de la correlación existente entre las dimensiones de las manchas de sangre y las salpicaduras del ángulo impacto establecido por Balthazard y cols. (1939).

Este método ha sido objeto de críticas por distintos autores entre otras cosas por la falta de precisión en la colocación de la cuerda y el error humano en la medición de las manchas para calcular el ángulo de impacto. (Carter 1991; Rinehart 2000; Wonder, 2001; Emes y Price 2004).

La cuerda proyectada representa una estimación de la trayectoria de vuelo en línea recta de las gotas de sangre. Cuando se proyectan múltiples cuerdas, la zona donde intersectan en un espacio tridimensional, se interpreta como la fuente de origen de la sangre (Raymond y cols. 2001; Bevel y Gardner 2002; MacDonell 2005; Stuart y cols. 2005).

Pasos a seguir para determinación del área de origen: salpicaduras

1. Seleccionar un número comprendido entre 10 y 20 manchas de sangre, de tamaño medio, forma uniforme, y con direccionalidad promedio.
2. Hallar la zona de convergencia de las manchas de sangre que fueron seleccionadas previamente del patrón de impacto.
3. Si el patrón es de forma cónica, las manchas deben ser seleccionadas a ser posible en igual número de cada lado del patrón de impacto.
4. Se deben de excluir las manchas afectadas por la gravedad.
5. Colocar un trípode o cualquier otro dispositivo similar sobre el punto o área de convergencia para proporcionar un eje vertical que sirva de base a la hora de posicionar las cuerdas sobre el área de origen.
6. Debido a la naturaleza del lugar cabe la posibilidad de que la colocación del trípode u otro dispositivo, no pueda ser colocada directamente sobre las intersecciones de las líneas de convergencia por lo que se pondrá lo más cerca posible.

7. Este eje vertical es una aproximación aún indeterminada del lugar en la dimensión 3d de donde la fuente de sangre recibió el impacto.
8. Calcular el ángulo de impacto (θ) a partir de las manchas de sangre que fueron previamente seleccionadas para hallar el área de convergencia. Recuerde que para ello tiene que dividir la anchura de la mancha por su longitud (A/L).
9. Coloque una segunda cuerda en la base del borde de ataque de la mancha (extremo menos puntiagudo, festoneado, etc.), para la que se ha calculado el ángulo de impacto. Recuerde que ya colocó una para hallar el área de convergencia.
10. Proyecte una cuerda desde el extremo de la mancha y usando un transportador eleve la cuerda al ángulo de impacto calculado, realizando esta operación con todas las manchas analizadas.
11. Una forma más efectiva y menos engorrosa para hallar la trayectoria es utilizando un transportador láser.
12. El transportador se sitúa en el ángulo de impacto indicado y alineado con el eje direccional (el eje largo de la mancha).
13. Posteriormente se enciende el láser y el punto donde golpea la superficie es marcada.
14. Seguidamente se proyecta una cuerda desde la mancha a ese punto, repitiendo este paso con todas las manchas seleccionadas.
15. Finalmente el lugar donde coinciden todas las cuerdas sería el área de origen. No obstante, recuerde que hay que tener en cuenta que todas las cuerdas no van a cruzarse en un punto en concreto pudiendo abarcar un área del tamaño que puede ir desde una pelota de tenis a una pelota de futbol aproximadamente.

Figura 121. Método encordonado

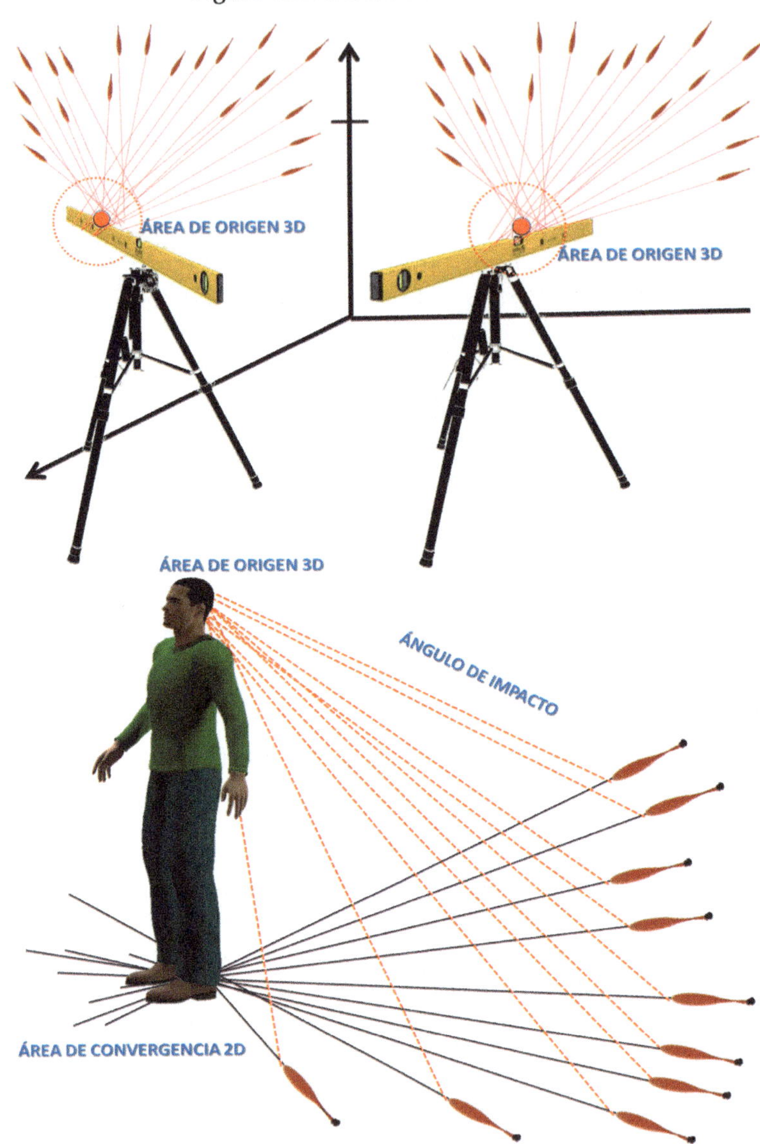

Fuente: Elaboración propia.

7.4.6.2. Método de la tangente

El método de la tangente es otro método manual que se puede utilizar para determinar el área de origen. Este método se basa en el principio trigonométrico en el que en un triángulo recto la tangente de un ángulo es la longitud del lado opuesto dividido por la longitud del lado adyacente (James y Eckert 1998). Al igual que el anterior este método también permite visualizar y representar in situ la zona o área de origen.

Examinando cada mancha de forma individual, se puede visualizar un triángulo rectángulo en el que la cuerda es la hipotenusa del triángulo, y el ángulo de impacto es el ángulo agudo θ. La longitud de la línea de la cuerda desde la base de la mancha a la zona de convergencia es el cateto adyacente al ángulo agudo. Según este autor, este concepto facilita el uso de la trigonometría para determinar la longitud del tramo opuesto al ángulo de impacto que representa la distancia por encima del plano de los ejes X e Y (James y cols. 2005).

James y Eckert (1998), describen el procedimiento del siguiente modo:

1. Determinar el ángulo de impacto de los patrones de manchas de sangre representativos en una superficie.
2. Determinar el punto o área de convergencia a través de los ejes más largos de los patrones de manchas de sangre.
3. Medir la distancia desde la base de los patrones de manchas de sangre individuales hasta el punto o área de convergencia.
4. Calcular el punto o área de origen o la elevación en el espacio, el cual es la longitud del eje Z utilizando la siguiente ecuación:

Tangente de un ángulo de impacto = Cateto opuesto/cateto adyacente o Z/Y

Se calcula Z multiplicando cada lado de la ecuación por Y, por lo tanto: el punto o área de origen o Z es igual a la tangente del ángulo de impacto X.

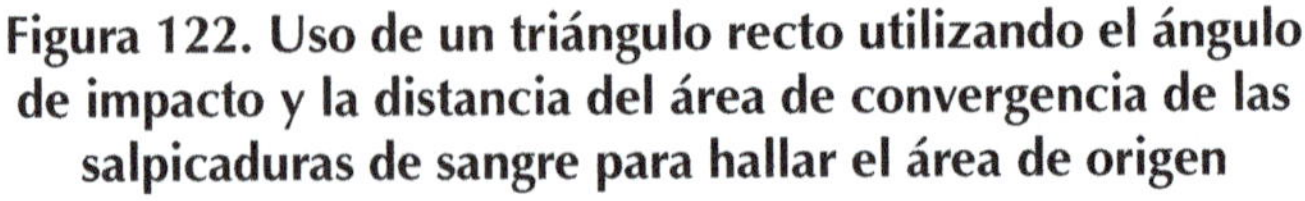
Figura 122. Uso de un triángulo recto utilizando el ángulo de impacto y la distancia del área de convergencia de las salpicaduras de sangre para hallar el área de origen

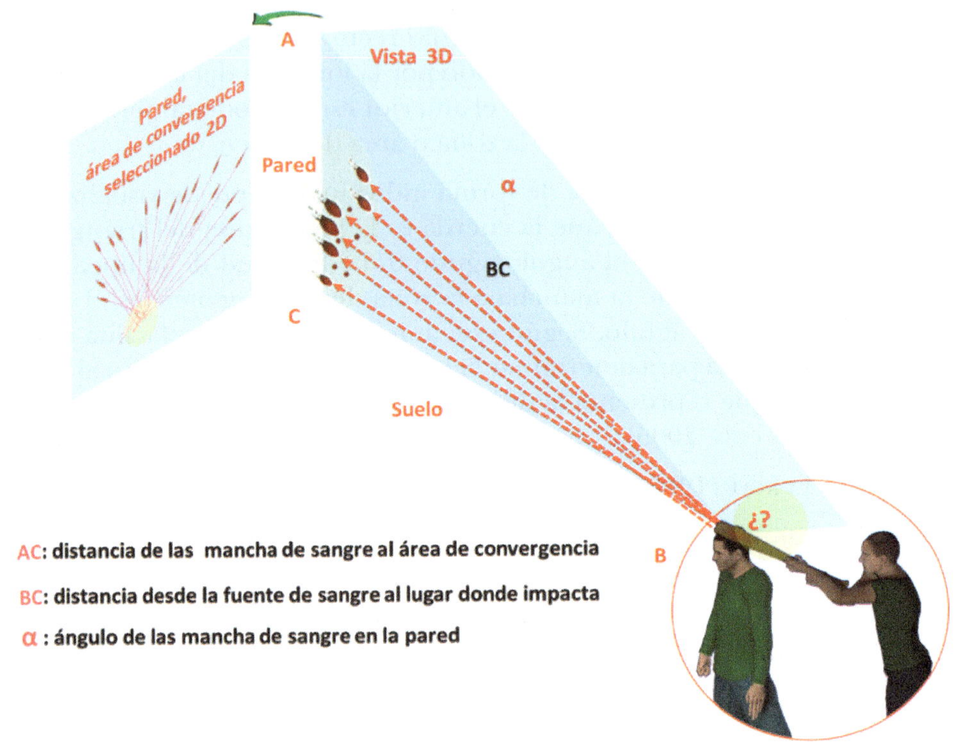

Fuente: Elaboración propia.

Seguidamente se expone una descripción más gráfica de este método que nos va a permite visualizar y representar in situ la zona o área de origen con mayor entendimiento y compresión:

Pasos a seguir:

1. Hallar la direccionalidad, la zona de convergencia y el ángulo de impacto a través de los métodos descritos anteriormente.
2. Calcular el ángulo de impacto (θ) a partir de las manchas de sangre que fueron previamente seleccionadas para hallar el punto o área de convergencia. Recuerde que para ello tiene que dividir la anchura de la mancha por su longitud (A/L).

3. A continuación, se mide la longitud de las distintas cuerdas desde la base de la salpicadura hasta el área de convergencia que se encuentra proyectada en un plano en 2 dimensiones.

Figura 123. Representación gráfica del área de convergencia en 2d en la que se aprecia el ángulo de impacto y la longitud de las distintas cuerdas al área de convergencia

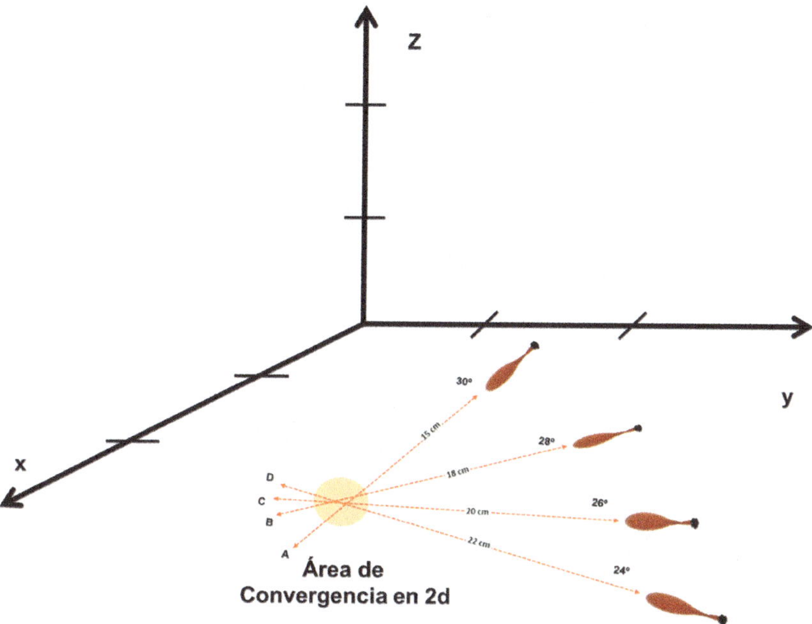

Fuente: Elaboración propia.

4. Seguidamente se calcula la elevación en el espacio (longitud del eje Z) usando la siguiente ecuación: (tangente del ángulo calculado de impacto) x (longitud de la cuerda desde la base de salpicaduras hasta el punto de origen 2d) = la elevación del punto en el espacio.

Figura 124. Modelo matemático utilizando las propiedades de un triángulo recto para determinar el área de origen de las salpicaduras de sangre

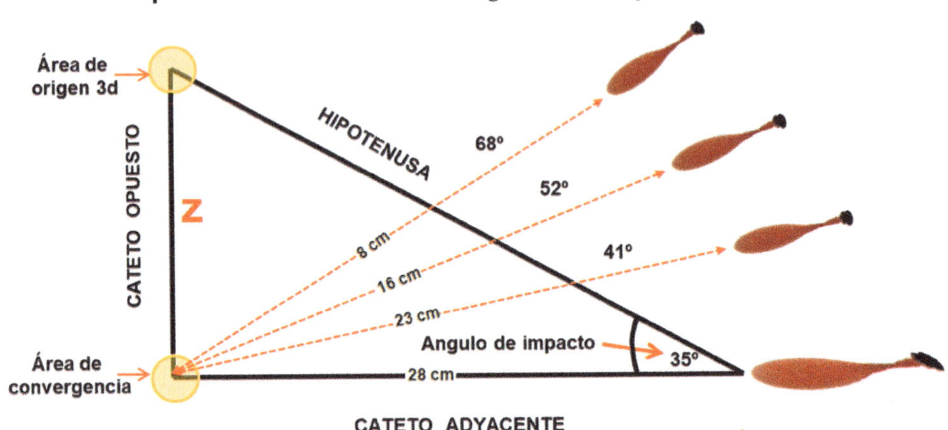

Fuente: Elaboración propia.

$$\text{Tangente de un ángulo} = \frac{opuesto}{adyacente}$$

5. Reordenando esta ecuación, se deriva la fórmula que se necesita para determinar la elevación en el espacio, es decir el área de origen en 3 dimensiones:

Opuesto = Tangente de un ángulo X adyacente

6. Por lo tanto y aplicándolo a la figura anterior:

Mancha A: la tangente de un ángulo de 68º es (2.475) X (8 cm) = 19.8 cm.

Mancha B: la tangente de un ángulo de 52º es (1.280) X (16 cm) = 20.48cm.

Mancha C: la tangente de un ángulo de 41º es (0.8693) X (23 cm) = 19.9939 cm.

Mancha D: la tangente de un ángulo de 35º es (0.7002) X (28 cm) = 19,6056 cm.

Promedio de estos valores (59,3408 + 201,728 + 9,7635 +19,6056) dividido por 4 = 19,969877 cm.

7. El dato 19,969877 cm., sería la ubicación tridimensional donde se halla el área de origen.
8. A la hora de documentarlo se ponen números exactos que en este caso serían 20 cm. por estar más próximo a 20 cm. que 18 cm.
   - Si se dispone de una calculadora científica, se puede determinar el valor de la tangente mediante la introducción del valor calculado obtenido para el ángulo de impacto (θ), en grados y luego usar la función de la tangente.
   - Alternativamente se puede utilizar una tabla trigonométrica de funciones de la tangente.

Figura 125. Determinación área de origen método de la tangente

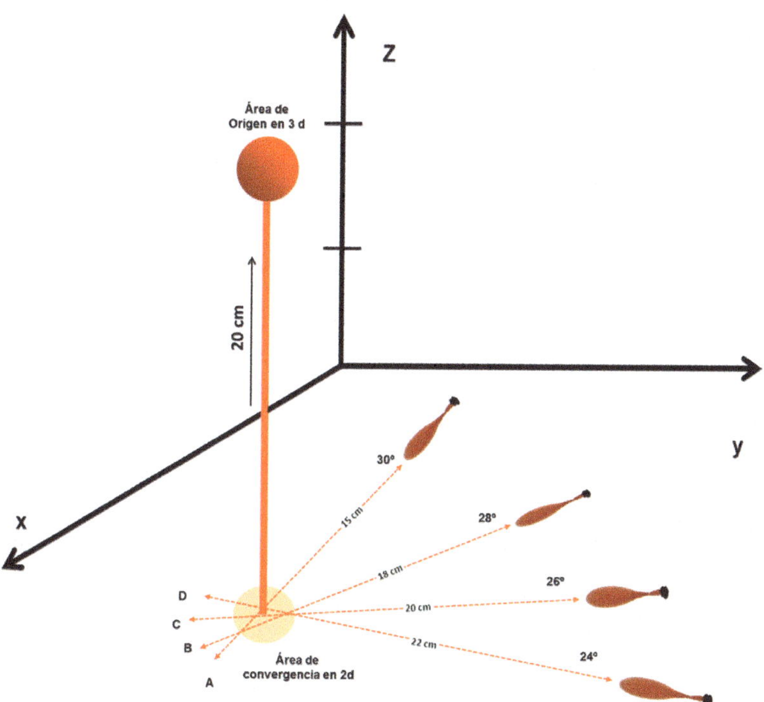

Fuente: Elaboración propia.

7.4.6.3. Método gráfico

Este método consiste en llevar a cabo una representación gráfica. A diferencia de los métodos anteriores, éste no reconstruye ni se visualiza en la escena del crimen, sino que es simplemente una representación en papel mediante un gráfico (Figura 125). Este método es poco usado.

Stuart y cols. (2005) establecen que el método gráfico parte de la base de que cada cuerda forma un triángulo rectángulo y la distancia sobre el plano de X e Y es igual al lado opuesto del ángulo de impacto. Este autor indica que el lugar geográfico del área de convergencia determina el lugar de la intersección de los ejes vertical y horizontal, y que la determinación del área de origen equivale a localizar el punto sobre la horizontal.

James y Eckert (1998), dan una descripción mucho más simplificada de este método. Se limitan a decir que se puede construir el punto o área de origen dibujando la distancia desde el punto de convergencia de los patrones de manchas de sangre con su ángulo de impacto sobre la superficie del blanco.

Bevel y Gardner (2002), (2008) establecen que usando la técnica gráfica descrita uno sólo identifica una zona generalizada en la cual las distintas trayectorias de la mancha parecen converger, pero que estas limitaciones no importan ya que la naturaleza de los sucesos que crean las salpicaduras son en sí dinámicas y probablemente no pueden ser localizadas con exactitud en el 99% de las situaciones.

Pasos a seguir:

Stuart y cols. (2005) indican que los datos necesarios para llevar a cabo el método gráfico son los siguientes:

1. Determinar el ángulo de impacto de las manchas seleccionadas.
2. Determinar la distancia desde la base de cada mancha individual a la zona de convergencia.
3. Usando una hoja de papel cuadriculado, trazar los ejes horizontal y vertical. El eje horizontal debe corresponderse con las mediciones tomadas de la longitud de la cuerda desde la base de la mancha hacia el área de convergencia. El eje vertical puede usarse para determinar los valores de la distancia perpendicular a los ejes X e Y.
4. Para cada mancha marcar la medida horizontal a la distancia que corresponde a la longitud de la cuerda desde la base de la mancha al área de convergencia.

5. Colocar un transportador con el cero en la marca del eje horizontal y hacer una segunda marca que corresponda al valor de ese ángulo de impacto en particular.
6. Trazar una línea recta desde el valor marcado en el eje horizontal hasta el valor marcado para el ángulo de impacto, y continuar la línea hasta que interseccione con el eje vertical.
7. El valor indiciado por el punto donde la línea intercepta el eje vertical, es la distancia sobre el plano de X e Y.

Figura 126. Método gráfico

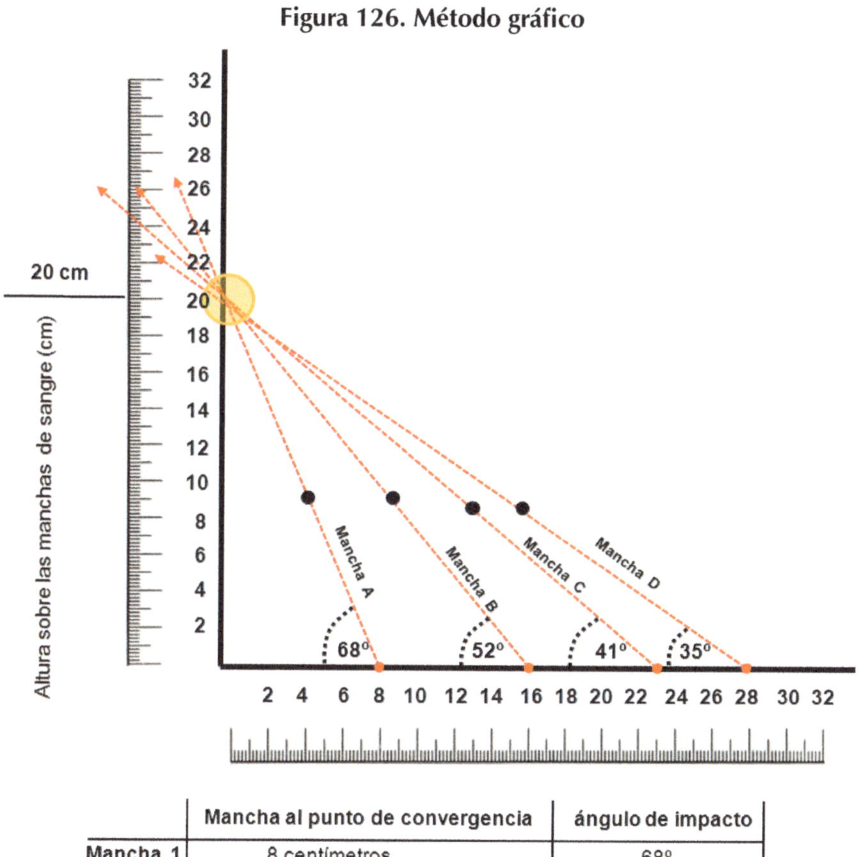

	Mancha al punto de convergencia	ángulo de impacto
Mancha 1	8 centímetros	68°
Mancha 2	16 centímetros	52°
Mancha 3	23 centímetros	41°
Mancha	28 centímetros	35°

Fuente: elaboración propia.

7.4.6.4. Método informático

Existen varios software que ofrecen un método eficaz para ayudar al analista del patrón manchas de sangre con los cálculos del área de origen a través de los patrones por impacto. Sin embargo no debemos de olvidar, que este tipo de software son alternativas informáticas a los métodos tradicionales y, por tanto, una herramienta para el analista, no una herramienta que reemplace al experto.

Veamos algunos:

a) BackTrack™

Fue uno de los primeros programas informáticos, desarrollado por el Dr. Alfred Carter de la Universidad de Carleton-Ottawa, Canadá. Este programa utiliza fotografías digitales y el análisis direccional de las manchas para determinar la fuente de la sangre, dando los tres puntos de vista a los analistas de la escena del crimen (superior, lateral y extremo) (Carter 2001).

Esto es lo que se ha venido a llamar análisis direccional de los patrones de manchas de sangre. Este análisis es un procedimiento matemático desarrollado para encontrar las direcciones en el espacio (cuerdas virtuales) apuntando desde las manchas de sangre a un lugar directamente por encima de la ubicación de la fuente de sangre (Carter 2001).

Con este programa se analizan mediante fotografías las manchas de sangre individuales en superficies verticales (James y cols. 2005; Bevel y Gardner 2008).

Por desgracia el error humano no se elimina con el uso de BackTrack™, ya que la selección de manchas inapropiadas y la incertidumbre en el montaje de la elipse para el cálculo del ángulo de impacto puede ocurrir cuando el analista no tiene suficiente experiencia. (Wonder 2001; Carter y cols. 2006).

Figura 127. Captura de pantalla de BackTrack

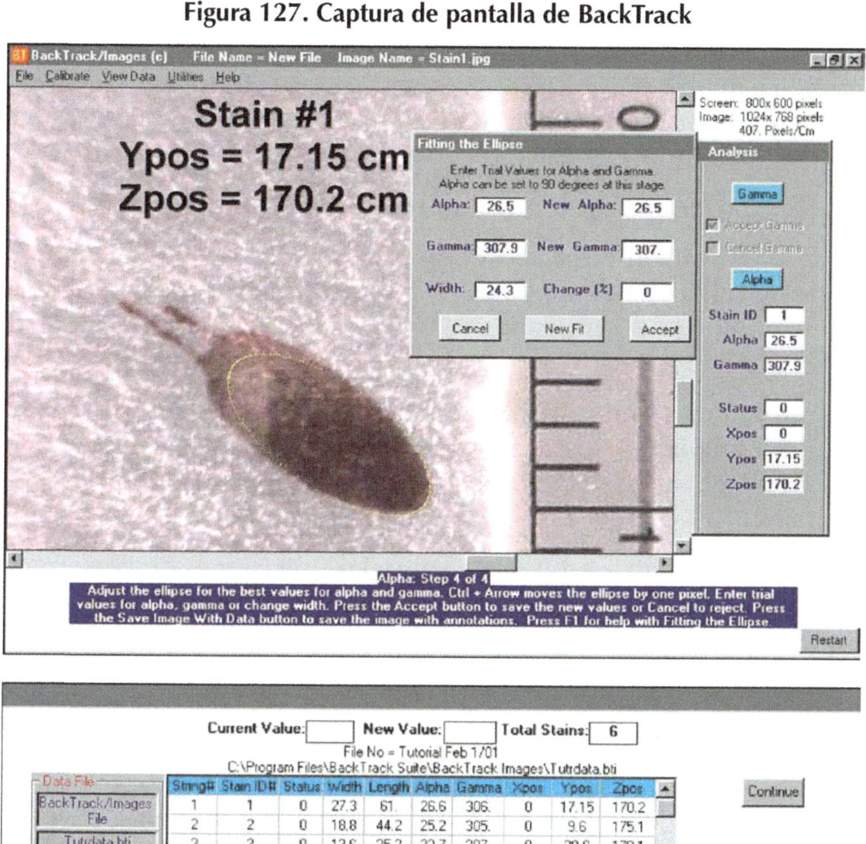

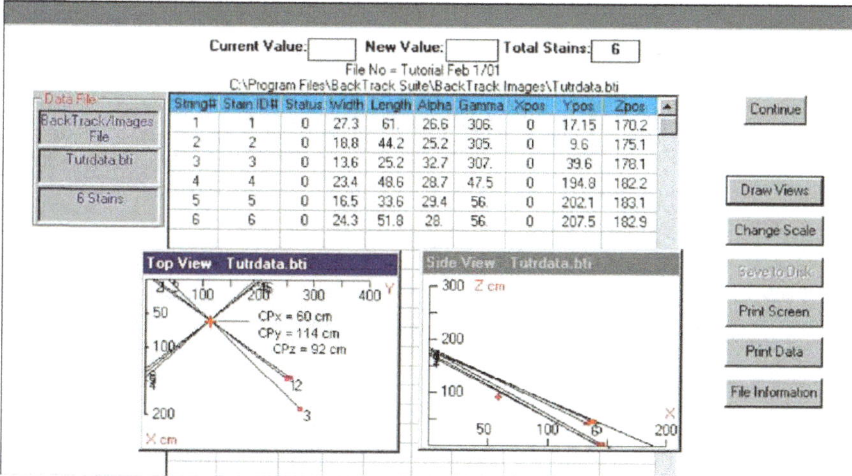

String#	Stain ID#	Status	Width	Length	Alpha	Gamma	Xpos	Ypos	Zpos
1	1	0	27.3	61.	26.6	306.	0	17.15	170.2
2	2	0	18.8	44.2	25.2	305.	0	9.6	175.1
3	3	0	13.6	25.2	32.7	307.	0	39.6	178.1
4	4	0	23.4	48.6	28.7	47.5	0	194.8	182.2
5	5	0	16.5	33.6	29.4	56.	0	202.1	183.1
6	6	0	24.3	51.8	28.	56.	0	207.5	182.9

Fuente (Stuart y cols. 2005).

b) HemoSpat

Otro programa informático para el análisis de los patrones de manchas de sangre es el HemoSpat. Al igual que BackTrack™ utiliza los datos obtenidos en la escena del crimen para determinar y representar gráficamente el punto de origen. La premisa de todos los programas asistidos por ordenador es exactamente la misma: recrear las manchas de sangre en la escena del crimen y determinar el área de origen con precisión, y en menos tiempo que por los métodos tradicionales.

Este software fue desarrollado en 2006 por los hermanos Andy Kevin Maloney y comercializado por la empresa FORident Software.

Se trata de un software fácil de usar que detecta automáticamente la elipse de las salpicaduras de sangre y permite analizar manchas en superficies en ángulos (no ortogonales). Además permite interactuar con otros softwares 3D como SketchUp.

Este programa es utilizado por fuerzas policiales de varios países como EE. UU. y Canadá, así como la Policía Federal de Bélgica, la Policía de Dubai, de Israel, el Servicio Forense de Suiza o el Instituto Forense de los Países Bajos.

Un estudio llevado a cabo sobre sobre las precisiones de BackTrack™ y HemoSpat, no encontró diferencias significativas entre ambos programas.

Figura 128. Captura de pantalla de HemoSpat

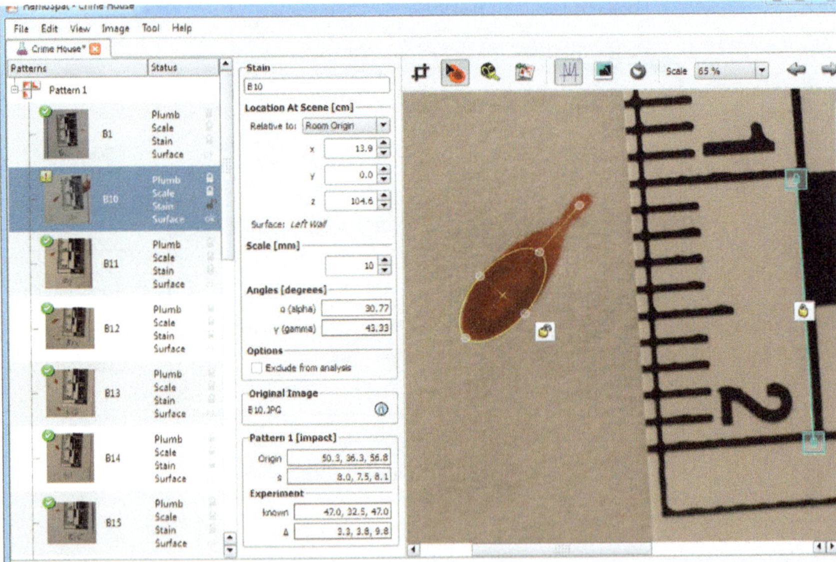

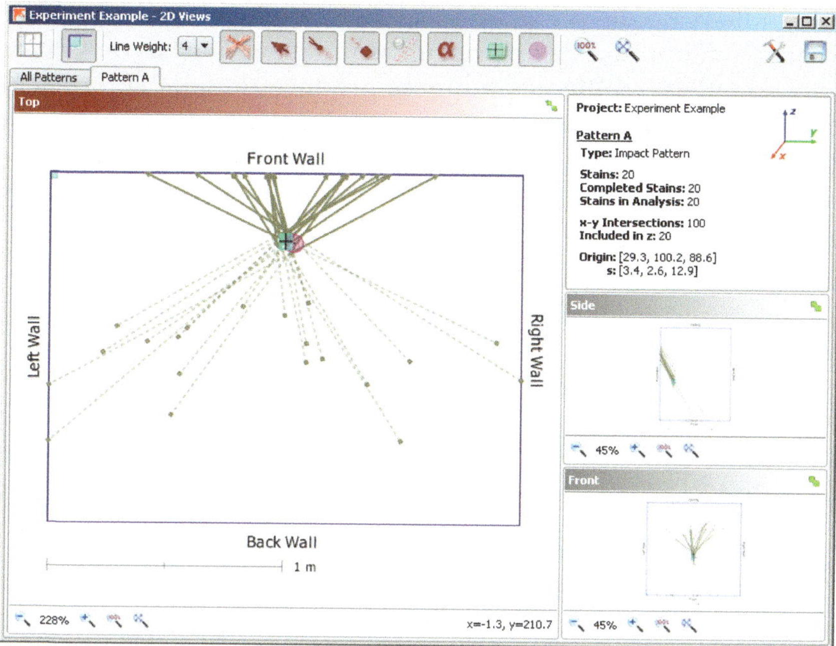

Fuente: (http://hemospat.com).

c) *Faro Zone 3d (fz3d) y Faro Scene*

Estos programas utilizan un escáner láser y una cámara digital para recopilar los datos de medición.

FARO Scene El programa de software FARO Scene incorpora un complemento llamado "Asistente forense" que incluye herramientas para el análisis de patrones de manchas de sangre.

Este programa, ha sido comparado con HemoSpat a través de pruebas con patrones de impacto en condiciones controladas dando resultados similares pero concluyendo que el método FARO requería menos tiempo.

Un estudio llevado a cabo por Lee y Liscio (2016), estableció como principal conclusión que los resultados obtenidos a través del método FARO Scene se encuentran dentro de una tolerancia aceptable, lo que justifica el uso del software como una alternativa a HemoSpat y BackTrack™.

FARO Zone 3D Este programa según el Manual, puede incorporar una imagen de la salpicadura de sangre y escalarla a un modelo creado en Faro Zone 3D, o una nube de puntos.

Un estudio realizado por Patterson (2018) establecía que el software utilizado para analizar el área de origen (AO) de las manchas de salpicadura no tenía en cuenta la alteración que se produce durante la formación de las manchas en diferentes superficies, lo cual ponía en duda la validez y confiabilidad de los métodos utilizados para evaluar los patrones de manchas de sangre. No obstante, argumentó que FARO Zone 3D tenía potencial si se sometiera a una revisión sustancial.

Posteriormente otro estudio llevado a cabo por Le y Liscio (2019) para comparar la precisión del área de origen de las manchas de sangre analizadas con FZ3D y FARO Scene, concluyó que los errores generados con FZ3D no fueron estadísticamente mayores que los producidos con FARO Scene. Concretamente, en el caso de FZ3D 14 de 15 (93 %) de los errores totales estaban dentro del rango máximo sugerido de 20 cm. y con FARO Scene 13 de 15 (87 %).

Capítulo 8

Estudio de patrones manchas de sangre en textiles

8.1. INTRODUCCIÓN

Desde la cuna hasta la tumba estamos rodeados de textiles, por ello no es de extrañar que estén involucrados en innumerables hechos violentos, y su estudio sea de suma importancia desde un punto de vista forense (balística, estudio de fibra, patrones de sangre, etc.). En el caso concreto de los patrones de manchas de sangre puede surgir el inconveniente de que se genere un grado de incertidumbre muy elevado debido a la complejidad de estas superficies y su capacidad de absorción de líquido.

Existen numerosos estudios realizados en este campo, aunque son muy inferiores en comparación a los llevados a cabo en superficies lisas, planas y no porosas, centrándose principalmente estos estudios en la investigación de manchas por goteo sobre telas y en menor medida en el estudio de manchas por salpicaduras o transferencia. A partir del año 2013 comenzaron a surgir numerosos estudios sobre esta temática, ampliándose a las propiedades de los tejidos.

Pero para poder llevar a cabo un estudio de los tejidos, se hace necesario recurrir al microscopio, ya que proporciona el medio más preciso y menos destructivo para determinar las características microscópicas y el tipo de polímero de las fibras textiles, contribuyendo con ello a poder establecer la diferencia entre salpicadura y transferencia, con lo cual las reglas de actuación son distintas a las empleadas en manchas o patrones hallados en paredes, techos, suelos o cualquier otra superficie no porosa.

Por todo ello, se hace imprescindible tener un conocimiento básico sobre los productos textiles, desde el punto de vista de interés forense, que incluye fibras, hilos y tipos de textiles (acetato, acrílico, algodón, mezcla de lino y algodón, mezcla de nailon y lycra, poliéster, seda, vinilo etc.), así como de las propiedades de estos materiales, y de su estructura tanto física como química. Sin estos datos es imposible saber de forma científica qué factores son los que pueden influir en los patrones o manchas de sangre, y por lo tanto en su aspecto final, llegando incluso en ocasiones a no permitir que las manchas tengan formas definidas debido a la absorción de éstas en la tela. Autores como (Johnson, 1991; Taupin, 1996; Taupin et al., 1999), establecen tres niveles para examinar los daños en la ropa y obtener el máximo grado de información. Estos tres niveles abarcan el tejido, el hilado y la fibra, haciendo esto extensible al análisis de PMS.

En base a lo anterior, antes de comenzar a tratar de comprender como interactúa la sangre con los tejidos, se hace necesaria una breve introducción sobre algunos de los conceptos, terminología, definiciones y aspectos más importantes a tener en cuenta en los textiles. Al ser la ciencia textil una disciplina forense relativamente nueva, unido a la gran variedad de estos productos, hace que el estudio de sangre en este tipo de superficies sea muy complejo y requiera de un conocimiento específico en ambos campos.

8.2. TERMINOLOGÍA DE LA CIENCIA TEXTIL Y CONCEPTOS BÁSICOS DEL DISEÑO TEXTIL

Veamos algunos términos:

1. Fibra. Es el componente básico de cualquier textil, y puede ser cualquier sustancia, natural o fabricada, con una alta relación largo-ancho que posea características adecuadas para ser transformada en tejido. Su estructura incluye aspectos físicos como la longitud, el diámetro, la forma, el contorno, el rizado y los componentes, la química de la fibra, incluida la composición química y la disposición de las moléculas.
2. Polímero. Compuesto químico, natural o sintético, formado por polimerización y que consiste esencialmente en unidades estructurales repetidas. Casi todas las fibras son polímeros hechos de materiales orgánicos, pero algunos polímeros se forman en películas delgadas y se utilizan como textiles.
3. Productos blandos. Productos fabricados con textiles y otros materiales flexibles que incluyen prendas de vestir, textiles para interiores y textiles técnicos.
4. Textil. Cualquier material flexible que esté compuesto de películas delgadas de polímeros o de fibras, hilos o telas o productos hechos de películas, fibras, hilos o telas.

5. Interiores. También conocidos como muebles de interior o modas para el hogar; a que su aspecto final va a depender de muchos factores como pueden ser tipo de tela, tramado etc.
6. Textura. Disposición y orden de los hilos en una tela.

8.3. FIBRAS SEGÚN SU LONGITUD

Las fibras según su longitud pueden ser discontinuas, o de filamento:

- Discontinuas. Son aquellas que tienen una longitud limitada y para conseguir un hilo de longitud continua con este tipo de fibras, hay que retorcerlas juntas para que la torsión las una y les dé fuerza, siendo su longitud aproximada entre 25,4 mm.-457 mm., por ejemplo, el algodón.
- Fibras de filamento. Son las que tienen una longitud continua, podríamos considerarlas de largo indefinido, ya que es lo suficientemente larga para ser utilizadas sin tener que aumentar su longitud, siendo ésta en metros. Por ejemplo, la seda que proporciona el gusano de seda (Bombyx mori), producto del capullo que tejen puede contener hasta 1.200 m. de hilo largo o filamento continuo.

Figura 129. Formas transversales y contornos de fibras

Descripción	Circular, uniforme en diámetro	Poligonal Con lumen	Oval o redondo con escamas superpuestas	Oval, plana, convolución	Circular, aserrada estrías longitudinales
Fibra	Nylon	Lino	Lana	Algodón	Rayón
Descripción	Hueso	Cuadro con vacíos	Triangular, bordes redondeados.	Trilobal, forma de Y	Lobular, estrías longitudinales
Fibra	Acrílico	Nylon modificado o poliéster	Seda	Algodón	Acetato

Fuente: Textiles Sara J y Sara B. 2017.

8.4. FIBRAS SEGÚN SU NATURALEZA

Las fibras pueden ser naturales o artificiales, pudiendo en ambos casos ser absorbentes (como el algodón y el rayón), elásticas (como el spandex), cálidas y voluminosas (como la lana) o muy fuertes y resistentes a la abrasión (como el nailon y el poliéster). James Robertson y otros (2017), establecen la siguiente clasificación de fibras naturales y sintéticas o artificiales:

- Fibras naturales: Pueden ser alteradas a través de tratamientos y tintes, y desde un punto de vista químico, pueden clasificarse en tres categorías: fibras a base de celulosa (de semillas, tallo y hojas de plantas); fibras a base de proteínas (de pelo, lana o seda de animales); y fibras a base de minerales (la única fibra mineral natural es el asbesto, estando su uso prohibido en muchos países).
- Fibras sintéticas: Se pueden clasificar en tres clases siendo respectivamente: fibras regeneradas (aquellas formadas a partir de polímeros formadores de fibras naturales, como la viscosa de la celulosa); fibras sintéticas (aquellas formadas a partir de fuentes no renovables, como el poliéster); y fibras inorgánicas (aquellas formadas a partir de materiales inorgánicos, como carbono y vidrio).

Figura 130. Clasificación y subclasificación de fibras naturales y artificiales

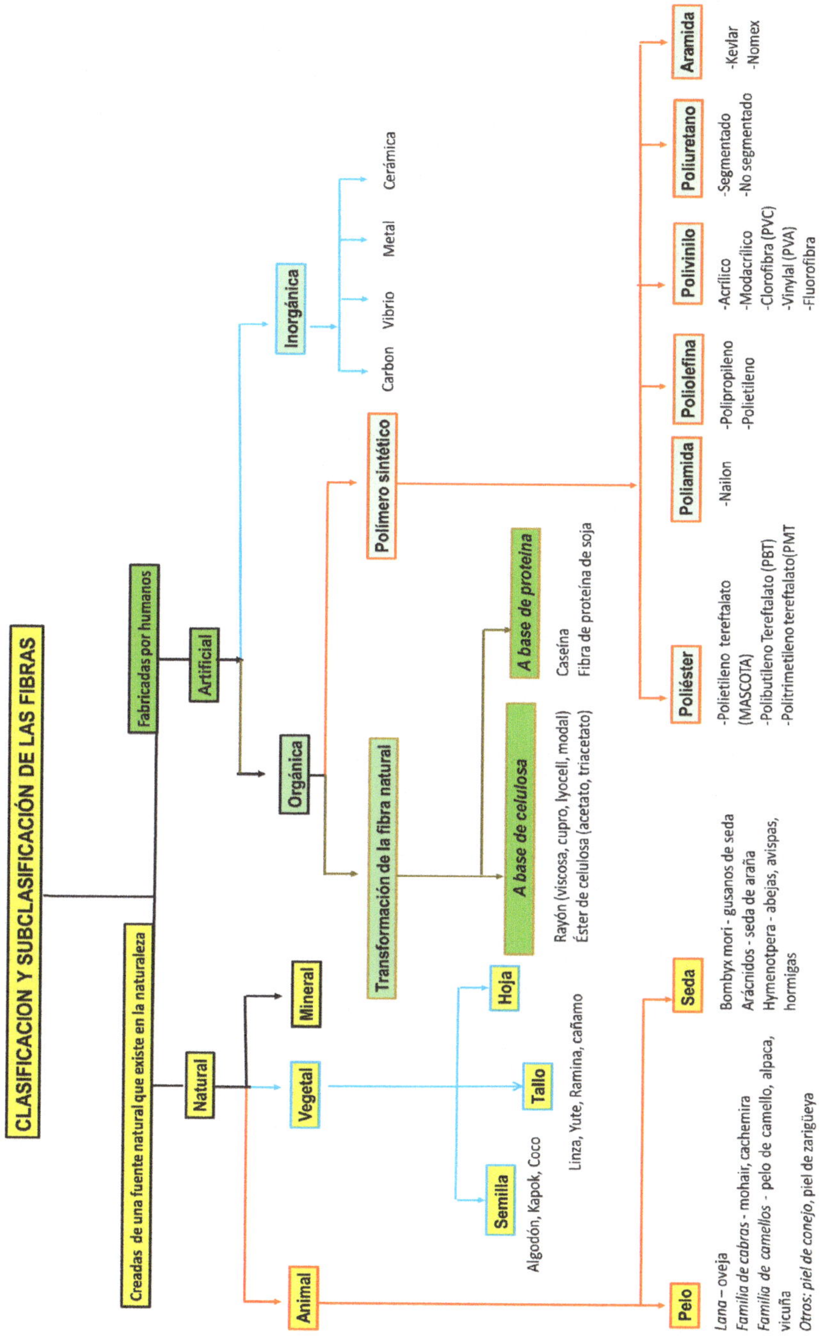

Fuente: Elaboración propia, extraído de James Robertson y otros. 2017.

8.5. HILO

Cuando hacemos alusión al hilo, nos estamos refiriendo al conjunto de fibras continuas (sedas y muchos sintéticos) o discontinuas que se retuercen o se colocan juntas para formar una hebra continua que se puede convertir en una tela textil. Esa hebra es de longitud sustancial y sección transversal relativamente delgada que consta de fibras y/o filamentos con o sin torsión, que especialmente se usa para coser.

Los hilos se pueden clasificar en simples y compuestos. Los hilos simples solo contienen un tipo de fibra (ej., algodón), mientras que los compuestos contienen dos o más (ej., algodón y poliéster)

8.6. DIRECCIÓN DEL SENTIDO DE LA TORSIÓN

Como es lógico, dependiendo de la dirección en la que se haya movido el huso[7], las dos únicas torsiones posibles son hacia la derecha o hacia la izquierda. Cuando es hacia la derecha se expresa con la letra "S", siguiendo el sentido de las agujas del reloj. Esto se puede comprobar fácilmente ya que la inclinación de las fibras coincide con la barra central de la letra "S". Por el contrario cuando las torsiones de los hilos van hacia la izquierda, se expresa con la letra "Z" y van contrarios a las agujas del reloj, coincidiendo la inclinación de las fibras con la barra central de la "Z". Estas torsiones pueden ser con hilos simples, dobles, o incluso múltiples, según se empleen recién salidos de huso o unidos a otros para generar un hilo más fuerte. El nivel de torsión (número de torsiones por unidad de longitud) afecta no solo a las propiedades del hilo, sino que también puede generar efectos en el resultado final de la mancha o patrón de mancha de sangre, ya que dependiendo de que el hilo esté más o menos retorcido será más o menos compacto, y por tanto generará en el textil más o menos absorbencia, lo que repercutirá en el resultado final de la sangre depositada.

7 Un huso es un objeto que sirve para hilar fibras textiles.

Figura 131. Dirección de sentido de la torsión

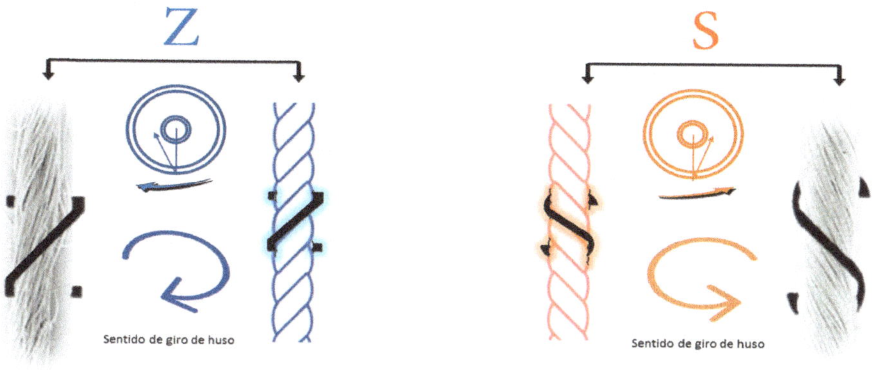

Fuente: Elaboración propia.

8.7. TEJIDO

Podemos definir tejido como una sustancia plana flexible construida a partir de soluciones, fibras, hilos entrelazados de manera perpendicular entre sí. Se llama urdimbre a los hilos que van en sentido longitudinal y paralelos unos a otros, y trama a los hilos cruzados y enlazados con los de la urdimbre, formando la tela.

Así mismo mencionamos que existen otros materiales textiles de forma plana pero sin elaborar o tejer, como por ejemplo, fieltro o TNT que son conglomerados de fibras por unión térmica, química o mecánica mediante presión, pero no entrelazados.

Figura 132. Representación la urdimbre, trama y fibras

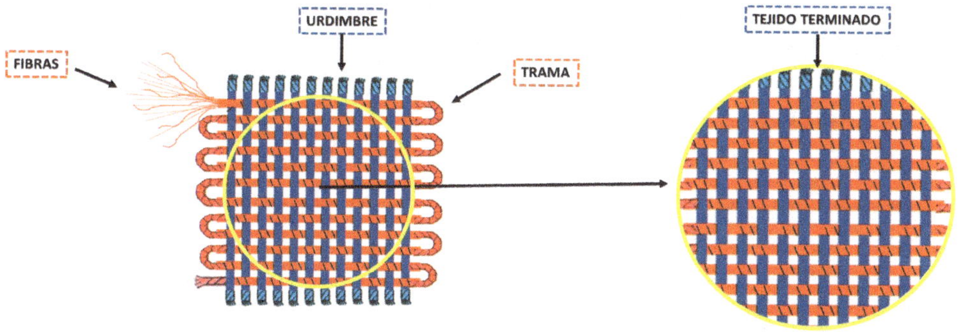

Fuente: Elaboración propia.

8.8. ANÁLISIS FORENSE DE MANCHAS DE SANGRE EN LAS TELAS

Uno de los aspectos más importantes del análisis de los patrones de manchas de sangre, es el estudio de la superficie sobre la que estos golpean o transfieren la sangre, ya que la textura de dicha superficie es en parte la responsable de la apariencia general de la mancha, contribuyendo su estudio considerablemente para un correcto análisis.

En la mayoría de las ocasiones, los delitos se cometen estando vestidos tanto la víctima como el agresor, aunque no siempre es así, en particular en algunos delitos sexuales.

El comportamiento de la sangre en telas, o más específicamente en la ropa es un aspecto muy importante y difícil de entender. En la mayoría de los casos son prendas de vestir a las que podemos considerar una "extensión de la piel" y por lo tanto van a sufrir de forma directa las consecuencias de las lesiones causadas a la víctima e incluso en el victimario al interactuar entre ellos o con la escena del crimen. Máxime teniendo en cuenta que la ropa cambia de forma y orientación a medida que el cuerpo se mueve.

Estas prendas pueden contener vestigios físicos relacionados con el hecho delictivo (en este caso manchas o patrones de sangre) y nos pueden proporcionar información muy valiosa relacionada con las circunstancias del hecho acaecido. Por este motivo, tanto las prendas de vestir como otros productos textiles utilizados en interiores (muebles tapizados, alfombras, revestimientos de paredes, cortinas, toallas, mantelerías, ropa de cama, ropa de trabajo y prendas de protección ambiental, algún tipo de calzado, etc.) son de gran importancia desde el punto de vista identificador y reconstructor de los patrones de manchas de sangre, ya que pueden llegar a indicar el grado de participación directo o indirecto de un individuo y por tanto su involucración en el mismo; si bien, su estudio en muchas ocasiones resulta complejo dependiendo del producto textil en sí, así como de la forma en que la sangre hubiera entrado en contacto con dicha superficie. En este proceso juega también un papel muy importante la humectabilidad e inhibición en la forma en la que los fluidos interactúan con dichas superficies.

En los Estados Unidos, el Consejo Nacional de Investigación y la Academia Nacional de Ciencias (NAS) publicaron en 2009 un informe en el que requerían estándares más altos en la comunidad científica forense en general, entre los que incluía la disciplina del análisis de patrones de manchas de sangre (PMS). A raíz de dicho informe, el Grupo de Trabajo

Científico en el Análisis de Patrones de Manchas de Sangre del FBI (SWGSTAIN), estableció una serie de investigaciones necesarias, de las que entre otras propuso un estudio de los efectos de la tela en las manchas de sangre (SWGSTAIN 2011). Más recientemente, el Comité de la Organización del Área Científica (OSAC) sobre PMS, que absorbió SWGSTAIN, describe las necesidades de reducir la subjetividad en la clasificación de los PMS y comprender la interacción entre la sangre y los tejidos (OSAC, 2019).

Hasta la fecha y a pesar de llevar más de 80 años de investigación, todavía existen dificultades en el estudio de manchas de sangre en superficies textiles, ya que como regla general y dependiendo del tipo de telas, suelen ser bastante absorbentes.

Los estudios llevados a cabo en telas son más escasos que los estudios realizados en otro tipo de superficies no absorbentes como el vidrio, o en superficies porosas como el papel. No obstante, en la actualidad y debido a la importancia de este tipo de evidencia en la investigación de casos criminales, ha hecho que se estén llevando a cabo numerosos estudios sobre la formación de las manchas de sangre en prendas textiles, que permitan una mejor comprensión de la interacción entre la sangre y la tela. Cuando la sangre se propaga en la tela puede producir manchas de tamaño, características y apariencia distorsionadas que van a limitar en muchas ocasiones poder establecer el mecanismo de producción, e incluso el objeto que las produjo. Por citar algún ejemplo, HF Miles y otros (2014) llevaron a cabo un estudio en el que quedó demostrado que la composición del tejido tenía un efecto significativo sobre la morfología de las manchas de sangre indirectas (manchas satélites) que se generan en él. Los resultados del estudio indican que las manchas satélites que se producen están directamente influenciadas por las características del tejido influyendo en el número y la extensión de las manchas satélite generadas. Esto se debe a que la composición de la tela afecta directamente a la rugosidad de la superficie, lo que influye en la morfología de estas manchas satélites, es decir, a mayor rugosidad aumenta el número y extensión de este tipo de manchas.

8.9. PROBLEMÁTICA ENTRE SANGRE SALPICADA Y TRANSFERIDA EN TEXTILES

Uno de los problemas más acuciantes que se pueden presentar en el estudio y análisis de PMS asociados con textiles, es poder llegar a establecer de forma objetiva, si esas manchas de sangre fueron depositadas por las salpicaduras procedentes de heridas causadas a la propia víctima o por transferencia de sus ropas. Pero incluso aunque se llegara a resolver esta cuestión, debemos ser muy cautos a la hora de valorar esas manchas de sangre, ya que no siempre provienen de la interacción víctima-agresor y por consiguiente se deben tener en cuenta otros factores más allá de los propios del estudio de las prendas.

Aunque la presencia de sangre en las prendas de vestir de un sospechoso nos pueden sugerir en principio ser ciertamente indiciaria, debemos tener en cuenta que por sí sola y sin más información no implica necesariamente que esta persona estuviera definitivamente presente o involucrado durante la agresión sangrienta a la víctima. Sin más información se podría razonar simplemente argumentando que la mancha o manchas de sangre en las prendas del sospechoso se produjeron tras el ataque a la víctima.

Pongamos varios ejemplos:

1. Persona que acude posteriormente tras una agresión, e intenta ayudar a otra que está herida, y durante ese acto pisa la sangre adyacente y se generan salpicaduras de sangre que se depositan en sus pantalones, calcetines o calzado.
2. Persona que tratando de socorrer a la víctima, transfiere sangre de ésta a sus propias prendas. Por ello, se hace necesaria una sólida comprensión de los mecanismos de manchas de sangre en la tela, ya que la conclusión a la que puede llegar un analista puede repercutir directamente en el desarrollo de la investigación, pudiendo llegar a exculpar a un culpable o señalar a un inocente.

Aunque en principio no deberían generarse dudas respecto a si la sangre es el resultado de una salpicadura o si pertenece a una trasferencia, el problema surge cuando el contacto con un objeto ensangrentado, es tan leve que a simple vista es imposible establecer el mecanismo que la produjo, y por lo tanto no se puede establecer si se tratan realmente de microgotas de sangre salpicada o transferida, en cuyo caso se hace necesario recurrir a algún instrumento óptico de aumento tal y como se dijo anteriormente. De hecho, es tan importante realizar este estudio bajo inspección microscópica tanto para poder establecer el mecanismo que produjo la mancha de sangre, como para el estudio de la propia tela en sí, ya que el éxito de la investigación dependerá tanto del equipo disponible en el laboratorio de investigación, como de la experiencia del experto. En este sentido Tom Bevel y Ross M. (2008), indican que distintos estudios sugieren que se usen algún tipo de instrumento óptico de al menos 100 aumentos para poder distinguir una mancha de salpicadura de una mancha por contacto. No obstante, estos autores sugieren que según su experiencia una ampliación de entre 20 y 60 aumentos sería lo correcto para poder observar las diferencias ya que con más aumentos se perderían los detalles de interés.

Un estudio llevado a cabo en el año 1987 por Vaughan, CH y Pex, JO, en un caso de homicidio, estableció que cuando la sangre es proyectada y las gotas golpean la superficie del tejido, cabe la posibilidad de que las salpicaduras penetren en los niveles más interiores del tejido, mientras que cuando el contacto se produce por una transferencia leve, se puede observar que la sangre queda depositada solo en la parte superior de las fibras, sin llegar a penetrar en niveles del tejido más inferiores. No obstante, por desgracia esto es mucho más complejo ya que como se viene viendo a lo largo de este capítulo, va a depender de una cantidad considerable de variables como, pueden ser por citar algunas, la rugosidad de la superficie de la fibra, ondulación del tejido, numero de fibras, tamaño, forma, orientación; número de hilos, su tensión, torsión y curvatura; porosidad y permeabilidad del textil, volumen de sangre, velocidad de ésta, etc.

En otro estudio más reciente llevado a cabo en 2019 por Stephen Michielsen, se observó que la transferencia de un textil manchado de sangre a otro textil que no estaba manchado, solo se producía mientras que la sangre permanecía en estado líquido sobre la superficie de la tela, ya que una vez que ésta penetraba en la estructura del hilo era muy difícil que volviese a salir del hilo bajo presión y generase una transferencia.

8.10. SALPICADURA POR IMPACTO O SALPICADURAS SATÉLITES EN TEXTILES

¿Se puede distinguir por ejemplo en una prenda de vestir una mancha de sangre producida por salpicadura por impacto, de una mancha de sangre producida por salpicadura satélite? Son muy pocos los estudios realizados sobre estos dos tipos de salpicaduras.

Este es otro problema que puede llegar a encontrarse el analista cuando se realiza un estudio de manchas de sangre sobre textiles, ya que determinar el tipo de salpicadura, es decir, si la mancha o manchas se deben a una salpicadura por impacto o son el resultado de salpicaduras satélites, es bastante complejo puesto que ambos tipos presentan cualidades similares.

En el caso de salpicaduras por impacto en la ropa o el calzado de un presunto autor, nos estaría indicando que tanto víctima como agresor estaban a una distancia relativamente cercana en el preciso momento de producirse la agresión, coincidiendo por tanto con las variables espacio-tiempo-cercanía (agresor atacando a la víctima); mientras que en salpicaduras satélites no tienen porque coincidir estas tres variables (una persona que entra momentos después de cometerse el hecho y pisa un charco de sangre, o que socorre a la víctima que está sangrando, y la sangre al caer al suelo o a otra superficie produce salpicaduras satélite que se depositan en los pantalones o calzado de esta persona). En este último caso sería conveniente analizar dentro de la escena, el sitio donde el sospechoso afirma que estuvo socorriendo a la víctima ya que de ser así se deben hallar en el suelo o superficie donde golpean, gotas pasivas, patrones de goteo, etc., acompañadas de salpicaduras satélites.

En circunstancias normales, al evaluar los patrones por goteo en la escena del crimen, la identificación de salpicaduras satélites no deberían presentar problema alguno siendo su identificación relativamente fácil. Una forma de identificarlas, se basa precisamente en la presencia de una mancha principal (central) en una superficie horizontal con manchas satélites a su alrededor, como consecuencia de salpicaduras al caer sangre sobre sangre. Pero el problema surge cuando esas salpicaduras satélites se depositan en la ropa y la mancha principal no está presente ya que quedó depositada en algún lugar de la escena del crimen, que estaba próximo a la ropa cuando se produjo la salpicadura.

En el año 2014 se llevó a cabo un estudio para evaluar la precisión de los métodos utilizados por los analistas en la clasificación de los patrones de manchas de sangre. El estudio se centró en analizar patrones en superficies no absorbentes y en telas, analizándose en total más de 730 patrones en estos dos tipos de superficies, resultando que la tasa más alta de error fue del 59% para las manchas satélites de un patrón de goteo en superficies textiles y del 8% en salpicaduras por impacto. El tipo de tejido utilizado fue camiseta de punto 100% algodón y sábanas 100% algodón. Se llevó a cabo un estudio tanto cuantitativo como cualitativo de ambos tipos de salpicaduras con y sin aumento microscópico. Ambos tejidos presentaban manchas de sangre alargadas/ovaladas y de forma irregular a simple vista, simetría reducida, ángulos de impacto comparables, saturación del tejido y tamaños de manchas de sangre similares.

En la camiseta, no se apreciaron características distintivas producidas por las salpicaduras de impacto. Sin embargo, sí se apreciaron en las salpicaduras satélites, produciendo salpicaduras microscópicas. Además, fue posible detectar direccionalidades de forma aleatoria en las muestras satélites.

En las sábanas, en las salpicaduras de impacto se apreciaron espinas alrededor de las manchas de sangre individuales, debiéndose este fenómeno probablemente a la fuerza que va asociada con la salpicadura de impacto y a la capacidad de menor absorción de la tela de la sabana. En el caso de las salpicaduras satélites no se apreciaron espinas, pero se mantuvieron las mismas características distintivas que en la camiseta: salpicaduras microscópicas y direccionalidades de forma aleatoria.

Nuevamente la influencia del textil en la determinación de este tipo de salpicaduras de impacto y las salpicaduras satélites, va a jugar un papel crucial, ya que el que presenten, o no, características distintivas va a depender del tipo de tejido.

8.11. SALPICADURAS SECUNDARIAS (SATÉLITE) A RAÍZ DE LA SALPICADURA PRIMARIA DIRECTAMENTE SOBRE LA ROPA

Otro tipo de salpicaduras satélite, son las generadas a raíz de la mancha principal en el propio textil. Cuando sobre una superficie textil rugosa impacta una gota de sangre, al entrar ésta en contacto con la superficie, puede interrumpirse simultáneamente, disipándose parte de ella en gotitas más pequeñas que pueden llegar a depositarse en forma de manchas satélites. No obstante, tal y como se viene viendo a lo largo de todo el capítulo, hay que ser muy cautos a la hora de valorar este tipo de salpicaduras ya que nos puede inducir a una mala interpretación, en base a la distribución de su número y tamaño, pudiendo llegar a confundirnos con salpicaduras de impacto primarias.

Se ha demostrado que la morfología de las manchas satélites, está directamente relacionada con la influencia de la rugosidad de la superficie, así como que a medida que aumenta la rugosidad de la superficie, también aumenta el número y la extensión de las manchas satélite generadas. Este aumento de manchas satélites también se produce a medida que aumenta la altura de caída de la gota sobre la superficie rugosa, ya que aumenta la rotura de esa gota al impactar sobre estos tejidos. Por lo tanto, es posible que las telas compuestas por fibras naturales, al poseer mayor rugosidad que las fibras artificiales, generen más manchas satélites que estas últimas (H.F. Miles, R.M. Morgan, J.E. Millington 2014).

8.12. PROPIEDADES HIDROFÓBICAS/HIDROFÍLICAS

Los textiles pueden combinar diferentes materias para crear un tejido que adquiera ciertas propiedades, siendo una de ellas el comportamiento de su superficie cuando se expone al agua.

Estas propiedades son importantes ya que van a influir en la interpretación del resultado final de la mancha de sangre sobre el tejido. En el caso de la hidrofobicidad nos estamos refiriendo a la capacidad que tiene un material de repeler el agua de su superficie, y cuando nos referimos a la hidrofilicidad lo hacemos en base a la capacidad que tiene de absorber o atraer el agua.

Factores como la textura y la composición química de la superficie determinan si un material es hidrofóbico o hidrofílico. Por ejemplo, los tejidos fabricados con fibras sintéticas como nailon, poliéster, etc., son más hidrofóbicos que los que están fabricados con fibras naturales como por ejemplo la lana o el algodón. Respecto a la absorción, indicar que existen dos tipos: la hidrófila que es a la que se ha hecho mención anteriormente y la higroscópica[8].

La sangre, aunque de densidad ligeramente mayor que el agua, está compuesta de plasma en un 55% siendo su mayor parte agua, y el 45% restante se compone de glóbulos rojos, glóbulos blancos y plaquetas. Por lo tanto, al impactar en una superficie textil dependiendo de su hibrofobicidad o hidrofilicidad, va a generar en el primer caso que la gota de sangre se esparza en un primer momento por el impacto contrayéndose seguidamente y en el segundo caso al atraer el líquido se extienda en vez de contraerse.

---

8 Según R.A.E. Higroscopicidad es la propiedad de algunas sustancias de absorber y exhalar la humedad según el medio en que se encuentran. Hidrófilo, dicho de una materia o una sustancia: Que adsorbe el agua con gran facilidad.

Figura 133. Una medida típica de la hidrofobicidad de una superficie es el ángulo de contacto, como se muestra en la figura. Para ángulos de contacto menores de 90°, un material se denomina hidrófilo, mientras que las superficies hidrófobas tienen ángulos de contacto mayores de 90°

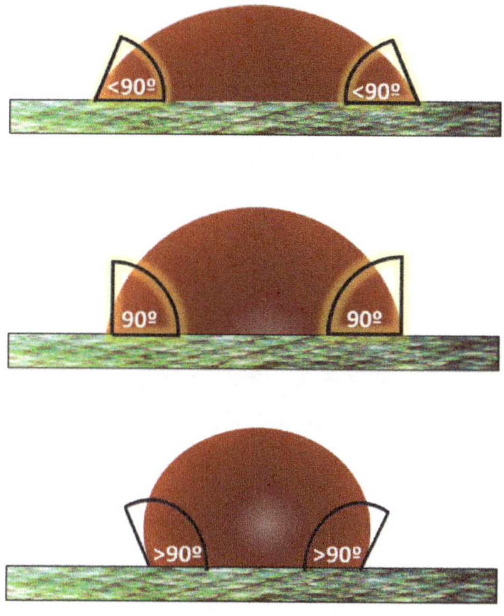

Fuente: Elaboración propia.

8.13. HUMECTABILIDAD

Podemos definir la humectabilidad como la tendencia de un fluido a adherirse y extenderse sobre una superficie sólida; lo que extrapolado al APMS en textiles, sería una interacción entre la sangre que se adhiere y extiende sobre una superficie textil.

Patnaik y otros, establecen en 2006 que en el humedecimiento de textiles hay implicados cuatro procesos, los cuales pueden ocurrir simultáneamente o no: inmersión, adhesión, difusión y penetración o absorción capilar de un líquido en la superficie de una tela:

- Inmersión. Sería cuando entra en contacto un textil con una cantidad de sangre determinada.
- Adhesión. Sería esa fuerza de atracción que mantiene unidas moléculas de distinta especie química, que en este caso serían la sangre y el textil que han hecho contacto.

- Difusión. Sería cuando la sangre se extiende, esparce o propaga físicamente por el textil.
- Penetración o absorción capilar. Sería cuando la sangre penetra en el tejido, es decir, cuando se humedecen los hilos y fibras de la tela.

Figura 134. Ilustración de los fenómenos de hidrofilicidad, hidrofobicidad y humectación en distintas fases de la gota de sangre sobre el sustrato (textil)

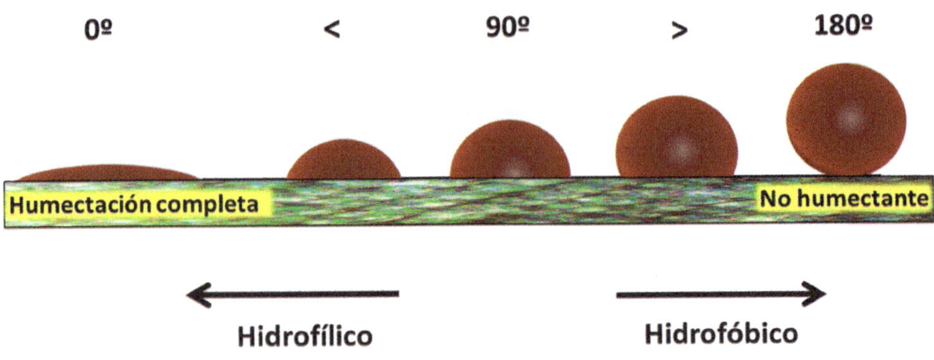

Fuente: Elaboración propia.

Cuando la gota está apoyada sobre una superficie, en este caso textil, recibe el nombre de gota sésil, componiendo un sistema formado por tres fases: la superficie sobre la que está depositada (textil), el líquido de la propia gota de sangre y su vapor. Estos tres medios, generan tres conexiones: una entre el líquido y el vapor en la superficie externa de la gota, otra entre el sólido y el líquido en la superficie sólida mojada, y la tercera entre el sólido y el vapor en la superficie sólida sin mojar. El borde de la gota sésil, es decir, el que está en contacto con la superficie por la intersección de estas tres fases, recibe el nombre de línea sésil o de contacto.

Figura 135. Ilustración de los fenómenos de hidrofilicidad, hidrofobicidad y humectación en distintas fases de la gota de sangre sobre el sustrato (textil)

Fuente: Elaboración propia.

Otro concepto a tener en cuenta es la imbibición, a la que podemos definir como el transporte de la sangre a través de la absorción de las fuerzas capilares en un medio poroso (textil), siendo impulsada por fuerzas humectantes en contraposición con fuerzas viscosas. En la terminología recomendada por SWGSTAIN, se denomina a la imbibición con el término de saturación, definiéndola como la mancha de sangre resultante de una acumulación de sangre líquida sobre un material absorbente.

El fenómeno de la imbibición añade una mayor complejidad al estudio y recuperación de información de la sangre en el tejido, ya que la imbibición del líquido en el interior de las fibras puede provocar cambios en la estructura y propiedades de los materiales fibrosos distribuyendo la sangre por el textil, influyendo en gran medida: el entramado, la trama del textil y la naturaleza de sus fibras. Hay que tener en cuenta que la densidad del tejido y las estructuras del hilo son diferentes en las direcciones de urdimbre y trama, jugando un papel más importante la construcción del hilo en la imbibición para la determinación de la apariencia de los patrones de manchas de sangre, que la propia estructura de la tela.

La cantidad de sangre involucrada y el modo de contacto entre el tejido y la sangre pueden variar desde la absorción de una sola gota a una cantidad indeterminada de sangre. Cuando la sangre entra en contacto con una superficie textil, ese flujo de sangre es absorbida por las fuerzas capilares causadas por la humectación, dependiendo en gran medida la cantidad de absorción con la textura del tejido, su composición, grosor, etc.

Según la interacción de esta sangre con la fibra del tejido pueden generarse cuatro situaciones (Erik Kissa 1996):

1. Penetración capilar.
2. Penetración capilar y simultáneamente imbibición, donde se va difundiendo la sangre por las fibras.
3. Penetración capilar y adsorción de un tensioactivo[9] en las fibras.
4. Penetración capilar, imbibición por las fibras y adsorción de un tensioactivo sobre las fibras.

---

9 RAE.: Dicho de un compuesto: Que reduce la tensión superficial del líquido al que se añade.

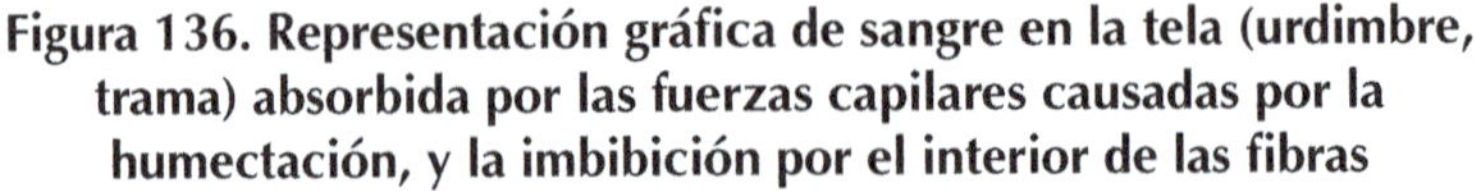

Figura 136. Representación gráfica de sangre en la tela (urdimbre, trama) absorbida por las fuerzas capilares causadas por la humectación, y la imbibición por el interior de las fibras

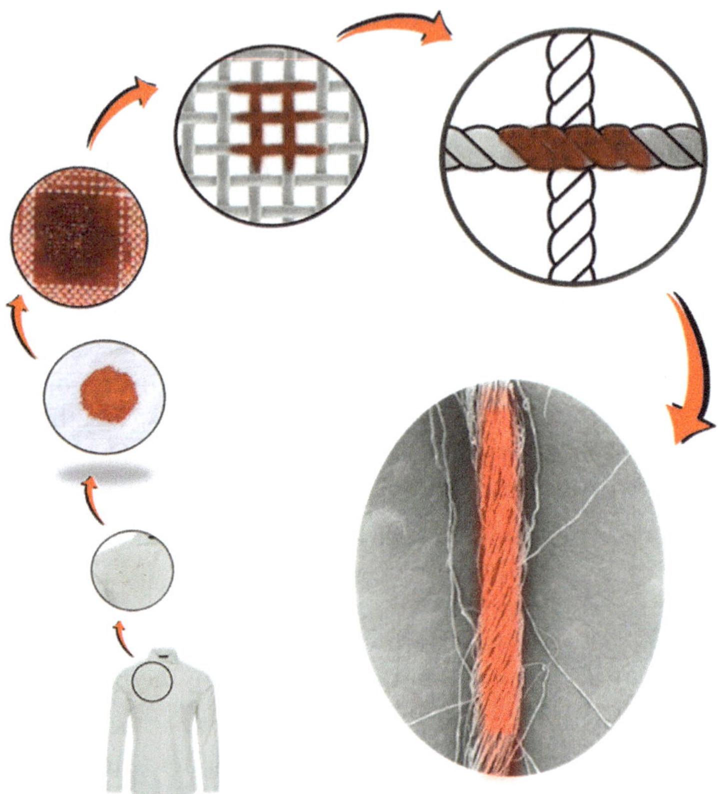

Fuente: Elaboración propia.

Xingyu Li, Jingyao Li, y Stephen Michielsen en 2017 realizaron un estudio en el que se fabricaron hilos para poder determinar el efecto de la estructura del hilo y la densidad del tejido en el patrón de manchas de sangre utilizando las tres tecnologías de hilado de hilo comerciales más comunes: hilado en anillo, en vórtice y de rotor. Observaron que la sangre se distorsionaba y se absorbía más rápidamente en la dirección de los hilos de la urdimbre que se hicieron a partir de hilos hilados en anillo, que en la dirección de la trama que se fabricaron mediante hilado en vórtice. Asimismo, en telas de ligamento tafetán hechas con hilado rotor y en vórtice, no se absorbía la sangre, sino que era empapada lentamente, pero sin extenderse.

En la siguiente imagen se muestra al microscopio hilo hilado con anillos, hilo hilado con vórtice, e hilo hilado rotor, donde se aprecia el alto grado de similitud entre la estructura del hilo hilado con anillos y el hilo hilado con vórtice, en contraposición con la evidente diferencia de la estructura del hilo open end (de rotor).

Figura 137. Hilo hilado con anillos, hilo hilado con vórtice, e hilo hilado rotor, visto al microscopio

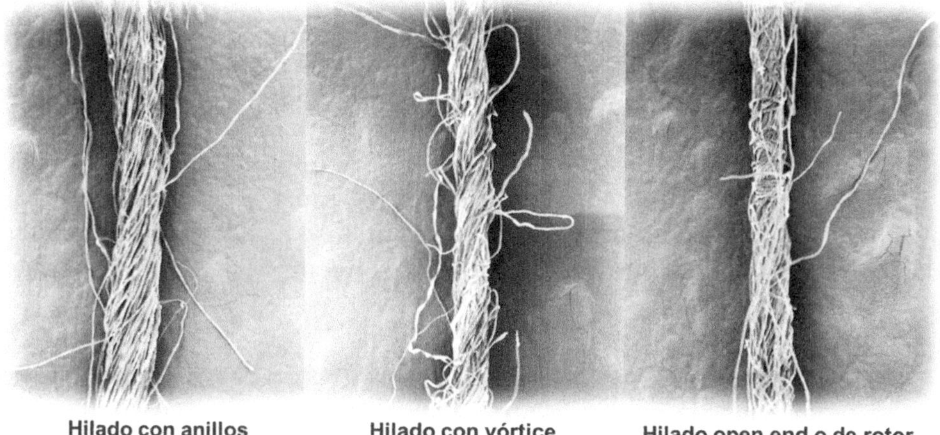

Fuente: https://www.guidedecoton.org/guide-du-coton/formation-du-fil/?langtype=1034.

En 2017 se llevó a cabo otro estudio realizado por Agrawal, Barnet y Attinger, sobre la formación de manchas en tejidos originadas por impacto a diferentes alturas y en distintos ángulos, donde indicaban que la imbibición presentaba una dificultad añadida a la hora de reconstruir la escena del crimen. Esto es completamente comprensible ya que cuando el investigador acude a la escena del presunto hecho delictivo a realizar la inspección técnico policial, normalmente ha transcurrido un tiempo considerable desde que se produce el contacto de sangre en el textil hasta que se seca, provocando debido a la imbibición una distorsión y deformación de las manchas de sangre en su máxima extensión, generando con ello la perdida de información.

Estos autores establecieron una metodología para determinar las características de imbibición de la sangre en un tejido, y poder establecer el crecimiento de una mancha después del impacto de ese fluido que gotea. Para ello, midieron las características de imbibición del tejido a través de una serie de experimentos de imbibición lineal y radial, empleando la ley

Darcy para caracterizar la naturaleza de imbibición del tejido a través de su permeabilidad. Dejaron caer gotas en diferentes ángulos y alturas, e introdujeron las propiedades de las telas en un modelo numérico para predecir el crecimiento de la mancha de sangre después del impacto de una gota, para ello utilizaron los valores de permeabilidad y viscosidad de la sangre de los experimentos anteriores.

8.14. GRADO DE INCERTIDUMBRE SOBRE EL IMPACTO Y LOS ÁNGULOS DIRECCIONALES EN TEXTILES

Si bien el ángulo de impacto en superficies no porosas está ampliamente reconocido y aceptado, no ocurre lo mismo con el ángulo de impacto y el impacto direccional en textiles, puesto que la imbibición puede introducir errores importantes. La naturaleza distorsionada de las manchas de sangre en la tela puede llegar a verse afectada incluso por el número de ciclos de lavado que haya tenido ese tipo de tejido, afectando por consiguiente al ángulo de impacto y al ángulo direccional.

8.15. ESTUDIO DE LA SANGRE EN SUPERFICIES OSCURAS

Otra dificultad que se puede presentar en el estudio de manchas de sangre en este tipo de superficies es el color oscuro o negro de estos textiles, unido a que la sangre cuando sale del cuerpo humano se oxida produciendo un cambio de color de rojo a marrón[10]. Como consecuencia de esto, en innumerables ocasiones las manchas de sangre se han pasado por alto tanto en las vestimentas de la víctima como en el sospechoso, ya que en este tipo de prendas con estos colores las manchas no siempre son evidentes debido a la falta de contraste y de volumen cuando la sangre penetra completamente en la superficie.

Para poder visualizarlas correctamente para su análisis y documentación, nos vamos a centrar en los métodos espectroscópicos, como la luz ultravioleta (UV) o infrarroja (IR), ya que estos presentan una ventaja sobre los métodos químicos puesto que no implican ninguna alteración física o química sobre la superficie que se examina, y por consiguiente no interac-

---

10 Edelman G, Manti V, Van Ruth SM, Van Leeuwen T, Aalders M. Identification and age estimation of bloodstains on colored backgrounds by near infrared spectroscopy. Forensic Sci Int. 2012; 220 (1-3).

túan físicamente sobre la mancha de sangre; por lo tanto, no afectan a la morfología sanguínea más de lo que la puede alterar la propia interacción de la sangre con el textil, permitiendo su análisis reconstructivo. Aunque no son pruebas concluyentes, son pruebas presuntivas muy eficaces. Otra ventaja que presentan estas técnicas es que se pueden visualizar in situ permitiendo extraer muestras de ADN a una sola mancha localizada, en lugar de a una superficie más amplia, por lo que reduce al máximo el riesgo de poder generar un perfil mixto.

Aunque cada uno de los métodos de visualización de sangre en elementos oscuros presenta ventajas y desventajas, en este apartado no se hará mención a las técnicas químicas como el bluestar, luminol, negro amido o el violeta de leucocristal entre otros, ya que, aunque también identifican fácilmente las manchas de sangre, pueden llegar a destruirlas con lo que se perdería el carácter reconstructor.

8.15.1. Fotografía infrarroja (IR)

El uso de la tecnología infrarroja está ampliamente extendido en las ciencias forenses en distintos campos ya que revela indicios que son prácticamente invisibles para el ojo humano, lo que unido al desarrollo de cámaras digitales con sensibilidad IR, hace que estén ganando popularidad. Su uso es ampliamente empleado entre otros en la detección de residuos de disparos en ropa oscura; identificación de tatuajes en cuerpos en descomposición; examen de documentos (especialmente el de tintas); escritura en documentos carbonizados o envejecidos; detección de manchas de sangre, etc.

En el estudio de los patrones de manchas de sangre la fotografía infrarroja es un método eficaz no invasivo que mejora la visualización de la sangre, aunque su aplicación va a depender en gran medida de las propiedades de la muestra (sangre) que se fotografía y de las propiedades del sustrato sobre el que asienta la muestra. En los textiles con fondos oscuros o negros, si una cantidad suficiente de radiación IR se refleja en el sustrato, la tela aparecerá blanca o neutra, aunque algunas de estas superficies no permiten visualizar estas manchas de sangre, debido a las propiedades espectrales de algunos de estos tejidos oscuros, de sus tintes y de la rugosidad del material. Es por ello conveniente comprobar la etiqueta ya que nos puede proporcionar información sobre el tipo de textil, y por tanto si es útil o no un examen más detallado por parte de sistemas de imagen para el infrarrojo cercano (NIR) o, infrarrojo de longitud de onda corta

(SWIR) que permite visualizar las manchas de sangre en la mayoría de los tejidos.

En el caso de manchas de sangre, en una imagen infrarroja aparecerán esas manchas como oscuras ya que poseen varios componentes lípidos, hemoglobina y otras proteínas, que absorben la radiación IR. El resultado es el binomio perfecto, manchas oscuras sobre un fondo significativamente más claro.

Un estudio realizado por Tom G Schotman y otros en 2015, indica que el acetato, la poliamida 6 (PA-6), la lana, el lino y el algodón parecen ser las mejores superficies para visualizar manchas de sangre; mientras que las manchas de sangre en cuero, el PU (cuero que suele estar coloreado con negro de humo) y cuero acrílico tienden a ser más difíciles de visualizar.

8.15.2. Luz ultravioleta (UV)

La luz ultravioleta es otra forma muy y rápida y eficaz de detectar sangre en superficies oscuras, rojas o violetas, reduciendo el riesgo de distorsionar las manchas ya existentes, incluso puede hacer aflorar manchas de sangre ocultas por la pintura. Las manchas de sangre en muchas ocasiones se desvanecen tan bien en el fondo que es imposible fotografiarlas, por lo que la luz ultravioleta a menudo proporciona suficiente contraste entre el fondo y la mancha permitiendo que se visualicen en una fotografía. Esto se debe a que cuando la mancha de sangre está expuesta a la luz ultravioleta, absorbe toda la luz de ese ancho de banda y no se refleja, es decir, no emite fluorescencia de ninguna manera. Por lo tanto, la mancha aparecerá negra bajo los rayos UV. Aunque no es una prueba concluyente de sangre, es una prueba presuntiva eficaz y, a menudo, puede eliminar la acumulación innecesaria de manchas que parecen ser sangre y en realidad proceden de otra fuente. La sangre absorbe intensamente la luz UVA (300-400nm) mientras que muchas superficies sobre las que se asienta transmiten parte de esa luz a una longitud de onda más larga, apareciendo una fluorescencia violeta.

8.16. TRANSFERENCIAS DE MANCHAS DE SANGRE A SUPERFICIES TEXTILES

8.16.1. Introducción

El estudio de transferencia de sangre sobre textiles puede variar desde una compleja dificultad para poder establecer de forma rigurosa el mecanismo que produjo dicha transferencia, hasta su identificación a simple vista. Extremadamente difícil sería en el caso de la transferencia de un tejido ensangrentado a otro tejido, como por ejemplo cuando alguien intenta socorrer a alguna persona herida, o algún familiar se encuentra a alguien de su familia herida e intenta prestarle ayuda. El caso contrario sería la transferencia de sangre en la que, a simple vista, se ve que pertenece a una huella de calzado, una mano, etc., cosa distinta sería tratar de establecer si esa mano o esa huella fue transferida durante el auxilio o la agresión.

Figura 138. Representación gráfica de una transferencia de sangre

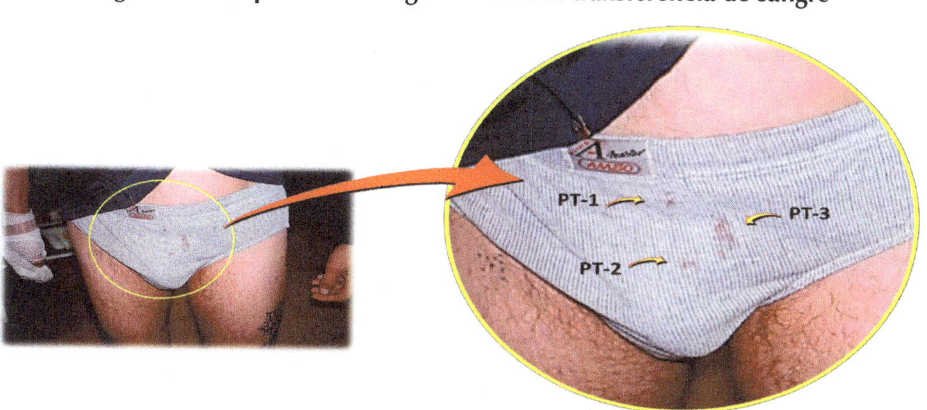

Fuente: Imágenes cedidas por el Dr. Juan José Ramírez Perea.

8.16.2. Niveles de transferencia

En estas transferencias que pueden ser extrapoladas al resto de superficies no porosas, establecemos tres niveles:

1. En este primer nivel, vamos a poder indicar el mecanismo de producción e identificación de la persona que transfiere la sangre.
2. En este segundo nivel, es posible poder establecer los mecanismos de producción, pero no identificar a la persona que los produjo.
3. Finalmente, en este tercer nivel no es posible ni indicar el mecanismo de producción, ni a la persona que transfirió.

8.16.2.1. Primer nivel

En la siguiente imagen, observamos el lateral de la colcha de una cama con transferencias por contactos y roces producidos durante una agresión, donde se pueden distinguir dos huellas de suelas de calzado que pertenecían a una de las víctimas. En este caso nos encontraríamos ante una transferencia de primer nivel, ya que nos está indicando el mecanismo de producción y la persona que transfirió la sangre, añadiendo un tercer elemento que sería la posición que presentaba la víctima durante la agresión.

Figura 139. Representación gráfica del primer nivel por transferencia

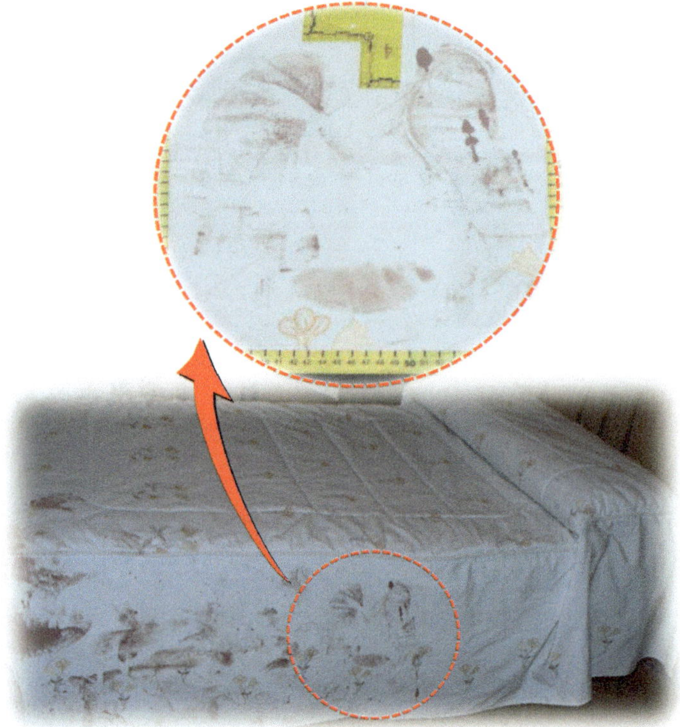

Fuente: Elaboración propia de la reconstrucción del doble crimen de Almonte[11].

---

11 Los familiares de las víctimas solicitan los servicios de un perito privado para que realizara los informes pertinentes. En base a ello, y por mediación del perito de esta parte que solicita la colaboración, del autor de la presente obra, entrando a formar parte del equipo investigador y reconstructor, colaborando siempre de manera absolutamente altruista.

8.16.2.2. Segundo nivel

En este nivel como se indicó anteriormente, es posible establecer el mecanismo que generó la transferencia, pero no se puede identificar a la persona que lo produjo. En la siguiente imagen podemos observar un patrón de sangre producido por una mano ensangrentada apretando fuertemente una camiseta, pudiendo establecer tres características:

- Zonas más claras como consecuencia de la presión directa ejercida (flechas azules).
- Zonas más oscuras por mayor concentración de sangre acumulada entre los dedos presionados (flechas amarillas).
- Zona en blanco como consecuencia del pliego de la tela (flecha verde).

Figura 140. Representación gráfica del segundo nivel por transferencia en textil, reproducido en laboratorio

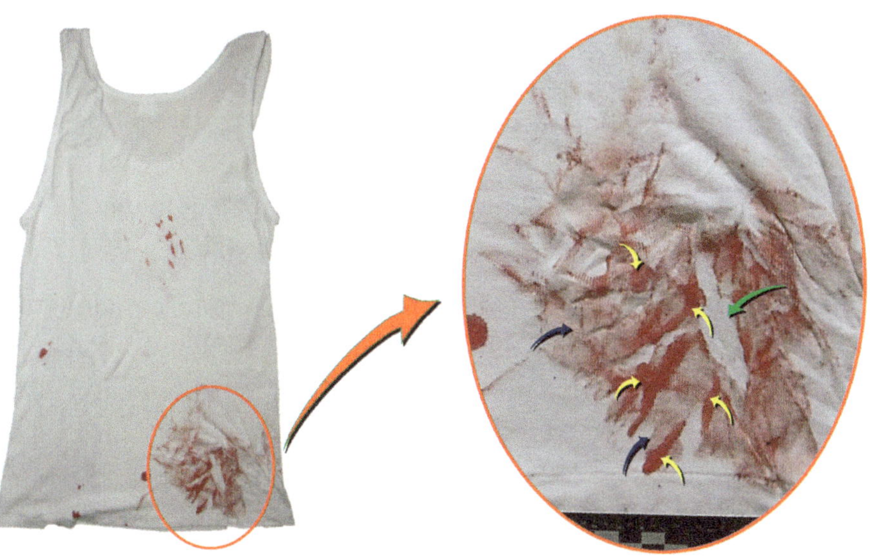

Fuente: Elaboración propia.

Especialmente, hay que ser cuidadoso y metódico al establecer la transferencia de sangre de cuchillos o navajas en telas, ya que el simple hecho de limpiarse las manos ensangrentadas en una toalla u otro tipo de textil, puede generar un patrón similar a la hoja del cuchillo o navaja e inducirnos a error.

Por ello, para ir descartando y evitar error o confusión a la hora de llevar a cabo el estudio o análisis de ese tipo de transferencia:

Se debe analizar y describir las partes de un cuchillo y sus tipos de puntas más usuales, al objeto de poder establecer el tipo de hoja de cuchillo que pudo producir dicha transferencia.

Partes de un cuchillo:

- *Punta:* Extremo puntiagudo del cuchillo.
- *Hoja:* Lámina generalmente de acero, que constituye la parte cortante de un cuchillo.
- *Filo*: Borde afilado de la hoja del cuchillo. Este filo puede ser: Filo Simple - Filo Doble - Filo Sierra - Filo Alveolos.
- *Canto o lomo (Recazo)*: Parte opuesta al filo del cuchillo.
- *Guarda manos (defensa)*: Tope que ofrece mayor seguridad durante el corte.
- *Virola*: Parte de unión entre la hoja y el mango, con la que se equilibra el cuchillo.
- *Cachas*: Se denomina así las dos partes que forman el mango
- *Remache*: Une el mango a la espiga completamente.
- *Espiga o nervio*: Extensión de la hoja que recorre internamente todo el mango, por lo que hablamos de una espiga completa.
- *Talón o base*: proporciona más control y seguridad al sujetar el cuchillo.

Figura 141. Representación gráfica de las partes de un cuchillo

Canto o lomo
Punta
Virola
Cacha
Remache
Hoja
Filo
Guardamanos
Espiga o nervio
Talón o base

Fuente: Elaboración propia.

Sus puntas más comunes pueden ser de tres tipos:

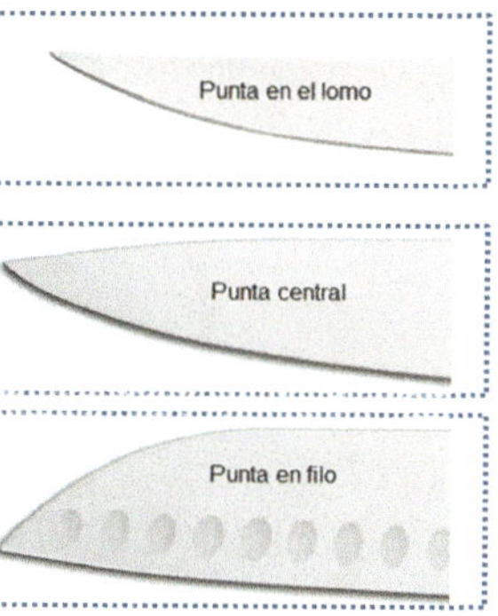

1. *Punta en lomo*: el lomo de la hoja es recto, y el filo es curvado hasta la punta.
2. *Punta central*: la punta central baja un poco con respecto al lomo hacia un punto más centrado.
3. *Punta en filo*: la punta en filo es la más baja, casi al filo, consiguiendo un menor balanceo en el corte.

Seguidamente se observan todos los puntos o analogías halladas entre la hoja de un cuchillo y el patrón objeto de estudio.

Entre estas similitudes podemos apreciar a través de la siguiente ilustración (figura 142) una serie de características identificativas (contacto determinado): en su parte superior observamos la punta; seguidamente, apreciamos a simple vista la hoja que es la que le da forma o cuerpo cuando se realiza ese contacto; ambos lados del patrón están representados por su filo y su canto en la parte opuesta; y finalmente, en su parte inferior se observa su terminación, que presenta forma cóncava y que es compatible con el fin de la hoja y el comienzo del mango denominado guardamano.

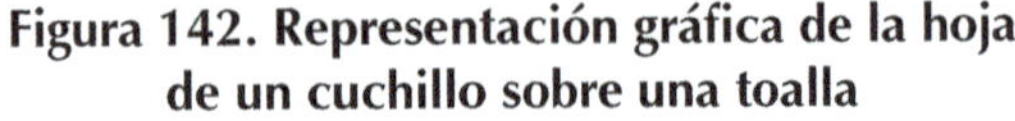

Figura 142. Representación gráfica de la hoja de un cuchillo sobre una toalla

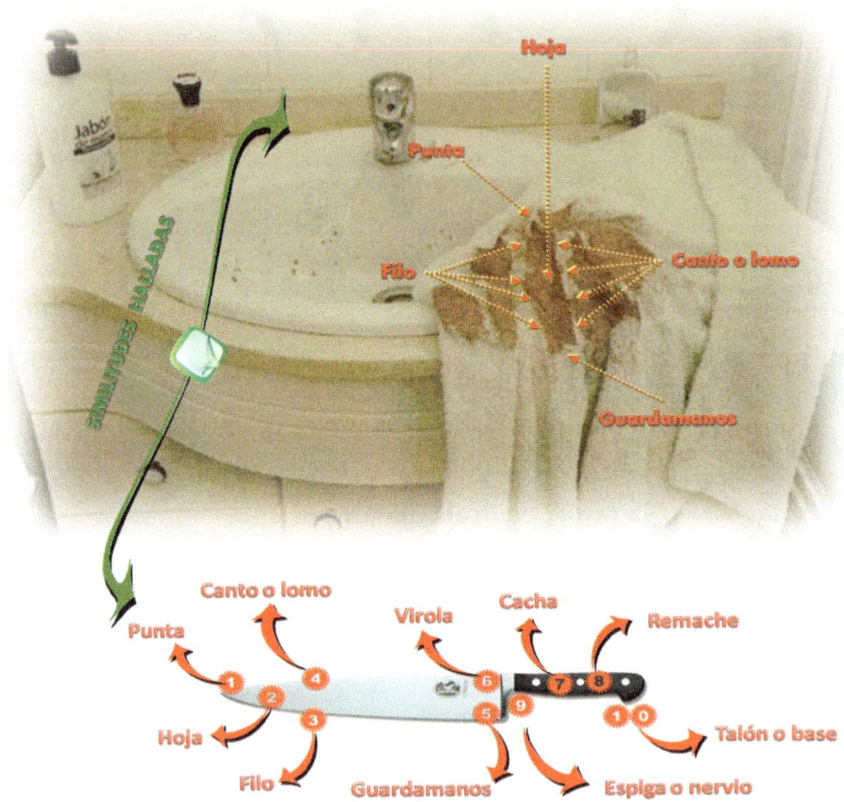

Fuente: Fotocomposición de elaboración propia, imágenes doble crimen de Almonte.

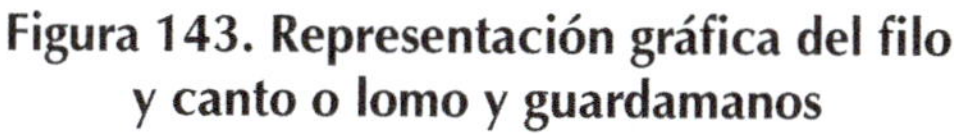

Figura 143. Representación gráfica del filo y canto o lomo y guardamanos

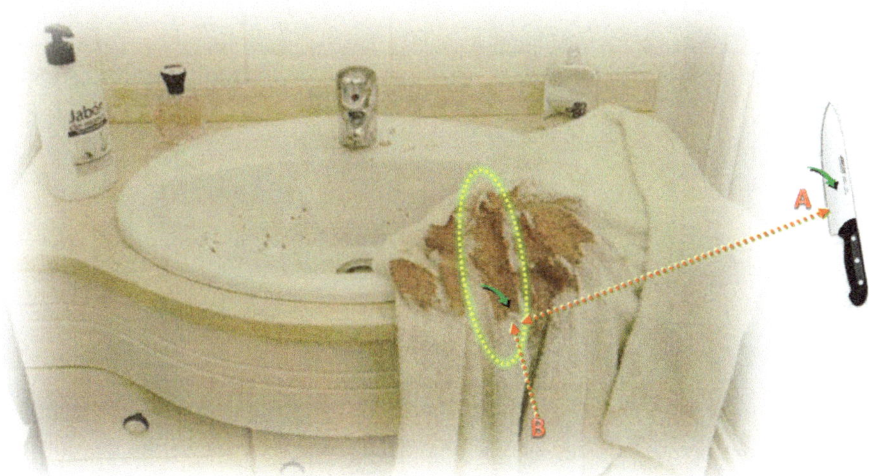

Fuente: Fotocomposición de elaboración propia, imágenes doble crimen de Almonte.

Figura 144. Representación gráfica superposición de las puntas de un cuchillo

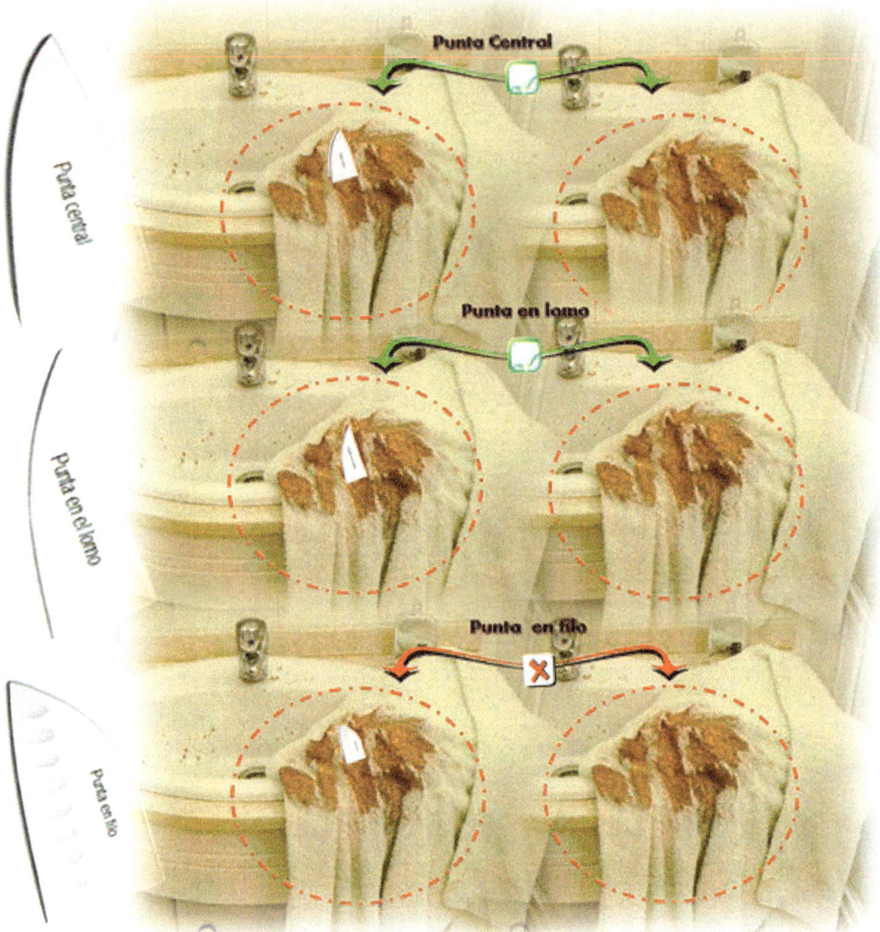

Fuente: Fotocomposición de elaboración propia, imágenes doble crimen de Almonte.

Como se ha ido viendo a lo largo de este capítulo, los procesos primarios involucrados en la interacción entre el textil, la mancha de sangre, y su cinética son esenciales para comprender el comportamiento y mecanismo de producción de las manchas de sangre en este tipo de superficies.

Finalmente, podemos concluir que, aunque son numerosos los estudios para tratar de diferenciar el impacto de las gotas de sangre en los tejidos (manchas de contacto y salpicaduras), volumen de las gotas de sangre, etc., actualmente no existe una explicación satisfactoria para la distorsión de las manchas de sangre en los textiles, ya que pueden interactuar, distorsionar y alterar un patrón de manchas de sangre de muchas formas diferentes y complejas.

Capítulo 9

Estudio patrones manchas de sangre asociadas con armas de fuego

9.1. INTRODUCCIÓN

Las muertes producidas por armas de fuego son una de las causas de estudio principales de los PMS en la escena del crimen, pudiendo haber sido causadas por distintas etiologías que pueden ir desde un disparo accidental, hasta un disparo intencionado. Esto genera un amplio abanico que puede abarcar distintas causas como pueden ser:

- Intervención legal que involucre el uso de armas de fuego.
- Disparo accidental por manipulación, caída, mal funcionamiento, etc.
- Autolesión intencionada.
- Homicidio perpetrado con arma de fuego de forma dolosa o culposa.
- O, que no se pueda determinar la causa del disparo.

De todas las causas citadas, la mayoría de los delitos en los que hay involucradas armas de fuego con resultado de muerte son ocasionados por suicidios u homicidios. Principalmente y desde una perspectiva criminalística, la diferencia entre disparos suicidas y homicidas se basa en la morfología de la herida de entrada y en la detección de residuos en la mano que realiza el disparo. No obstante, no se debe de olvidar otro elemento fundamental como puede ser la aparición de salpicaduras de sangre en el interior del cañón (ánima), en el exterior del arma, en las manos del fallecido o el presunto autor e incluso en sus ropas, lo cual nos indica proximidad a la víctima. Todo ello nos puede ayudar en la reconstrucción de los hechos y a la distinción entre suicidio, homicidio o accidente.

En el año 1995 Betz y otros, llevaron a cabo un estudio sobre 132 muertes por armas de fuego, de las cuales 103 fueron suicidios y 29 homicidios. Las armas utilizadas fueron 18 revólveres, 52 pistolas, 22 rifles o escopetas, no precisando el tipo de arma en los 11 restantes ya que no constaba en los expedientes. De dicho estudio se extrajeron los siguientes datos:

- Del total de las 132 muertes 103 casos fueron por suicidio (78%), de los cuales presentaban lesiones localizadas en la cabeza 97 (94%), y lesiones en el pecho 6 (6%).
- En 33 de los 103 suicidios por arma de fuego (32%) se observaban a simple vista salpicaduras de sangre en las manos.
- En ninguno de los 29 homicidios por arma de fuego se encontraron salpicaduras de sangre, así como tampoco en los 6 casos de suicidios en los que los disparos fueron efectuados en el pecho.

Otro estudio realizado en el año 2003 por el Dr. Etxeberria indicó que el 2,32% de los casos conocidos en España durante el año 1996 fueron producidas por armas de fuego. Por lo que extrapolando esta información se puede decir que en España se producía al día un suceso relacionado con armas de fuego. A su vez, tienen una incidencia algo inferior al 10% entre los mecanismos de producción de suicidios, siendo en este último caso, la boca el lugar preferido para infligirse el disparo. Concretamente el 62% de las heridas en la cabeza de escopeta son a través de la boca, mientras que el 15% están en el templo (cabeza-cráneo).

Según datos ofrecidos por el Ministerio del Interior, dimanantes de las diferentes Fuerzas y Cuerpos de Seguridad Estatales, Autonómicas y Locales, los homicidios dolosos y asesinatos consumados en España durante el año 2023, ascendieron a 336. Si comparamos el primer semestre del año 2023 (180 casos) con el mismo periodo del año 2024 (195 casos) podemos comprobar que ha habido un incremento del 8,3% en comparación con los datos del mismo periodo del año anterior. En cambio si contrastamos estos mismos delitos en grado de tentativa durante el mismo periodo de tiempo observamos que han disminuido en un –2,2% 2023 (633 casos) frente a 2024 (619 casos).

Aunque las armas blancas son los medios más utilizadas en este tipo de acciones violentas, en los últimos años han aumentado considerablemente los delitos cometidos con armas de fuego, lo que significa que su presencia está aumentando, representando aproximadamente en torno al 16% de los homicidios, sin contar los casos de muertes por suicidios y accidentes con este tipo de armas. Anualmente, las Fuerzas y Cuerpos de Seguridad incautan alrededor de 8.000 armas ilegales en España.

Para conseguir una lectura eficaz y comprensiva de este capítulo se hace necesario tener en consideración algunos aspectos básicos referidos a balística forense. Estos conceptos se desarrollan en el siguiente apartado, ya que será frecuente encontrarlos en el análisis de la escena del crimen en general y de los PMS en particular.

9.2. BALÍSTICA FORENSE

El análisis de PMS y la balística están íntimamente relacionados ya que uno es la consecuencia directa de los efectos ocasionados por la otra. Dependiendo del tipo de arma, munición, distancia, etc., se van a producir una serie de heridas en la víctima, que originarán o no, este tipo de salpicaduras de sangre, principalmente en la cabeza. Por ello se requiere un conocimiento básico sobre balística, y más concretamente sobre su terminología.

Podemos decir que la parte de la balística que se encarga de estudiar los efectos y las consecuencias que un proyectil ocasiona en el blanco en el que impacta en virtud de su poder de penetración y de su poder de detención, se denomina balística de efectos o terminal. A su vez, la balística terminal, podemos subdividirla en dos grupos, la balística policial (efectos) y balística de heridas, siendo esta última la de interés para el APMS.

Como es obvio, la balística de heridas es la que se encarga del comportamiento y efectos ocasionados por el proyectil al impactar en el tejido de un ser vivo y por consiguiente de los problemas médico legales que ello conlleva debido a la gravedad de las lesiones. De ahí, la importancia de esta parte de la balística forense, ya que en multitud de ocasiones los impactos por salpicadura de sangre se asocian con lesiones producidas por arma de fuego.

En las armas de fuego modernas a cada pieza individual de munición se llama cartucho, refiriéndonos a éste como al conjunto de elementos con características propias (vaina, bala o proyectil, pólvora o carga de proyección y cápsula iniciadora o fulminante) que contiene todo lo necesario para producir el disparo en un arma de fuego.

Según sean los cañones del arma de ánima estriada, poligonal y ánima lisa, utilizan distinto tipo de munición. En los cañones estriados y poligonales se utiliza cartuchería metálica (pistolas, revólveres, rifles, fusiles, etc.) y en los cañones lisos cartuchos semimetálicos.

Figura 145. Tipos de cañones

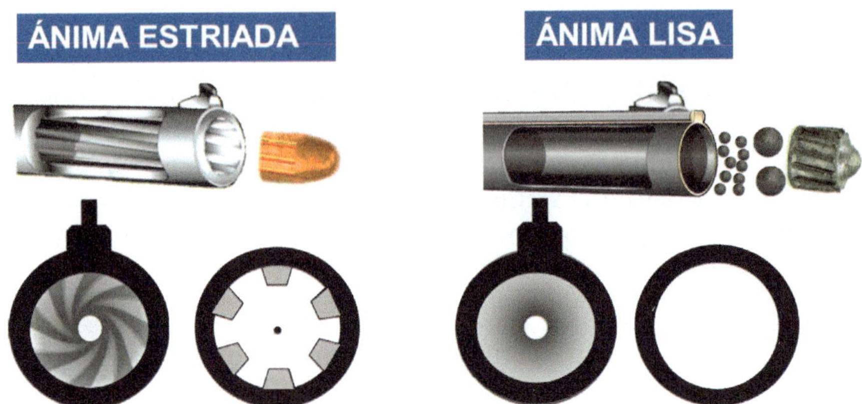

Fuente: Elaboración propia.

9.2.1. Cartucho metálico y sus partes

- **Vaina o casquillo.** Es la pieza principal de la estructura del cartucho, alojando en su interior la carga de proyección (pólvora) y reuniendo a los demás elementos que componen el cartucho (bala o proyectil y cápsula iniciadora).
- **Cápsula iniciadora (pistón).** También llamado fulminante, es el pequeño recipiente que se encuentra en la parte posterior del cartucho y que contiene el explosivo que origina el encendido de la carga de proyección.
- **Bala o proyectil.** Es la parte del cartucho que abandona la boca de fuego en el momento del disparo, dirigiéndose al blanco para cederle su energía residual, el cual antes de ser disparado es el elemento de cierre del cartucho por su parte anterior.

9.2.2. Cartucho semimetálico y sus partes

Generalmente los cartuchos para ánima lisa están constituidos por un culote metálico y cuerpo de cartón o plástico, siendo su uso para el deporte cinegético utilizado en armas largas de ánima lisa. Se compone de los siguientes elementos: taco, vaina, cápsula iniciadora, pólvora y proyectil o proyectiles.

Las funciones de la vaina, la cápsula iniciadora y pólvora son las mismas que las indicadas para la cartuchería metálica, por lo que directamente pasamos a analizar el resto de componentes.

El taco o elemento de obturación puede ser de cartón, corcho, o plástico, separando la carga útil interponiéndose entre la pólvora y los perdigones/postas. Evitan la fuga de gases y que los proyectiles se fundan por el calor produciendo emplomamientos; amortigua el retroceso del arma y regula y aprovecha mejor la carga. Actualmente y en función de lo que se persigue existen dos tipos de tacos, uno **dispersor** que se abre inmediatamente después de abandonar el cañón y el otro **concentrador** que se abre varios metros después de abandonar el cañón.

Proyectil o carga de proyección este tipo de cartucho utiliza munición de proyectil múltiple o de proyectil único, dependiendo del blanco que se desea batir, variando su alcance máximo del tipo de proyectil pudiendo oscilar en torno a los 300 metros (excepto en escopetas de cañones recortados), siendo mucho más inferior la distancia de tiro eficaz.

Perdigones: son pequeñas esferas de plomo endurecido por una pequeña cantidad de antimonio y arsénico. En la actualidad se está imponiendo el perdigón de acero presentando un comportamiento balístico distinto al plomo.

Postas: son proyectiles esféricos cuyo diámetro nominal oscila entre 4 y 5 mm., siendo el tamaño su diferencia sustancial con los perdigones.

Balas: son proyectiles únicos, diseñados de tal forma que al salir del cañón llevan un movimiento giroscópico similar a los proyectiles de munición metálica. Actualmente se fabrican con distintas formas, aunque son bastantes imprecisos en el tiro.

Figura 146. Tipos de cartucho

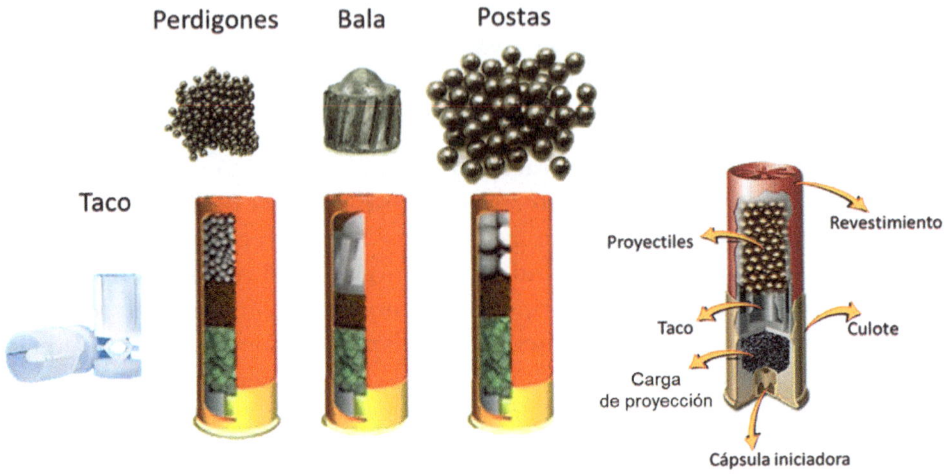

Perdigones Bala Postas

Taco

Proyectiles Revestimiento Taco Culote Carga de proyección Cápsula iniciadora

Fuente: Elaboración propia.

9.3. LESIONES

9.3.1. Introducción

Las lesiones producidas por armas de fuego se generan cuando se realiza un disparo y se produce un impacto balístico. Este impacto balístico es causado por el proyectil al golpear alguna parte del cuerpo humano (provocado por la velocidad residual), perforarlo y/o atravesarlo (debido a su velocidad residual). Si el proyectil procede de un cañón de ánima estriada o poligonal, debido al efecto giroscópico del proyectil en el interior del cañón del arma, se va a producir un mecanismo conocido como acción de trépano, que va a influir en la cavitación temporal.

Diversos autores establecen una clasificación en relación al rango de velocidad de los proyectiles al salir por la boca de fuego del cañón. (Rosenberg y Dekel, 2012) lo clasifican estableciendo el limite respectivamente en baja velocidad (por debajo de 500 m/s), velocidad de artillería (entre 500 y 2.000 m/s) y el rango de hipervelocidad (por encima de 2.000 m/s). Otros autores establecen el rango de proyectiles de alta velocidad (PAV) cuando viajan a más de 609.5 m/s, proyectil de media velocidad (PMV) de 335.28 a 609.5 m/s y proyectil de baja velocidad (PBV) a los que viajan a menos de 335.28 m/s.

El autor de la presente obra y en relación a los PMS generados por las heridas causadas por este tipo de proyectiles, establece la clasificación en dos rangos: proyectiles de baja velocidad como los utilizados en armas cortas y subfusiles (PBV inferior a 500 m/s), por ejemplo, calibre 9 mm., .38SP, .357 Mágnum; y proyectiles de alta velocidad utilizados en rifles y fusiles de asalto (PAV superiores a 500 m/s) como por ejemplo del calibre 7.62 mm., 5.56 mm., .308 Winchester, .223 Remington, etc.

Al ser el proyectil de baja o alta velocidad, causará una herida de entrada penetrante, o atravesará el cuerpo originando orificios de entrada y salida. A este respecto Manzano y otros (2001) establecen que para que pueda penetrar un proyectil en la piel es necesaria una velocidad de impacto de 50m/s, si bien para penetrar en el hueso se necesita una velocidad de 65 m/s.

Normalmente la cartuchería de las pistolas es de baja velocidad, causando los proyectiles disparados por estas armas, orificios de entrada y salida longitudinales o circulares y generalmente la destrucción tisular creada, conocida como cavidad permanente que se corresponde con el diámetro del proyectil expandido o no; a diferencia de los proyectiles de alta velocidad disparados por rifles o fusiles de asalto que producen una gran destrucción de los tejidos, al sumarse a la cavidad permanente la cavidad temporal generada por la onda de choque que acompaña al proyectil.

Figura 147. Representación gráfica de la cavidad permanente (armas cortas) y cavidad temporal (armas largas)

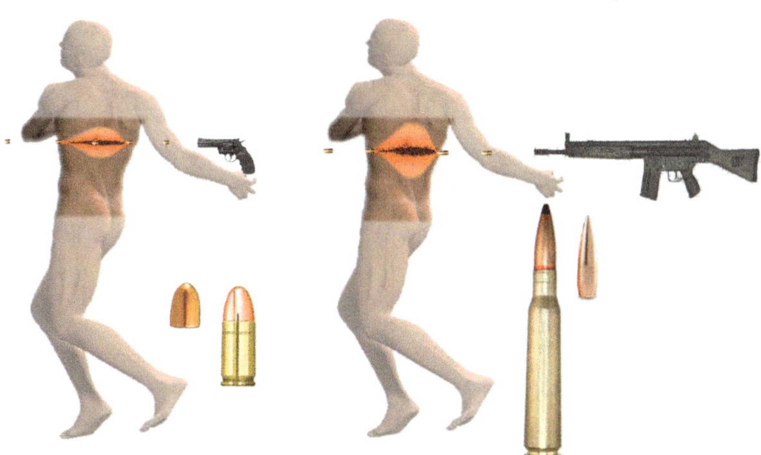

Fuente: Elaboración propia.

9.3.2. Colapso de la cavidad temporal a consecuencia de la herida producida por un proyectil de alta velocidad y su influencia en las salpicaduras de sangre

Cuando el proyectil de alta velocidad penetra en el cuerpo, destruye y deforma bruscamente los tejidos debido a la velocidad del impacto y al tipo de proyectil. Esto genera una onda de cavitación, que produce una cavidad temporal en el momento de la colisión ocasionando rotura tisular acompañada de una hemorragia. Este fenómeno es relativamente corto y desaparece rápidamente aunque con los órganos afectados deteriorados, regresando dichos tejidos a su posición original que se corresponde con el desgarro tisular directo producido por el trayecto del proyectil, denominado cavidad permanente. Las lesiones producidas por la cavidad temporal son muy variables, ya que van a depender del tamaño de la cavidad, de su ubicación anatómica y de la densidad y elasticidad de los órganos afectados.

Figura 148. Diferencia entre cavidad temporal (producida por la onda de choque del proyectil) y cavidad permanente (producida por el paso directo del proyectil proyectil expandido o no)

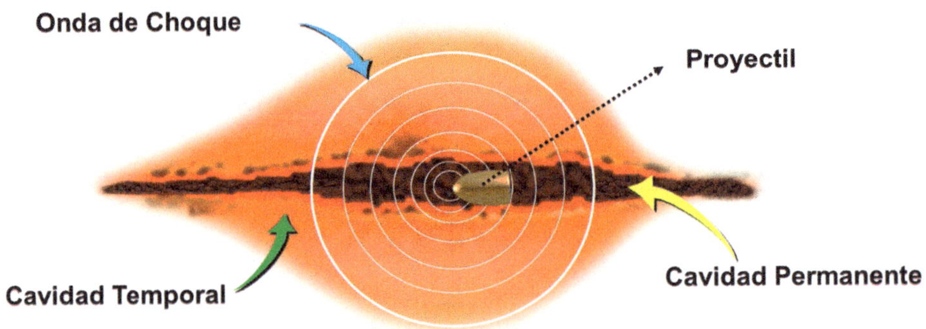

Fuente: Elaboración propia.

El doctor Martín L, Fackker, médico cirujano y reconocido experto en balística de heridas, y considerado como el padre de la balística de heridas moderna, indicó que el colapso de la cavidad de la herida temporal, producida por el proyectil, era el responsable de la producción de las salpicaduras.

9.3.2.1. Mecanismos hipotéticos sobre la formación de las salpicaduras hacia atrás en las heridas producidas en la cabeza

a) **Gas subcutáneo** Este mecanismo sugiere que la salpicadura hacia atrás se produce cuando el cañón de la pistola está en contacto con el cuerpo. Al penetrar el proyectil, y durante su recorrido por vía subcutánea, los gases de la deflagración de la pólvora que lo acompañan se van moviendo entre la piel y el tejido, generando una cavidad entre las capas. Esta cavidad que se colapsa aproximadamente un par de milisegundos, puede generar el movimiento de material biológico, produciendo salpicaduras de sangre hacia atrás.

b) **Colapso de la cavidad temporal.** Este otro mecanismo físico se basa en que el aire expulsado por el colapso de la cavidad temporal formada alrededor de la trayectoria del proyectil es el responsable de la salpicadura. Se han realizado experimentos empleando cámaras de alta velocidad, tanto en bloques de gelatina como en cabezas de animales, pudiéndose comprobar este fenómeno en los bloques de gelatina, pero no en la cabeza de los animales. A este respecto hay que tener en cuenta que la gelatina balística no tiene la misma elasticidad que el cerebro de los mamíferos.

Figura 149. Patrones de manchas de sangre producidos por colapso de la cavidad temporal a consecuencia de la herida producida por un proyectil

Fuente: Elaboración propia.

9.3.2.2. Tejidos blandos que podrían contribuir potencialmente a un mecanismo para la creación de salpicaduras

En 2012 Peter L. y otros publicaron un artículo indicando la posible influencia sobre las salpicaduras de sangre hacia atrás que pudieran tener los tejidos blandos en las heridas producidas por armas de fuego. Para dicho estudio se utilizaron principios físicos básicos de la mecánica (fuerzas, movimiento y flujo de energía). Se redujo el estudio a cinco componentes mecánicos que se superponen entre sí, siendo interdependientes: mecánica de sólidos clásica, mecánica de fluidos, mecánica de fracturas, reología y termodinámica. Quedaron fuera de este estudio los efectos balísticos adicionales, como los gases por deflagración de la pólvora que pudieran acompañar a corta distancia a los proyectiles, así como los efectos ocasionados por la deformación de éstos, y los efectos producidos por la fractura y fragmentación ósea.

En concreto, los tejidos blandos que se estudiaron y que podrían contribuir potencialmente a un mecanismo para la creación de salpicaduras son:

a) **Componente elástico.** Su contribución en la generación de las salpicaduras se basa en que el retorno de la energía tras la elasticidad producida podría impulsar la sangre y los fragmentos de tejido de regreso al orificio de entrada. Según este estudio, el componente elástico sería más evidente en los proyectiles de baja velocidad que en los de alta velocidad; así como en tejidos altamente elásticos como los músculos y la piel, que en el cerebro.

b) **Componente viscoso.** Se basa en que puede propulsar fragmentos de tejido triturados alrededor del proyectil, y estos fragmentos podrían proporcionar material detrás de la trayectoria de la bala, que podría ser expulsado como salpicadura. Asimismo, el componente viscoso también podría incluir un efecto de cavitación, en el que el rebote del vacío que colapsa puede impulsar el material hacia el orificio de entrada.

c) **Componente triturador.** Este componente podría influir en la generación de salpicaduras por la creación de material biológico suelto que posteriormente puede ser impulsado hacia atrás por otros mecanismos.

d) **Componente de corte.** Es muy probable que este componente juegue un papel relativamente importante en el proceso de la formación de salpicaduras, ya que crea una onda de presión oscilante en una dirección radial, que puede impulsar material biológico en ciclos a través de los orificios de entrada y salida, tras el paso del proyectil.

e) **Componente térmico:** Este componente, que es el menos reconocido, podría dar lugar a la creación y posterior expansión de material gaseoso dentro de la cavidad de la herida, lo que podría ser un mecanismo para la generación de salpicaduras, al proporcionar un gas de explosión que impulse el material biológico a través de dicha cavidad.

9.4. SALPICADURAS PRODUCIDAS POR IMPACTOS EN TEXTILES

Otro mecanismo que puede generar salpicaduras de sangre hacia atrás, pero que no entraría dentro de la esfera de las heridas, son los disparos sobre materiales como por ejemplo en telas ensangrentadas. Al golpear el proyectil el tejido, la sangre fluye en el sentido opuesto a la penetración de la bala y en la misma dirección que lo atraviesa. Esto es muy utilizado a nivel pedagógico para explicar los mecanismos de producción de este tipo de salpicaduras.

En la siguiente ilustración se puede observar todo el proceso en su conjunto, donde A (flecha verde), nos indica la salpicadura hacia atrás; la letra B nos está señalando la fuente de sangre; la C (flecha azul) nos señala la salpicadura hacia adelante, presentando mayor salpicadura en ese sentido, y finalmente la letra D (círculo rojo) nos señala la direccion del proyectil.

Figura 150. Salpicaduras en textiles saturados o empapados

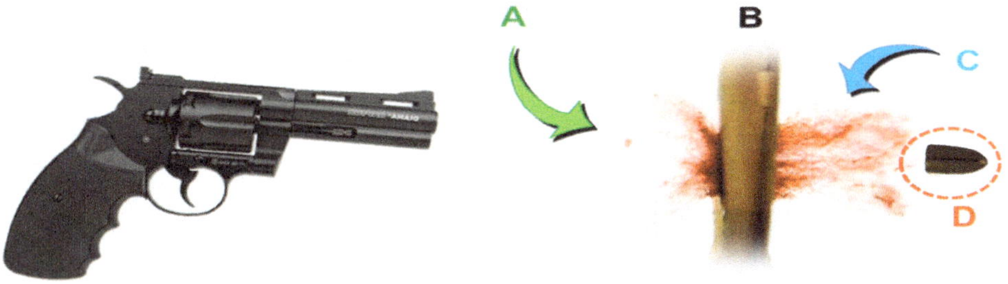

Fuente: Elaboración propia, fotocomposición imágenes de salpicadura capturadas de los vídeos de Laber et al.

En la siguiente imagen se puede observar todo el proceso describiendo los pasos a continuación:

1. En la ilustración con el núm.1 podemos observar el vuelo libre del proyectil, que es disparado por revólver (ánima rayada, presentando seis estrías o campos orientados a la derecha —dextrógiras—).
2. Con el núm. 2, se observa el proyectil golpeando la fuente, produciéndose en primer lugar una pequeña salpicadura hacia atrás (en sentido al revólver).
3. Seguidamente, en el núm.3, se aprecia cómo según el proyectil va perforando la fuente va aumentando la salpicadura hacia atrás, a la

vez que comienza a producirse una segunda salpicadura hacia adelante.

4. Cuando el proyectil ha atravesado totalmente la fuente (núm.4, 5 y 6), se observa progresivamente el aumento de la salpicadura de sangre hacia adelante, no ocurriendo lo mismo con la salpicadura hacia atrás, que varía muy poco.

Figura 151. Proceso de las salpicaduras en textiles saturados o empapados

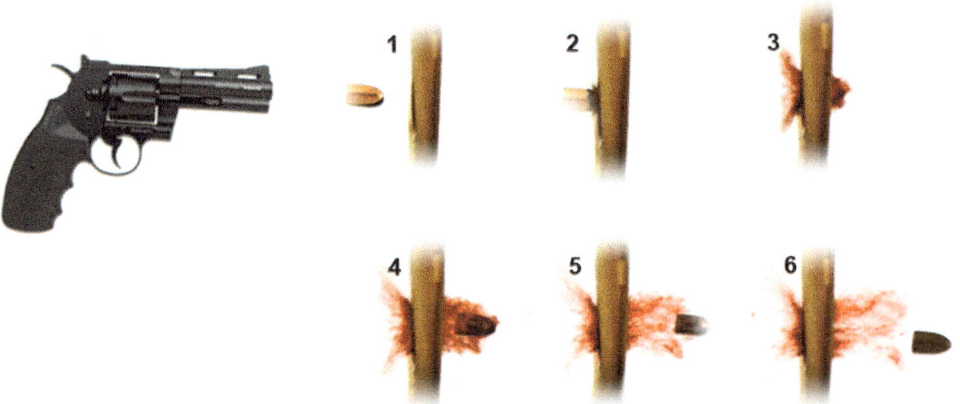

Fuente: Elaboración propia, fotocomposición imágenes de salpicaduras capturadas de los vídeos de Laber et al.

9.5. SALPICADURAS PRODUCIDAS POR IMPACTOS EN ANIMALES VIVOS

Existe gran cantidad de literatura sobre salpicaduras de sangre por disparos hacia atrás pero no tantos estudios con salpicaduras hacia adelante, si bien muchos de los ensayos realizados se han llevado a cabo con esponjas empapadas de sangre, aunque también se han realizado con otros objetos como cráneos de resina, cocos llenos de sangre, o simuladores de cráneo.

El ensayo con animales vivos no es factible en los tiempos actuales donde distintas legislaciones muy explícitas prohíben tajantemente su empleo para poder llevar a cabo este tipo de prácticas por razones éticas, evitando todo tipo de crueldad, abuso o maltrato animal. No obstante, en otras épocas no muy lejanas este tipo de ensayos con animales era algo que estaba perfectamente asumido, y se utilizaban para llevar a cabo experimentos y así poder demostrar cómo se creaban esas salpicaduras y sus características. Por citar algunos:

- Wagner (1963) realizó ensayos utilizando conejos disparándoles con una pistola, si bien estos resultados no fueron los esperados ya que desgarraban la carne de los animales pero no se producían salpicaduras.
- MacDonnel (1982) realizó experimentos disparando a perros pero no estableció resultados detallados ni concluyentes.
- Burnett (1991) utilizó cerdos vivos, y más recientemente en 2015 Radford y otros, también llevaron a cabo experimentos con cinco cerdos adultos, pero en esta ocasión previamente habían sido sedados.
- B. Kager y otros (1996-97), emplearon terneros vivos realizando estudios muy detallados sobre este tipo de salpicaduras. Para ello utilizaron terneros de aproximadamente 140 kg de peso y de 5 a 6 meses de edad, destinados al matadero. A estos animales se les disparó en la sien derecha habiendo sido previamente afeitada la región temporal.

Según estos autores, aunque el menor volumen del cerebro y en particular el espacio subcutáneo más amplio en la cabeza de los terneros dificulta la comparación cuantitativa con el hombre, la calidad de las salpicaduras de sangre hacia atrás resultantes de los experimentos son similares a las salpicaduras producidas en personas. Entre otros resultados se extrajo que el tamaño de las microsalpicaduras variaba desde invisibles a simple vista, hasta 0,5 mm. de diámetro, siendo su morfología poco variable presentando pequeñas manchas que iban de circulares a ligeramente ovaladas. Las macrosalpicaduras, cuyo tamaño iban de 0,5 a 4 mm., constituían más del 90% de todas las manchas halladas.

En base a lo anterior, podemos establecer tal y como ha quedado demostrado a lo largo del tiempo, que los experimentos con animales en condiciones controladas bien interpretados, pueden producir resultados fiables en comparación con las salpicaduras producidas en humanos.

9.6. SALPICADURAS PRODUCIDAS POR IMPACTOS EN CADÁVERES HUMANOS

Las donaciones cadavéricas, aunque están muy reguladas y son necesarias para la enseñanza e investigación científica, pueden llegar a generar opiniones contradictorias de personas, o grupos a favor y en contra de estas prácticas. Por ejemplo, en el año 1993 en la Universidad Heidelberg en Alemania se llevaron a cabo estudios con 200 cadáveres tanto de adultos como en niños sobre accidentes automovilísticos. Aunque se insistió en que estos ensayos eran necesarios para salvar vidas, hubo protestas públicas por numerosos grupos, e incluso la Allgemeiner Deutscher Automobil-Club (ADAC), considerado como el club automovilístico más grande de Alemania, cuestionó la validez y ética de estos ensayos. La respuesta no se hizo esperar, y la Universidad Heidelberg, amparada por la Universidad Estatal de Wayne de Estados Unidos que había realizado estudios similares, defendió la tesis de que estos estudios habían servido para salvar vidas.

Aunque siempre van a surgir partidarios y detractores no debemos olvidar que merecen un respeto ya que poseen dignidad y siguen siendo seres humanos, por lo que jamás deben ser tratados como si fueran objetos. Dicho esto, y ya centrados en el APMS, la emoción no se puede imponer a la razón, y por lo tanto no podemos negar que estos ensayos son necesarios para poder determinar la validez de los datos obtenidos en otros estudios llevados a cabo sobre casos reales, bien con objetos (silicona, cráneos de resina, cocos llenos de sangre, etc.); o bien con animales, cuyos resultados son mucho más precisos.

El estudio que se expone a continuación, se llevó a cabo en el año 2017 por Celestina Rossi y otros, en el Centro de Ciencias Forenses Aplicadas del Sureste de Texas (STAFS). Se trata de un centro de donación voluntaria que se inauguró en 2009, enfocado a estudios anatómicos interdisciplinarios sobre cuerpos humanos y su aplicación a la comunidad médico-legal y científica. Por solicitud expresa del Centro no se pudo documentar el experimento con cámaras de video de alta velocidad, y tan solo autorizó una videocámara desplazada a 45° para autentificar el proceso.

Este ensayo, consistía en un estudio lo más exhaustivo posible sobre patrones de manchas de sangre generados por impactos de proyectiles en la cabeza de cadáveres. Para ello se donaron dos cadáveres humanos en los que se habían autorizado la producción de lesiones sin ningún tipo de límites siempre y cuando fuera para investigación científica.

El proceso de preparación de los cadáveres para la realización de dichas prácticas consistió en una transfusión de sangre. Para ello, se les realizó una incisión cerca de la base de los músculos esternocleidomastoideos derecho e izquierdo para exponer las arterias carótidas y las venas yugulares, e insertar un catéter de una máquina embalsamadora con bomba centrífuga en la arteria carótida. Se llenó la bomba con agua esterilizada para extraer la sangre y los fluidos craneales existentes en las venas y arterias.

El siguiente paso consistió en llenar la bomba con sangre bovina desfibrilada que contenía anticoagulante (oxalato de potasio y fluoruro de sodio). Este mismo proceso se utilizó para introducir sangre bovina en los dos cráneos a través de la arteria carótida, y si bien en el primero se introdujeron 700 ml completándose el proceso, en el segundo cadáver no fue posible completar el proceso y tan solo se introdujeron 200 ml.

En el primer donante se utilizó una pistola tipo Colt, modelo 1911 calibre.45, donde los cartuchos fueron modificados, cambiando el proyectil por uno del tipo Winchester Silvertip 185 grains.45 ACP, disminuyendo la carga propulsora para lograr una velocidad aproximada de 228,6 m/s. Con esto se pretendía maximizar el resultado de las salpicaduras hacia atrás, evitando que el proyectil saliera del cráneo y generara perdida de presión y de energía, produciéndose una cantidad significativa de salpicaduras.

Los resultados del segundo donante no se tuvieron en cuenta debido a la escasa cantidad de sangre introducida en su cráneo.

El siguiente paso consistió en realizar dos pruebas con esponjas ensangrentadas con aproximadamente 250 ml del mismo tipo de sangre y en las mismas condiciones.

Los resultados de estas pruebas indicaron que en el cadáver el tamaño predominante de las salpicaduras estaba entre 0,5 a 1 mm., aunque el tamaño de forma general variaba de 0,5 a más de 4 mm., si bien el 86% del total de las manchas eran inferiores a 2 mm.

Los resultados de las pruebas realizadas con esponjas dieron los siguientes resultados:

- El disparo en el que se utilizó munición Winchester Silvertip 185 grains, calibre.45 ACP (Automatic Colt Pistol) produjo en el blanco mayor cantidad de salpicaduras y más pequeñas en comparación con el cadáver, quedando depositadas en la parte inferior del punto de impacto. El 88% eran inferiores a 0,5 mm. y las mayores halladas oscilaban entre 2 y 3 mm.
- El disparo que utilizó munición Hornady calibre.45 Auto + P 230 grains XTP, (de mayor velocidad que la munición Winchester), produjo una mayor cantidad de salpicaduras dispersas que en los experimentos anteriores, si bien, al igual que en la prueba anterior la mayoría de las salpicaduras se observaban en la parte inferior. Aproximadamente el 95% de las salpicaduras eran de tamaño inferior a 0,5 mm.

Figura 152. Simulación de disparo a cadáver a una distancia aproximada de 6,5 mm. de diámetro en la región occipital

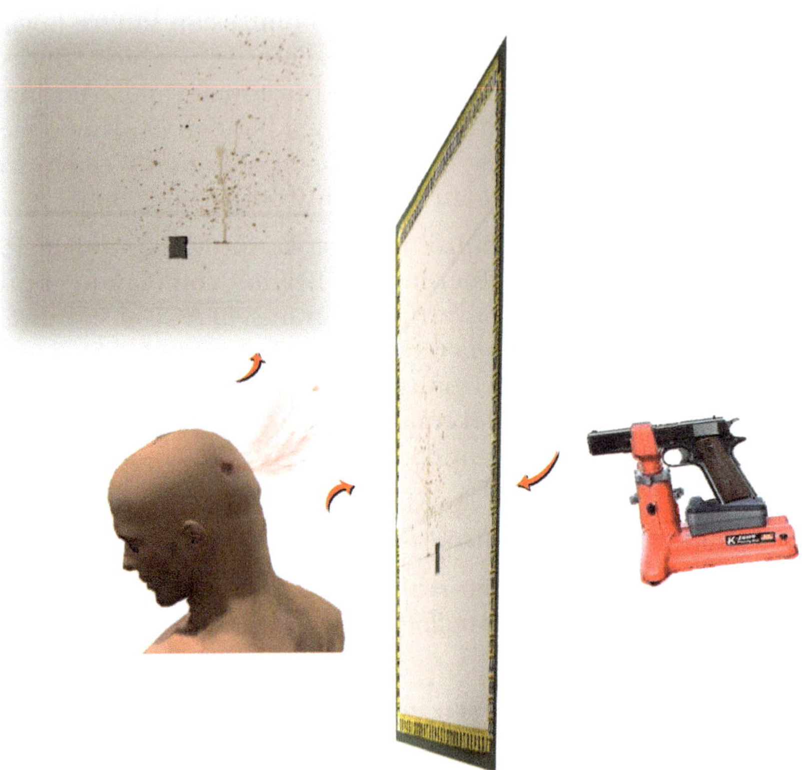

Fuente: Elaboración propia. Distribución de las salpicaduras, extraído de Celestina Rossi y otros 2017.

9.7. SALPICADURAS PRODUCIDAS POR IMPACTOS EN GEL BALÍSTICO

Actualmente este tipo de estudios se están llevando a cabo con gel balístico, si bien, el problema que estos ensayos plantea es que cada material presenta una elasticidad distinta y las propiedades mecánicas son intrínsecas para cada tipo de material.

Por ejemplo, la cabeza humana desde un punto de vista del estudio de las salpicaduras, la vamos a dividir en cuatro partes:

- Cuero cabelludo.
- Cráneo.

- Duramadre.
- Cerebro.

Cada una de estas partes presenta distintas propiedades mecánicas y anatómicas, lo que conlleva que los resultados no sean del todo similares. Hay estudios que han demostrado que, en disparos realizados a gelatina, fue posible visualizar el aire dentro de ésta, no ocurriendo lo mismo en disparos realizados en cabezas de animales. Según estos estudios ello puede deberse a que la elasticidad del cerebro de los mamíferos, a velocidades de deformación balística, es menor que el de la gelatina. De igual manera, resulta interesante la utilización de "dummys" que simulan más fehacientemente el cuerpo humano, con la incorporación de seudoestructuras óseas musculares, viscerales y hemáticas.

9.8. PARÁMETROS BALÍSTICOS Y ANATÓMICOS QUE INFLUYEN EN LA CANTIDAD Y DISTRIBUCIÓN DE LAS SALPICADURAS

Investigaciones de lesiones producidas por disparos en la cabeza han demostrado que a menudo producen patrones significativos de salpicaduras de sangre, creando un modelo en 3D en forma de cono, prevaleciendo usualmente los patrones hacia adelante a partir del orificio de salida.

La cantidad y la distribución de estas salpicaduras de impacto producidas tanto hacia adelante como hacia atrás, variarán considerablemente dependiendo en gran medida de una variedad de parámetros balísticos y anatómicos como pueden ser:

- Ángulo desde donde se produce el disparo.
- Distancia del disparo y la orientación
- Características de la herida y posición de la víctima.
- Número de disparos.
- Calibre del arma, tipo de arma y munición utilizada.
- Dinámica de fluidos.
- Obstrucción impidiendo el paso por algún elemento como ropa, cabellos, sombreros, u otros accesorios para la cabeza que llevara puesto la víctima.

- Velocidad a la que viaja el proyectil que golpea el cuerpo humano que oscila entre los 30 m/s y los 35 m/s). A mayor velocidad del proyectil, mayor energía de impacto lo que genera mayor presión en la sangre que va a repercutir en el PMS.
- Otro elemento que puede influir en la distribución de estas salpicaduras, aunque no es un requisito previo para la aparición de esta distribución puede darse por la ruptura de la piel en forma radial por disparos en contacto. Esta ruptura podría causar una acumulación de gotas hacia el lado de su aparición, contribuyendo así a una distribución de forma asimétrica no aleatoria.

Todo ello va a generar unas salpicaduras hacia adelante (orificio de salida) que suelen tener menos de 1 mm. de diámetro, y que aunque también se pueden observar manchas más grandes dentro del patrón, generalmente presentan forma de niebla fina o gotas pulverizadas.

Por otra parte, las salpicaduras hacia atrás (orificio de entrada) son más grandes y producen menos gotas de sangre, pudiendo depositarse en la mano o el brazo u otra parte corporal del tirador, así como en sus prendas, o en cualquier otra zona que se encuentre próxima al orificio de entrada en relación con la posición de la víctima en el momento de producirse el disparo. Esto ha quedado constatado por numerosos estudios que han puesto de manifiesto que las salpicaduras hacía atrás ocurren con bastante frecuencia, aunque no siempre, incluso produciéndose salpicaduras de tejido cerebral, grasa, músculo, fragmentos óseos, piel y cabello. Evidentemente el requisito imprescindible para que se produzcan estas salpicaduras hacia atrás es que el arma se encuentre en un rango relativamente corto en relación al plano corporal.

Por lo general, las salpicaduras de sangre atomizadas que viajan en el mismo sentido del proyectil están en un área pequeña empañando las diminutas gotas de sangre no llegando a distinguirse entre unas y otras. Esto produce un tono rojizo que da apariencia de pintura de aerosol o spray generado por la suspensión de partículas de sangre diminutas que según Stuart G. James y otros (2005) normalmente pueden llegar a desplazarse entre 15,24 y 30,48 cm.

Son cuatro las situaciones que pueden producir el efecto de aerosol, junto con grandes manchas de sangre, trozos de tejido y la piel. Estos incluyen: (1) heridas de entrada, (2) heridas de salida, (3) heridas con sangre pre-existentes, y (4) impacto muy cerca a la fuente de sangre.

Como es lógico para que se produzca este patrón pulverizado de sangre en finísimas partículas y pueda quedar reflejado en una pared o cualquier otra superficie, es requisito imprescindible que la distancia entre ambos, sea relativamente corta. A mayor distancia entre el orificio de salida y el blanco, el cono en 3D también aumenta. La nebulización se hace menos visible, haciéndose cada vez más difusa e impactando en el blanco solo las gotas de mayor tamaño que evidentemente pueden viajar más lejos debido a su mayor masa, pudiendo llegar a una distancia según Stuart G. James y otros (2005) de 1,22 metros aproximadamente.

Debemos tener en cuenta que estos dos tipos de patrones tanto de salpicaduras hacia atrás (sentido del retroceso del arma) como hacia adelante (sentido del vuelo del proyetil), en principio se deben de estudiar de forma independiente ya que cada uno de ellos nos va a aportar distinto tipo de información. Pero una vez analizados de forma individual se tiene que hacer un análisis global ya que ambos patrones han sido generados dentro del mismo entorno físico, en el mismo acto, por el mismo proyectil, etc. Por lo tanto, esto va a ser fundamental para la reconstrucción, al igual que sucede con el resto de vestigios hallados en la escena del crimen donde interactúan unos con otros.

Figura 153. Salpicaduras hacia adelante

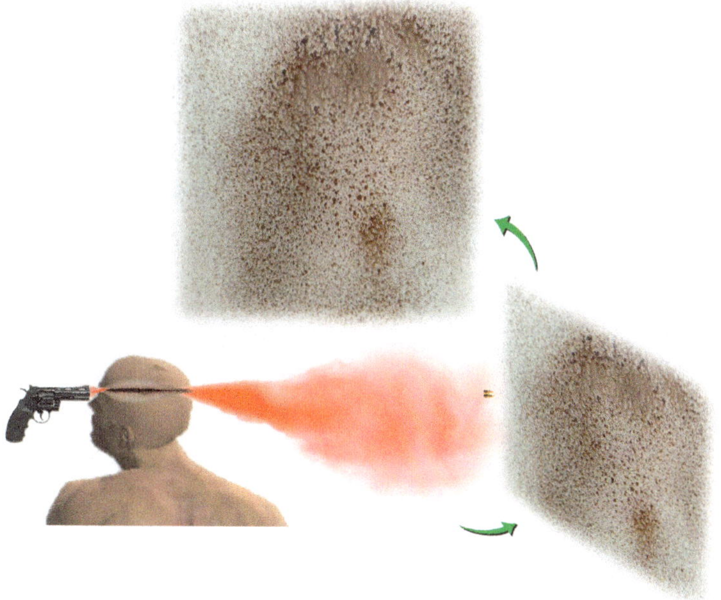

Fuente: Elaboración propia.

Aunque los PMS producidos por armas de fuego son muy fáciles de distinguir en relación a otros producidos por otro tipo de armas, es necesario un estudio pormenorizado de estas salpicaduras, ya que así reconstruiremos con mayor precisión la escena del crimen. Esto nos va a permitir en muchas ocasiones llevar a cabo una distinción entre homicidio, suicidio o accidente en caso de muertes violentas, ya que hay situaciones en las que resultará muy difícil poder establecer la etiología médico legal de la muerte, siendo fundamental el estudio de los PMS, entre otras evidencias.

En otras ocasiones su visualización va a depender de la ubicación de la herida que genera el patrón y del entorno externo que lo rodea. En superficies oscuras como suelos, paredes, textiles, etc. se va a dificultar más la búsqueda de este tipo de patrones.

Otros elementos que pueden afectar a las salpicaduras son el posicionamiento de la víctima y el tipo de ropa, e incluso el cabello. No es lo mismo si la víctima recibe un disparo en pleno invierno que se suelen utilizar más prendas e incluso más gruesas para resguardarnos del frio y la lluvia, que si el disparo lo recibe en verano que se suelen utilizar prendas más ligeras como pantalón corto y camiseta. Por ejemplo, evidentemente no se producirá el mismo patrón si una persona recibe un disparo en la cabeza sin ninguna prenda, que si lleva puesto un gorro de invierno que retendrá la salpicadura o gran parte de esta. Por todo ello el analista debe considerar todos los factores externos en el tratamiento de una escena.

Figura 154. Posicionamiento de la víctima, tipo de ropa o cabello puede afectar a las salpicaduras

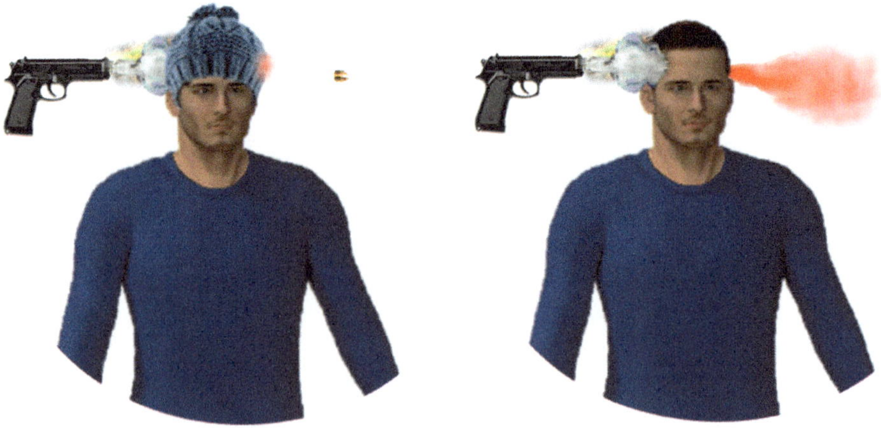

Fuente: Elaboración propia.

Como podemos comprobar, es sumamente importante poner en contexto la realización de un buen análisis de la escena del crimen (especialmente en el cuerpo de la víctima), donde pueden ser hallados orificios causados por el impacto del proyectil en paredes, muebles, etc., quemaduras en ropas de la víctima procedentes de la deflagración de la pólvora, proyectiles, fragmentos, vainas, etc.

9.9. EFECTO DE LOS GASES PROCEDENTES DE LA DEFLAGRACIÓN DE LA PÓLVORA EN LAS SALPICADURAS DE SANGRE HACIA ATRÁS

La distancia a la que se ha producido un disparo es otro factor a tener en cuenta. En los últimos años han sido varios los estudios al respecto, concretamente sobre el efecto que producían los gases procedentes de la deflagración de la pólvora al incidir en las salpicaduras de sangre cambiando potencialmente la dirección de vuelo de las gotas de sangre, su tamaño y su forma. En base a estos estudios, un equipo de investigadores de la Universidad de Illinois en Chicago y la Universidad Estatal de Iowa, han puesto de manifiesto recientemente con todo lujo de detalles la influencia que ejercen estos gases al salir por la boca de fuego del arma sobre las salpicaduras de sangre hacia atrás.

Figura 155. Representación gráfica de los efectos de los gases de la deflagración de la pólvora en salpicaduras hacía atrás

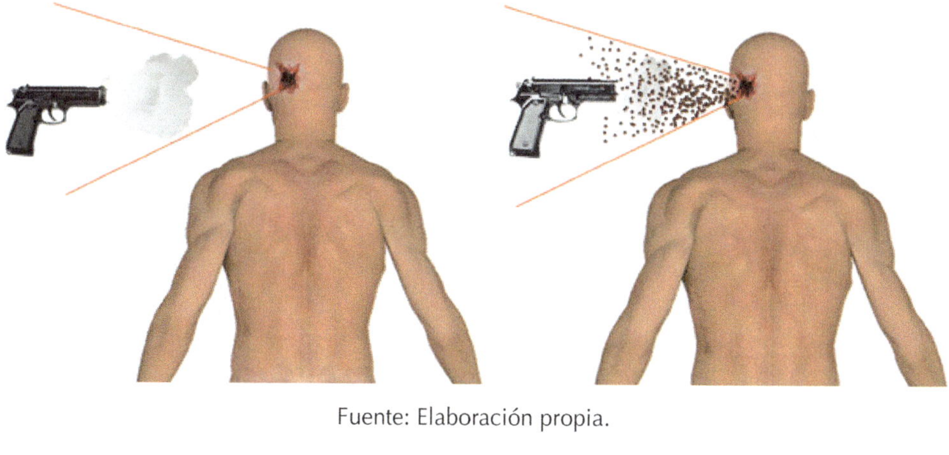

Fuente: Elaboración propia.

Cuando estos gases salen por la boca de fuego del cañón de un arma, pueden llegar a atraer la sangre que viaja en un vórtice con una corriente de aire circular que sigue la trayectoria del proyectil, a través de un flujo turbulento en rotación espiral como un remolino o torbellino. Dependiendo de la distancia de disparo sobre el blanco, va a producir que esta corriente interaccione o no con la sangre. Cuando es a muy corta distancia este vórtice puede llegar a interactuar con la sangre que sale hacia atrás, y estas gotas pueden ser arrastradas (incorporadas y arrastradas dentro de su flujo) por el anillo de vórtice turbulento, generando modificaciones en su tamaño, número, trayectoria y por consiguiente su posición final. Esto puede dar como resultado que teniendo en cuenta la posición del tirador con respecto a la víctima, la ropa del tirador se encuentre prácticamente sin la presencia de estas salpicaduras. Este estudio también demostró que incluso cabe la posibilidad de que alguna gota de sangre procedente de esta salpicadura hacia atrás se dé la vuelta por completo mediante un poderoso anillo de vórtice modificando su trayectoria drásticamente pudiendo quedar la sangre depositada detrás de la propia víctima.

Figura 156. Representación gráfica de los efectos de los gases de la deflagración de la pólvora en salpicaduras hacía atrás provocando un vórtice

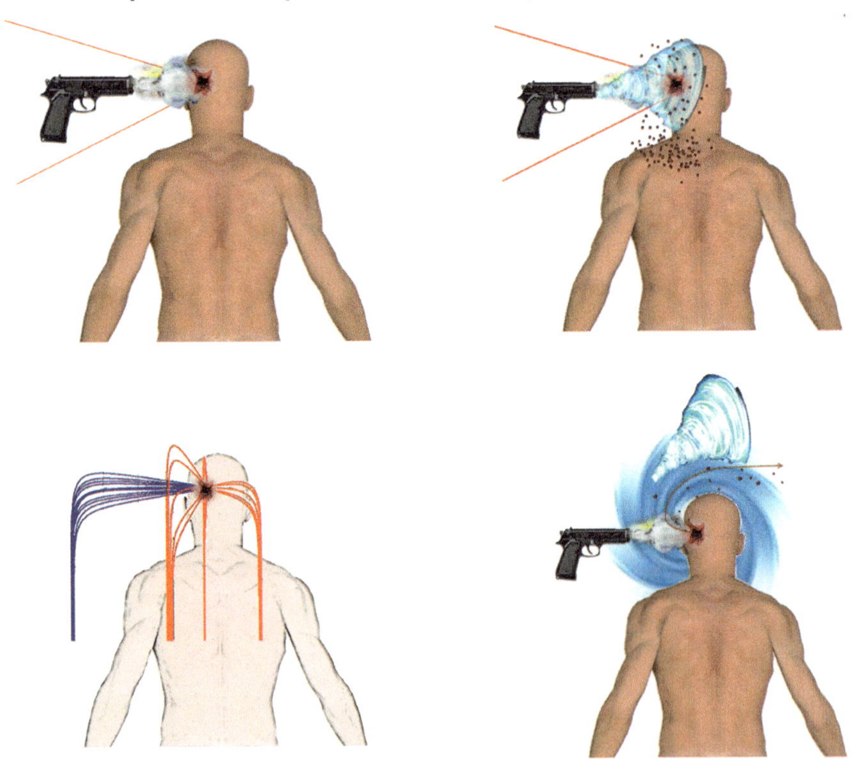

Fuente: Elaboración propia.

Como nota aclaratoria, me gustaría dejar constancia de un error bastante común que se emplea muy a menudo por algunos sectores de la comunidad científica, que afecta a la terminología y que podría ser aprovechado por la defensa del acusado para desvirtuar cuanto menos parte del informe pericial. Cuando hablamos de salpicaduras de sangre producidas por disparos y nos referimos a las salpicaduras provenientes en sentido inverso a la dirección del proyectil, es decir, las que salen hacia atrás por el orificio de entrada, no se debe emplear el termino: "retorno, retroceso o retro salpicadura". Si se emplea esa terminología, se está argumentando que esas salpicaduras retroceden, "vuelven atrás", o que "vuelven a su lugar de origen", nada más lejos de la realidad. Por ello el término correcto es salpicadura hacia atrás, que como ha quedado expresada en la terminología, se ha definido como el resultado de las gotas de sangre que pueden generarse hacia atrás cuando un proyectil produce un orificio de entrada.

Figura 157. Representación gráfica del término correcto salpicaduras hacía atrás y no "retro salpicadura"

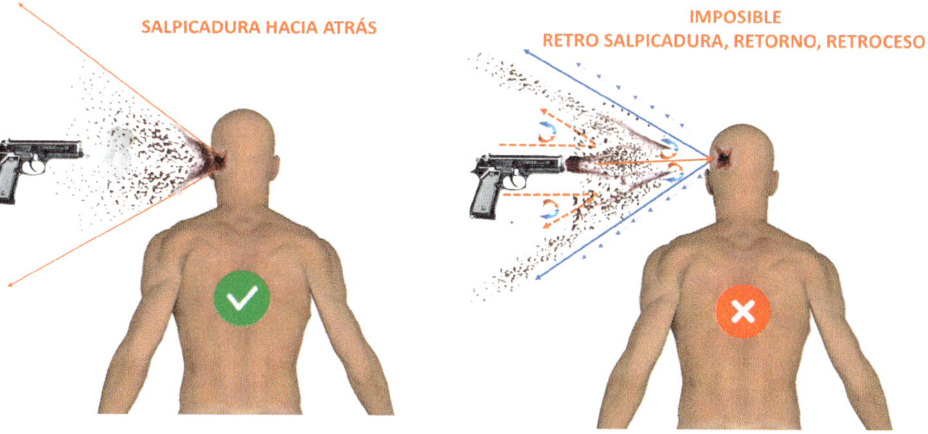

Fuente: Elaboración propia.

Son comunes los artículos y lecturas que hacen mención al depósito de pequeñas gotas de sangre de alta velocidad en la parte posterior de la mano usada para disparar un arma de fuego en el caso de suicidio. Estas gotas de hecho, pueden estar presentes no sólo en la mano con la que se ha disparado el arma, sino también en la parte posterior de la mano auxiliar (DiMaio 1998).

En 1977, MacDonell y Brooks publicaron en el Anuario de Medicina Legal un artículo denominado "Detection and significance of blood in firearms" (Detección y significado de la sangre en las armas de fuego). Su investigación determinó que existía una relación entre la distancia a la que se realiza un disparo y la distancia en la que la sangre es proyectada hacia atrás penetrando en el interior del cañón del arma de fuego.

La distancia de disparo máxima en la que fueron hallados vestigios de sangre a una profundidad de 5 mm. o mayor en el interior del cañón (ánima) se extendió desde 2,54 cm. a 3,81 cm. en revólveres del calibre .22, y hasta 12,7 cm. para calibres 12, 16 y 20 de escopetas. Varias observaciones generales fueron realizadas como resultado de su investigación:

1. A mayor tamaño de calibre, mayor es la profundidad de penetración de la sangre en el interior del cañón.
2. Las armas de recarga automática (pistolas, etc.) producirán menos profundidad de penetración de la sangre con respecto a las armas que no se recargan automáticamente.
3. El uso de proyectiles tipo magnum o cargas similares de energía más altas, producirán más profundidad de penetración de sangre en el cañón con respecto a la munición estándar de un arma de fuego.
4. Cuando una escopeta de doble cañón es descargada en disparo por contacto, ocurre una considerable salpicadura hacia atrás (hasta 12 cm.) en el cañón inactivo.

En 1997 Hueske llevó a cabo estudios sobre salpicaduras de sangre hacia atrás, empleando como fuente esponjas ensangrentadas y como mecanismo lesivo dos tipos de revólveres del calibre. 38 y .44. Los disparos se realizaron a distintas distancias: a cañón tocante; a 2,54 cm.; a 7,62 cm. y a 15,24 cm. respectivamente. Los resultados desvelaron la presencia de salpicaduras de sangre en todos los disparos realizados en contacto o a cañón tocante, así como en una de las armas disparadas a 7,62 cm., no apreciándose salpicadura alguna en el resto.

Se da por asumido y así consta en la mayoría de la literatura, que las salpicaduras que se producen hacia atrás y hacia adelante como consecuencia de un disparo, tendrán una distribución cónica que tiende a ser mayor hacia adelante, debido a que estas salpicaduras están dirigidas en el mismo sentido en el que se dirige la fuerza. Este efecto es mayor cuando la herida de salida es mayor que la herida de entrada. No obstante, como excepción a esta regla, en las salpicaduras hacia atrás producidas por disparos, la dirección que puede tomar una sola gota, puede comprender todos los ángulos posibles entre los más tangenciales a la superficie de la piel, cubriendo un semicírculo.

Figura 158. Gráfica de distribución de macro salpicaduras (gotas primarias y secundarias) en superficie horizontal a 60 cm. de distancia por impacto de proyectil, donde se puede observar que no presenta forma de cono

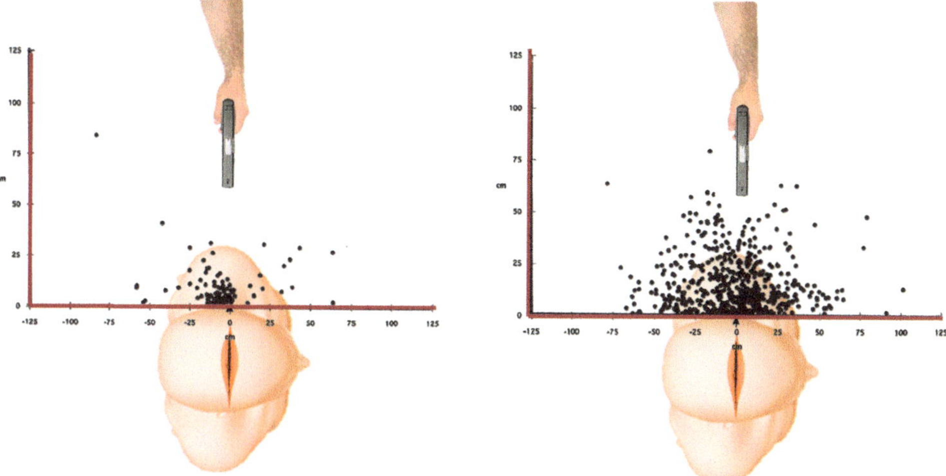

Fuente: Elaboración propia. Distribución de las salpicaduras, extraído de B. Karger y otros 1996.

Figura 159. Gotas primarias y secundarias en superficie horizontal, producidas por impacto de proyectil, abarcando todos los ángulos posibles dentro de un hemisferio entre los más tangenciales a la superficie de la piel, en el centro de la esfera completa

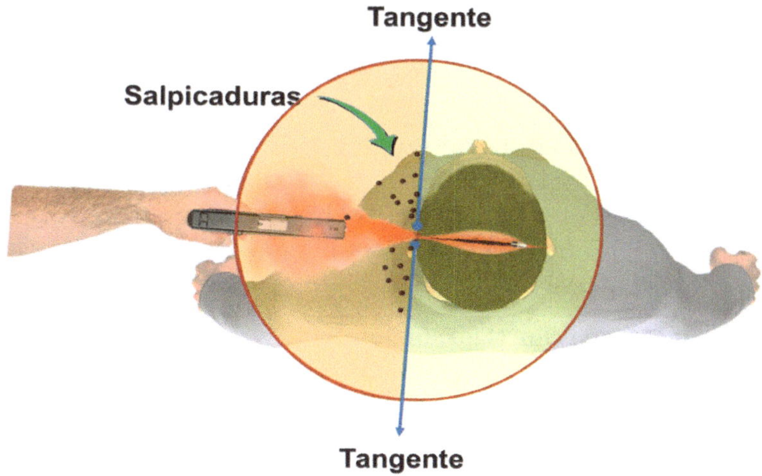

Fuente: Elaboración propia.

En aquellos casos que implica identificar si la etiología de la muerte fue suicida u homicida en víctimas de heridas de bala en la cabeza, toman especial importancia el estudio de las manchas de sangre en sus manos. En cualquier caso, se debe buscar la sangre, pero el no encontrarla no puede considerarse una prueba positiva de nada, excepto de que no fue encontrada. En muchos casos en disparos auto infligidos en la cabeza con una pistola, no ha sido encontrada la sangre en las manos del tirador (Hueske 2005).

Las salpicaduras hacia atrás son un material biológico impulsado desde el orificio de entrada hacia el arma de fuego y/o la mano de la persona que disparó. Estas partículas de sangre y tejido son acelerados por el efecto subcutáneo del gas, la cavitación temporal y las propias salpicaduras de seguimiento.

Estas salpicaduras son comunes en los disparos junto a la cabeza, donde la sangre y el tejido pueden viajar varios metros. En disparos a corta distancia en la cabeza, las salpicaduras hacia atrás se producen siempre y se depositan frecuentemente en el arma de fuego y en la persona que la sujeta. El número de manchas de sangre puede variar en gran medida y las manchas se encuentran en un semicírculo de casi 180° frente al orificio de entrada. Una característica de este tipo de salpicaduras son gotas pequeñas o muy pequeñas, o manchas salpicadas con las formas alargadas apuntando más o menos en la dirección del orificio de entrada.

Aunque estas salpicaduras se producen principalmente en disparos a corta distancia de la cabeza, no se pueden limitar a estos casos, ya que en un disparo en el corazón (cavidad llena de líquido) realizado desde una distancia de 4 m, se pueden hallar manchas de sangre a 2,5 m. (Weimann 1931).

Además de la salpicadura de sangre, también se ha recuperado de la mano del tirador y/o el arma de fuego en disparos en la cabeza, tejido cerebral, grasa, músculo, fragmentos de hueso, piel, pelo, e incluso tejido ocular, siendo las distancias máximas que han sido documentadas entre 2 a 4 metros de distancia.

Analizadas las armas en 1200 suicidios, éstas dieron positivo a sangre en la parte exterior del cañón en el 75% de los casos y en la parte interior en el 55%. No obstante, la morfología de la sangre no fue evaluada y por lo tanto la sangre también pudo ser transferida por contacto o cualquier otro mecanismo (Tsokos 2008).

Fisher, Tilstone y Woytowicz (2009) indican que normalmente las salpicaduras producidas por disparos hacia adelante viajarán hasta aproximadamente 1,16 metros, a menos que se mezclen con otros tejidos, lo que generará una mayor distancia, mientras que las salpicaduras hacia atrás tiene un alcance máximo de entre 60 y 90 cm., presentando en ambos casos un patrón cónico. Estas salpicaduras en la ropa pueden ayudar a determinar si una persona se encontraba próxima a la fuente de sangre en el momento en el que se produjo el derramamiento, así como para estimar la posición relativa de la víctima cuando se produjo la herida.

A menudo los intentos de suicidio provienen de actos impulsivos motivados por crisis transitorias vitales, que en la mayoría de las veces no llegan a ser mortales. De ello depende en gran medida lo letal que sea el método utilizado, siendo las armas de fuego extremadamente peligrosas.

En caso de suicido, un estudio detallado de las salpicaduras en la mano ejecutora del presunto suicida, así como en su caso del arma, puede indicarnos la posición de las manos y del arma en el momento de producirse el disparo. Tal y como indicaron Yen y cols. (2003) en un artículo que publicaron sobre el estudio de cinco casos de suicido por arma de fuego, se demostró que observando e interpretando correctamente los patrones de manchas de sangre por salpicadura, es posible establecer la posición de las manos y por lo tanto, también la posición del arma de fuego en el instante de la muerte.

En la siguiente ilustración se observa parte del cuerpo de una persona que se suicidó con un revolver de un disparo en la cabeza. El orificio de entrada en el parietal derecho era concordante con la mano derecha que empuñaba el arma. Presentaba salpicadura hacia atrás, si bien al no realizarse fotografías de detalle, impidió poder llevar a cabo un análisis más exhaustivo que nos indicase la direccionalidad de las manchas de sangre. Por consiguiente, no se puede establecer exactamente la posición del arma en el momento del disparo. Un dato significativo, tal y como se puede apreciar, son los grilletes en la muñeca derecha y en el guardamano del revolver. El hecho de que el revolver se encontrase bajo el cuerpo de la víctima nos sugiere que el disparo se produjo estando en posición de pie.

La víctima dejó una carta suicida en la que declaraba que se iba a quitar la vida y que se engrilletaba al revolver al objeto de evitar que alguien lo sustrajera y se pudiera barajar como homicidio.

Figura 160. Suicidio por disparo

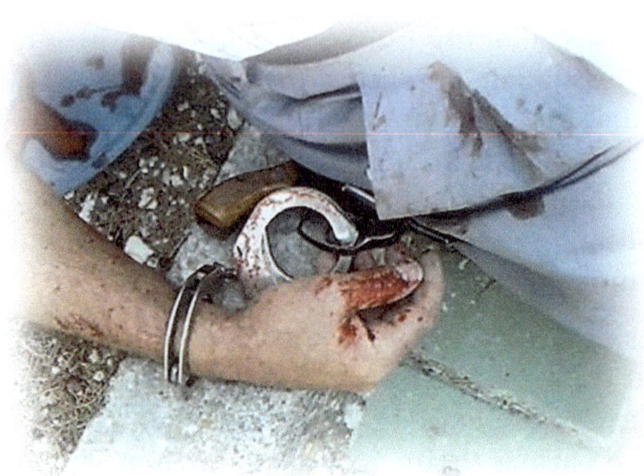

Fuente: Cortesía del Dr. Juan José Ramírez Perea.

En la siguiente ilustración se observa una forma de exponer y reconstruir el empuñamiento atípico del arma en el momento de efectuarse el disparo en un suicidio.

Figura 161. Reconstrucción de la posición atípica de un arma en el momento del disparo, en base a las salpicaduras y a la zona de vacío que queda en el pulgar por protección del guardamonte

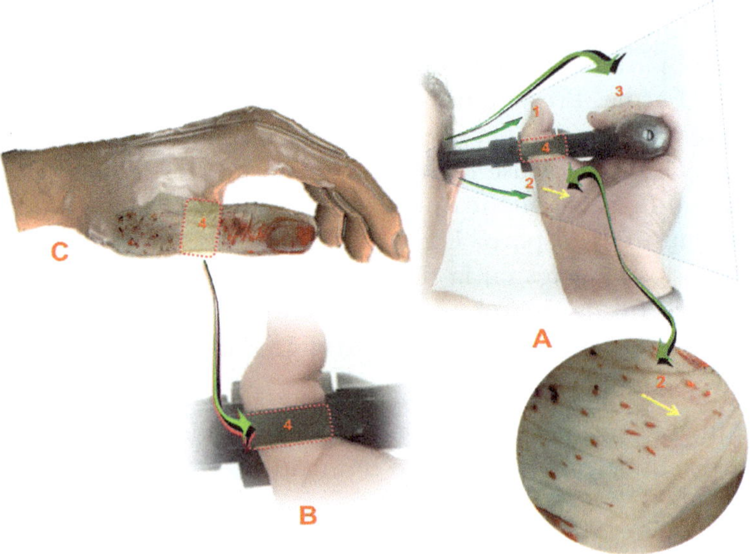

Fuente: Elaboración propia.

9.10. AUSENCIA DE SANGRE EN EL CUERPO DEL SOSPECHOSO Y/O EN SU ROPA, COMO CONSECUENCIA DE DISPAROS U OTROS MECANÍSMOS.

Tal y como se ha podido comprobar en el apartado anterior, cada día aparecen nuevos estudios que fortalecen de forma científica los informes de los peritos cuyas conclusiones dependen del examen de las pruebas físicas.

La ausencia de sangre en el presunto autor o en su ropa, ha sido utilizado en innumerables ocasiones por la defensa del acusado, esgrimiendo precisamente esa imposibilidad de haber podido ser su defendido el autor material, por la ausencia de sangre sobre él, o en sus prendas de vestir, máxime si debido a la premura entre el suceso y la detención, se demuestra la imposibilidad de que el presunto autor se hubiese podido cambiar de ropa; desnudarse para cometer el hecho, o simplemente no le hubiese dado tiempo a ducharse.

Por ejemplo, un caso en el que una mujer era sospechosa de haber disparado a su marido. La víctima recibió un disparo a bocajarro, encontrándose gran cantidad de sangre encima de la cama y en el cabecero, argumentando la mujer que su marido se había suicidado. El hecho de que la mujer llevaba puesto un camisón blanco y no presentaba ni una sola gota de sangre, llevó a los investigadores a hacerse la siguiente pregunta ¿cómo podía su ropa permanecer limpia si ella hubiese disparado el arma? Esto unido a que sus hijos entraron rápidamente en el dormitorio tras el disparo, motivó la inocencia de la mujer, ya que según las evidencias todo apuntaba a que era imposible que la mujer hubiese realizado el disparo. No obstante, éste es un gran error, ya que la ausencia de sangre no es un indicativo de nada y por consiguiente hay que tratar de hallar otro tipo de evidencias.

¿Creen que en la actualidad con los últimos estudios que demuestran que es posible disparar un arma de fuego a esa distancia y no mancharse de sangre, la mujer hubiera resultado absuelta? Aunque no podemos responder con certeza a esa pregunta, lo cierto es que estos mismos hechos en la actualidad, no deben ser considerados por sí solos un indicio para declarar inocente o culpable a una persona, ante todo teniendo en cuenta la existencia de una base científica que determina esta posibilidad, tanto en un sentido como en otro.

A este respecto Kish y MacDonell, publicaron un artículo en 1996, donde establecían que la ausencia total de manchas de sangre en un sospechoso o en su ropa es frecuentemente asumida por muchos como prueba definitiva que el acusado no participó directamente en el hecho violento. Estos autores indican que ésta es una idea falsa, fomentada y explotada por quienes carecen de los conocimientos y experiencia en la interpretación de los patrones de manchas de sangre, o por los que esperan que estas opiniones les ayuden en la defensa de su cliente. Establecen que pueden ser innumerables las explicaciones para que un individuo que ha participado en un hecho violento no esté manchado de sangre, como por ejemplo que el agresor se limpiara antes de ser detenido, que se quitara la ropa antes de cometer el acto, o simplemente que estas manchas de sangre fueran depositadas en algún objeto intermedio.

Piotrowski (1895) indicó que un agresor no siempre se mancha de sangre durante un ataque violento, llegando a esta conclusión tras realizar experimentos con conejos. En 1906 Hans Gross mostró su total acuerdo con las conclusiones de Piotrowski, cuando informó sobre casos en los que muy poca cantidad de sangre o ninguna, estaba presente en los agresores que habían participado en ataques violentos. Posteriormente, Ziemke (1914) informó sobre un caso en el que afirmó que era completamente erróneo pensar que el agresor tenía que haberse manchado de sangre cuando le produjo a la víctima heridas en las arterias.

Reuter (1933) publicó un informe sobre las conclusiones a las que había llegado en el año 1927 en el que establecía que "No había normas generales sobre la manera de identificar las manchas de sangre en las manos o en la ropa de los acusados". Este autor indica que para poder responder a la pregunta de por qué el acusado no tenía manchas de sangre teniendo en cuenta las lesiones que presentaba la víctima, hay que considerar todas las circunstancias del caso de forma particular. Asimismo, indica que incluso hiriendo a la víctima a puñaladas o seccionándole una arteria, no implica que el acusado tenga que tener sangre en las manos o la ropa.

Capítulo 10

Manchas de sangre como resultado de la actividad de los artrópodos (insectos)

10.1. INTRODUCCIÓN

La actividad de los insectos e incluso la de los animales llega a ser en ocasiones la primera señal de alerta ante la presencia de un cadáver, bien por homicidio, suicidio o por muerte natural o accidental. Tanto en lugar abierto por el vuelo de los buitres, como en lugar cerrado por el vuelo de las moscas alrededor del maletero de un vehículo, un cubo de basura, etc. nos puede estar indicando la presencia de materia orgánica en descomposición, lo que unido al mal hedor nos va a confirmar estos términos.

Existen aproximadamente 1.200.000 especies de artrópodos, de los que 15.000 de ellos, interactúan de forma directa o indirecta con el hombre. No obstante, de todas ellas, son los insectos y en especial las moscas (80.000 especies en todo el mundo), los que se alimentan de cadáveres y fluidos corporales, ya que cientos de ellas son necrófagas y, por tanto, son generalmente las responsables de los cambios y la deposición de manchas de insectos.

En este capítulo vamos a tratar la actividad de los insectos, si bien no desde un enfoque entomológico, sino desde un punto de vista del análisis de patrones de manchas de sangre y su relación con la reconstrucción de la escena del crimen. No obstante, se hará mayor hincapié en los dípteros ya que, aunque en teoría, potencialmente cualquier insecto que interactúe con el cadáver o sus fluidos corporales puede generar modificaciones en la escena del crimen, son precisamente varias especies de moscas necrófagas de la familia (Calliphoridae y Sarcophagidae) las que mayor confusión pueden llegar generar, por modificación o alteración del escenario.

10.2. ACTIVIDAD DE LOS INSECTOS

Los insectos existen en los ambientes terrestres de todo el mundo y con un número y diversidad de especies muy grande. Detectan un cadáver a gran distancia, por lo que van a estar presentes prácticamente en todas los escenarios criminales.

Precisamente la peculiaridad de los insectos radica en que son los más abundantes y diversos en cualquier hábitat ya que han colonizado todos los ambientes del planeta, constituyendo el 85% de la fauna presente en el cadáver. Algo más de tres cuartas partes del reino animal está constituido por insectos, y se estima que hay 200 millones por cada ser humano.

Cuando se produce una muerte, los insectos son los primeros en acudir al lugar ya que el cadáver es un recurso muy importante de energía para éstos, atraídos por la materia orgánica en descomposición y otros organismos que puedan estar presentes en el lugar, a la vez que constituye un ecosistema dinámico y único. Algunas investigaciones establecen que esta llegada se produce en los primeros minutos transcurridos tras la muerte.

Es aquí donde entra en juego la Entomología Forense, puesto que el estudio de estos insectos puede aportar información muy útil y variada en las investigaciones, no limitándose simplemente a estimar el intervalo post-mortem (IPM) o tanatocronodiagnóstico. El "abanico" de ventajas obtenidas a través de los insectos en investigaciones criminales es tan amplio que pueden llegar a abarcar entre otras:

1. Detección de medicamentos o drogas bioacumulados por los insectos al alimentarse del cadáver.
2. Establecer si un cadáver ha sido trasladado de lugar, a raíz de la información obtenida a través del insecto sobre la fauna, el desarrollo o la temporada.
3. Obtención de residuos de disparos a través de los tejidos de las larvas, cuando de otro modo no serían detectables en los restos humanos.
4. Identificación de personas a través de su ADN por los tejidos consumidos por los insectos necrófagos.

10.3. SUCESIÓN DE INSECTOS EN EL CADÁVER

La sucesión de estos insectos en el cadáver se va generando a través de la aparición de unas especies originadas por otras, y esta aparición a su vez está influenciada por multitud de factores ambientales y de las propias características de los insectos.

Podemos establecer entre los insectos, cuatro categorías que normalmente actúan en el cadáver:

10.3.1. Necrófagos

Consumen materia en descomposición, es decir, se alimentan del cadáver. En esta categoría se incluyen muchos de los dípteros (Calliphoridae y Sarcophagidae), y coleópteros (Silphidae y Dermestidae). Las especies de este grupo son utilizadas como indicadores para estimar el intervalo post mortem.

10.3.2. Necrófilos

En este grupo encontramos tanto parasitoides como depredadores especializados en las especies necrófagas. Esta categoría incluye muchos de los coleópteros (Silphidae, Staphylinidae, Histeridae), dípteros (Calliphoridae, Stratiomyidae), e himenópteros, parásitos de larvas y puparios de dípteros.

10.3.3. Omnívoros

En esta categoría se incluye cualquier tipo de insectos que se sienten atraídos por las condiciones del cadáver, como avispas, hormigas, etc., y se alimenta de los necrófagos, los necrófilos y del propio cadáver.

10.3.4. Oportunistas y accidentales

Dentro de esta cuarta categoría podemos establecer tanto a los oportunistas como a los accidentales:

Oportunistas: Aprovechan en el cadáver un lugar adecuado para su desarrollo.

Accidentales: No están directamente relacionados con el cadáver, pero se encuentran allí por azares del destino (arañas, ciempiés, ácaros, etc.).

Dentro de las especies de estos grupos, son los dípteros los que mayor problema representan para el APMS.

Figura 162. Clasificación de insectos que actúan en el cadáver

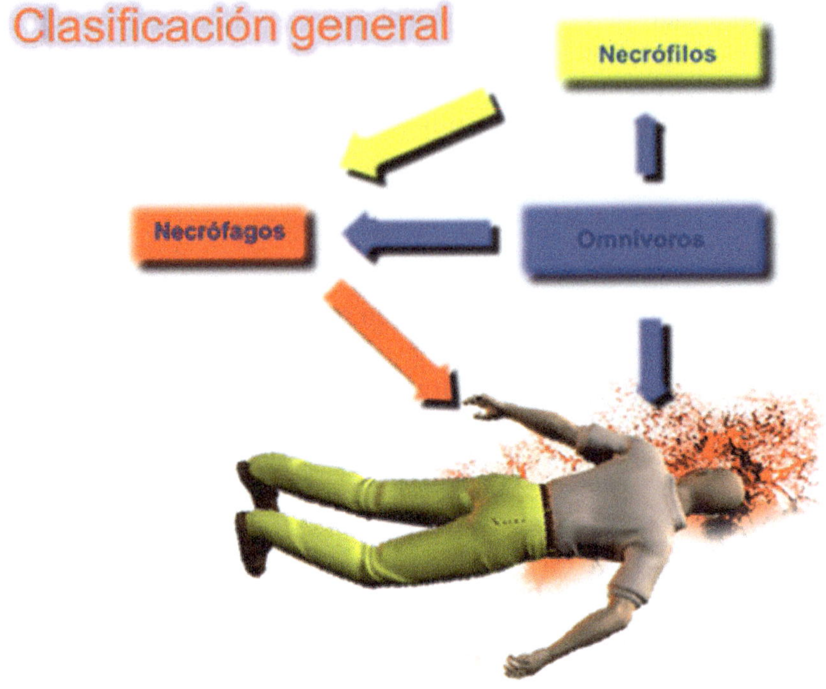

Fuente: Elaboración propia.

10.4. ACTIVIDAD DE LOS DÍPTEROS (MOSCAS)

Comprender la mecánica de las moscas que se alimentan de sangre y cuerpos en descomposición es esencial para una correcta interpretación de estas manchas. A modo de ejemplo, decir que la mosca del caballo (Hippobosca equina) se caracteriza por ser mordedora y la mosca doméstica común (Musca domestica) se especializa en lamer y chupar.

10.4.1. Ciclo de vida

Por lo tanto, vamos a comenzar conociendo su ciclo de vida, ya que realizan una metamorfosis completa, pasando por distintos estadios durante su desarrollo.

Figura 163. Representación gráfica del ciclo de vida de los dípteros

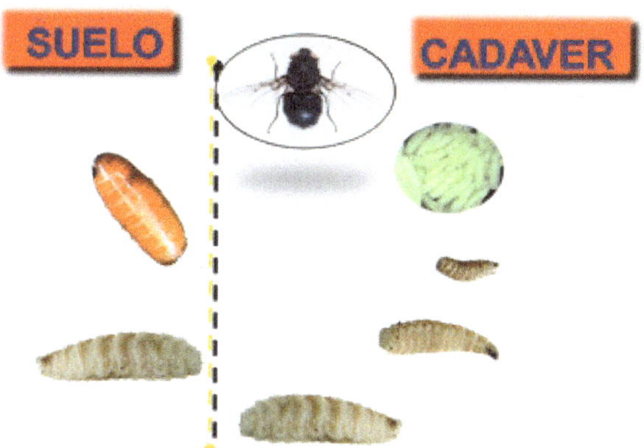

Fuente: Elaboración propia.

Los primeros en llegar al cadáver son los dípteros debido a que se sienten atraídos por los restos humanos, encontrándose entre éstos concretamente varias especies de moscas carroñeras de las familias Sarcophagidae, Calliphoridae, Muscidae y Phoridae. Estas moscas adultas buscan el cadáver como fuente de nutrientes para la provisión de huevos y la oviposición/larviposición sobre el cadáver, tanto en heridas como en ojos, labios y orificios como la boca o la vagina.

Figura 164. Representación gráfica de la llegada de los dípteros atraídos por los restos humanos

Fuente: Elaboración propia.

Una vez que han colonizado el cuerpo las larvas necrófagas se alimentan del cadáver, ya que son los principales consumidores de materia orgánica animal, pudiendo consumir hasta aproximadamente el 95% de la masa corporal mientras que van creciendo y pasando por tres estadios, hasta alcanzar el tercer estadio larvario.

Figura 165. Representación gráfica de las larvas alimentándose del cadáver

Fuente: Elaboración propia.

Cuando han terminado de alimentarse, la mayoría de las larvas de algunas de estas especies de moscas abandona el cuerpo y se dispersan migrando hacia áreas protegidas, y a una distancia corta del cadáver que normalmente no superan los 10 metros. (Mosca verde- Lucilia spp, Mosca Metálica Azul- Calliphora SPP, etc.). Por lo general, si es un sitio cerrado como una habitación, estarán debajo de alfombras, muebles, etc. donde finalmente se transformarán en pupas, conociéndose a la acumulación de grandes cantidades de éstas como puparios, siendo la etapa final del desarrollo de su metamorfosis. Finalmente se transforma en adulto o imago, desarrollándose la metamorfosis completa. Los artrópodos que sufren este tipo de metamorfosis son los más evolucionados y se les llama holometábolos.

Figura 166. Representación gráfica de las larvas tras migrar y transformarse en pupas

Fuente: Elaboración propia.

10.4.2. ¿Pueden las moscas alterar los patrones de manchas de sangre?

Llegados a este punto, debemos hacernos la siguiente pregunta: ¿pueden las moscas alterar los patrones de manchas de sangre? La respuesta es sí, las moscas pueden llegar a alterar la escena del crimen y por lo tanto confundir al analista de PMS.

En relación a este punto, y concretamente a las moscas existen numerosos estudios, entre ellos el de Fujikawa, Barksdale y Carter (2009) en el que publicaron un artículo basado en un experimento llevado a cabo sobre la mosca Calliphora vicina (Diptera Calliphoridae) y su capacidad para alterar la morfología de los patrones de manchas de sangre. El experimento se llevó a cabo en seis superficies distintas. La actividad alimentaria de la mosca alteró la forma de muchas manchas de sangre que se encontraban en el lugar, mientras que otras manchas de sangre fueron completamente eliminadas. La regurgitación y defecación dieron como resultado que se depositaran múltiples manchas nuevas en otras superficies.

Posteriormente Striman y cols. (2011) también publicaron un artículo sobre la alteración de los patrones de manchas de sangre, por la alimentación y defecación de la mosca Calliphora vicina y Lucilia sericata (Diptera: Calliphoridae).

Figura 167. Representación gráfica de distintos fotogramas donde moscas hematófafas ingieren sangre liquida, alterando la mancha de sangre hasta su completa eliminación

Fuente: https://www.youtube.com/watch?v=bl-ZTsgy6cU.

10.4.3. Alteración de PMS como consecuencia de la actividad larvaria

Y las larvas, ¿pueden alterar también los patrones de manchas de sangre? La respuesta también es sí, ya que cuando abandonan el cadáver para convertirse en pupa, pueden llegar a alterar la escena del crimen y por lo tanto confundir al analista de PMS.

En la siguiente secuencia de ilustraciones observamos que las larvas de la mosca abandonan una mancha de sangre creando un patrón completamente distinto al original. Si estos patrones no se saben interpretar correctamente pueden crear error o confusión en el investigador. Hay que tener en cuenta que este experimente se llevó a cabo con una pequeña cantidad de larvas, y que por lo tanto en un caso real el número de larvas hubiese sido mucho mayor y, por consiguiente la alteración del patrón también.

Las larvas cuando abandonan el cuerpo lo hacen en su mayoría de forma radial y se puede observar que durante su recorrido van dejando, producto del deslizamiento, unas marcas transversales a la dirección de la marcha como consecuencia de sus segmentos mamelonados.

A medida que se van deslizando y alejando van desprendiéndose de la sangre o de cualquier otro fluido corporal que lleve adherido en su cuerpo, y por consiguiente va disminuyendo progresivamente hasta desaparecer el rastro por completo. Este deslizamiento puede ser tanto por superficies horizontales como verticales (ejemplo. cadáver en una bañera), y va finalizando en una especie de hilo fino desvaneciendose progresivamente. Este patrón producido por las larvas migrando, podría ser malinterpretado por el investigador y confundirlo bien con un patrón de limpieza generado por terceros en un intento de mover el cadáver, e incluso producidos por la víctima durante la dinámica del suceso en sí, como por ejemplo el deslizamiento del cabello ensangrentado.

Figura 168. Representación gráfica de larvas abandonado una zona ensangrentada, alterando por completo el patrón de sangre

Fuente: elaboración propia (ensayo en laboratorio) https://www.youtube.com/watch?v=KCvCptJNAFw.

10.5. MANCHAS DE SANGRE VERSUS MANCHAS DE INSECTOS (PRINCIPALMENTE DÍPTEROS)

Normalmente se dice que los insectos no cometen crímenes, pero pueden contribuir a resolverlos. No obstante, en el caso del análisis de patrones de manchas de sangre (APMS) la actividad de estos insectos puede complicar la escena del crimen al distorsionar las pruebas de fluidos corporales existentes y por lo tanto obstaculizar la labor de los especialistas que desempeñan estas funciones. Esto se debe a que las manchas de sangre no son estáticas y pueden ser alteradas por la actividad de los insectos, principalmente en su fase líquida, y por consiguiente modificar o alterar la escena primaria, e incluso crear escenas secundarias con manchas difíciles de distinguir de las manchas de sangre humana o animal.

Por ejemplo: las moscas se alimentan de los fluidos humanos de un cadáver que se encuentra en el dormitorio de una vivienda y posteriormente se desplazan volando al salón donde existe mayor cantidad de luz, ya que muestran fototaxia positiva y se sienten atraídas por la luz natural —ventanas y puertas—, o artificial —bombillas. En las puertas, ventanas, paredes, etc., de ese salón regurgitan y defecan, produciendo manchas que, en tamaño, forma, color y morfología, van a ser muy similares a manchas generadas por salpicaduras, sangre espirada, etc. Se realizan pruebas presuntivas y dan resultado positivo a sangre (las pruebas químicas presuntivas habituales, como la fenolftaleína, el Hemastix®, violeta de leucocristal, luminol, fluoresceína, etc., pueden no diferenciarse entre las manchas de mosca y la sangre humana, siempre que estas manchas de regurgitación y defecación se deban a la alimentación de la mosca de sangre de la víctima, incluso ni la tipificación del ADN diferenciará entre los dos tipos de manchas).

Todo esto puede inducir a que un investigador poco experimentado o no familiarizado con la actividad de este tipo de insectos lleve a cabo un estudio inadecuado del lugar, que puede conducir a error, dando lugar a una incorrecta clasificación de patrones de manchas de sangre (PMS) y por consiguiente a una nefasta reconstrucción de lo sucedido.

Un ejemplo sería un caso con varios homicidios en un domicilio donde cada uno fue asesinado en una habitación distinta. Se encuentran varias manchas de mosca en una pared, y una vez analizadas resultan ser compatibles tras análisis de ADN con las de una de las víctimas que se hallaba en otra habitación. Si el investigador no sabe distinguir estas manchas de las de sangre, podría establecer que la otra persona también interactuó con el agresor y fue herido en esa habitación, lo que perjudicaría la fase reconstructiva. Por el contrario, si se sabe interpretar correctamente nos puede sugerir que la sangre fue depositada por la actividad de las moscas después de alimentarse en otra habitación.

Esta alteración de la escena por parte de los insectos puede ir desde su actividad locomotora, desplazándose sobre el propio cuerpo de la víctima, su ropa, o la escena en sí, hasta la propia actividad alimenticia o la propia defecación, ya que la sangre puede no ser digerida completamente antes de expulsarla, lo que generaría que la materia fecal se parezca a la sangre humana tanto en su aspecto como en su química.

De la definición de mancha de insecto, recogida en la terminología del Informe técnico ASB 033 y por el Grupo de Trabajo Científico para el Análisis de Patrones de Manchas de Sangre (SWGSTAIN), se desprende que tienen cabida tanto las manchas de nueva creación generadas por los insectos, como las modificaciones realizadas en manchas ya existentes. Recordemos que este organismo las definía como aquellas manchas de sangre producidas como resultado de la actividad de los insectos. Esta interpretación tan genérica engloba a cualquier insecto que interactúe con un cadáver o con sus fluidos corporales exudados, siendo la tipología más común las moscas (Diptera), las hormigas (Orden Hymenoptera) y las cucarachas (Blattodea).

Esta relación entre los insectos (especialmente las moscas) y las manchas de sangre existe desde mediados del siglo XIX, y se basa en poder establecer una distinción de si la mancha de sangre hallada en una escena es sangre pura o mancha de insecto, ya que a priori son prácticamente indistinguibles al ser morfológicamente muy similares a las manchas de sangre por impacto, proyectadas, estornudadas y espiradas. Esta similitud complica el APMS, pudiendo llevar a confusiones erróneas que a día de hoy no debería tener cabida en esta disciplina.

10.6. MÉTODOS DE DIFERENCIACIÓN (DÍPTEROS)

En la actualidad y dado que son los que mayor problema le plantean al análisis de PMS, existen distintos métodos para poder establecer las diferencias entre la actividad de las moscas y las manchas de sangre.

Tradicionalmente han sido tres los métodos utilizados de análisis: visual, contextual y químico. Estos métodos, por sí solos y debido a la amplia gama de manchas de mosca, resultan no ser concluyentes dependiendo en gran medida de la experiencia del analista, por lo que es necesario auxiliarse de otros métodos para poder llevar a cabo una correcta individualización.

Nuevos avances científicos y tecnológicos han permitido que en la actualidad existan otros métodos de diagnósticos más avanzados, algunos de ellos en estudio, que junto a los métodos tradicionales y unido a la experiencia del investigador pueden llegar a establecer de una forma mucho más fiable y científica un diagnóstico diferencial entre una mancha de sangre y la producida por la actividad de la mosca.

10.6.1. Métodos tradicionales

Seguidamente se llevará a cabo un breve resumen sobre estos métodos tradicionales, realizándose en un apartado posterior un análisis más profundo sobre estos métodos que nos ayude a identificar y diferenciar estas manchas de las de sangre lo más estrictamente posible.

10.6.1.1. Análisis visual

Este método se basa en un estudio individual de la mancha referente a su morfología, tamaño, forma, color, relación cola-cuerpo, reflectancia, etc. Aquí el aspecto de la mancha es fundamental, ya que se tiene en cuenta su aspecto en relación a lo que cabría esperar de los patrones de manchas de sangre que producen este tipo de patrones.

Figura 169. Diagrama de flujo (análisis visual) que muestra cómo se puede distinguir una mancha de mosca regurgitada o defecada, de una mancha de sangre en una superficie lisa y no porosa

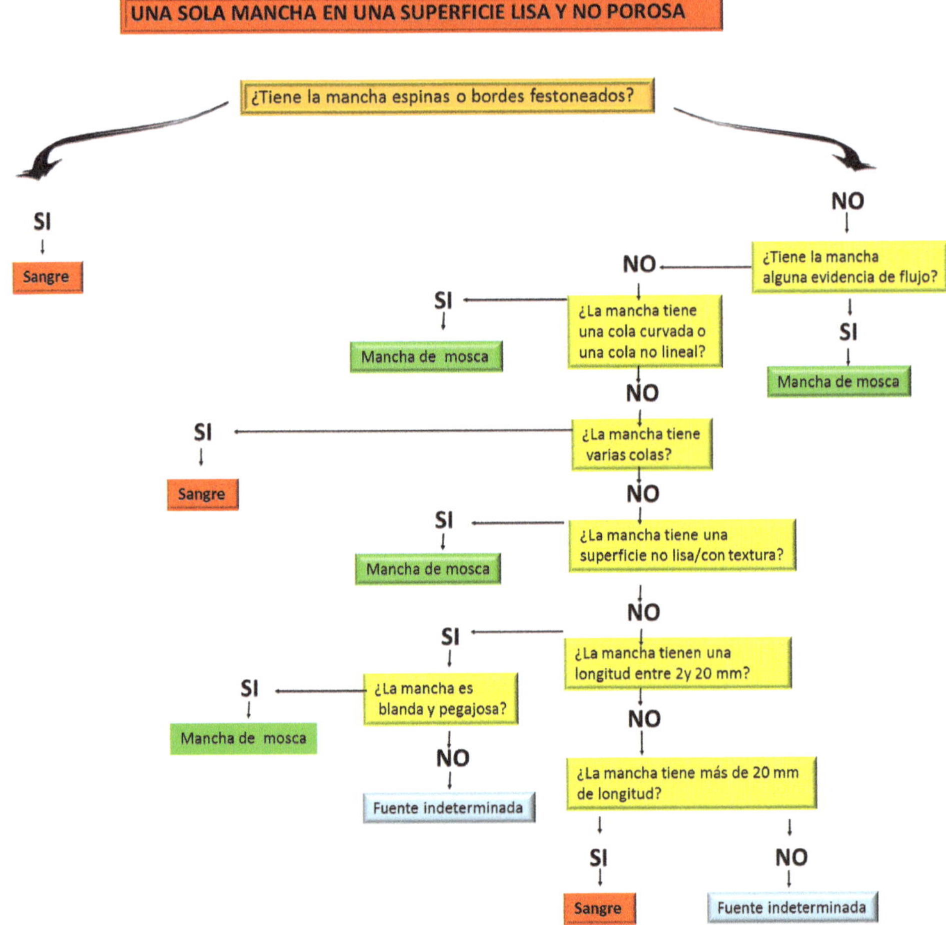

Fuente: Elaboración propia, reproduciendo el diagrama de flujo Durdle, A. y otros 2013.

10.6.1.2. Análisis contextual

Se refiere a la ubicación y tipo de manchas dentro del contexto de la escena del crimen. Es decir, abarca el análisis visual de las manchas individuales y su relación entre sí, en conjunto con el estudio de la escena. Por ejemplo, cuando las manchas encontradas en una superficie no guardan relación alguna con el tipo de lesión que presenta la víctima, como pueden ser manchas similares a las producidas por salpicaduras de impactos cuando la víctima no presenta ninguna lesión compatible con este tipo de salpicaduras.

Figura 170. Diagrama de flujo que muestra cómo se puede distinguir un grupo manchas regurgitadas o defecadas de moscas, de un patrón de manchas de sangre en una superficie lisa y no porosa

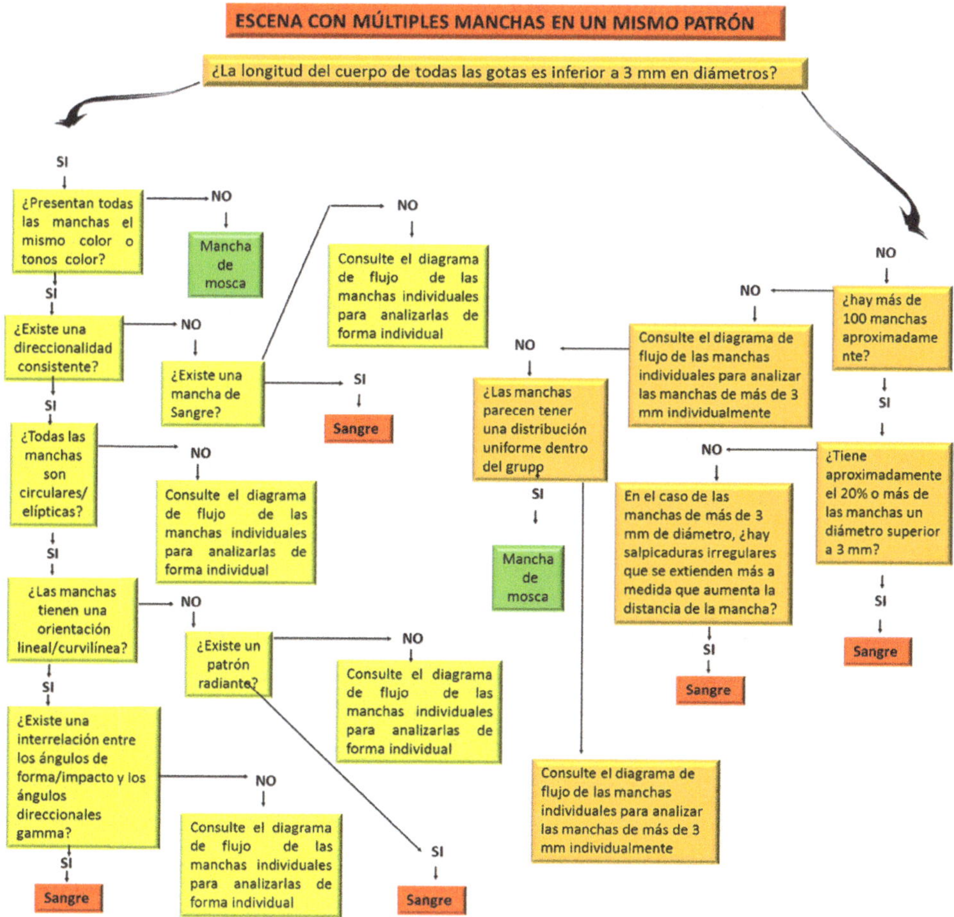

Fuente: Elaboración propia, reproduciendo el diagrama de flujo de Durdle, A. y otros 2013.

10.6.1.3. Análisis químico

Estos análisis se realizan sobre las manchas para establecer si se tratan o no de sangre, aunque en los casos de regurgitación y defecación lo más probable es que procedan de la sangre de la víctima por lo que darían positivo a la presencia de sangre. Incluso si posteriormente se lleva a cabo una prueba de ADN, podría producir un perfil genético de la víctima.

10.6.2. Métodos avanzados

10.6.2.1. Método inmunodetección

Esta técnica consiste en detectar y localizar antígenos utilizando anticuerpos que los reconozcan específicamente. Para este estudio se desarrollaron tres antisueros policlonales a partir de tres secuencias de aminoácidos de la catepsina D (proteína) que fue clonada a partir de larvas de tercer estadio de la mosca doméstica. De los tres antisueros utilizados, el suero anti-md3 fue el que mostró la mayor reactividad ante las manchas procedentes del tracto digestivo (regurgitación y defecación) generadas por la mosca Protophormia terraenovae. Sin embargo, las manchas que tenían los niveles de antígeno (enzimas digestivas) por debajo del umbral inferior necesario para el reconocimiento de los antisueros dieron lugar a un falso negativo (Rivers y otros 2018).

Nuevos ensayos con el mismo método, Dot blot (técnica colorimétrica para detectar, analizar e identificar proteínas) con suero anti-md3 demostraron reacciones positivas entre el antisuero y los artefactos producidos por 27 especies de moscas que representaban a 9 familias. De ellas, las manchas generadas por 4 especies de moscas no se unieron al antisuero, lo que se explicó por concentraciones de antígeno (catepsina D) por debajo de los niveles de detección colorimétrica utilizada en los ensayos de dot blot. Por el contrario, dos especies de moscas que no eran necrófagas o saprófagas sí reaccionaron al suero antimd3. Destacar que la sangre humana y bovina no reaccionó con el antisuero, lo cual muestra su alta especificidad para distinguir las manchas de mosca de las producidas por sangre humana o de otros mamíferos. Este método indica que el suero anti-md3 puede ser utilizado como prueba de confirmación, llegando incluso a reaccionar con manchas de 3 a 7 años de antigüedad (Rivers y otros 2018),

10.6.2.2. Método molecular

Este otro método ha sido publicado recientemente por Bini y otros en 2021. Consiste en detectar el ADN de las moscas a partir de sus manchas regurgitadas o defecadas para distinguirlas de las manchas de sangre humana, por lo que podemos considerarlo como un método confirmatorio ya que ha mostrado una alta sensibilidad. El método utilizado se basó en el análisis de la subunidad I[12] del fragmento del gen marcador citocromo oxidasa (COI) del ADN mitocondrial.

El estudio se llevó a cabo con manchas en condiciones experimentales depositadas en paredes y vidrío por la mosca Calliphora vomitoria, tras alimentarse de sangre humana. Se obtuvieron resultados positivos para el 94% de las muestras analizadas, independientemente de la morfología y el tipo de color de las manchas. Se cree que el 6% de resultados negativos podría deberse a la escasa cantidad de material biológico de la mosca ya que no sería apto para la amplificación del ADN.

10.6.2.3. Método microscopía electrónica de barrido (SEM)

Pelletti y otros (2019) fueron los primeros en utilizar este microscopio para establecer diferencias entre sangre humana y manchas depositadas por las moscas. En condiciones de laboratorio se examinaron manchas producidas por Sarcophaga carnaria, ampliándose este estudio en 2021.

Este microscopio es un instrumento que proporciona imágenes tridimensionales fiables para identificar rasgos distintivos de la morfología externa de las manchas de mosca producidas por regurgitación y defecación en superficies duras como metal, vidrio o yeso, permitiendo la observación y caracterización de este material orgánico, mediante contraste topográfico o composicional. Sin embargo, los resultados experimentales en laboratorio, establecen que en los tejidos como el algodón y el poliéster las pruebas no son concluyentes.

Como resultado de estos estudios, se concluyó que las manchas depositadas en superficies duras (no textiles) procedentes del tracto digestivo de la mosca (regurgitación y defecación) presentaban rasgos diferenciales con las manchas de sangre humana. Estos rasgos consisten en que en las

---

[12] La subunidad I (COI o MT-CO1I) es una de las tres subunidades codificadas por el ADN mitocondrial, siendo principalmente utilizada para la identificación taxonómica de diversos grupos ente ellos los insectos. (Porter et al., 2014)

manchas de las moscas se observan cristales amorfos, microcristales con morfología similar a los del ácido úrico, o a la del colesterol. Asimismo, los glóbulos rojos no estaban presentes en estas manchas.

Figura 171. Diagrama de flujo que muestra cómo se puede distinguir un artefacto de mosca de una mancha de sangre mediante el análisis ultraestructural por MEB

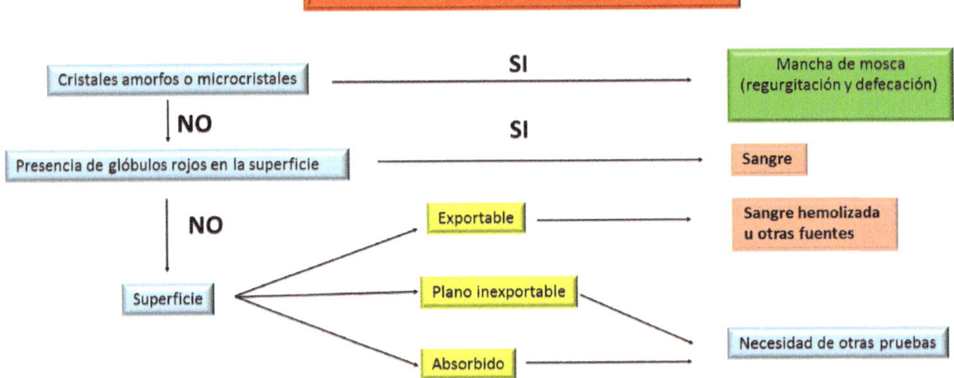

Fuente: Elaboración propia, reproduciendo el diagrama de flujo de Durdle, Pelletti, G. y otros 2021.

10.7. TÉCNICAS A EMPLEAR PARA DIFERENCIAR MANCHAS O PATRONES PRODUCIDOS POR LA ACTIVIDAD DE LAS MOSCAS, DE LOS PATRONES DE MANCHAS DE SANGRE GENERADOS POR LA ACTIVIDAD HUMANA

10.7.1. Introducción

Frecuentemente el analista se encuentra en la escena del crimen con patrones por salpicadura de impacto. El primer problema que se le plantea es establecer su clasificación ya que en ocasiones pueden hallarse escenas donde la actividad de los dípteros (moscas) pueden generar confusión al analista por su similitud, tanto por encontrarse localizados de forma individual, como mezclados con otros patrones procedentes de palizas, disparos, etc.

Es aquí, donde la actividad de las moscas, aunque no son verdaderas salpicaduras, pueden ser una posible fuente de confusión y ser confundidas con los patrones por salpicadura de impacto. Debido a las pequeñas manchas que pueden producir cuando acuden a la escena de un suceso violento pudiendo confundirse con las que se formarían por salpicaduras de impactos generadas por la actividad humana. La antigua clasificación de PMS establecía los impactos de baja, media y alta velocidad, siendo confundidas la actividad de los insectos con los dos últimos. Por ejemplo, la actividad de las moscas puede generar pequeñas manchas de material sanguíneo, que a menudo son de un milímetro o menos de diámetro y confundidos con impactos (alta velocidad). Asimismo, las manchas dejadas por las moscas al excretar tienen las mismas características básicas que muchos patrones producidos por golpes y otros impactos de media velocidad, ya que las moscas al defecar tocan con la punta del abdomen la superficie y andan depositando las citadas manchas, no obstante, éstas pueden ser fácilmente reconocidas por un analista capacitado.

A este respecto Benecke y Barksdale (2003) llevaron a cabo un estudio para distinguir las manchas de sangre de las manchas depositadas por las moscas. En este estudio analizaron tres casos de muertes violentas en los que examinaron las manchas presentes en la escena del crimen y las compararon con pruebas que ellos realizaron en el laboratorio con la mosca Calliphora vicina. Como resultado sugirieron una serie de técnicas para diferenciar las manchas de sangre de las manchas depositadas por las moscas.

Por su parte, Durdle, Oorschot, y John Mitchell (2013), del Departamento de Genética de la Facultad de Ciencias Moleculares de la Universidad de La Trobe, en Victoria (Australia), publicaron un estudio sobre la morfología de las manchas depositadas por la mosca Lucilia cuprina. Estas moscas previamente habían sido alimentadas con sangre. En este estudio se examinaron 6.645 manchas sobre una superficie lisa y no porosa, depositadas por la mosca Lucilia cuprina. Estas manchas depositadas mediante regurgitación y defecación fueron comparadas con manchas de sangre en distintas superficies, encontrando entre ambas similitudes y diferencias.

Dicho lo anterior, queda claro que cuando las moscas se encuentran en la escena, se alimentan de sangre u otros fluidos corporales o exudados que son producidos durante la descomposición. Posteriormente la mosca puede producir unos patrones al regurgitar, por material fecal o arrastre (transmisión mecánica) y de esta forma crean pequeñas manchas que pueden confundir al investigador. Por lo tanto, para comprender la mecánica de las moscas que se alimentan de sangre y órganos en descomposición, es esencial un correcto análisis de estas manchas de sangre por un analista capacitado.

10.7.2. Regurgitación

Las moscas ingieren sangre que regurgitan después sobre cualquier superficie, para que las enzimas la descompongan y posteriormente regresan a las áreas de sangre regurgitada y consumen una porción de ésta sangre. Un indicativo de que es sangre regurgitada de la mosca, es que estas manchas son simétricas.

Figura 172. Mosca regurgitando

Fuente: Imágenes extraídas de fuentes abiertas en internet.

Algunas de estas manchas pueden presentar cráteres producto de la actividad de succión de la mosca debido a sus piezas bucales, concretamente a la acción de succión de su probóscide. En este tipo de especies de moscas no hematófagas (Calliphora y Sarcophaga) al ser chupadoras, su probóscide es blanda, extensible y formada por tres segmentos: rostrum, haustelo y labela. Ésto provoca que, al succionar las manchas de sangre, en su cúpula genere cráteres en forma de domo (estructura volcánica en forma de cúpula), que están rodeados por bordes elevados con perímetro oscuro, por lo que pueden llegar a reconocerse, siendo su área central más clara.

La superficie es irregular y reflexiva y pueden llegar a tener como tamaño un diámetro de 1 mm o menos, sin área de convergencia. Es decir, no nos va a permitir trazar un área de convergencia y por lo tanto es otro indicativo de que nos encontramos ante un patrón de regurgitación.

Figura 173. Representación gráfica de mosca generando cráter en mancha de sangre como consecuencia de la acción de succión de su probóscide

Fuente: Elaboración propia.

10.7.3. Material fecal

¿Qué tipo de patrones puede llegar a producir la materia fecal?

La sangre ingerida por las moscas no se digiere completamente antes de la defecación e incluso puede pasar a través de su sistema digestivo sin degradarse. Esto puede producir puntos redondos, simétricos y asimétricos, de entre 1 y 2 milímetros de diámetro, que pueden presentar tres niveles de pigmentación, siendo respectivamente cremosos, marrones y oscuros, lo cual nos indica que se deben a la actividad de los insectos, concretamente a la actividad fecal de la mosca y no a un patrón de manchas de sangre.

Otro indicador de la presencia de materia fecal, sería una distribución aleatoria, característica que nunca estaría presente en un patrón de impacto. Se produce debido a que la mosca se posa de forma aleatoria sobre una superficie depositando su materia fecal, lo cual, añadido a distinto tipo de coloración, es lo que en su conjunto nos va a determinar que nos encontramos ante la actividad de la mosca, ya que no se corresponde con ningún tipo de patrón de manchas de sangre y si producto de la actividad de los insectos.

Figura 174. Representación gráfica de manchas de sangre defecadas por las moscas en la pared donde se puede observar que las manchas están de forma aleatoria, lo cual sería otro indicar de materia fecal de las moscas

Fuente: Elaboración propia realizada en ensayo de laboratorio.

10.7.4. Arrastre (transmisión mecánica)

Otra forma de identificarlas, sería por el arrastre, es decir, el deslizamiento debido a la defecación del material derivado de la digestión de la sangre o fluidos en descomposición presentes en la escena del crimen. Si bien es cierto que algunas especies de moscas no producen ese patrón de deslizamiento al defecar, otras si lo producen y van a generar dos segmentos: un cuerpo y una cola. La cola puede tener forma tanto de espermatozoide, como de lágrima, de serpiente, de renacuajo o bien de doble onda.

Su tamaño puede llegar a ser aproximadamente entre 4,8 a 9,2 mm., y la relación entre la cola y el cuerpo es mayor que uno. Asimismo, esta transmisión mecánica originada por el arrastre de la mosca al defecar presenta en su formación una estructura lineal ondulada e irregular que la va a hacer muy característica. Esto nos indica que no hay velocidad, ya que las mosca al defecar se mueven, se paran y se van deslizando, con lo cual se generan esas colas con distintas formas de lagrima, serpenteantes, etc., donde no se aprecia velocidad alguna.

Figura 175. Materia fecal de las moscas donde se puede observar el arrastre, puntos redondos sin arrastre y los tres niveles de pigmentación

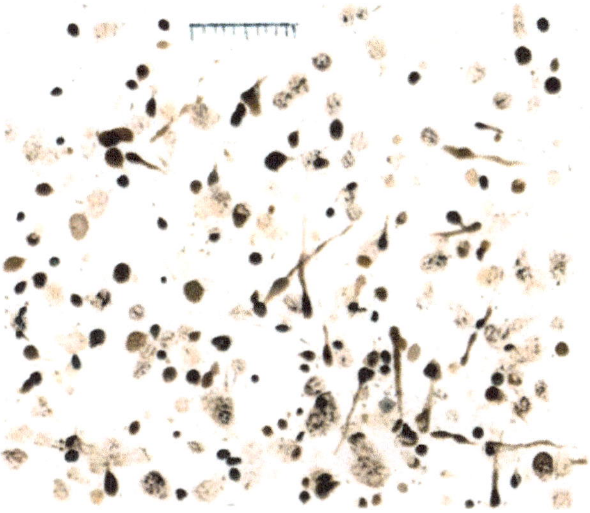

Fuente: Byrd, J.H., y Castner, J.L. (2009).

10.7.5. Área de convergencia

El área de convergencia es otro elemento que nos está indicando que nos encontramos ante la actividad de los insectos y no ante patrones de manchas de sangre producidos por la actividad humana.

Recordemos que, al hablar del área de convergencia en los patrones de manchas de sangre, se establecía que era el lugar de donde partían las gotas de sangre, pero representadas en un plano de dos dimensiones, y que dicha área podía ser hallada a través de la direccionalidad de varias gotas de sangre, siendo necesario para ello trazar un eje de simetría desde el extremo más puntiagudo hasta extremo opuesto...

Pues bien, aplicado lo anterior a la actividad de los insectos, cuando estos presenten transmisión mecánica por arrastre al defecar sobre las superficies en las que se han llevado a cabo estas actividades, se puede trazar dicho eje de simetría y se podrá comprobar que el área de convergencia no queda definida y sí de forma aleatoria.

En las siguientes ilustraciones, hemos seleccionado y rodeado con circulo azul (imagen izquierda), una serie de manchas producidas por transmisión mecánica de la mosca al defecar. A continuación (imagen derecha) le hemos trazado el área de convergencia desde el extremo más puntiagudo hacia el extremo opuesto y podemos comprobar lo dicho anteriormente, es decir, que no se define área de convergencia, por lo que nos está indicando que se trata de la actividad de la mosca por defecación.

Figura 176. Representación gráfica de elaboración propia (flechas y círculos). Se puede comprobar que no hay área de convergencia en manchas de sangre defecadas por las moscas en la pared

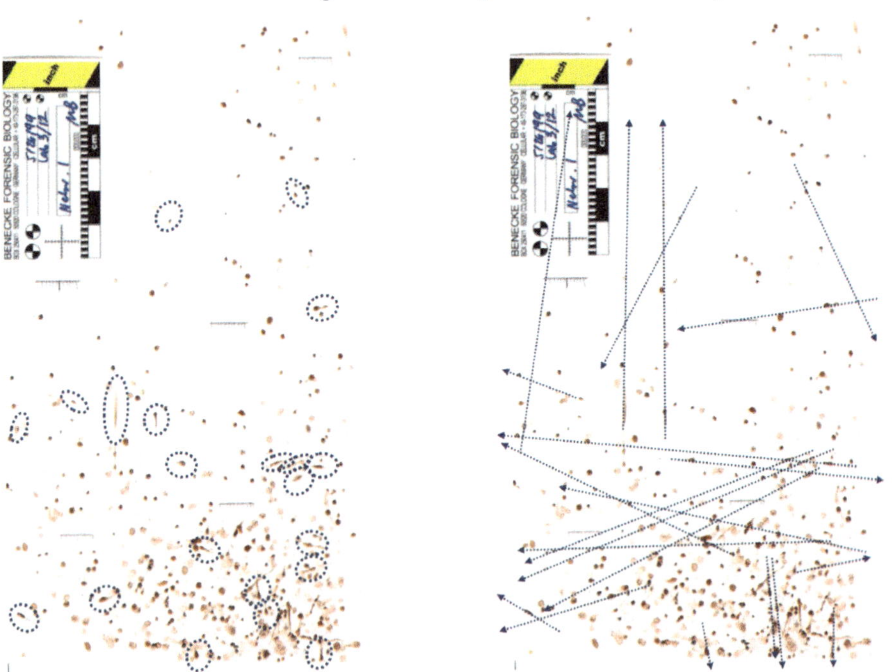

Fuente: Imágenes extraídas de Byrd, J.H., & Castner, J.L. (2009).

Seguidamente se pone un ejemplo de un impacto real, en el que podemos comprobar que sí existe área de convergencia, siendo el círculo el área de convergencia, y el punto rojo central lo denominaremos como el centro del área de convergencia.

Figura 177. Representación gráfica del área de convergencia generada por salpicaduras de sangre en la pared

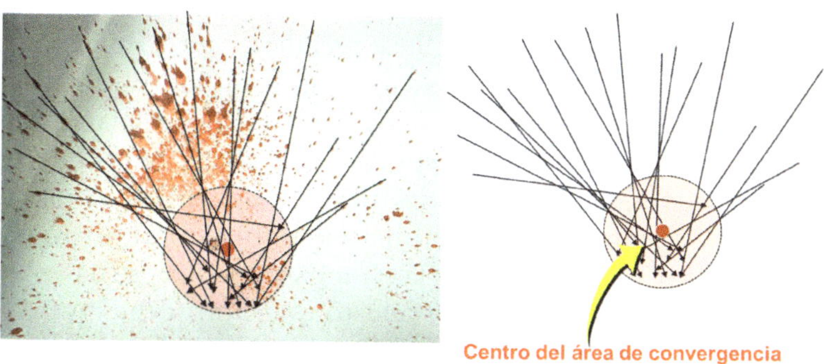

Fuente: Elaboración propia.

Finalmente, vamos a hacer una comparación entre el área de convergencia de un impacto producido por la actividad humana (imagen derecha) y la actividad por transmisión mecánica de los insectos al defecar (imagen izquierda), donde se puede comprobar la diferencia entre ambas.

Figura 178. Representación gráfica donde se aprecian las divergencias de las manchas producidas por la actividad de las moscas y las convergencias generadas por salpicaduras de sangre con mismo área de origen

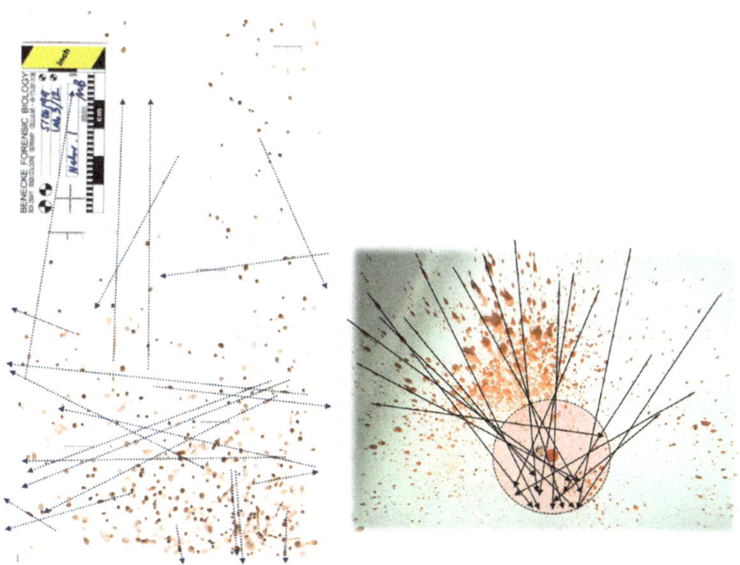

Fuente: Imagen de la izquierda extraída de Byrd, J.H., y Castner, J.L. (2009). Imagen de la derecha elaboración propia.

10.7.6. Otra posible fuente de contaminación de las moscas

En ocasiones, la transmisión mecánica desde una zona ensangrentada a una superficie libre de sangre se lleva a cabo a través de las patas de las moscas, siendo descrito por primera vez en la literatura en el año 1856 por Lassaigne, tras observar las manchas dejadas por éstas en el hierro y el acero. Estas moscas pueden transportar, trasladar y depositar sangre en distintas partes al posarse en cualquier tipo de superficies, tanto verticales, como horizontales o invertidas que pueden confundir al investigador con manchas de impacto. En principio las huellas dejadas por las patas de las moscas son difíciles de discriminar, puesto que no producen patrones repetibles y por tanto distinguibles específicamente, siendo aislados, pequeños y poco uniformes. Se debe a que puede que la mosca no tenga todas las patas contaminadas de sangre, o no se pose en la superficie con las seis patas, o al hacerlo lo haga sólo con los dos pares de patas traseras mientras que con el primer par se pueden limpiar los ojos, o pueden descansar con los dos primeros pares de patas, utilizando el par trasero para limpiarse el abdomen. Por lo tanto, las gotas de sangre producidas por insectos pueden ser difíciles de distinguir de las gotas de alta velocidad que se producen durante la comisión de un delito.

Ahora bien, en el caso de que usen las 6 patas y estén contaminadas con sangre, pueden ser repetibles, y en ese caso tendremos que tener en cuenta que pueden presentar un patrón lineal de tres pares de gotas en cada fila separadas entre 0.5 y 1.75 cm.

Figura 179. Representación gráfica de indicadores de otras posibles fuentes de contaminación de las moscas

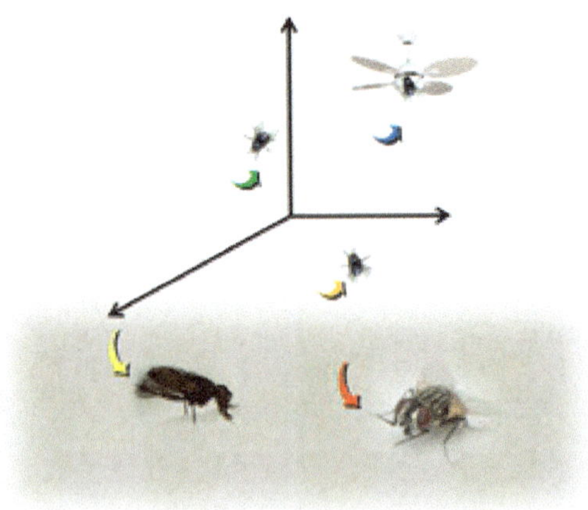

Fuente: Fuente: Elaboración propia.

10.8. CONSIDERACIONES A TENER EN CUENTA ANTE POSIBLE ACTIVIDAD DE LAS MOSCAS

1. Se debe de documentar cualquier actividad de vuelo observada en una escena, con fotografías y anotaciones escritas. A este respecto, debemos tener en cuenta que es muy probable hallar moscas, ya que estarán presentes en las escenas siempre y cuando sea posible que tengan acceso al lugar; siempre que exista una fuente de alimentación; o bien, si no pueden abandonar el lugar, mientras estén atrapadas.

   Por eso, es importante que por parte de la primera fuerza uniformada que llegue a la escena, si observan moscas, o si se abren puertas o ventanas y las moscas abandonan, deberían de hacerlo constar al objeto de que el analista de PMS, tenga conocimiento de ello a la hora de realizar el estudio de patrones de manchas de sangre. El analista en caso de duda, siempre debe de actuar como si se tratase de la actividad de los insectos.

2. Al igual que en el punto anterior, se deben de documentar las áreas en la que se observen las manchas, tanto con anotaciones escritas como fotográficamente.

3. Debemos de considerar si existe una relación lógica de las manchas con la escena, es decir, si existe en el lugar evidencia de material en descomposición, moscas, larvas, etc.

4. ¿Existe una relación lógica de las manchas con los eventos?, es decir, la naturaleza de las heridas de la víctima/as son compatibles con esos patrones; las manchas de sangre están presentes en áreas que no están relacionadas con los sucesos; se observan algunos patrones donde por sus características, debería aparecer masa encefálica, pelo etc., y están ausentes.

5. Finalmente, debemos de tener en cuenta que los patrones producidos por las moscas pueden estar presentes en cualquier zona, ya que, al contrario de la creencia popular, no tienen por qué estar solo en áreas iluminadas, aunque a menudo se suelen concentrar cerca de un fuente de luz, paredes de colores claros, en zonas próximas a ventanas y espejos, etc.

10.9. LUZ FORENSE VS. ANÁLISIS QUÍMICO PRESUNTIVO

Cuando las moscas regurgitan o defecan, lo que expulsan es la sangre que previamente han ingerido de la escena de un presunto hecho delictivo con derramamiento de sangre. Para detectar la presencia de sangre humana, se llevan a cabo "in situ" análisis químicos presuntivos empleados para tal fin. Estos test presuntivos no son capaces de distinguir entre manchas de sangre por salpicadura de impacto de la actividad humana y las manchas regurgitadas producto de la actividad de la mosca. Asimismo, y debido a que el material fecal se asemeja a la sangre tanto desde un punto de vista biomolecular como químico, también darían resultados positivos a las pruebas presuntivas. Esto es perfectamente comprensible, toda vez, que la sangre que la mosca defeca o regurgita es la propia del cadáver y por lo tanto va a dar con un índice de probabilidad muy alto positivo a sangre de origen humano.

Figura 180. Representación gráfica de análisis químico presuntivo

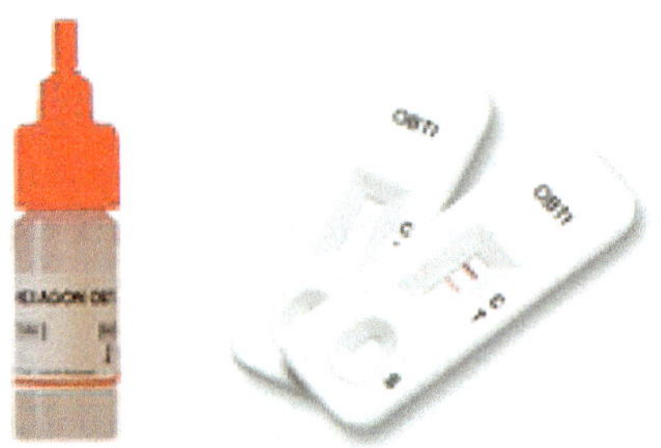

Fuente: Elaboración propia.

A este respecto, Byrd y Castner en el año 2009, ya indicaban que, si las moscas se alimentan de sangre humana, el material de líquido fecal depositado dará resultado positivo a sangre humana si se lleva a cabo una prueba presuntiva en el lugar.

Igualmente Fujikawa, Barksdale y Carter (2009), en el artículo ya citado anteriormente, llevaron a cabo experimentos sobre la mosca Calliphora vicina (Diptera Calliphoridae) y su capacidad para alterar la morfología de los patrones de manchas de sangre. También lo hicieron sobre su capacidad para alterar las pruebas presuntivas en patrones de manchas de sangre. En este experimento, que tal como se indicó anteriormente se llevó a cabo en seis superficies distintas, se utilizaron cuatro tipos de pruebas presuntivas de sangre: fenolftaleína, leucocrystal violeta, Hemastix, y fluoresceína. El resultado fue que de los análisis químicos presuntivos no fueron capaces de distinguir entre las manchas de sangre y las manchas defecadas, no obstante, estas últimas fueron identificadas fácilmente por la forma de la cola, en el caso de que hubiera arrastre, y por fluorescencia bajo luz azul-verde (465nm), aplicando un filtro naranja.

Como hemos ido viendo a lo largo de este capítulo, la actividad de las moscas puede influir negativamente en la escena del crimen si no se lleva a cabo un correcto análisis. Todo no es desfavorable, ya que puede ser una fuente adicional de ayuda en la investigación.

EJEMPLO:

Supongamos que se comete un homicidio y retiran el cuerpo de la víctima del lugar de los hechos y posteriormente limpian la zona. La policía encuentra el cuerpo de la víctima en otro lugar, detienen a una persona como presunto autor y tiene sospechas de que la víctima falleció en el domicilio del presunto autor. Si ha existido activad de las moscas sobre la sangre del cadáver en algunas de sus modalidades: defecación, regurgitación, e incluso transferencia con sus patas, es muy probable que queden estas evidencias en lugares que no hayan sido limpiadas (no olvidemos que estas manchas son depositadas de forma aleatoria y pueden estar en cualquier parte del inmueble). Tras una exhaustiva búsqueda, si estas evidencias son localizas por los analistas de la escena del crimen, es posible vincular a la víctima con el lugar y por consiguiente con el presunto autor. Recordemos que los análisis químicos presuntivos no fueron capaces de distinguir entre manchas de sangre y manchas defecadas, pero estas manchas en sus tres modalidades, son una fuente de ADN humano que nos van a permitir identificar a la víctima y por tanto relacionarla con el lugar indicándonos la perpetración de un hecho violento en el mismo. La cantidad de ADN que se pueda extraer va a depender del material biológico hallado generando la posibilidad de poder obtener un perfil forense relevante para la investigación. Incluso 300 días después de depositarse estas manchas en la escena de un crimen por defecación o regurgitación, es posible obtener un perfil de ADN de la víctima, e incluso del sospecho si éste resultó herido durante la agresión, pudiendo incluso ser esta la única fuente de información para la obtención ADN.

10.10. ALTERACIONES PRODUCIDAS POR OTROS ARTRÓPODOS

En muchas ocasiones, la transmisión mecánica de fluidos corporales desde una zona ensangrentada a una superficie libre de sangre no solo se puede producir a través de la actividad de las moscas, aunque sí es cierto que este es el patrón más difícil de distinguir. También se puede producir esta transmisión mecánica a través de las cucarachas, o las pulgas, entre otros.

10.10.1. Pulgas (sifonápteros)

Las pulgas pueden llegar a producir patrones que generen confusión con salpicaduras de impacto, producidas por ejemplo por heridas de bala (inferiores a 1 mm.).

Son insectos de pequeño tamaño que miden aproximadamente entre 2 y 3 milímetros de largo, son muy ágiles y se alimentan de sangre, pudiendo llegar a sobrevivir más de un año. Si bien no tienen alas, poseen unas patas muy largas que les permiten saltar a una distancia considerable.

Como están activas durante todo el día, pueden alimentarse varias veces a través de su aparato bucal chupador-picador, saltando justo después de haber picado a su víctima.

Aunque no existen pulgas específicas de los seres humanos, sí es cierto que pueden tener un impacto directo sobre éstos, toda vez que las pulgas pueden estar presentes en animales domésticos.

Teniendo en cuenta lo anterior, es decir, que se alimenta de mamíferos vivos (tanto animales como humanos), y que es probable que se encuentren en algunas viviendas pudiendo formar enormes poblaciones en un periodo muy corto de tiempo, puede llegar a vincularse a un victimario con la víctima. El presunto agresor no tendría que permanecer mucho tiempo dentro del domicilio para que las pulgas presentes en la escena comenzarán a alimentarse y seguidamente saltarán y abandonarán al victimario. De esta forma, la sangre humana pasaría a los sustratos de la escena, ya que estas gotas de sangre sirven como fuente de alimento para sus larvas.

En este caso como en el de las moscas, si se realizaran pruebas presuntivas tanto de esas gotas de sangre, como de la materia fecal de las pulgas, daría resultado positivo a sangre humana.

Un indicador para tratar de discriminar la actividad de la pulga, de la actividad humana, sería buscar en zócalos, molduras, alfombras, etc., presentando la materia fecal aspecto de aerosol fino.

10.10.2. Cucarachas (Blattodea)

A menudo, la transmisión mecánica desde una zona ensangrentada a una superficie libre de sangre se puede llevar a cabo también a través de las patas y el abdomen de las cucarachas.

Las cucarachas pueden producir gotas de sangre cuando sus tarsos entran en contacto con esta sustancia y al caminar pueden dejar un rastro lineal de tres gotas en cada fila, separadas entre 2 y 3 cm. aproximadamente. El tamaño de estas gotas es mayor que el de las producidas por las patas de las moscas.

También pueden generar otro patrón a través de su abdomen, ya que al impregnarse de sangre y desplazarse, produce una marca de arrastre central causada por la cucaracha arrastrando su abdomen mientras camina.

En estos casos, el patrón que generan se puede distinguir fácilmente, observando la marca de arrastre en el centro, causado por el arrastre de su abdomen cuando camina y el tarso de sus patas.

Figura 181. Rastro dejado por la cucaracha al desplazarse

Fuente: Fotomontaje elaboración propia. Imagen del rastro extraída de Byrd, J.H., & Castner, J.L. (2009).

Para finalizar este capítulo como curiosidad y al objeto establecer la importancia de no obviar ninguna prueba por absurda que parezca, vamos a exponer una breve descripción de tres casos, uno ocurrido en Tasmania (Australia), donde una sanguijuela, permitió esclarecer un delito en 2008. Otros dos, uno en Italia y otro en Japón, donde la sangre de los mosquitos contribuyó a resolver un homicidio en el primer caso y un robo en el segundo.

10.11. ESTUDIOS DE CASOS

CASO Nº 1

En el año 2001 en Tasmania (Australia) una anciana fue víctima de un robo con violencia en su domicilio por dos individuos. Los investigadores no hallaron ningún vestigio que pudiera dar con la identidad de los presuntos autores del hecho. No obstante, encontraron dentro del domicilio, concretamente en el suelo cerca de la caja fuerte, una sanguijuela. La policía presumió que la sanguijuela había llegado al inmueble posiblemente enganchada al cuerpo de alguno de los dos individuos cuando pasaron entre la vegetación. La recogieron y la enviaron al laboratorio, donde realizaron una extracción de ADN de la sangre en la sanguijuela, que no coincidía con la anciana ni con ninguna persona de su entorno, por lo que quedó registrada esta muestra en la base de datos de delincuentes de la policía de Tasmania. Durante ocho años la muestra permaneció guardada en los laboratorios, hasta que en 2008 se detuvo a Peter Alec Cannon por otro delito y comprobaron que el ADN, extraído a la sanguijuela, coincidía con el de este individuo. Peter declaró ser uno de los dos autores materiales del hecho.

CASO Nº 2

El primer caso conocido sobre el uso de ADN humano extraído de una mancha de sangre de un mosquito en una investigación criminal ocurrido en Sicilia. El cuerpo sin vida de una mujer fue encontrado en las inmediaciones de una playa, parcialmente oculto por pequeños arbustos, presentando signos evidentes de estrangulamiento. La noche en la que ocurrieron los hechos fue visto un coche por esa zona por lo que las sospechas recayeron sobre el titular del vehículo. Durante el transcurso de la investigación se estableció que el asesinato se podría haber llevado a cabo en la casa del sospechoso, la cual se encontraba a cierta distancia del lugar donde se había encontrado el cuerpo. En el domicilio del sospechoso no se encontraron vestigios biológicos relevantes, excepto una mancha de sangre seca de un mosquito aplastado encontrada en una pared interior del inmueble. Junto a este indicio biológico, los investigadores también recogieron ropa usada que contenía fragmentos de hojas muy pequeñas y un par de zapatillas deportivas con tierra. Se obtuvo un perfil STR casi completo de 15 loci a partir de la sangre procedente del mosquito, coincidiendo plenamente con el de la víctima. Esto unido a que se atribuyó una conexión entre los fragmentos de hojas hallados en la ropa y la arena en las zapatillas, fue suficiente para condenar al autor (Spitaleri y otros., 2006).

Caso nº 3

Más recientemente, concretamente el día 11 de junio de 2022 tuvo lugar un robo en un apartamento de Fuzhou provincia de Fujian (China). El autor antes de abandonar el inmueble se preparó algo de comida y se quedó dormido. Si bien antes de dormirse le picaron dos mosquitos a los que aplastó contra la pared del salón quedando sus cuerpos en dicha pared junto a las manchas de sangre dejadas por éstos.

La pericia de los investigadores les llevó a pensar que los insectos habían sido aplastados en la pared por el presunto ladrón, ya que las manchas de sangre eran recientes y el inmueble estaba recién pintado lo que hizo pensar a los investigadores que en caso de que hubiese sido obra de los propietarios lo más normal es que se hubiesen molestado en limpiar la pared.

Ante la posibilidad de que la sangre perteneciese al presunto autor, se procedió a recoger muestras para su traslado y análisis en el laboratorio, comprobando que el ADN extraído resultó pertenecer a Chai, un conocido delincuente. Tras ser detenido confeso ser el autor material de este robo y de otros cuatro más.

Figura 182. Investigadores lograron atrapar a un delincuente gracias al análisis de ADN de las manchas de sangre dejadas por mosquitos aplastados en la pared

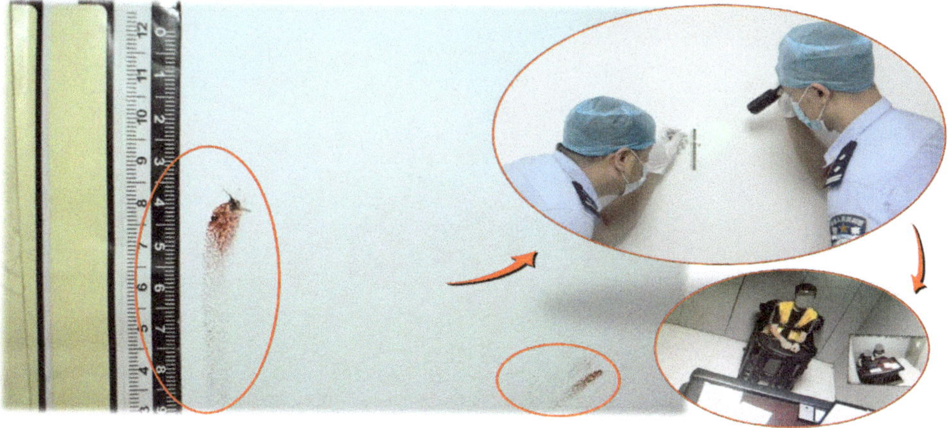

Fuente: https://www.rosario3.com/informaciongeneral/Fotos-y-video-un-mosquito-ayudoa-la-policia-a-detener-a-un-ladron-20220714-0044.html.

Capítulo 11

Terminología propuesta para las distintas manchas generadas por los insectos

11.1. NECESIDAD DE UNA TERMINOLOGÍA Y UNA CLASIFICACIÓN

A día de hoy y dada la comprensión actual de la actividad de los insectos, tanto de manchas generadas por ellos, como por modificaciones de las ya existentes, se requiere de una terminología lo más precisa posible, descrita con términos y definiciones específicas, así como de una clasificación con los distintos tipos de estas manchas, o de las más comunes basada en sus características físicas y su análisis contextual (es decir, la ubicación de las manchas en relación con la escena del crimen), pruebas químicas, y confirmatorias.

No obstante, este autor es consciente de la dificultad o imposibilidad que plantea una completa descripción física mediante un examen visual de las manchas generadas por regurgitación o defecación de los distintos tipos de moscas necrófagas adultas, máxime teniendo en cuenta que prácticamente la mayoría de los estudios existentes se centran solo en observaciones de laboratorio sobre 6 especies de dos familias (Calliphoridae). Por lo tanto, dado el número de especies existentes es difícil llegar a un consenso, puesto que van a generar variación en su tamaño, morfología, color, etc., influyendo entre otros factores, el hecho de que cada una tiene su propio comportamiento; el tiempo que tardan en consumir la comida; superficie donde depositan estas manchas, etc.

En base a los parámetros anteriores se propone una clasificación sencilla que sirva de guía al especialista. Esta valiosa herramienta tiene como objetivo enfatizar en la necesidad de un enfoque científico para el reconocimiento e interpretación de los tipos de manchas más comunes de insectos, y en especial de las moscas, ya que son los insectos que más se asocian con las escenas del crimen y, por consiguiente, sobre los que se han realizado más estudios.

En definitiva, lo que se pretende es consensuar un criterio único que contribuya a un correcto estudio, tratando de evitar conclusiones erróneas que puedan redundar en un resultado negativo o ineficiente. Asimismo, al ser el único sistema de clasificación propuesto sobre esta temática, evitará confusiones en aquellos analistas poco experimentados en el análisis de PMS, como ocurre en ocasiones con los distintos sistemas de clasificación de los patrones de manchas de sangre donde la diversidad de clasificaciones puede llegar a crear error o confusión en analistas legos en esta disciplina.

Por consiguiente, se propone la siguiente terminología y clasificación que nos va a permitir llevar a cabo una correcta comparación de resultados entre los analistas, evitando con ello usos ambiguos e imprecisos que puedan generar confusión.

11.2. TERMINOLOGÍA Y SISTEMA CLASIFICACIÓN TAXONÓMICO PROPUESTO PARA MANCHAS PRODUCIDAS O ALTERADAS POR INSECTOS

11.2.1. Introducción

La terminología propuesta por el autor de la presente obra trata de establecer de la forma más precisa posible una lista de términos y definiciones que aúnan criterios. En la actualidad no existen terminologías especificas aceptadas, abordando tan solo el tema de forma genérica en la que se engloban todos los tipos de manchas generadas por los insectos bajo la denominación "mancha de insectos".

Se sugieren terminología y definiciones para once tipos de manchas producidas por la actividad de los insectos, derivadas de una revisión de la literatura actual y de la experiencia del autor.

Para su creación se trató de seguir en la medida de lo posible un paralelismo con términos similares al utilizado en el análisis de PMS, pero tratando a la vez de huir de la incongruencia, y sin olvidar que la terminología es bastante irrelevante si el analista no tiene los conceptos claros.

11.2.2. Terminología

11.2.2.1. Mancha por regurgitación

Una mancha de sangre resultante del fluido liberado a través de la cavidad bucal de la mosca, si la mosca se alimenta de sangre.

11.2.2.2. Mancha por defecación activa

Una mancha de sangre resultante de la actividad de los insectos al excretar estando en movimiento.

11.2.2.3. Mancha por defecación pasiva

Una mancha de sangre resultante de la actividad de las moscas al excretar estando parada.

11.2.2.4. Mancha por contacto

Una mancha de sangre resultante de la actividad de los insectos al posarse con los extremos de sus patas ensangrentadas, tras haber estado en contacto con sangre húmeda.

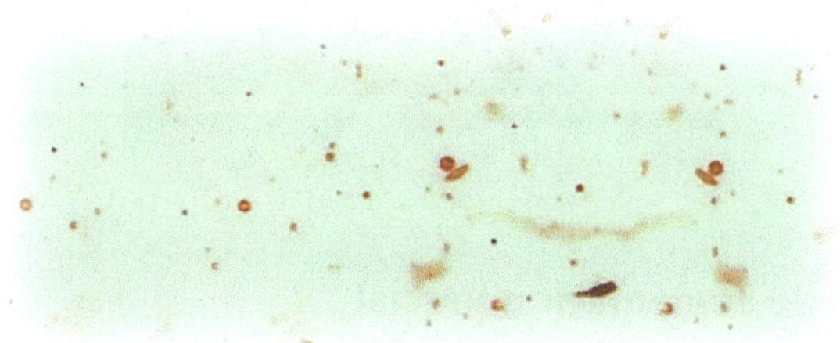

11.2.2.5. Mancha por arrastre (abdomen)

Una mancha de sangre resultante de la actividad de los insectos producía por su abdomen tras desplazarse sobre una mancha de sangre húmeda.

11.2.2.6. Mancha por desplazamiento (tarso)

Una mancha de sangre resultante de la actividad de los insectos tras desplazarse con sus tarsos sobre una mancha de sangre húmeda.

11.2.2.7. Patrón por actividad larvaria

Un patrón de manchas de sangre resultante de la transmisión mecánica de las larvas al migrar del cuerpo.

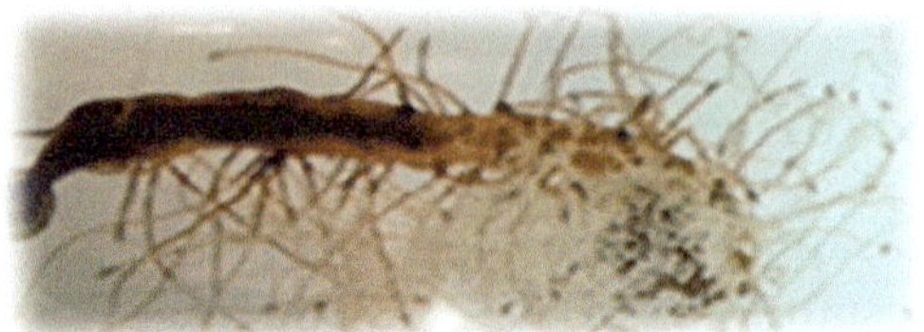

11.2.2.8. Mancha de alimentación

Una mancha de sangre líquida o seca ingerida por los insectos.

11.2.2.9. Mancha de alimentación parcial

Una mancha de sangre seca o líquida parcialmente ingerida por los insectos.

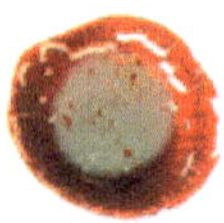

11.2.2.10. Mancha de alimentación completa

Una mancha de sangre seca o líquida totalmente ingerida por los insectos.

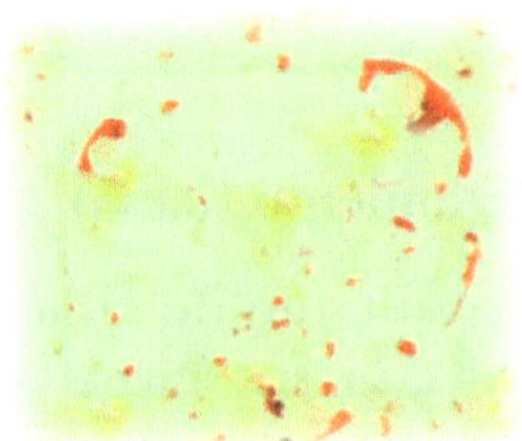

11.2.2.11. Mancha por movimiento (esqueletización)

Una mancha de sangre seca parcialmente eliminada por el movimiento de los insectos sobre su superficie (en algunos casos aleteo de dípteros).

11.3. SISTEMA DE CLASIFICACIÓN TAXONÓMICO PROPUESTO PARA MANCHAS PRODUCIDAS O ALTERADAS POR INSECTOS

11.3.1. Introducción

Durante miles de años los humanos han ido nombrado y clasificado organismos de forma jerarquizada y sistemática con el fin de agruparlos y organizarlos, pero la continua evolución de nuevas investigaciones con el consiguiente aumento de conocimientos ha llevado a la necesidad de ir actualizando estos sistemas de clasificación. Sirva como ejemplo Teofrasto (370-285 a. C.) denominado "padre de la botánica" que clasificó las plantas según su hábitat, forma y textura en cuatro categorías: árboles, arbustos, subarbustos y hierbas; o Aristóteles (384-322 a. C.) que clasificó a los animales en dos grupos: sangre roja (Enaima) y otro sin sangre roja (Anaima).

11.3.2. Clasificación

El sistema de clasificación propuesto para analizar las distintas manchas generadas por la actividad de los insectos es el taxonómico (también conocido como sistema linneano por su inventor, Carl Linnaeus) que utiliza un modelo jerárquico en el que las categorías se vuelven cada vez más específicas hasta llegar al último nivel.

Para representar gráficamente esta jerarquía se ha utilizado un mapa conceptual en el que podemos establecer dos primeros niveles. La primera categoría, que es sin duda la más genérica, indica si la mancha en cuestión es sangre o ha sido generada o modificada por la actividad de los insectos (para ello se tendrán en cuenta los parámetros establecidos en el tema anterior).

Figura 183. Clasificación de manchas de insectos

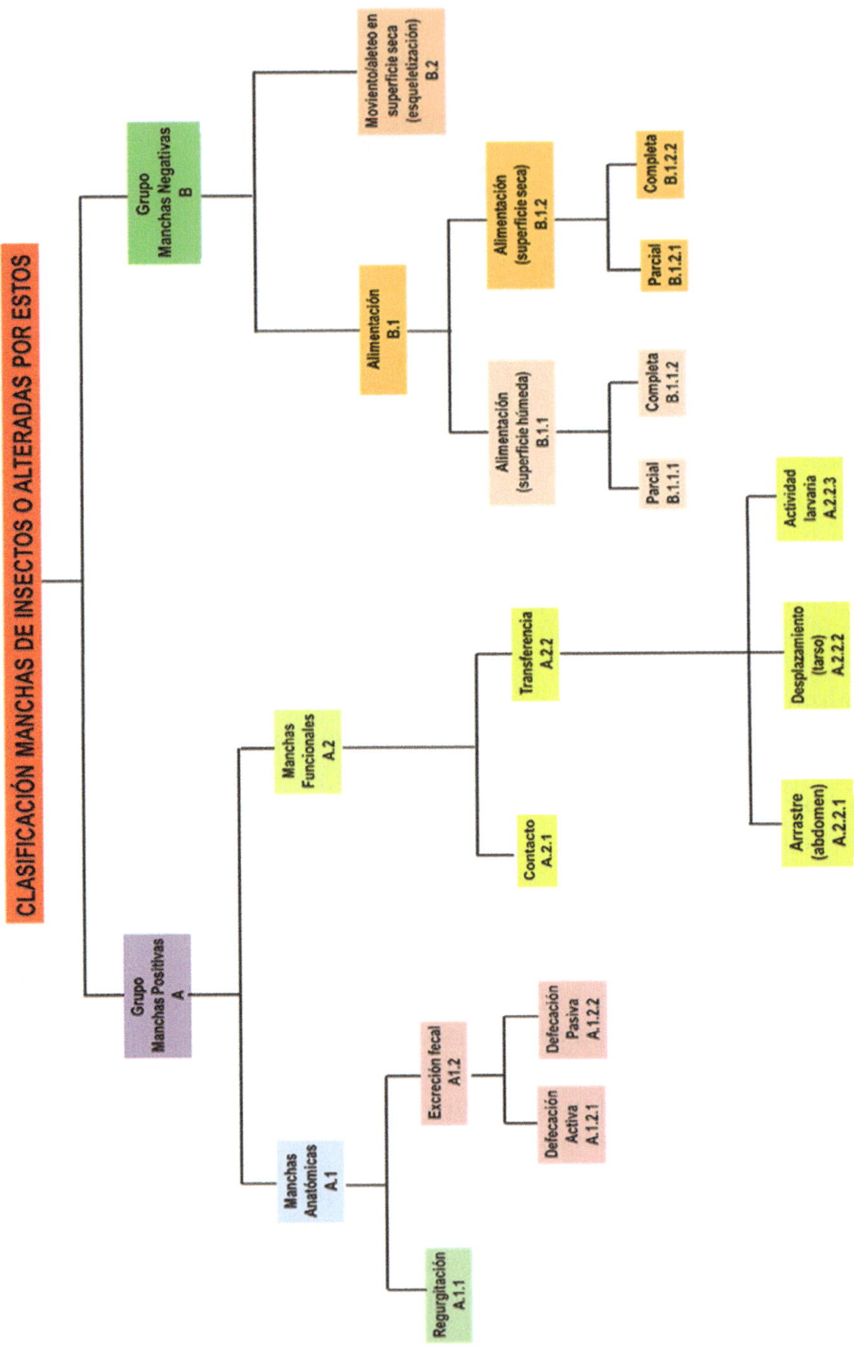

Fuente: Elaboración propia.

En el siguiente nivel jerárquico, estas manchas se agrupan en dos categorías básicas a las que hemos denominado manchas positivas y manchas negativas.

Figura 184. Primeros dos niveles de la jerarquía con dos categorías (manchas positivas y manchas negativas)

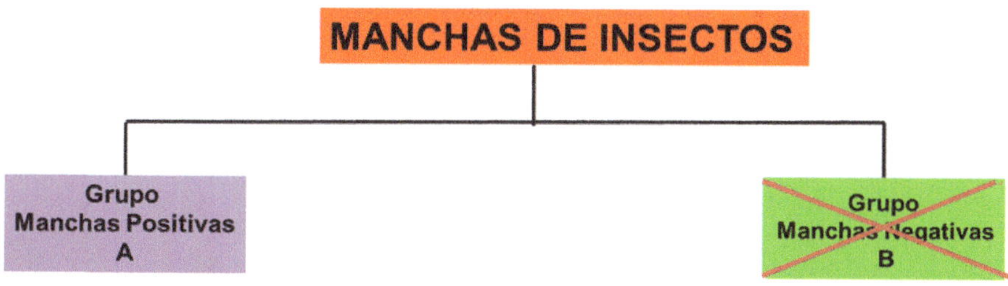

Fuente: elaboración propia.

11.3.2.1. Categoría: manchas positivas

En el nivel jerárquico dentro del grupo de manchas positivas se encuentran todas aquellas que han sido producidas por la actividad directa de los insectos, independientemente del mecanismo de producción que las generó. Establece dos categorías que corresponden a manchas anatómicas y manchas funcionales.

En el grupo de las manchas anatómicas se incluyen todas aquellas que han sido generadas como consecuencia de procesos biológicos que se dan de forma natural en todos o en algunos insectos (dípteros). En estas manchas anatómicas se encuentran la regurgitación y la defecación.

Por su parte el grupo de manchas funcionales incluye todas aquellas en las que de una forma u otra han sido generadas por acción de alguna o algunas partes del cuerpo de los insectos, al interactuar con las manchas de sangre ya existentes, y procedentes del cuerpo humano o animal. En estas manchas se incluyen el contacto y la transferencia por arrastre del abdomen, desplazamiento del tarso y actividad larvaria.

Figura 185. Tercer nivel de la jerarquía de manchas positivas (manchas anatómicas y manchas funcionales

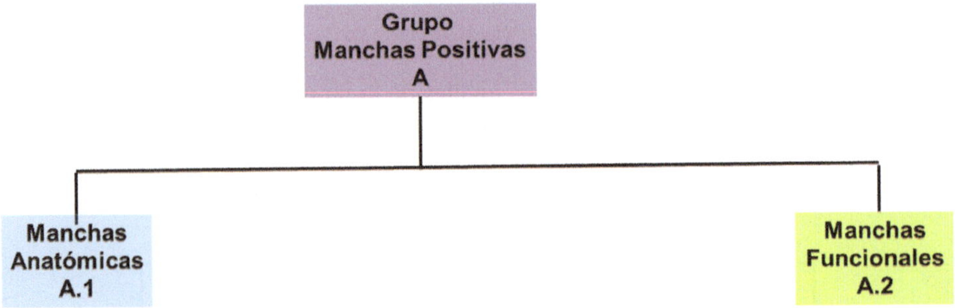

Fuente: Elaboración propia.

a) Categoría manchas positivas: anatómicas

El grupo de manchas anatómicas incluye dos subgrupos, las manchas producidas por el aparato excretor de los insectos, y las producidas por el aparato bucal, concretamente el de los dípteros.

Básicamente esta categoría afecta a las moscas adultas ya que son las que depositan regurgitaciones y manchas defecatorias, que son liberadas desde extremos opuestos del tracto digestivo. La morfología de estas manchas presenta una gama mucho más amplia de lo que se creía, incluyendo entre otras, forma de burbuja, de cráter, circular, de lagrima, de renacuajo elíptica, de bola, lineal, de cuadrado, irregular, etc. No obstante, al tener todas las moscas sistemas digestivos y mecanismos de excreción y regurgitación muy similares, es poco probable que el aspecto general de estas manchas difiera según la especie de mosca, pudiendo variar tan solo los mecanismos de deposición y las proporciones de la propia mancha (Durdle, A. y otros 2013).

Definición: Cualquier tipo de mancha generada por la actividad de los insectos, ya sean por regurgitación o defecación procedente de sangre de la víctima, del autor o fuente indeterminada.

Criterio: El criterio para establecer este tipo de manchas de sangre se determina en función de la actividad de los insectos al generar una mancha a través de los extremos opuestos del tracto digestivo de estos.

Las manchas pertenecientes a esta categoría son las que mayor problema generan debido a su parecido físico con las manchas de sangre producidas por distintos mecanismos, lo que unido a que pueden contener un perfil genético de ADN humano hacen que su estudio sea más complejo que las de las otras categorías.

Básicamente en esta categoría nos referimos a los dípteros, lo que debido a la cantidad de especies de moscas necrófagas existentes hacen difícil establecer características específicas individuales, siendo el aspecto de estas manchas muy variado en tamaño, color y morfología, debido al comportamiento único de cada especie, del tipo de alimentación, la superficie física sobre la que se han depositado, etc. Asimismo, también va a depender de la parte del organismo por la que se expulsa (aparto bucal o aparato excretor) y dentro del aparato excretor a su vez influirá la especie que las produce, así como si su defecación es activa o pasiva, e incluso si llega a alimentarse de su propia defecación.

Si bien, esto no debería generar problema alguno para el analista y debería considerarse una debilidad menor, ya que la necesidad principal y lo que se pretende con esta clasificación es identificar y agrupar las manchas generadas o modificadas por los insectos, bajo conceptos que reflejen parámetros que nos permitan valorar y distinguir de forma lo más fiable y cuantificable posible, si la mancha pertenece a sangre de la víctima o es producto de la actividad de los insectos (dípteros), careciendo de importancia la especie hematófaga a la que pertenece.

En la siguiente imagen obtenida de un estudio llevado a cabo por Peletti y otros 2022, se pueden observar manchas de moscas a través de la microscopía electrónica de barrido, depositadas en superficies duras como vidrio, yeso, metal, y en superficies textiles como algodón y poliéster.

Figura 186. Manchas anatómicas depositadas en distintas superficies observadas mediante microscopía electrónica de barrido

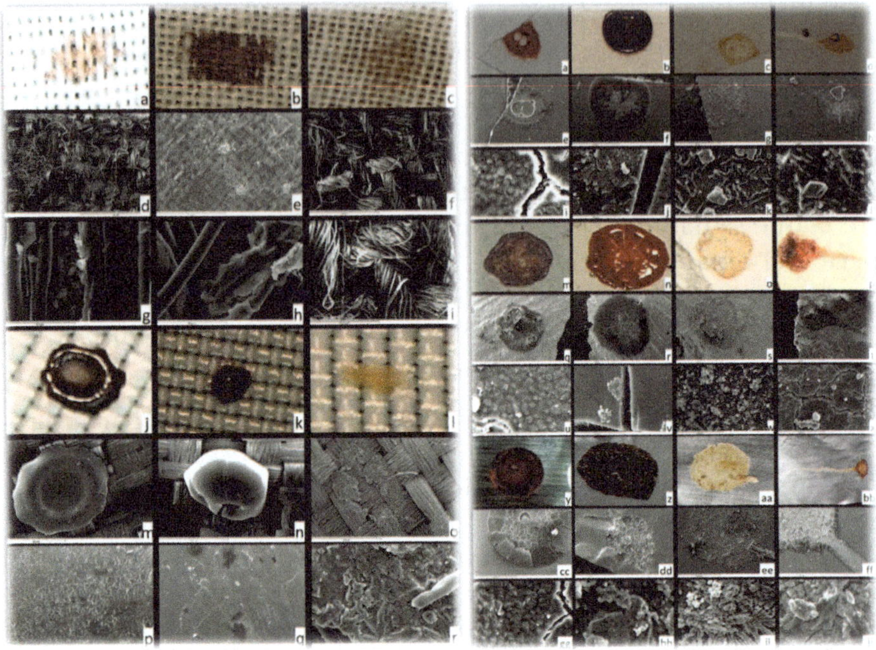

Fuente. Pelletti, G., Martini, D., Ingrà, L. et al (2022).

Figura 187. Dentro de la taxonomía de las manchas anatómicas podemos observar que tenemos dos subgrupos, el primero generado por regurgitación y otro perteneciente a excreción fecal que a su vez crea el nivel más bajo dividido en defecación activa y defecación pasiva

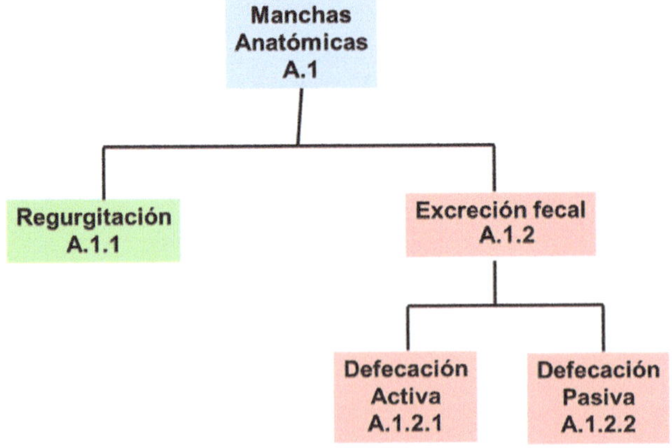

Fuente: elaboración propia.

➢ *Categoría manchas positivas:anatómicas por regurgitación*

Definición: Fluido liberado a través de la cavidad bucal de la mosca si ésta se alimenta de sangre u otro fluido corporal.

Criterio:

Ausencia de mancha principal.

Presencia de manchas amarillentas o doradas como consecuencia de la regurgitación.

Habitualmente manchas de forma circular o asimétricamente circular, en raras ocasiones presenta pequeña cola.

Su superficie es irregular y reflexiva con un tamaño de 1 diámetro o menos, sin área de convergencia.

Superficie brillante y lisa, con apariencia translúcida.

El tamaño de estas manchas oscila entre 1 mm. y 2 milímetros de diámetro.

Suelen encontrarse en zonas cálidas (ventanas o paredes donde descansan y puede dar el sol).

En algunos casos presentan forma de cráter rodeado por un perímetro densamente elevado y de color más oscuro, con centros más claros.

También pueden presentar forma de anillo, producidos al explotar la burbuja de aire.

Normalmente presentan el mismo color de la sangre, pero con diferentes tonos de rojo.

Presencia de moscas (vivas o muertas) en las proximidades del cuerpo o de los fluidos corporales.

El aspecto de estas manchas puede variar por distintos factores. Se ha observado que las moscas adultas exudan y reingestan líquido en forma de burbuja repetidamente después de cada extrusión, quedando éste en el extremo de la probóscide durante varios minutos. Asimismo, dependiendo de la edad y del género prefieren sangre seca antes que húmeda (Durdle y otros., 2016).

Figura 188. Categoría de Manchas de insectos por regurgitación

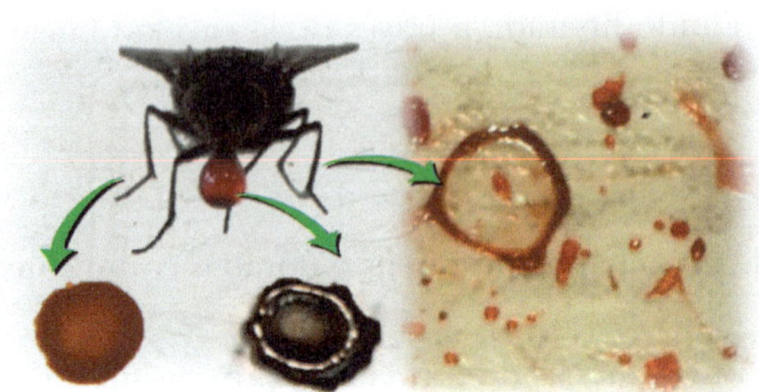

Fuente: fotomontaje elaboración propia, fotograma extraido de Rivers 2021 (ttps://www.labroots.com/webinar/identification-interpretation-fly-pattern-evidence-crime-scenes).

➢ *Categoría manchas positivas: anatómicas por excreción fecal*

Definición: Fluido liberado a través del aparato excretor, si ésta se alimenta de sangre. Se diferencia entre si la defecación es estática (defecación pasiva), o si se realiza en movimiento (defecación activa).

Criterio:

Ausencia de mancha principal.

Fluorescencia bajo la luz a 465 nm. con filtro naranja.

Pueden tener dos segmentos distinguibles, el cuerpo y la cola.

Relación entre la cola y el cuerpo mayor que uno.

Manchas de forma circular o asimétrica, pueden presentar colas con aspecto serpenteante, lágrimas, espermatozoides y renacuajos irregulares.

Direccionalidad aleatoria en las colas.

Algunas de estas manchas de barrido en forma de renacuajo que producen colas, pueden presentar bordes elevados y crestas con presencia de cráter.

Puede producir puntos redondos, simétricos y asimétricos, de entre 1 y 2 milímetros de diámetro.

Puede presentar forma de burbuja.

Distintos niveles de pigmentación, cremosa, pardusca y oscuras.

Suelen encontrarse en zonas cálidas (ventanas o paredes donde da el sol).

Presencia de moscas (vivas o muertas) en las proximidades del cuerpo o de los fluidos corporales.

El aspecto de estas manchas depende de la especie, pudiendo presentar una morfología de trazas irregulares y variables con orientación aleatoria de las colas, por lo que no generarán ángulo de impacto, asimismo presentarán distinto color o tonalidad de colores.

Figura 189. Categoría de Manchas de insectos por defecación. A la izquierda de la imagen defecación pasiva (sin movimiento) y a la izquierda defecación pasiva (con movimiento)

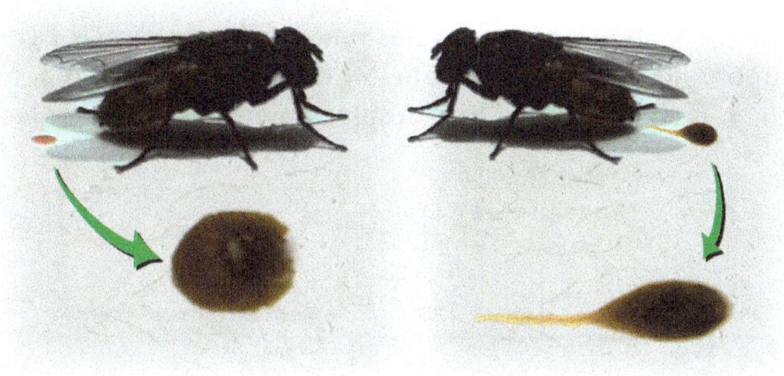

Fuente: Elaboración propia.

b) Categoría manchas positivas: funcionales

Dentro de este grupo de manchas funcionales se crean dos subgrupos, el primero se refiere a las manchas por contacto y el segundo a las producidas por transferencia. Las manchas por contacto serían las que generan algunos insectos como las moscas que, tras estar posadas sobre una cantidad indeterminada de sangre húmeda, levantan el vuelo y se posan sobre otra superficie donde pueden dejar por contacto esta sangre. El segundo subgrupo abarca las manchas generadas por transferencia al producirse una traslación de los insectos al abandonar caminando o arrastrándose sobre una superficie que contiene sangre líquida, creando a su vez el nivel más bajo dividido en tres subcategorías que serían: la transferencia de sangre producida por el arrastre del abdomen del insecto, el desplazamiento producido por el tarso y la transferencia generada por la actividad larvaria.

Definición: Cualquier tipo de mancha generada por la actividad mecánica de los insectos, al interactuar con sangre de la víctima o del autor.

Criterio: El criterio para establecer este tipo de manchas de sangre se determina en función de la actividad de los insectos al generar una mancha de sangre a partir de otra mancha ya existente; o bien, modificarla por la actividad mecánica de distintas partes de su cuerpo.

Algunas de las manchas pertenecientes a esta categoría no suelen presentar gran problema para el analista, ya que normalmente generan patrones distinguibles tras un breve análisis (transferencia abdomen, tarso y arrastre larvario). En el caso de las manchas producidas por contacto, al presentar un mayor parecido físico con algunos patrones de sangre, pueden ser algo más confusos.

Figura 190. Categoría de manchas funcionales de insectos con dos subgrupos: contacto y transferencia y dentro de esta última, el nivel más bajo dividido en arrastre, desplazamiento y actividad larvaria

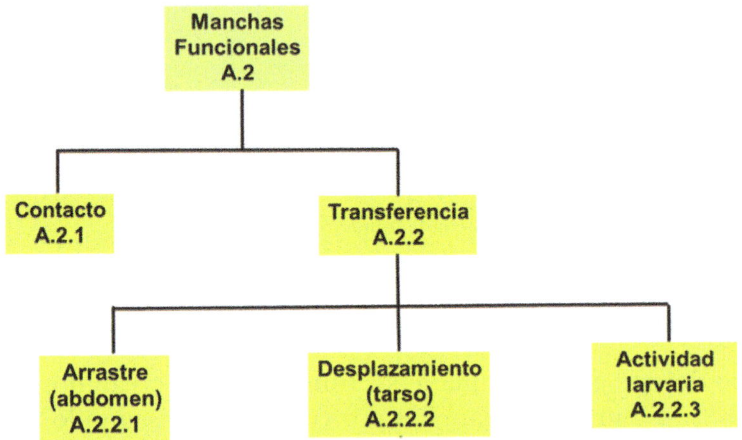

Fuente: Elaboración propia.

➢ *Categoría mancha positiva: funcional por contacto*

Definición: Mancha de sangre resultante de la actividad de los insectos (moscas) al posarse con los extremos de sus pulpillos (patas) ensangrentados sobre una superficie, tras haber estado en contacto con sangre húmeda.

Criterio:

Manchas de forma circular de un diámetro aproximado de entre 0,1 y 0,3 mm.

En caso de haber más de una mancha, separaciones entre 0.5 y 1.75 cm. aproximadamente.

Ausencia de mancha principal (en zonas aisladas del cuerpo o sangre de la víctima.

Presencia de moscas (vivas o muertas).

Figura 191. Categoría de Manchas por contacto de las patas de los dípteros

Fuente: fotomontaje elaboración propia, fotograma extraido de Rivers 2021 (ttps://www.labroots.com/webinar/identification-interpretation-fly-pattern-evidence-crime-scenes).

- ➢ *Categoría mancha positiva: funcional por transferencia*
- ➢ *Categoría mancha positiva: funcional por transferencia: por arrastre del abdomen*

Definición: mancha de sangre resultante de la actividad de los insectos al rozarse con el abdomen ensasngrentado sobre una superficie tras haber estado en contacto con sangre líquida.

Criterio:

Manchas de forma lineal asimétrica, con morfología y tamaño variable dependiendo de la especie.

Presencia de mancha de sangre o fluidos corporales próximas al arrastre del abdomen.

A menudo, la transmisión mecánica desde una zona ensangrentada a una zona libre de sangre se produce por el arrastre del abdomen de los insectos al romper la tensión superficial del charco de sangre líquida.

Figura 192. Categoría de manchas por transferencia del abdomen de los insectos, donde podemos observar el proceso completo desde que se inicia con la impregnación de sangre en el abdomen, hasta su transferencia en la superficie limpia. Apreciándose la distinta morfología resultante de la transferencia de cada especie

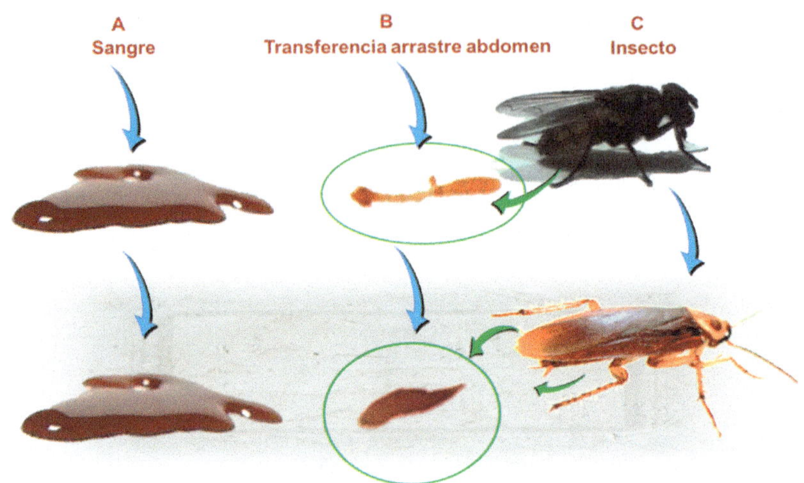

Fuente: Elaboración propia.

➢ *Categoría mancha positiva: funcional por transferencia: por desplazamiento del tarso*

Definición: mancha de sangre resultante de la actividad de los insectos (normalmente cucarachas) al desplazarse con el tarso ensangrentado sobre una superficie tras haber estado en contacto con sangre líquida.

Criterio:

Manchas de formas lineales simétricas, finas, en forma de puntos y/o alargadas.

Presencia de mancha de sangre o fluidos corporales, normalmente en zonas próxima al cuerpo o sangre de la víctima.

Las cucarachas tienen seis patas, lo que las clasifica como insectos hexápodos. Sus patas traseras (metatorácicas) son las que más van a definir su rastro, ya que al ser más alargadas, gruesas y musculosas que las otras, unido a que son las responsables de los potentes movimientos que la impulsan hacia adelante, pueden generar las improntas de sus tarsos completos. También, los extremos de sus patas al entrar en contacto con la sangre, pueden dejar un rastro lineal y paralelo de una sucesión de gotas en cada fila separadas aproximadamente entre 2 y 3 cm. Al ser mayor el tamaño de las patas de las cucarachas que el de las moscas, lógicamente, los rastros de las cucarachas serán superiores a las moscas.

Figura 193. Categoría de manchas por transferencia del tarso de los insectos. Podemos observar el proceso completo desde que se inicia con la impregnación de sangre en el tarso, hasta su transferencia por desplazamiento en una superficie limpia. Dependiendo de la especie de insecto, variará su morfología y tamaño de la mancha

Fuente: Elaboración propia.

➢ *Categoría mancha positiva: funcional por transferencia: por actividad larvaria*

Definición: Mancha de sangre resultante de la actividad de las larvas de mosca al migrar.

Criterio:

Manchas de forma lineal producida por su movimiento de rastreo.

Pueden estar presentes tanto en superficies horizontales como verticales.

Marcas transversales a la dirección de la marcha como consecuencia de sus segmentos mamelonados.

Presencia de mancha principal (en zonas próxima al cuerpo o sangre de la víctima.

Presencia de insectos (vivos o muertos).

Puparios próximos al cadáver.

Este tipo de patrones suele darse en zonas cálidas.

Se produce una transmisión mecánica de sangre u otros fluidos corporales desde una zona ensangrentada a través de las larvas al migrar del cuerpo hasta lugares protegidos donde se transforman en pupas. Será durante esta migración, al desplazarse por una superficie con líquido putrefacto o con sangre, cuando se originará un patrón que puede ser malinterpretado por cualquier especialista de la escena del crimen que no esté familiarizado con este tipo de análisis, pudiendo llegar a conclusiones erróneas como por ejemplo un patrón de limpieza, deslizamiento de cabello ensangrentado, etc.

Figura 194. Categoría de manchas por actividad larvaria. En la imagen se puede apreciar una alteración de la escena a través del arrastre mecánico de las larvas

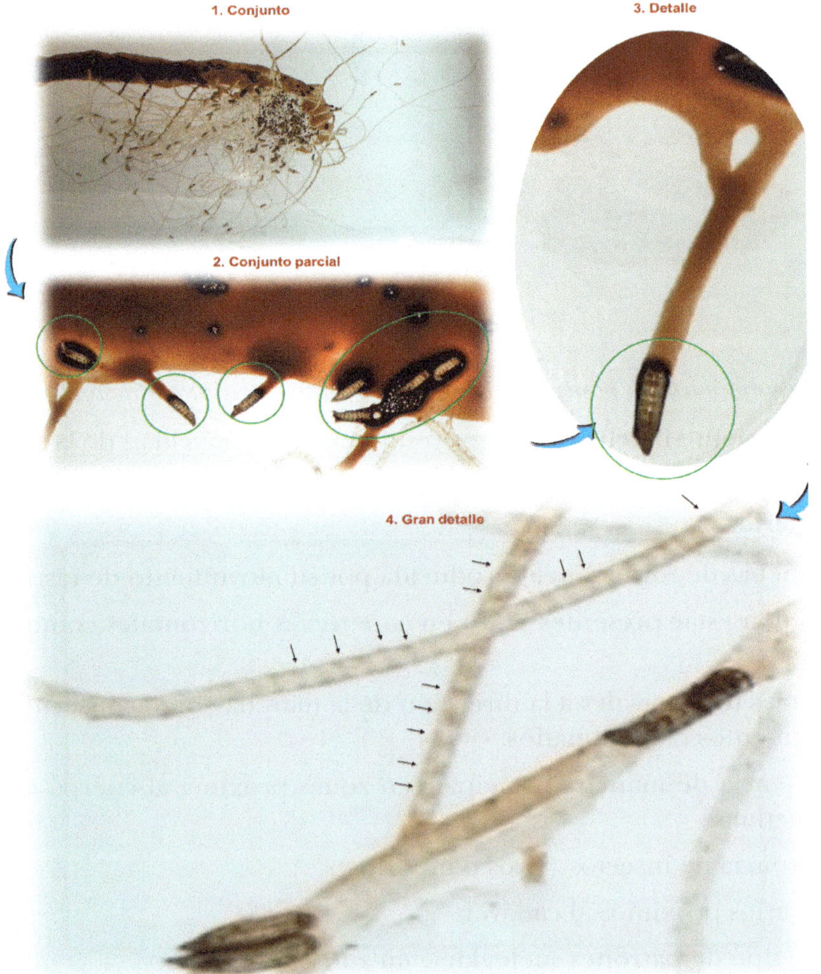

Fuente: Elaboración propia realizada en ensayo de laboratorio. https://www.youtube.com/watch?v=KCvCptJNAFw.

Figura 195. Grupo manchas negativas

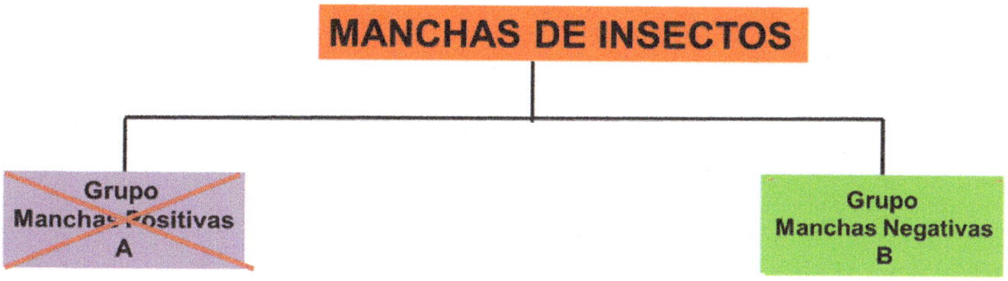

MANCHAS DE INSECTOS

Grupo Manchas Positivas A

Grupo Manchas Negativas B

Fuente: Elaboración propia.

11.3.2.2. Categoría: grupo de manchas negativas

En el grupo de las manchas negativas se incluyen todas aquellas en las que la actividad de los insectos ha contribuido a la eliminación total o parcial de las manchas de sangre procedentes del cuerpo de la víctima o del autor que se encontraban previamente en el lugar. En este grupo se incluyen la eliminación de la mancha por alimentación en superficie seca, líquida y por el movimiento sobre la mancha seca.

Definición: Cualquier tipo de mancha de sangre existente en el lugar, que ha sido eliminada total o parcialmente por la actividad de los insectos.

Criterio: El criterio único para establecer este tipo de manchas, se determina en función de la actividad de los insectos al eliminar total o parcialmente una mancha de sangre existente. Esta eliminación puede ser parcial al caminar o aletear sobre una mancha seca, o por alimentación de sangre seca o líquida pudiendo llegar a ser eliminada la mancha parcial o totalmente.

Figura 196. Nivel de la jerarquía de manchas negativas (alimentación y movimiento/aleteo)

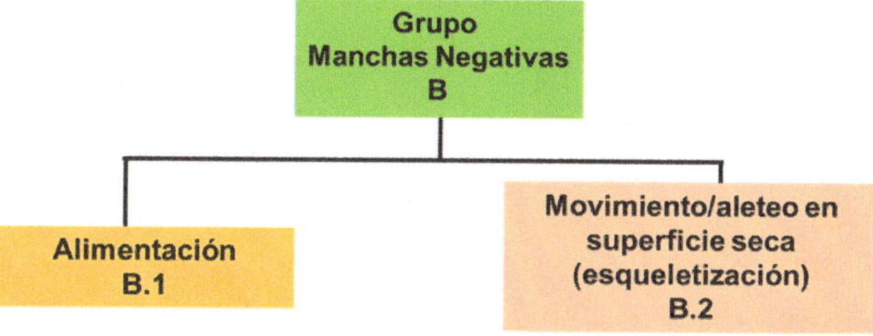

Fuente: Elaboración propia.

a) Categoría manchas negativas: eliminadas por alimentación

Definición: Mancha de sangre seca o líquida eliminada total o parcialmente por la actividad alimenticia de la mosca.

Criterios: Se produce en pequeñas gotas de sangre secas, o en pequeñas cantidades de sangre líquida.

Dentro de este grupo se incluyen dos subgrupos, marcando la diferencia entre uno u otro el hecho de que la mancha sobre la que interactúan los insectos se encuentre seca o líquida. A su vez los niveles más bajos de estos subgrupos se dividen en alimentación parcial o completa.

Figura 197. Categoría de manchas negativas por alimentación con dos subgrupos: alimentación de sangre seca y de sangre húmeda, con sus respectivos niveles más bajo divididos en alimentación parcial o completa

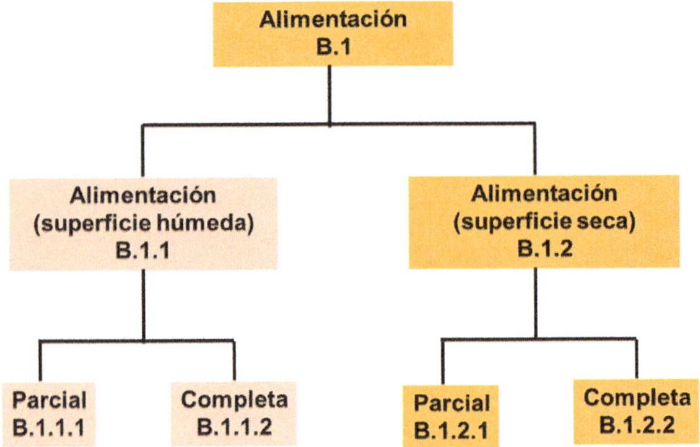

Fuente: Elaboración propia.

Figura 198. Representación gráfica de manchas negativas por alimentación con dos subgrupos: alimentación de sangre seca y de sangre líquida, con sus respectivos niveles más bajo divididos en alimentación parcial o completa

Fuente: Imagen izquierda elaboración propia, imagen derecha extraída de https://www.youtube.com/watch?v=bl-ZTsgy6cU.

b) Categoría manchas negativas: eliminadas por movimiento/aleteo en superficie seca (esqueletización)

Definición: Mancha de sangre seca procedente de la víctima o el agresor, desprendida por la actividad de los insectos. Esta alteración puede manifestarse en la mancha principalmente al caminar cualquier tipo de insecto sobre ella, pudiéndose dar también por el aleteo de las moscas al bolar sobre dicha mancha.

Criterios:

Estas dos modalidades, tanto caminar como en algunos casos el aleteo de la mosca, pueden producir, dependiendo de la superficie en la que se encuentre y del estado de la mancha, que se rompa y se desprendan partes de ella en forma de escamas. Evidentemente mientras más grande sea el insecto, como por ejemplo una cucaracha, mayor posibilidad de desprendimiento existirá.

Aunque esta categoría es muy difícil de evaluar y poco frecuente, se tendrán en cuenta una serie de parámetros:

Que las superficies sobre las que asientan estas manchas no sean plásticas, vinílicas o de poca adherencia, ya que en este tipo de superficies se puede producir un desprendimiento de escamas, sin que necesariamente haya existido actividad de los insectos. Por lo que en caso de tratarse de este tipo de superficies, se tendrá que valorar también esa posibilidad.

Presencia de actividad de insectos próxima a la mancha alterada.

Presencia de insectos (vivos o muertos).

Otro indicativo puede ser la existe de más de una mancha de sangre concentradas en la misma superficie, y que solo una o algunas de ellas presente desprendimiento de estas escamas.

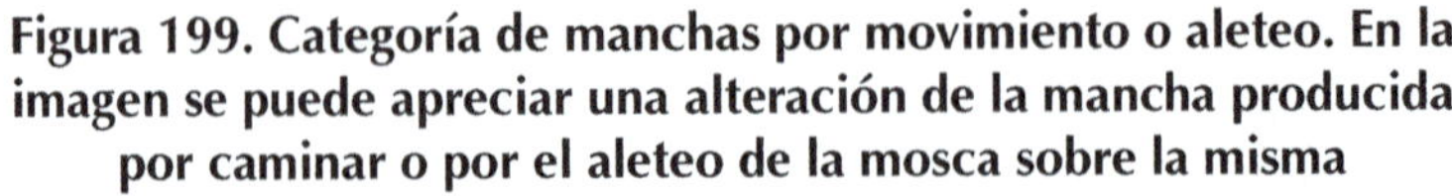
Figura 199. Categoría de manchas por movimiento o aleteo. En la imagen se puede apreciar una alteración de la mancha producida por caminar o por el aleteo de la mosca sobre la misma

Fuente: Elaboración propia.

11.4. FACTORES QUE PUEDEN ALTERAR LAS MANCHAS

La alteración producida en manchas de sangre secas o en proceso de secado pueden ser provocadas por condiciones ambientales, humanas o animales vertebrados.

Como podemos ver son muchos los factores que pueden afectar al secado de la mancha, la cual normalmente comienza a secarse unos 50 segundos después de haberse depositado sobre una superficie. Estas gotas o charcos de sangre se secan desde el exterior al interior por lo que la parte central de la gota va a ser la última zona en secarse.

Entre otros, los factores ambientales que pueden influir en el secado de una mancha de sangre pueden encontrarse, por ejemplo: el aumento de la humedad, que influirá en un secado más lento; el aumento de la temperatura, que influirá en un secado más rápido; el volumen de sangre depositada; la superficie sobre la que impacta; que exista o no una corriente de aire, etc.

Cuando estas manchas de sangre presentan su borde exterior intacto pero su zona interior esta alterada debido a un contacto o a una trasferencia directa por deslizamiento de algún objeto estando la sangre aún húmeda, va a generar unas características distintas a las que se producen cuando la sangre está seca. Esto es sumamente importante, ya que no se debe confundir en la escena de un crimen una gota de sangre o incluso varias, que han sido eliminadas parcialmente por la actividad de los insectos o por factores ambientales, de las alteradas por la actividad humana.

Como hemos podido ver anteriormente, la descamación de la sangre seca se observa en superficie lisa, cerámicas plásticas, vinílicas..., o en una superficie que tiene una adherencia deficiente o poco firme.

Por lo tanto, cuando este tipo de manchas no aparezcan en superficies o condiciones que puedan hacer suponer que la mancha se ha "descascarillado" y desprendido por estas circunstancias, se tendrá que barajar la actividad de los insectos. Esto se afianzará aún más si próxima a estas manchas se encuentran insectos o manchas anatómicas y/o funcionales.

11.5. ENSAYOS REALIZADOS

Para comprobar lo citado anteriormente, y no ceñirse solo a revisiones bibliográficas, por parte del autor de la presente obra se llevaron a cabo dos ensayos consistentes los mismos respectivamente en la alteración de gotas de sangre por factores ambientales y/o humanos.

Este estudio consistió en comprobar de forma lo más similar posible a una escena real, cómo las gotas de sangre pueden ir modificándose o alterándose desde que son depositadas en estado líquido hasta su secado total, solo por factores ambientales y/o humanos descartando la actividad de los insectos.

Este experimento se llevó a cabo el día 24 de julio de 2022, en la provincia de Córdoba (España), con una temperatura que llego a alcanzar los 42ºC (equivalente a 107,6º F).

Consistió en depositar varias gotas de sangre de un donante (autor) sobre una superficie.

Para extraer la sangre el donante se hizo una pequeña incisión en el dedo índice de su mano derecha y dejó caer directamente por acción de la gravedad varias gotas de sangre a distintas alturas, quedando depositadas en el suelo, del interior de un portal de un bloque de pisos.

El ensayo comenzó a las 14:00 horas y finalizó a las 18:00 horas. Durante ese tiempo entraron y salieron del edificio 15 personas. Cada vez que alguien salía o entraba se comprobaba si alguna/as de las manchas habían sido alteradas por el contacto de las suelas de zapatos de alguna de estas personas.

Con este control se pretendía saber el momento exacto en el que la sangre era alterada desde que se depositó, para tener la plena convicción de que había sido alterada por factor humano y no por cualquier otro medio evitando con ello variables distintas a las deseadas durante la ejecución del experimento, que no nos permitieran extraer datos objetivos, más allá de las propias de la superficie, tamaño de la gota, características del impacto, etc.

Las dos primeras personas no produjeron modificación alguna en las manchas, pero tras salir una tercera (a los 12 minutos aproximadamente), se inspeccionaron las manchas y se comprobó que dos de ellas habían sido alteradas formando anillos[13] de similar grosor generados por el proceso de secado de fuera hacia dentro. El interior de las manchas que formaban los anillos se encontraban completamente limpios.

Esto fue debido, a que cuando la persona apoyó el pie en el suelo, entró en contacto la suela de su calzado con la sangre que aún estaba en estado líquido (imagen inferior señalado letra "A"). No obstante, por alguna circunstancia, esta persona transfirió mediante arrastre del pie, parte de la sangre tal y como se puede observar (letra "B"), indicándonos la dirección de marcha. Este efecto de arrastre se puede apreciar con mayor claridad en la mancha por transferencia lineal (letra "C"). Estos datos nos están indicando que son producto de la actividad humana descartando la actividad de los insectos. Pero incluso nos puede ayudar a aportar un vestigio más a la investigación, por ejemplo:

11.5.1. Ensayo en relación al arrastre

Acotando el campo de búsqueda entre varios sospechosos, ya que un arrastre tan acusado como el indicado con la letra "C", es menos frecuente de lo habitual y puede deberse a múltiples factores como pueden ser:

---

13 Estas manchas de sangre son conocidas como perimetrales, o manchas de sangre esqueléticas, y se producen cuando la zona central húmeda de la mancha de sangre se ha eliminado dejando atrás los bordes exteriores secos de la mancha mediante una acción como un movimiento de limpieza. También se consideran manchas de sangre perimetrales cuando la sangre se ha secado por completo y presenta descamación en su región central presentando su borde exterior intacto.

- La edad, ya que con la vejez se arrastran los pies.
- Enfermedades nerviosas o alteraciones motoras.
- Sobrecarga de los tibiales.
- Acortamiento de la musculatura posterior.
- Alteraciones puntuales. Como pudieran ser calzado ajustado o lesiones en los pies (rozaduras, ampollas...), etc.

La persona en cuestión resultó ser un hombre de avanzada edad que tenía dificultad para caminar.

11.5.2. Ensayo en relación al borde periférico (anillo)

Corroborando o refutando un testimonio, ya que la presencia de este borde periférico es un indicador conocido de los procesos de secado y por tanto una herramienta útil para estimar el tiempo de secado de las gotas de sangre alteradas. Si hay una mancha perimetral, entonces tuvo que haber ocurrido algún tipo de actividad perturbadora entre su deposición inicial y la finalización del proceso de secado de la mancha de sangre.

Imaginemos un sospechoso que es sorprendido en un inmueble donde hay una persona fallecida por heridas de arma blanca. Esta persona dice que acaba de entrar en la vivienda, puesto que es el portero del edificio y ha visto la puerta del piso abierta. Las huellas de su calzado aparecen en la vivienda y sobre varias gotas de sangre. La autopsia revela que el occiso llevaba varias horas muerto en el momento en el que el portero fue sorprendido en el interior del inmueble, lo que corrobora la declaración del sospechoso, siendo normal que sus huellas de calzado aparezcan en el inmueble. Pero un estudio detallado por parte de los analistas concluye que estas gotas de sangre sobre las que se hallan las huellas de calzado del sospecho fueron alteradas a los pocos minutos de salir del cuerpo de la víctima. Para ello los especialistas se basan en los anillos de las manchas que presentan un grosor mínimo de su borde periférico y que por lo tanto indican que esta persona alteró las manchas en un periodo de tiempo cercano a la muerte.

Figura 200. Ensayo realizado en relación al borde periférico (anillo)

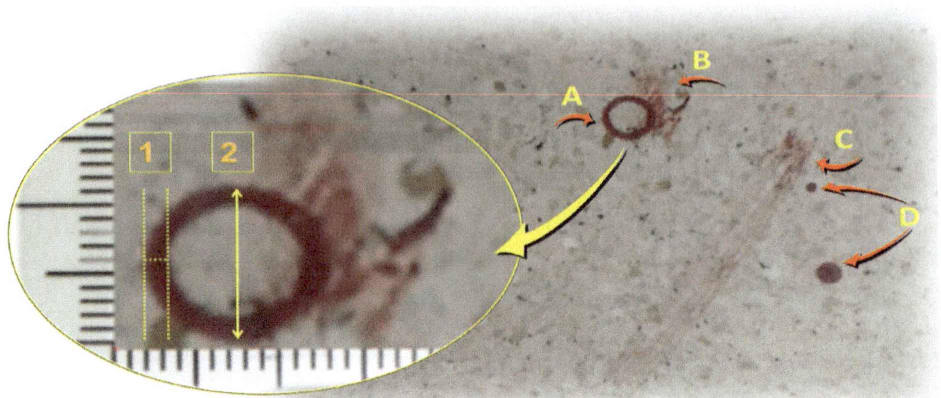

Fuente: Elaboración propia.

Continuando con el experimento, este finalizó a las 16:00 horas, momento en el que la persona nº15 entró al portal y tras pisar un grupo de cuatro manchas de sangre secas[14] de distinto tamaño que se encontraban agrupadas, se desprendió gran parte del interior de tres de ellas.

El borde perimetral resultó intacto en las tres manchas, pero como hemos visto anteriormente, se pueden producir alteraciones negativas por actividad de los insectos al caminar o volar sobre éstas. Por lo tanto, si nos encontramos este tipo de manchas de sangre nos puede surgir la duda de si se pueden haber originado por el factor humano o ambiental, siendo muy difícil de establecer el factor causal de la actividad que generó su eliminación.

Pero en este ensayo, se observó un vestigio bastante llamativo que podría indicar que el elemento causante de la eliminación de esa descamación fue provocado por el factor humano. Este consistió en que tras realizar un minucioso estudio no ya de las manchas, sino de sus alrededores, se encontró concentrada a unos 6 cm. de distancia una cantidad considerable de sangre desprendida proveniente de las manchas alteradas.

Aunque se requieren investigaciones similares más específicas para establecer si esta concentración de sangre seca hallada junto a la mancha al-

14 Se sabe que la descamación de las manchas de sangre secas se produce más frecuentemente en superficies lisas o que presentan una película grasa.

terada se debe al azar o es o puede ser habitual en este tipo de situaciones. No obstante, sea de una forma u otra es un indicio más a tener en cuenta para tratar de dilucidar el mecanismo causante de esa alteración.

Figura 201. Ensayo realizado en el que se puede observar sangre seca desprendida de la mancha y agrupada

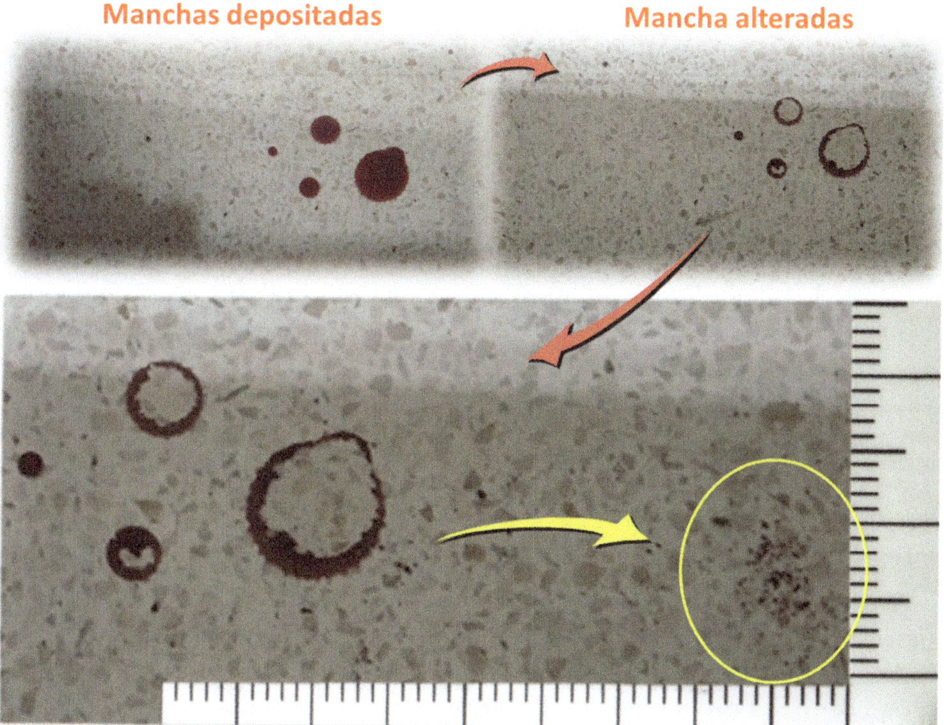

Fuente: Elaboración propia.

11.5.2.1. Pero ¿por qué se queda el borde perimetral de las manchas?

La respuesta es bien sencilla. Las gotas de sangre comienzan a secarse consecutivamente desde el momento que se depositan sobre una superficie. La desecación comienza en la periferia de la gota y se va secando hacia el centro de la misma, produciéndose finalmente agrietamientos en la gota cuando están desecadas. Pero si la gota es alterada por limpieza o por cualquier otro mecanismo antes de llegar a su desecación completa, va a generar la desaparición total o parcial de la sangre que aún no se ha secado. Esto va a producir un borde perimetral que va a marcar la posición inicial de la mancha, aumentando la anchura de este anillo a medida que se va secando, ya que siempre se habrá formado un anillo en los primeros 5 minutos.

El proceso de desecación de una gota de sangre está influenciado por el ángulo de contacto inicial de esa gota con la superficie que golpea influyendo en la redistribución del material y por tanto en la liberación de tensiones internas que se producen dentro de esa gota sésil.

11.5.2.2. Otra cuestión distinta, sería responder a la pregunta de ¿por qué se forman los anillos o bordes perimetrales?

Para tratar de responder de la forma lo más sencilla posible pensemos en gotas de café secas en el suelo, la mesa, etc., en las que se puede observar este fenómeno conocido como" anillos de café", que quedan depositados después de que las gotas se hayan secado. En general, hay tres condiciones esenciales para el efecto "anillo de café" en una gota coloidal desecada:

- Fijación de la línea de contacto gota-sustrato. Cuanto menor sea el ángulo de contacto, mayor será la probabilidad de que se encuentren perfiles de anillo.
- Aumento de la velocidad de evaporación en la línea de contacto.
- Supresión del efecto “Marangoni”.

En el caso de las manchas de sangre se observa en el anillo del borde perimetral “anillo de café” altas concentraciones de glóbulos rojos, lo que indica un flujo de estos glóbulos hacia el exterior acumulándose en la región coronal. Pero a medida que aumenta el ángulo de contacto inicial de la gota con la superficie, la tasa de evaporación dentro de ésta se vuelve más uniforme lo que genera que sean arrastrados menos glóbulos rojos hacia el exterior, repercutiendo en el anillo del borde perimetral. Este tipo de manchas secas al ser depositadas en un ángulo aproximado de 90° está definiendo la geometría de la gota.

Capítulo 12

Pruebas químicas presuntivas: pruebas confirmatorias y pruebas de realce visual para los patrones de manchas de sangre (cinética y catalizadores)

12.1. INTRODUCCIÓN

Como regla general cuando se comete un delito el autor intentará ocultar por todos los medios los indicios que le puedan relacionar directa o indirectamente con el hecho investigado. Esta situación se acentúa aún más cuando en el lugar donde se ha cometido un crimen violento existe derramamiento de sangre y cabe la posibilidad de vincular a la víctima con el victimario. En este caso lógicamente el autor tratará de eliminar todo rastro posible de sangre al objeto de crear confusión en los investigadores para eludir la acción de la justica, sin descartar otra serie de factores que pueden influir en la eliminación de estos indicios como pueden ser: los insectos, el tiempo transcurrido, el clima, etc. Por lo tanto, es sumamente importante para la investigación descubrir esos rastros de sangre que van a relacionar a la víctima con el autor, permitiendo en los casos en los que sea necesario y/o posible poder llevar a cabo una reconstrucción de la escena del delito.

Los métodos actuales de detección e identificación de manchas de sangre se basan en gran medida en un examen visual; seguido de pruebas presuntivas como luminol, bluestar o fluoresceína, Kastle-Meyer (fenolftaleína), verde de leucomalaquita (LMG), o Hemastix; y pruebas confirmatorias como pueden ser Hexagon OBTI, Takayama y Teichmann, etc.

Las pruebas presuntivas son muy útiles en este tipo de investigaciones, ya que en caso de ser positivas centraran la atención del investigador para su estudio ayudándolo a detectar y descubrir la ubicación de esas manchas de sangre. Pero pueden producir falsos positivos y aunque no interfieren en pruebas de ADN posteriores pueden llegar a tener un impacto negativo en éste. Algunos de los factores que más pueden afectar al análisis de ADN son entre otros el sustrato donde asiente la muestra, antigüedad de la muestra, limpieza, etc.

Generalmente un analista con la formación y experiencia adecuada sería capaz de discriminar manchas de sangre de otras que no lo son evaluando una serie de parámetros observables a simple vista. Por ejemplo, en el caso de luminol, bluestar, etc., estos parámetros serían la intensidad de emisión de quimioluminiscencia, su duración y la distribución espacial de la propia mancha observada. No obstante, hay ocasiones en las que los propios expertos pueden llegar a cuestionarse si realmente se trata de sangre o no, incluso pudiera dar lugar este enfoque a erróneas interpretaciones por una evaluación subjetiva.

Actualmente existe en el mercado una gran variedad de estos productos que se pueden utilizar aplicando distintos métodos para detectar, identificar y/o realzar las manchas de sangre, bien sea a través de pruebas catalíticas y/o proteínicas, tanto en la escena del crimen como en el laboratorio.

Estas manchas o patrones pueden estar en estado latente, y por lo tanto aflorar ante la aplicación de estos productos a través de análisis de sangre catalíticos. O bien, pueden emplearse pruebas proteínicas que se llevan a cabo cuando la sangre presenta en su estado original una leve visibilidad y tras aplicar el producto, realza la calidad de la muestra tiñéndola de un color distinto, permitiendo detalles que en origen no se apreciaban (huellas dactilares, palmares, plantares, de zapatos, otogramas, etc.).

12.2. BÚSQUEDA, IDENTIFICACIÓN Y MEJORA DE LA SANGRE

Es en la fase de investigación de la escena del crimen donde se deben observar, fijar, proteger, conservar y recoger los indicios para su traslado al laboratorio pertinente. A este respecto significar que han quedado obsoletos algunos términos que tradicionalmente se han utilizado como son Criminalística de Campo y Criminalística de Laboratorio. En la actualidad para designarlos se utilizan respectivamente los términos de investigación de escena del crimen y laboratorio de biología, química, física, balística, identificación, etc.

Una vez hecho este pequeño inciso, nos centraremos en lo que atañe al análisis de la escena en busca de rastros y/o manchas de sangre. Normalmente el investigador comienza con un examen visual muy minucioso que en principio no genera mayor problema si estos vestigios se ven a simple vista. El problema surge cuando la presencia de sangre está en cantidades tan pequeñas que son inapreciables a simple vista para el ojo humano o, como se dijo anteriormente cuando el presunto autor "ha limpiado" la escena.

Es precisamente en este caso cuando el especialista tiene que recurrir a estas pruebas químicas, en las que según el fin deseado nos van a servir para buscar estos rastros o manchas de sangre, identificarlos como tal o descartarlos y/o mejorarlos en el caso de que lo que se pretenda sea realzar su visualización para un posterior estudio como puede ser en el caso de huellas de calzado, dactilares, etc.

12.3. PRUEBAS QUÍMICAS PRESUNTIVAS U ORIENTATIVAS. CINÉTICA Y CATALIZADORES

Aunque existen tanto pruebas biológicas como químicas, cuando se trabaja en la escena del crimen se suelen utilizar preferiblemente las pruebas químicas debido entre otros factores a que son muchos más rápidas.

Las pruebas químicas que reaccionan con la sangre se desarrollaron a mediados del siglo XIX, proporcionando al investigador un método rápido que en caso positivo tiene un 95% de posibilidad de que la mancha pueda ser o contener sangre.

Estas pruebas químicas presuntivas para sangre son en su gran mayoría pruebas catalíticas que se basan en el hecho de que el hemo de la hemoglobina y la proteína poseen actividad catalítica y puede actuar como peroxidasa, es decir a través de la cinética, acelerando la velocidad de reacción de oxidación con peróxido de hidrógeno, produciendo con ello un cambio de color o quimioluminiscencia al aplicar el reactivo.

En base a lo anterior, podemos establecer que tanto la cinética como el catalizador intervienen de forma directa en este tipo de pruebas. No obstante, toda prueba presuntiva tiene que tener al menos tres componentes: el reductor, que es un compuesto que cede electrones cambiando de color o generando luz durante el proceso; el oxidante, que toma los electrones; y el catalizador que es la sustancia que incrementa la velocidad de esta reacción química, recuperándose sin cambios esenciales al final del proceso.

A estas pruebas se las denomina presuntivas ya que se presupone que el material que se está analizando o que se va a analizar en la escena de un crimen puede tratarse de sangre (no considerándose específicas simplemente porque hay otras sustancias que interfieren en la reacción, como puede ser reaccionando positivamente con otras especies de sangre animal, vegetales, productos químicos oxidantes y metales como el hierro o el cobre...). No obstante, hay que tener en cuenta que como norma general si el resultado es negativo queda descartada la presencia de sangre; si bien si la prueba da resultado positivo es muy probable, aunque no definitivo, que se trate de sangre, aunque pueda tratarse de un falso positivo por lo que se hace necesario llevar a cabo pruebas adicionales de confirmación. Por tanto, una prueba presuntiva de sangre tiene que ser capaz de identificar una muestra con una baja probabilidad de que se trata de un falso negativo, mientras que una prueba de confirmación tiene que tener una baja probabilidad de que se trate de un falso positivo.

Las pruebas catalíticas son sencillas, rápidas y extremadamente sensibles siendo capaces de detectar sangre hasta diluciones de aproximadamente 1 en 100.000.

12.4. PRUEBAS PRESUNTIVAS. QUIMIOLUMINISCENCIA Y LUMINISCENCIA

12.4.1. Introducción

Normalmente, las pruebas químicas presuntivas como el Bluestar, luminol, fluoresceina o Lumiscene (mezcla entre luminol y fluoresceína) son utilizadas en la escena del crimen abarcando grandes áreas de forma muy rápida para la localización de manchas y patrones de manchas de sangre, permitiendo resaltar simultáneamente microgotas o gotas que estén dispersas y que afloraran de forma simultánea tras la aplicación de estos productos. Aunque generalmente no nos van a revelar detalles significativos, sí que nos pueden proporcionar patrones distinguibles relativos a su distribución espacial, reproduciendo su posición, forma, contorno y dimensión del objeto ensangrentado que entró en contacto con la superficie. Ejemplo de ello sería la hoja de un cuchillo al golpear en el suelo, huellas de calzado, pies desnudos, salpicaduras, patrones de arrastre, etc. También es posible en algunos casos que a través de las formas de las manchas reveladas se pueda establecer que es lo que se usó para limpiar la escena, o qué utensilio de limpieza se utilizó. A este respecto, debemos tener en cuenta que puede llegar a ser más importante el hecho de que la sangre haya sido limpiada, que el tipo de patrón que la produjo, puesto que nos está demostrando una intencionalidad por parte del presunto autor de ocultar pruebas.

Figura 202. Las formas de las manchas nos pueden indicar que es lo que se utilizó para limpiar la escena, o los utilices de limpieza empleados

Fuente: https://www.bluestar-forensic.com/es/fotografias-y-videas/

En definitiva, estos reactivos quimioluminiscentes o luminiscentes no pueden utilizarse para revelar huellas de calzado, dactilares, etc., hasta el punto de que el detalle sea lo suficientemente bueno para su comparación, pero la información que proporcionan para identificar la presencia o no de sangre suele ser trascendental para la investigación, no interfiriendo con ninguna de las otras pruebas posteriores.

Estas pruebas pueden producir quimioluminiscencia como en el caso del Bluestar o el luminol, o pueden producir luminiscencia como por ejemplo la fluoresceina. La diferencia estriba en que en la quimioluminiscencia que producen estos reactivos, la energía que conduce a la excitación electrónica proviene únicamente de una reacción química sin la necesidad de ninguna fuente de luz externa; mientras que, en la fluorescencia o fosforescencia, la energía proviene del exterior, es decir, que para poder emitir fluorescencia tiene que estar expuesta a una fuente lumínica con una determinada longitud de onda.

Actualmente y desde hace unos años existe en el mercado un nuevo producto llamado Lumiscene, como resultado final de una mezcla entre luminol y fluoresceína, lo cual ha hecho posible que también pueda ser observado mediante la aplicación de luces forenses a una determinada longitud de onda.

En la siguiente ilustración se pueden observar dos imágenes, la superior pertenece al interior de un inmueble y la inferior al habitáculo de un vehículo. Ambos emplazamientos eran lugares cerrados y limitados donde se cometieron delitos con derramamiento de sangre y posteriormente los autores procedieron a su limpieza al objeto de eliminar cualquier traza de sangre. Pero tras realizar un minucioso análisis en la búsqueda de trazas de sangre mediante pruebas presuntivas quimioluminiscentes, por parte de la Superintendencia de la Policía Técnica Científica de São Paulo (Brasil), éstas dieron resultado positivo y se pudo incriminar a los autores por los hechos investigados.

Figura 203. Los rastros de sangre fueron limpiados tras la comisión de sendos crímenes. Posteriormente se procedió a su búsqueda de sangre mediante pruebas presuntivas quimioluminiscentes (luminol/Bluestar)

Fuente: Cortesía de la Superintendencia de la Policía Técnica Científica de São Paulo (Brasil).

12.4.2. Luminol

Conocido químicamente como 5-amino-2,3-dihidro-1,4-ftalazindiona, fue sintetizado por primera vez por Schmitz en 1902, dándose cuenta de que el compuesto exhibía una fuerte fluorescencia azul. Pero no fue hasta el año 1927 cuando Lommel observó una quimioluminiscencia azul tras la oxidación del compuesto en solución alcalina. Asimismo, también descubrió que la sangre y el zumo de patata fresca generaban que la sustancia química mostrara una fuerte luminiscencia en presencia de peróxido de hidrógeno (H_2O_2). Aunque estos trabajos nunca llegaron a publicarse, uno de sus colaboradores llamado Albrecht, confirmó y publicó los hallazgos originales de Lommel en 1928, motivo por el que la mayoría de manuales y artículos de forma errónea achacan su creación a Albrecht. El nombre actual de luminol se debe a Huntress y otros que en 1934 lo denominaron así.

Diez años más tarde en 1937 Specht, químico y criminalista alemán que trabajaba en aquel momento en el Instituto Universitario de Medicina Forense y Criminalística Científica de la ciudad de Jena, desarrolló una prueba en sangre usando luminol, considerada a día de hoy como la primera prueba realizada con este producto con fines forenses. El experimento consistió en rociar sangre sobre arbustos, paredes, vallas de hierro oxidadas, muebles, escalones de piedra y en un jardín. A los 14 días aplicó el reactivo luminol sobre todas estas superficies observando como todas las zonas manchadas de sangre brillaron con luz azul, quedando este proceso debidamente documentado a través de la fotografía. La fórmula consistía en 0,1% de luminol en 5% de carbonato de sodio (Na_2CO_3) con una solución del 15% de H_2O_2 añadida inmediatamente antes de la pulverización. Durante este proceso observó que este producto daba buenos resultados tanto en sangre fresca como en sangre antigua, pero que mientras más antigua era la mancha de sangre más intensa era la reacción.

Esta prueba ha sido considerada durante mucho tiempo una de las más sensibles para identificar la presencia de sangre, en una escala de nanogramos con una sensibilidad 1:100.000.

La detección de sangre a través del luminol es uno de los métodos más antiguos utilizados tanto en escenas de crímenes aparentemente limpias, como en superficies de color o con cualquier otro factor que dificulte la visualización de sangre. Es una de las sustancias quimioluminiscentes más populares y conocidas, utilizada comúnmente como prueba presuntiva para la búsqueda de manchas de sangre en grandes áreas donde se han producido actos violentos quedando ocultas a simple vista las trazas de sangre en la escena del crimen. Su uso para detectar manchas de sangre secas en escenas de crímenes data de hace casi un siglo.

Revela la presencia de sangre incluso si el área ha sido limpiada, pero puede dar falsos positivos ya que no es una prueba específica para la detección del hierro presente en la hemoglobina de la sangre humana, lo que puede provocar que otros catalizadores presentes en otros materiales que contengan hierro e incluso cobre provoquen la reacción de quimioluminiscencia. A este respecto J. I. Creamer y otros, en el año 2003, llevaron a cabo un estudio experimental exhaustivo sobre las interferencias industriales, domésticas y ambientales que se podían producir durante el uso del luminol para la presencia de sangre. Este estudio concluyó con que de 250 sustancias analizadas, 240 no produjeron una quimioluminiscencia lo suficientemente intensa con la reacción del luminol como para ser confundidas fácilmente con sangre; si bien 9 de estas sustancias de uso común sí pudieran ser fácilmente confundidas. Concretamente estos productos eran: nabos, chirivías, rábanos picantes, lejía de uso comercial, cobre, algunos abrillantadores para muebles, algunas pinturas de esmalte y algunas telas del interior de los vehículos.

En base a lo anterior hay que tener mucho cuidado al interpretar las pruebas de luminol en dichas sustancias, ya que no debemos olvidar que también se produjo quimioluminiscencia, aunque no fue lo suficientemente intensa en las otras 240 sustancias. Por este motivo, estas pruebas tienen que ir acompañadas de otras adicionales como por ejemplo la prueba de la fenolftaleína, o la prueba inmunocromatográfica para la confirmación de la presencia de sangre humana como Hexagon OBTI, ya que aunque la duración y calidad de respuesta del destello nos pueda indicar que se trata de sangre, no deja de ser una prueba de detección preliminar y no una prueba confirmatoria. Como regla general, la reacción de luminol con sangre producirá un brillo intenso, duradero y uniforme, si bien al reaccionar con metales, tanto la cinética de emisión como la intensidad de quimioluminiscencia serán intensas y parpadeantes pero breves.

Las manchas de sangre invisibles afloran con el reactivo luminol de forma luminiscente debido a una reacción química con la hemoglobina, emitiendo una luz de aproximadamente 425 nm. El producto se suministra en estado líquido, o en polvo para las personas que prefieren mezclar su propia solución de luminol.

Ventajas e inconvenientes de luminol:

- **Ventajas:**
  - Alta sensibilidad, pudiendo ser detectadas las manchas de sangre después de varios años, aun habiendo limpiado la zona.
  - Resultados inmediatos, fácil de usar y de bajo costo.
  - Aplicable sobre todo tipo de superficies, aunque más utilizado en grandes espacios.
  - En estado puro es un leve irritante, si bien en las proporciones y en condiciones en las que se aplica es relativamente seguro.
  - Es cinco veces más sensible que la fenolftaleína, y seis veces más sensible que el verde de malaquita y la bencidina.
- **Inconvenientes:**
  - Puede alterar la morfología de la mancha de sangre.
  - Su uso debe llevarse a cabo en completa oscuridad o en ambientes muy oscuros.
  - Puede producir falsos positivos.
  - Su uso no es apto para el estudio de huellas dactilares, palmares, plantares, etc. (se deben revelar antes).
  - Una vez mezcladas las sustancias para su uso, su poder quimioluminiscente desaparece en unas horas.

Figura 204. Reactivo luminol, fórmula y resultados obtenidos

Fuente: Elaboración propia.

12.4.3. Bluestar

Bluestar es una alternativa al luminol, desarrollada más recientemente, tratándose concretamente de una forma modificada de la molécula del luminol. En el año 2000, Jean-Marc Lefebvre-Despeaux, encargó a Loic Blum, Ph.D., profesor de bioquímica de la Universidad Claude Bernard-Lyon y director del laboratorio de ingeniería enzimática y biomolecular que creara una nueva fórmula basada en luminol mejorada, dando lugar a BLUESTAR® FORENSIC.

Actualmente es uno de los productos comerciales más eficaces para la visualización de trazas de sangre sospechosas en la escena del crimen; fácilmente pulverizado, también puede utilizarse para pruebas puntuales con hisopos de algodón.

Su extrema sensibilidad ha mejorado sus rendimientos respecto al luminol, permitiendo detectar trazas de sangre en diluciones de hasta 1:10.000, incluídos rastros en los que la zona ha sido previamente limpiada, generando una luminiscencia intensa de color azul a una longitud de onda de 430 nm. apreciables en la oscuridad. No interfiere en las pruebas de ADN posteriores y no requiere oscuridad total para su visualización.

Posteriormente se ha comercializado una nueva fórmula del reactivo denominado Bluestar Magnum®, 3 veces más potente que Bluestar Forensic®.

Lautz y Webb (2011) realizaron un estudio de comparación sobre la nueva fórmula del reactivo y sus efectos en la tipificación/amplificación del ADN, llegando a la conclusión de que Bluestar Magnum® tiene una sensibilidad y reactividad superiores en comparación con el luminol, así como que ambos reactivos tienen resultados de ADN comparables. En este sentido otros autores como (Dilbeck, 2006) establecen que Bluestar® es una prueba presuntiva basada en el luminol que produce una luminiscencia química más intensa y duradera.

Este producto ha demostrado su eficacia en trazas de sangre antigua, siendo utilizado con resultados positivos en la casa Shriver, lugar donde murieron dos francotiradores confederados en la Batalla de Gettysburg de la Guerra Civil de los Estados Unidos en Julio de 1863. Más información sobre este producto en: https: //www.bluestar-forensic.com/es/.

Ventajas e inconvenientes de Bluestar:

- **Ventajas:**
  - Es más estable por más tiempo que el luminol, y se puede usar incluso varios días después de su preparación.

- Resultados inmediatos y de bajo costo.
- Aplicable sobre todo tipo de superficies, aunque más utilizado en grandes espacios.
- Presenta mayor luminiscencia, más duradera, y más sensibilidad que el luminol.
- No se requiere oscuridad total, aunque si se desea puede llevarse a cabo en completa oscuridad o en ambientes muy oscuros.
- Totalmente soluble, estable en el tiempo, y fácil de usar.

- **Inconvenientes:**
  - Puede alterar la morfología de la mancha de sangre.
  - Puede producir falsos positivos.
  - Su uso no es apto para el estudio de huellas dactilares, palmares, plantares, etc. (se deben revelar antes).
  - Una vez mezcladas las sustancias para su uso, su poder quimioluminiscente desaparece en unas horas.

Figura 205. Reactivos Bluestar, fórmula y resultados obtenidos

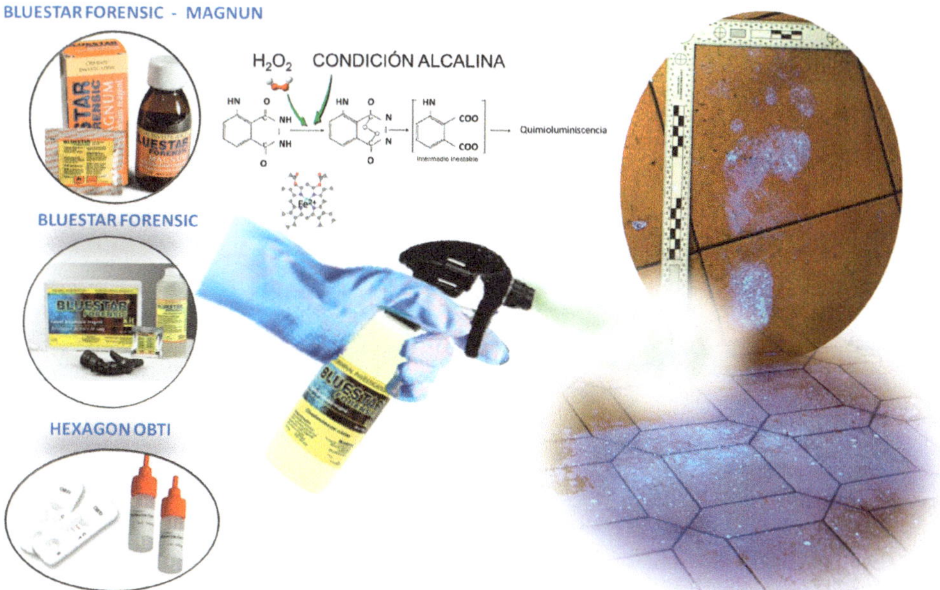

Fuente: Elaboración propia.

12.4.4. Fluoresceína

La fluoresceína (Acid Yellow 73) es otra prueba química presuntiva para la detección de manchas de sangre latentes. La molécula de la fluoresceína reducida es incolora, pero en presencia de las proteínas asociadas a la sangre y del ion hierro que se encuentra en la hemoglobina con peróxido de hidrógeno se oxida inmediatamente a fluorescente. Es una sustancia colorante hidrosoluble de color amarilla que pertenece al grupo de las xantinas, produciendo un color fluorescente verde-amarillo intenso en soluciones alcalinas (pH mayor a 5), cuya sensibilidad se acerca a los niveles de detección del luminol.

La preparación de la fluoresceína no suele ser un proceso fácil y puede llevar su tiempo ya que hay que mezclar el producto, dependiendo dicha mezcla de la fórmula que se utilice.

Actualmente se encuentran disponibles productos preparados y patentados de uso comercial (kits). Uno de estos productos es HemaScein, basado en la fórmula de la fluoresceína y disponible en el mercado desde el año 2008. Este producto según su distribuidor comercial, presenta entre sus ventajas que produce una luminiscencia de hasta 10 minutos, no reporta ningún riesgo para la salud, y presenta mayor grado de detalle y sensibilidad.

Figura 206. Estructura química de la molécula fluorescente de la fluoresceína, y de su forma reducida no fluorescente

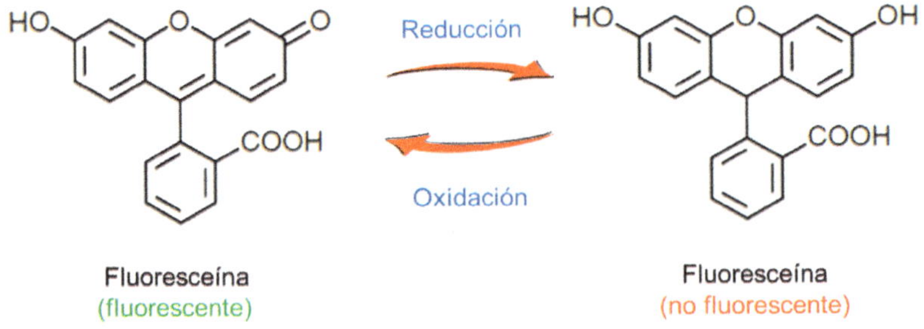

Fuente: elaboración propia.

Para estimular la fluorescencia se requiere de una fuente de luz alternativa de uso forense (ALS), concretamente una luz azul con un filtro amarillo o naranja, junto al uso de unas gafas con el mismo tipo de filtro (amarillas o naranjas). El producto reacciona produciendo fluorescencia cuando se expone a la luz, debido a que la fluoresceína absorbe ciertas longitudes de onda y emite luz fluorescente de longitud de onda larga, por lo que la reacción se visualiza, permitiendo ser fotografiada con una fuente de luz alternativa en un rango aproximado de 420 nm a 485 nm.

Esta reacción se prolonga durante varios minutos antes de reducir progresivamente su intensidad, lo que da tiempo más que suficiente a los fotógrafos para documentar la luminiscencia generada sobre la mancha o manchas de sangre. Si bien, en superficies no porosas y verticales al igual que con el luminol y Bluestar, cabe la posibilidad de que distorsionen morfológicamente la mancha o patrón de manchas de sangre.

No es tóxico por naturaleza y su aplicación repetida es más eficaz que el luminol, pudiéndose usar el reactivo incluso varios días después de su preparación. No requiere oscuridad total, aunque si se desea puede llevarse a cabo en completa oscuridad o en ambientes muy oscuros.

En casos de incendios en los que se trate de ocultar indicios y sea necesario el uso de alguna prueba presuntiva para detección de sangre que permita un posterior análisis de ADN, según un estudio (Cheeseman R. 1995) la fluoresceína da mejores resultados que Bluestar® y Luminol. Otro estudio llevado a cabo por Tontarski y otros en 2009, estableció que, aunque todas las técnicas químicas presuntivas utilizadas funcionaron (luminol, Bluestar y Fluoresceína), debido a la presencia de hollín como consecuencia del incendio, resultó más fácil fotografiar los resultados positivos de la fluoresceína. No obstante, con la aparición de Bluestar Magnum®, que es tres veces más potente que Bluestar Forensic®, se tendrían que llevar a cabo nuevos estudios para comprobar los resultados.

Método de aplicación de la fluoresceína

➢ *Zonas Recomendadas para su uso aplicación:*

- Escena del crimen antigua.
- Escena del crimen reciente que muestra signos de limpieza.
- Escenas del crimen donde la sangre es difícil de visualizar debido al color de la superficie sobre la que asienta. Ej. en superficies policromadas.
- Escena del crimen donde la sangre ha sido diluida por la lluvia y ya no es visible.
- Ropa de la víctima y/o del sospechoso después de ser lavada.
- Vehículos sospechosos de contener trazas de sangre una vez limpiados.

➢ *Proceso*

Si la zona que se va a procesar es un área grande se recomienda establecer secciones más pequeñas para una mejor visualización de la fluorescencia. Antes de aplicar el producto se recomienda observar la zona con la fuente de luz forense (ALS) en un rango aproximado de 420 nm. a 485 nm. Alternativamente se tienen que utilizar filtros amarillo y naranja junto al uso de unas gafas con mismo tipo de filtro, ya que nos van a permitir cubrir una gama más amplia de elementos que puedan ser fluorescentes. En caso de que aparezca fluorescencia se marca con un rotulador de color rojo lo que nos va a evitar que posteriormente puedan ser confundidas con las trazas que den positivo a la fluoresceína.

Antes de aplicar el producto se recomienda realizar una prueba de control para descartar falsos positivos, y otra prueba de control sobre una muestra de sangre para que quede constancia de que el reactivo está en óptimas condiciones.

Con un pulverizador y de forma no directa se rocía ligeramente sobre el área que contiene la solución de fluoresceína y se deja secar brevemente. A continuación, se rocía nuevamente pulverizando sobre la misma área, pero en esta ocasión se aplica la solución de peróxido de hidrógeno, utilizando el mismo procedimiento que para aplicar la fluoresceína. Seguidamente se examina la zona con la fuente de luz forense (ALS) con los filtros y gafas indicadas.

12.4.5. Lumiscene

Lumiscene es otro producto relativamente nuevo en el mercado que se comercializa desde 2009, cuya fórmula también es muy eficiente para detectar sangre latente en la escena del crimen. Creado por los laboratorios de “Loci Forensic Products”, a base de una combinación de luminol y fluoresceína, que en contraste con Bluestar Forensics sólo contiene luminol. Posteriormente ha salido a la luz una versión más concentrada y fuerte “Lumiscene Ultra”.

Estos productos son de uso sencillo y de fácil preparación, cuya vida útil sin mezclar es de 3 años después de su fabricación. La preparación para su uso consiste en agregar las dos tableas de activación que trae el kit a la solución de lumiscene, agitándose suavemente durante 1 minuto después de 5, 10 y 15 minutos, En este momento se encuentra activado y listo para su uso, pulverizándose sobre la zona en forma de aerosol fino, con una estabilidad de entre 4 y 6 horas máximo a temperatura ambiente.

Se requiere oscuridad total para visibilidad la emisión de luz producida por la reacción química de luminiscencia, y por tanto no es necesario un equipo de luz forense. No obstante, sí se puede usar una luz forense (450 nm) con gafas naranja, ya que favorecerá la visión nocturna y ayudará a comprobar si se aplicó uniformemente sobre superficie examinada.

Según el fabricante es extremadamente sensible ya que la reacción de luminiscencia química de Lumiscene con diluciones de sangre y agua superiores a 1:50.000 se puede ver a simple vista. En el caso de Lumiscene Ultra es extremadamente sensible 1:500.000.

Otros datos favorables son:

- Emisión de una luz azul/verde de unos 525 nm favorable para la visión nocturna.
- La presencia de fluoresceína en la solución de Lumiscene actúa como potenciador de la reacción de quimioluminiscencia creando mayor intensidad.
- La solución de Lumiscene contiene un volumen de peróxido de hidrógeno (H_2O_2) inferior al 0,12%, por lo que no degrada el ADN, minimizando su daño según fabricante más que otros reactivos que emplean soluciones de luminol.

Para revelar el estado latente de las trazas de sangre el reactivo tiene que ser rociado en la oscuridad con un pulverizador. Pero al llevar en su composición fluoresceína, permite verificar el área de interés usando luz forense en un rango comprendido entre 415 nm y 480 nm aproximadamente.

Figura 207. A la izquierda se observa un tubo de ensayo que contiene Lumiscene, sobre un papel blanco y testigo métrico a los que se les ha rociado el reactivo. A la derecha se aprecia el mismo tubo de ensayo y papel expuestos con una fuente de luz forense. Visto a través de unas gafas de color naranja

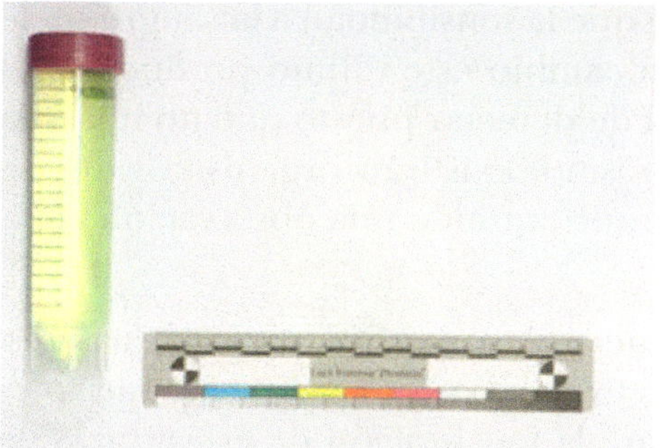

Fuente: Imagen extraída página oficial: https://www.lociforensics.nl/lumiscene/lumiscene/

Finalmente indicar que se recomienda utilizar Lumiscene básico cuando lo que se pretenda sea la búsqueda de sangre latente para su análisis ADN, quedando el uso de Lumiscene Ultra para fines reconstructores una vez se haya llevado a cabo el muestreo y/o cuando la reacción de quimioluminiscencia sea muy débil. Esta sugerencia se debe a que Lumiscene básico presenta menos productos químicos en su composición y por lo tanto favorece la obtención de resultado positivo de ADN minimizando su daño, frente a Lumiscene Ultra que presenta mayor cantidad de productos químicos en su composición.

12.5. DOCUMENTACIÓN FOTOGRÁFICA DEL LUMINOL, BLUESTAR® Y OTROS REACTIVOS QUIMIOLUMINISCENTES

12.5.1. Introducción

Documentar fotográficamente las reacciones químicas que generan estos reactivos puede suponer todo un reto para el analista de la escena del crimen (AEC), o el fotógrafo. La obtención de este tipo de fotografía parte de la premisa de la precisión y rapidez con la que han de ser obtenidas, así como la dificultad que genera que todo este proceso tiene que llevarse a cabo en condiciones de poca luz o de completa oscuridad, dependiendo del tipo de producto que se aplique. Por ejemplo, el luminol necesita total oscuridad y tiene mayor sensibilidad que el Bluestar que puede ser fotografiado en condiciones de poca luz. No obstante, con la planificación adecuada, experiencia y cierta paciencia pueden obtenerse resultados muy satisfactorios.

De forma genérica, cada cuerpo policial u organismo se decanta por un producto determinado en base a sus preferencias y/o necesidades, hay quien prefiere trabajar con Luminol ya que la sensibilidad a la sangre suele ser mayor que la del Bluestar, pero en cambio este último producto presenta una reacción más brillante y fácil de detectar puesto que no necesita espacios completamente oscuros. Asimismo, existirán organismos que se decanten por el Lumiscene ya que permite también una observación alternativa mediante luces forenses.

De forma específica se tendrán en cuenta los estudios que existen al respecto sobre la sensibilidad de cada reactivo en base a las distintas variables que hayan intervenido en el evento para la localización de estas trazas de sangre. A este respecto y a modo de ejemplo, señalar un estudio reciente llevado a cabo por Hernández en 2021, en el que se utilizaron los cuatro reactivos quimioluminiscentes más empleados actualmente (luminol, Bluestar Forensic y Bluestar Forensic Magnum, Lumiscene). Este estudio trataba de establecer cuál de ellos era el más efectivo en base a las distintas condiciones a las que fue expuesto. Se llevó a cabo sobre superficies de vidrio y de tela respectivamente y las variables elegidas para esta investigación fueron cinco: dilución, antigüedad, temperatura, limpieza y superficies. De este ensayo se extrajo entre otras conclusiones que Bluestar Forensic Magnum y Lumiscene eran los reactivos más recomendados para la búsqueda y localización en lugares en los que hubiese existido derramamiento de sangre como consecuencia de un hecho violento. Esta afirmación se basa en que son capaces de reaccionar en concentraciones ínfimas (1:500.000) sin alterar prácticamente sus resultados si esas manchas de sangre hubieran estado sometidas al paso del tiempo (hasta 90 días) o a temperaturas variables (4ºC/40ºC).

12.5.2. Equipo necesario (Luminol, Bluestar, Lumiscene)

12.5.2.1. Cámara réflex

Cualquier cámara capaz de realizar fotografías con el modo bulb podrá registrar imágenes que produzcan quimioluminiscencia puesto que esta función permite controlar manualmente el tiempo de exposición de la cámara. Las cámaras fotográficas actuales tienen incorporado entre los diferentes modos de disparo, la opción B (bulb), lo que nos va a permitir realizar fotografías en completa oscuridad con un tiempo de exposición largo que nos va a permitir poder obtener imágenes con una quimioluminiscencia de gran calidad.

Los avances tecnológicos han permitido la adquisición de cámaras fotográficas digitales con un manejo mucho más cómodo que el de las cámaras analógicas convencionales. Permite ver las imágenes a tiempo real, y los resultados instantáneos de la fotografía a través de la pantalla LCD de la cámara, siendo también su revelado mucho más cómodo y rápido que por el método tradicional, aunque cabe la posibilidad de que puedan ser retocadas, manipuladas o alteradas en su contenido de alguna manera. Por ello es necesario en todos los casos en los que se utilice cualquier tipo de grabación digital, dejar copias originales a buen recaudo por si nos solicitan autentificación sobre el soporte original.

Fotografiar estas reacciones químicas será mucho más fácil si se entienden tres variables, consideradas como los tres pilares de la fotografía: apertura del diafragma, velocidad de obturación y sensibilidad ISO.

- Apertura del diafragma. Afecta a la cantidad de luz que pasa a través de la lente.
- Velocidad de obturación. Es la velocidad a la que se cierra el obturador de la cámara.
- Sensibilidad ISO. Su configuración determina la sensibilidad del sensor de la cámara a la luz; la apertura y velocidad de obturación, es decir, se encarga de controlar la sensibilidad de la cámara.

Figura 208. Triángulo de exposición, en el que podemos observar que la exposición es una combinación de la ISO, de la apertura del diafragma y de la velocidad de obturación

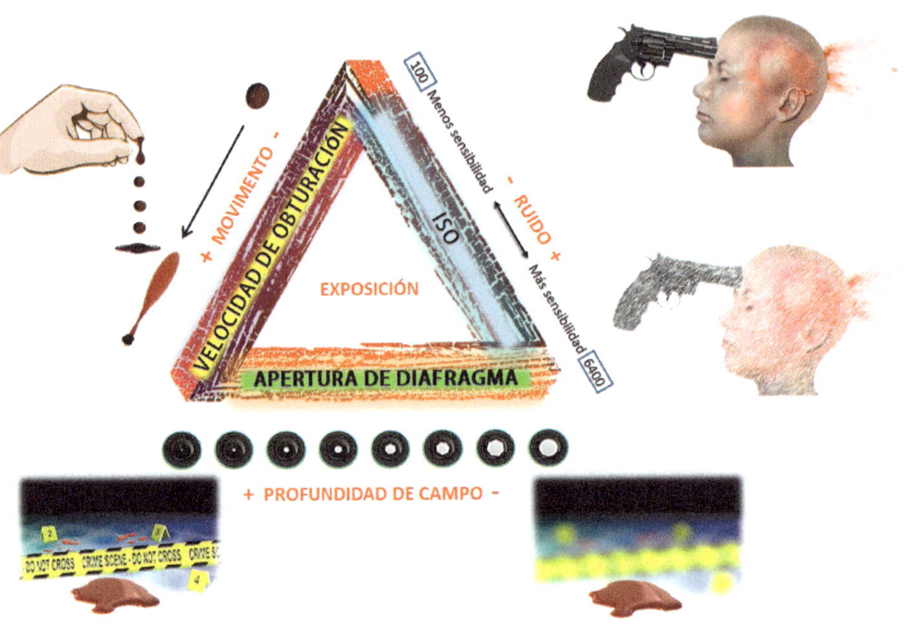

Fuente: Elaboración propia.

12.5.2.2. Trípode

Es necesario el uso de un trípode ya que, para grabar exposiciones tan largas que pueden durar de 30 s a 4 min. o más la cámara deberá estar firmemente sujeta al mismo. Se puede utilizar un trípode convencional, pero se recomienda uno pesado que puede evitar vibraciones y garantizar más estabilidad. Para lugares de difícil acceso se recomienda disponer de otro más pequeño que permita colocar la cámara para un correcto fotografiado.

12.5.2.3. Dispositivo de captura

Es recomendable un cable disparador o un dispositivo de captura a distancia como pueda ser un disparador remoto inalámbrico para la cámara. Este dispositivo evitará o disminuirá el movimiento que se genera al oprimir el botón de disparo, evitando que la persona encargada de realizar la fotografía manipule directamente la cámara.

12.5.2.4. Fuente de luz secundaria (linterna y/o flash electrónico externo)

Otra herramienta necesaria es una linterna o algún tipo de fuente de luz secundaria como un flash externo. La linterna nos servirá tanto para llevar a cabo el enfoque que necesitamos si estamos en condiciones de completa oscuridad, como para añadir luz suplementaria que también puede ser proporcionada por un flash.

Aunque ambas fuentes de luz nos permitirán fotografiar la escena en su conjunto y que la luminiscencia sea visible, la linterna sigue ofreciendo más ventaja que el flash ya que su direccionalidad, intensidad y duración pueden ser fácilmente controladas por el investigador. Es recomendable que se utilice siempre el mismo tipo de linterna ya que no todas tienen la misma intensidad.

12.5.2.5. Testigos métricos fluorescentes

Los testigos métricos utilizados normalmente para la escena del crimen no son de utilidad para este tipo de fotografías, por lo que se hace necesario adquirir testigos métricos especiales que emitan una fluorescencia similar a la de los productos químicos aplicados. Si no es posible obtener estos testigos métricos, se encuentran disponibles en el mercado y a un bajo costo, "stick de pesca nocturna fluorescente". Estos consisten en unas barritas de plástico cilíndricas en cuyo interior se encuentra una partícula de materia de pequeño tamaño y un líquido. Cuando estas barritas se doblan por el centro, se tritura el gránulo del tubo y entra en contacto con un líquido que tras agitar para que se mezclen los dos productos químicos, produce luminiscencia. El problema que plantean es que emite un circulo de luz difusa a su alrededor que no permite medir con exactitud, pero en todo caso nos puede servir de referencia. Otra opción también de bajo costo que emite una luminiscencia fotografiable y que apenas emite luz difusa a su alrededor (halo), son unas cintas adhesivas fosforescentes que nos van a permitir medidas exactas.

Figura 209. Stick de pesca nocturna fluorescente y cinta adhesiva fosforescente que pueden ser utilizados como testigos métricos

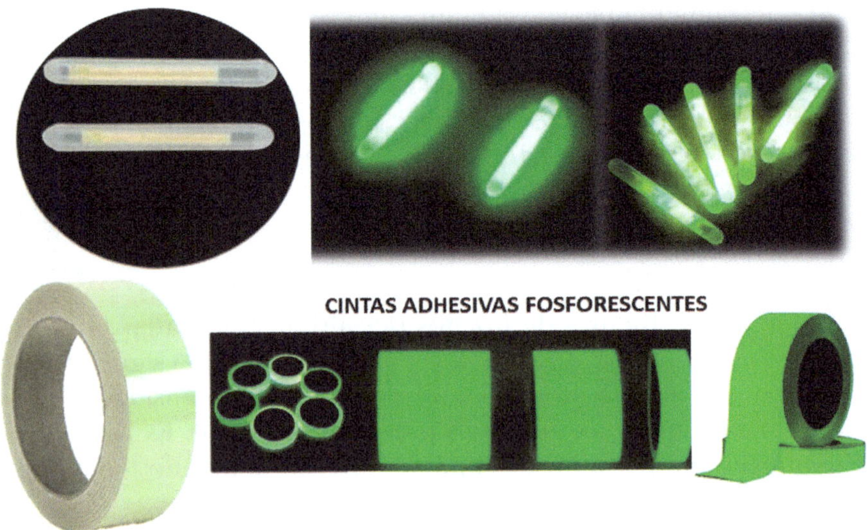

Fuente: Elaboración propia a partir de imágenes extraídas de fuentes abiertas en internet.

12.5.3. Instrucciones para uso del reactivo y su fotografiado

12.5.3.1. Introducción

La aplicación de esta técnica es el último de todos los procesos que se tienen que realizar en la escena de un presunto hecho delictivo por lo que se aconseja realizarla al final de un análisis exhaustivo de la escena, ya que es un método invasivo y en cierta medida destructivo. Si bien su uso es tan eficaz que nos puede ayudar a revelar trazas de sangre en lugares en los que se observe una limpieza extrema; e incluso en lugares en los que se ha producido un incendio, han sido raspados los rastros de sangre, pintadas las paredes, techos, etc.

12.5.3.2. Aplicación

Se comienza con una planificación previa del lugar, asegurándose de tener todo el equipo necesario, incluidos los reactivos químicos, la cámara, el trípode, el cable disparador, una linterna o flash electrónico y los testigos métricos fluorescentes. Asimismo, aunque estos productos no suelen tener ningún efecto perjudicial para el investigador debido a las soluciones que se proporcionan, si hay que tener presente que el luminol en estado puro produce una leve irritación. Por lo que se hace obligatorio utilizar el equipo de protección personal, evitando también con ello contaminaciones de la escena.

12.5.3.3. Preparación del lugar

Es aconsejable y a ser posible cuando se trate de luminol, que este proceso se realice durante la noche ya que requiere de total oscuridad. En caso de Bluestar, aunque se puede realizar en penumbra, cuanto más oscuro sea el entorno, más fácil será observar la reacción. En ambos casos cuando se trabaja durante el día y dependiendo del lugar se podrá o no llegar a controlar la iluminación. En espacios abiertos será imposible por lo que obligatoriamente esta técnica se tiene que realizar de noche. En lugares cerrados este proceso se puede llevar a cabo durante el día, si bien si hay luz ambiental visible se deben cubrir los puntos por donde penetre la luz evitando el más mínimo reflejo del exterior utilizando bolsas negras, cartones o cualquier otro objeto que el operador estime oportuno.

12.5.3.4. Metodología

Se comenzará colocando la cámara firmemente sobre un trípode para que quede estabilizada puesto que va a ser una exposición prolongada. En la parte superior de los extremos de las patas del trípode se colocarán cintas fosforescentes o testigos métricos fluorescentes (kits de pesca) para tenerlo ubicado cuando nos encontremos en total oscuridad. A continuación, se debe establecer en el visor la zona que se desea fotografiar. Como regla general, seguidamente se ajustará el diafragma a la mitad del rango de la cámara, ajustándose el ISO a un mínimo de 400 y se realizará un ajuste de 30 segundos para la velocidad de obturación (con cable de sincronización o dispositivo de captura a distancia).

No obstante, aunque ésta es la configuración estándar de la cámara para este tipo de fotografía, pueden existir métodos alternativos (diferentes ajustes de la cámara) que funcionen igual de bien, y a medida que las cámaras digitales sigan mejorando la calidad de las imágenes grabadas a valores ISO más altos puede ser perfectamente aceptables. Por este motivo, dependiendo de la cámara digital utilizada, los ajustes pueden variar dando resultados muy buenos por lo que se recomienda acudir al método heurístico de ensayo y error que nos permitirá probar alternativas para descubrir que ajustes son los más adecuados para nuestra cámara.

Figura 210. Ruleta de la cámara en posición manual (M). ISO 400, programar obturador con tiempo máximo 30" y diafragma abierto 2,8

Fuente: Elaboración propia.

Sirva como ejemplo algunas recomendaciones de configuración de la cámara, aunque varía en función de unos autores a otros.

- Bluestar recomienda
  - Lente de 24 mm.
  - ISO 400
  - Abertura diafragma: 2.8
  - Exposición: 30's
- Robinson, Edward M. Crime scene photography:
  - Abertura diafragma f-8 o f-11
  - ISO a 1600
  - Exposición: 30's

A continuación, utilizando el enfoque manual se enfoca la cámara con las luces encendidas y seguidamente se apagan. Antes de aplicar el reactivo sobre la superficie deseada, se puede acotar la zona a tratar con las barritas fluorescentes, indicando los límites del área a fotografiar. Debido a las condiciones de rapidez y oportunidad en las que se tienen que llevar a cabo esta técnica tanto el fotógrafo como el especialista encargado de aplicar el reactivo, se encargarán exclusivamente cada uno de su cometido y se situarán en el lugar que a cada uno le corresponde para realizar dicha actividad. Es entonces cuando se deben apagar las luces y permanecer en total oscuridad entre 5 y 10 minutos aproximadamente dependiendo de cada persona. Esto se debe a que el ojo humano necesita adaptarse a las condiciones de poca luz y por lo tanto una buena adaptación a la oscuridad nos va a permitir ver con mucha más facilidad las reacciones que se produzcan por débiles y difusas que aparezcan.

En el caso del Bluestar, se puede realizar esta acción en ambiente de semipenumbra lo que permitirá al técnico moverse libremente por la escena, si bien hay que tener en cuenta que si la zona ha sido cuidadosamente limpiada la luminiscencia será menor y necesitaremos total oscuridad para revelar esas trazas de sangre.

Seguidamente se aplicará el reactivo de manera uniforme sobre la zona a tratar, ya que de lo contrario los resultados pueden hacer que los oligoelementos[15] parezcan más concentrados en un área que en otra. Cuando empiece a ver la luminiscencia, libere el obturador con el cable disparador o dispositivo de captura a distancia. Continúe aplicando el reactivo para mantener la reacción luminiscente.

Si la luz ambiental sigue siendo visible en la zona a tratar, el fotógrafo puede verse limitado en la duración de la exposición para que la imagen no quede sobreexpuesta. En este caso es recomendable subexponer la imagen ligeramente, lo que nos va a generar un buen equilibrio entre la reacción química producida y el entorno que le rodea. Hay que tener en cuenta que, a mayor tiempo de exposición mayor cantidad de reactivo habrá que aplicar para mantener viva la fluorescencia, lo que puede generar que en superficies que no sean porosas el exceso de líquido cree un patrón distinto al que había en su estado latente. Puede agravar aún más la situación si la superficie es vertical ya que el reactivo se deslizará por acción de la gravedad. Para evitar esta alteración por el exceso de reactivo se puede reducir la velocidad de obturación.

En este sentido, cuando se trate de huellas latentes en sangre como puedan ser dactilares, palmares, plantares, etc., se puede utilizar un fijador común como el ácido sulfosalicílico utilizado en productos como el Negro Amido o el Rojo Hungría. El problema es que mezclados estos productos pierden eficacia, pero se ha demostrado que la mezcla de ambos, en una proporción de 3:1 de luminol y ácido sulfosalicílico respectivamente, fija la sangre al mismo tiempo que la hacen fluorescente (Edward 2009).

En cualquiera de los casos descritos anteriormente, si se tiene que volver a repetir el proceso aunque no es aconsejable, se deben recoger previamente las muestras para su análisis.

12.5.4. Técnicas de mejora de fotografías quimioluminiscentes

Dado que estas pruebas quimioluminescentes no pueden volver a ser repetidas para poder establecer su ubicación exacta dentro de la escena, su visualización y fotografiado deben llevarse a cabo en el mismo momento en el que se realice la prueba, permitiéndonos la ubicación espacial de la luminiscencia. Existen tres métodos alternativos.

---

15 Elemento químico que en muy pequeñas cantidades es indispensable para las funciones fisiológicas; p. ej., el hierro.

12.5.4.1. Método tradicional

Este método es a su vez es el más sencillo y consiste en utilizar un flash durante la exposición, o dirigir una linterna hacia el techo apagándola y encendiéndola rápidamente. Este proceso se recomienda hacerlo a mitad o final de la exposición y añadirá una pequeña cantidad de luz a la escena, iluminando parte de la zona circundante de la luminiscencia. Esta técnica no suele ser utilizada ya que cualquier sobreexposición de la fuente lumínica puede contrarrestar las reacciones químicas.

Otro problema que puede presentar es que al ser la iluminación tan rápida el área circundante a la luminiscencia no reciba una exposición adecuada, lo que genera que se oscurezcan algunos detalles de la imagen.

12.5.4.2. Método a través de técnicas fotográficas de alto rango dinámico (HDR)

Este otro método proporciona mejores resultados y nos va a permitir visualizar los detalles de las áreas que rodean a la luminiscencia. A través de la utilización de técnicas fotográficas de alto rango dinámico HDR se consigue combinar en una única foto de manera natural varias fotos en la que lo único que cambia entre foto y foto es la exposición (cantidad de luz que recibe la cámara). Estas imágenes pueden ser procesadas directamente a través de la cámara si dispone de esa prestación, o combinando las imágenes a través de un software HDR. Las únicas dos aplicaciones que realmente se necesitan para producir imágenes HDR son Photomatix Pro o Photoshop.

12.5.4.3. Método mixto

Finalmente este tercer método es muy similar al anterior y consiste en realizar el proceso en sí, es decir cuando estemos completamente a oscuras aplicar el reactivo sobre la zona a tratar y cuando empiece a verse la luminiscencia, realizar el disparo con el cable disparador o dispositivo de captura a distancia, mientras el especialista continúa aplicando el reactivo.

Una vez finalizado este proceso se encenderá la luz y con el mismo encuadre de la cámara se realizará otra fotografía. Esta fotografía se realizará con flash y en modo automático para evitar movimientos innecesarios de la cámara. En esta ocasión vamos a visionar todo, permitiéndonos poder ubicar exactamente el lugar donde se encuentran los patrones de manchas de sangre en estado latente.

Finalmente, a través de algún método informático como Photoshop se superponen las imágenes, permitiéndonos ver tanto la fotocomposición, como mostrarlas de forma independiente.

12.6. PRUEBAS PRESUNTIVAS COLORIMÉTRICAS

12.6.1. Introducción

Este tipo de pruebas aprovechan la capacidad de la hemoglobina para catalizar el mismo tipo de reacciones que la enzima peroxidasa, siendo precisamente esa aceleración de estas reacciones lo que hace que estas pruebas funcione.

Aunque existen muchos procedimientos para detectar el hemo en la sangre mediante reacciones colorimétricas, en principio estas pruebas eran realizadas con bencidina u ortotolidina, pero con el tiempo y debido a su nocividad se fueron abandonando, aunque algunos cuerpos policiales las siguen utilizando. En la actualidad se realizan otras pruebas como la tetrametilbencidina (TMB), fenolftalina (prueba de Kastle-Meyer), violeta de leucocristal o verde de leucomalaquita (LMG), entre otras. No obstante, hay que tener en cuenta que, aunque estos reactivos que los sustituyen no se consideran cancerígenos, se debe evitar la exposición directa de la piel o inhalación de sus vapores puesto que no dejan de ser productos químicos activos.

Estas pruebas catalíticas de color han sido objeto de amplio estudio presentando generalmente una sensibilidad del orden de 1:1000 de dilución, pudiendo llegar en algunos casos a una sensibilidad de 1:100.000.

12.6.2. Bencidina (prueba de Adler)

La bencidina o prueba de Adler ha sido uno de los métodos más antiguos y populares utilizados en todo el mundo para identificar manchas de sangre.

Tiene una sensibilidad es de 1/300.000 a 1/500.000, esto significa que si se agrega a una gota de sangre quinientas mil gotas de agua todavía podría ser detectada la gota de sangre. Si el resultado de la prueba resulta negativo queda descartada la presencia de sangre, pero si da positivo se recurrirá a la prueba de confirmación.

Esta prueba fue desarrollada por primera vez por los Adler en 1904 (de ahí su nombre), y se llevó a cabo de forma rutinaria tanto en el laboratorio como en la escena del crimen, hasta que se comprobó que era perjudicial para la salud debido a su toxicidad por ingestión, inhalación y absorción cutánea. Es tal su toxicidad que han sido relacionados sus componentes químicos con propiedades cancerígenas, concretamente cáncer de vejiga y de páncreas.

Se trata de un polvo cristalino de color amarillo grisáceo, blanco o gris rojizo (fórmula química: $C_{12}H_{12}N_2$), normalmente disuelto en una solución de etanol/ácido acético, que al entrar en contacto con la hemoglobina de la sangre da lugar a un color característico de color azul a azul oscuro que puede acabar convirtiéndose en marrón.

Actualmente esta prueba se sigue utilizando por algunos cuerpos policiales, extremando sus medidas de seguridad en el laboratorio realizándolas en cabina exentas de peligro.

12.6.3. O-tolidina

Al igual que el anterior, es un producto químico utilizado para identificar manchas de sangre, ya que su reacción de oxidación puede ser catalizada por el hemo para producir una reacción de color azul bajo condiciones ácidas.

En 1939, Gershenfeld propuso sustituir la bencidina por este producto, ya que es un derivado dimetílico. Debido a su potencial carcinógeno, fue sustituido por la tetrametilbenzidina tratándose de un producto químico no tóxico.

12.6.4. Tetrametilbenzidina (TMB)

La tetrametilbencidina fue otro de los primeros reactivos utilizados para la identificación presuntiva de la sangre con fines forenses, siendo a su vez un derivado tetrametilado de la bencidina.

En el año 1974 Holland y otros investigadores sugirieron una nueva alternativa a la bencidina, al descubrir un nuevo producto químico "tetrametilbencidina" para la detección de sangre. Ese mismo año la Administración de Seguridad y Salud Laboral prohibió el uso y fabricación en Estados Unidos de la bencidina.

Se investigó la actividad cancerígena de la tetrametilbencidina quedando descartada, y el siguiente paso fue el estudio de su sensibilidad, especificidad y facilidad de uso.

Un estudio llevado a cabo por Garner y otros, publicado en 1976, informó sobre los hallazgos obtenidos sobre la TMB, de los que se indicaba que era tan fiable como la bencidina, siendo la sensibilidad, especificidad y estabilidad de los dos reactivos equivalentes. Unido a que su actividad cancerígena quedó descartada, junto a su fácil uso la convirtió de forma rutinaria en el reactivo químico de laboratorio para pruebas presuntivas de manchas de sangre.

12.6.5. Tiras reactivas a base de tetrametilbencidina

Actualmente existen en el mercado pruebas que son muy fáciles de usar, estables, tolerantes a la temperatura y económicas, consistentes en tiras reactivas a base de tetrametilbencidina. Estas tiras que fueron diseñadas originalmente para la detección de rastros de sangre en la orina, mediante una ligera adaptación de su método de aplicación en la actualidad también son utilizadas como pruebas presuntivas para sangre. Existen diversas marcas como Hemastix®, Combur®, HENSOTest®, MultiStix® y Chemstrip®, por lo que solamente citaremos alguna.

En el año 2014 Matheson y Veall, publicaron un estudio sobre el uso del reactivo Hemastix con la adición de ácido etilendiaminotetraacético (EDTA). Este estudio se llevó a cabo para la detección de sangre residual en artefactos enterrados y herramientas arqueológicas, ya que estudios previos arrojaban dudas sobre este método, debido a la probabilidad de falsos positivos (Manning, 1994). No obstante, se descubrió que el tratamiento con una solución de EDTA reducía las reacciones a los iones de clorofila, manganeso y cobre por debajo del umbral de sensibilidad, pero sin pérdida de sensibilidad a la hemoglobina (Loy y Dixon. 1998).

Del estudio realizado por Matheson y Veall en 2014 se extrajo que, aunque se requerían más investigaciones sobre la longevidad y la supervivencia de la hemoglobina en las herramientas arqueológicas enterradas, la prueba de Hemastix realizada con EDTA era una prueba presuntiva fiable.

En 2022 estos mismos autores junto a Badman, publicaron otro artículo en el que incluian marcas como Combur®, HENSOTest®, Hemastix®,

MultiStix® y Chemstrip®, validando un método para la tira de prueba de reactivo químico de hemoglobina, añadiendo ácido etilendiaminotetraacético (EDTA). Según estos autores la adición de un agente quelante como el ácido etilendiaminotetraacético aumenta la selectividad de estas pruebas presuntivas de sangre. Para ello probaron una variedad de sustancias, compuestos metálicos, soluciones químicas, sangre y mezclas, comprobando que la quelación con EDTA evitó con éxito los falsos positivos de todas las sustancias analizadas, produciendo un resultado positivo constante para la sangre en una variedad de superficies. Se ha demostrado que este método es capaz de discriminar una mancha de sangre en superficies metálicas de cobre y eliminar los falsos positivos. El procedimiento es muy simple y solo requiere una botella rociadora de EDTA 0,5 M y la tira de prueba del reactivo químico, consistiendo en rociar la superficie de la mancha con una solución de EDTA 0,5 M y realizar la prueba sobre esa superficie.

12.6.5.1. Descripción del producto Hemastix®

Estas pruebas reactivas mantienen la integridad estructural y morfológica de la mancha de sangre siendo compatible con análisis posteriores de ADN.

Las tiras contienen dos compuestos: dihidroperóxido de diisopropilbenceno y tetrametilbencidina. La forma incolora reducida de la tetrametilbencidina se convierte en una forma coloreada oxidada debido a la reacción catalítica producida por la actividad peroxidasa de la hemoglobina presente en la sangre. La catálisis de esta reacción se demuestra por la coloración de la almohadilla en el extremo de estas tiras de prueba que van de naranja a verde. En caso de dar resultado positivo, en pocos segundos el reactivo que se encuentra en la punta de la tira se volverá de color verde turquesa, y en presencia de altas concentraciones de sangre en color azul.

Aplicación. Otro método de aplicación utilizado normalmente, al margen del citado anteriormente en el que se le añadía ácido etilendiaminotetraacético (EDTA), es el siguiente: Se humedece la muestra con agua destilada en caso de que esté seca, y seguidamente se pone en contacto el extremo de la tira que contiene el reactivo con la mancha cuestionada. Otra forma sería aplicar directamente el agua destilada sobre una torunda si la mancha está seca y una vez recogida la muestra, aplicar directamente sobre la tira.

12.6.6. Verde de leucomalaquita (LMG)

Verde de leucomalaquita también conocido como reactivo de McPhail (Hemident), es un colorante de triarilmetina, utilizado como prueba presuntiva para la microdeterminación colorimétrica cuantitativa de la hemoglobina y otros compuestos del hemo. Debido a su alta sensibilidad (1:10.000) reacciona con estos componentes de la sangre y el peróxido de hidrógeno, adquiriendo un color verde azulado.

La prueba es muy sencilla y se puede realizar de diversas formas dependiendo del tamaño de la muestra. Si la muestra a analizar es pequeña se puede realizar de dos modos: un método sería sumergiendo la solución que ha sido preparada a partir del reactivo entre 3-5 minutos aproximadamente, procediendo finalmente a su enjuague con agua destilada; el otro método consistiría en poner una gota de la solución LMG en un hisopo/torunda, seguido de la adición de peróxido de hidrógeno. Si hay sangre, aparecerá inmediatamente. En el caso de que la superficie a analizar fuese más grande, el área puede ser rociada con algún spray de forma que pulverice toda la zona sospechosa.

12.6.7. Kastle-Meyer (fenolftaleína)

La fenolftaleína es una sustancia incolora descubierta en el año 1901 por Kastle y modificada en 1903 por Meyer. Esta prueba ha sido muy utilizada en los laboratorios para indicar la posible presencia de trazas de sangre.

Conocida como prueba de Kastle-Meyer es una prueba altamente sensible, pudiendo detectar una gota de sangre diluida en 10.000 gotas de agua. Esta prueba se basa en indicadores químicos de la proteína de la sangre (hemoglobina). Esta proteína actúa de catalizador, reaccionando a la fenolftaleína, y cuando se le añade peróxido de hidrógeno que actúa como agente oxidante se genera un color rosa muy brillante.

En 1991 Cox llevó a cabo un estudio comparativo para determinar la sensibilidad y especificidad de varias pruebas presuntivas, concretamente: fenolftaleína, tetrametilbencidina, verde de leucomalaquita y ortotolidina. Del estudio se extrajo que las pruebas de fenolftaleína y verde de leucomalaquita eran las más específicas y, las pruebas de tetrametilbencidina y ortotolidina las más sensibles. No obstante, según este autor la prueba de fenolftaleína era la mejor prueba presuntiva en comparación con las anteriores.

El método consiste simplemente en aplicar agua destilada sobre una torunda o en papel de filtro para recoger la muestra. Seguidamente se añade una gota de alcohol y a continuación una gota de la solución reducida del reactivo de fenolftaleína. Finalmente se añade una gota de peróxido de hidrógeno y si la torunda/hisopo o el papel de filtro se vuelven rosas, eso indica que la prueba es positiva. Si tarda más de un minuto en reaccionar y ponerse de color rosa después de añadir la última solución, se considera una prueba negativa.

Otro método de aplicación consiste en mezclar la fenolftaleína con etanol y añadirle la solución de peróxido de hidrogeno con un pulverizador, que se debe rociar sobre la zona de interés a una distancia aproximadamente entre 30 y 45 cm. No se recomienda realizar más de dos aplicaciones en superficies verticales para evitar corrimientos o deslizamientos (Robert 2012). Actualmente existen kits en el mercado para realizar la prueba de forma rápida y eficaz en la escena del crimen.

12.7. PRUEBAS DE CONFIRMACIÓN DE SANGRE

12.7.1. Introducción

Las pruebas de confirmación son complementarias a las pruebas presuntivas y, aunque son menos sensibles son más específicas por lo que los resultados son más fiables permitiéndonos establecer que en caso positivo se trata de sangre.

Los métodos convencionales suelen realizarse en el laboratorio, y normalmente llevan más tiempo que las pruebas presuntivas ya que son más complejas, lentas y menos sensibles, proporcionando información más específica y detallada sobre el material analizado. Podemos destacar entre ellas algunas como las pruebas cromatográficas (de papel y en capa fina), o las pruebas espectroscópicas (oxihemoglobina, hematina alcalina, hemocromógeno). Estas pruebas actualmente están en desuso. Otras pueden ser las pruebas histológicas (identificación de las células) o las pruebas cristalográficas (Teichmann, Takayama) que actualmente se siguen utilizando.

12.7.2. Pruebas cristalográficas (Teichmann, Takayama)

Estas pruebas, aunque han sido desplazadas a un segundo plano debido entre otras cosas a su dificultad de manipulación se siguen utilizando en la actualidad de forma rutinaria en los laboratorios y por algunos cuerpos policiales. En estas pruebas las manchas de sangre se tratan con reactivos químicos que en caso positivo forma cristales de colores muy característicos, observables al microscopio.

12.7.2.1. Teichmann

Teichmann o también conocida como prueba de ácido cristalino de hemina o hematina se utiliza para la detección de manchas de sangre secas y fue desarrollada por primera vez en 1853 por Ludwik Karol Teichmann, al identificar la aparición de cristales marrones oscuros de forma prismática-rómbica. Estos cristales se forman cuando la sangre es tratada con ácido acético glacial que contiene cloruro.

El proceso consiste en colocar una muestra de sangre sospechosa en un portaobjetos de microscopio y añadirle una pequeña cantidad de ácido acético glacial que contenga cloruro y seguidamente se calienta a unos 65°C aproximadamente entre 10 y 20 segundos hasta su evaporación. Por acción del calor se descompone la hemoglobina y da lugar a la formación de la hematina que, ante la presencia del ácido acético glacial se combina con el cloro de la sal para formar cloruro de hematina que al enfriarse se cristaliza pudiéndose observar este proceso a través del microscopio.

Esta prueba es fácil de realizar y muy específica no presentando falsos positivos, si bien no es fiable en manchas antiguas ya que tiene mayor probabilidad de obtener falsos negativos que con la prueba de Takamaya.

Figura 211. Preparación del reactivo Teichmann y resultado positivo

Preparación del reactivo

- Cloruro de potasio o bromuro de potasio - 0,1g
- Yoduro de potasio - 0,1g
- Ácido acético glacial -100mL

Mezclar todos estos reactivos y guardarlos en una botella cerrada

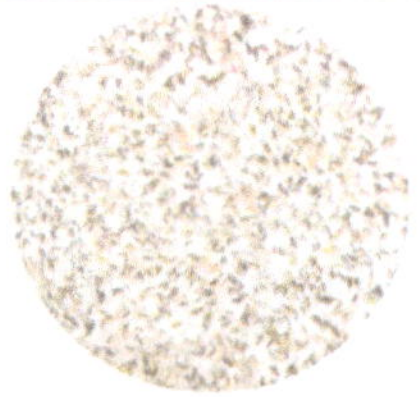

Resultado positivo prueba de Teichmann

Fuente: Kumar y Singh (2020). Composición propia.

12.7.2.2. Takayama

Esta prueba que fue desarrollada por primera vez por Masaeo Takayama en 1912, es más sensible que la de Teichmann y no produce falsos positivos, siendo más eficaz en manchas de sangre antiguas.

La prueba consiste en analizar una muestra que contenga presuntamente sangre utilizando hidróxido de sodio y los reactivos de piridina y glucosa en condiciones alcalinas para formar microcristales de ferroprotoporfirina de piridina. En presencia de sangre, estos reactivos reaccionan con el grupo hemo de la sangre y produce cristales de hemocromógeno de color rosa.

La técnica es similar a la de Teichmann y consiste en colocar una pequeña muestra de sangre sospechosa en un portaobjetos y cubrirla con un cubreobjetos. Se añade reactivo que tras fluir por debajo del cubreobjetos satura las muestras. Seguidamente se calienta a unos 65°C aproximadamente entre 10 y 20 segundos y una vez enfriado se pueden observar a través del microscopio.

Figura 212. Preparación del reactivo Takayama y resultado positivo

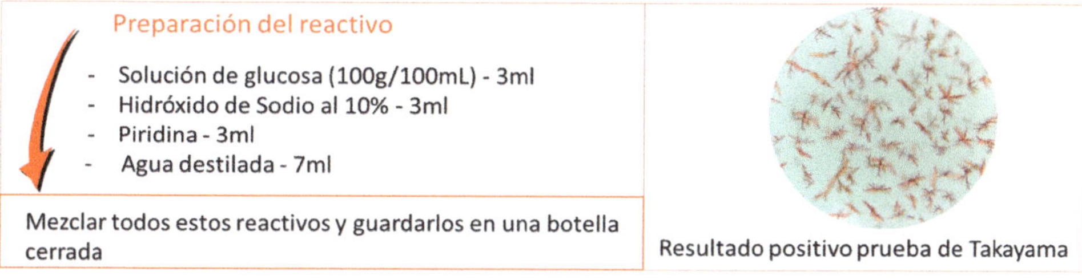

Fuente: Kumar y Singh (2020). Composición propia.

En la actualidad los avances en estas técnicas han permitido que tanto investigadores de la escena del crimen como de laboratorio puedan confirmar en cuestión de minutos la especificidad humana.

12.7.3. Hexágon Obti

Hexagon Obti es una prueba inmunocromatográfica diseñada para detectar sangre de forma rápida y sencilla en escenas de crímenes con derramamiento de sangre. El nuevo producto mejorado permite revelar sangre entera hasta una dilución de 1:2.000.000, requiriéndose tan solo 250 glóbulos rojos para obtener un resultado positivo. Este resultado confirma su presencia, existiendo una gran probabilidad de que la mancha o traza de sangre sea de origen humano. Esta prueba en caso de ser positiva debe de ser recogida y enviada al laboratorio para su posterior análisis.

Hexagon Obti, se comercializa como un kit compuesto de dos partes: una barra de prueba y un tubo recolector para la muestra de sangre.

12.7.3.1. Protocolo del test

La prueba es muy sencilla y consiste en pasar sobre la muestra un bastoncillo que lleva incorporado interiormente el tapón del tubo recolector. Seguidamente se cierra el tubo y agita con el reactivo químico que lleva en su interior. Finalmente se rompe la parte superior del tapón y se dejan caer tres o cuatro gotas de la muestra sobre el pocillo "S" de la barra de prueba, y transcurridos 2 a 5 minutos unas bandas nos van a indicar si se trata de sangre o no.

Estas bandas o líneas antes eran de color azul, pero con el producto mejorado ahora son de color rojo facilitando su lectura, y resultando de esta mejora la capacidad de detectar 0,05 µg/ml de hemoglobina.

Los resultados de la prueba pueden ser:

1. Inválido**:** Si no hay presencia visible de una banda en el área de control "C" el test no es conclusivo y se debe repetir la prueba con un nuevo test, realizando el procedimiento de forma correcta.
2. Negativo: Si sólo hay una banda color rojo (en el área de control "C"), indica que el líquido de prueba funciona correctamente, pero no se ha encontrado sangre humana.
3. Positivo: Si hay presencia de dos bandas de color rojo, una en el área de testeo "T", y la otra en el área control "C", el resultado del test es positivo indicando que la concentración de hemoglobina humana es igual o superior a 0.05 ug/ml.

Este test puede generar falsos positivos con la sangre de primates: anthropoideae (monos y simios) y de algunos mustelidae (comadrejas, tejones, hurones).

Figura 213. Protocolo test Hexagon Obti

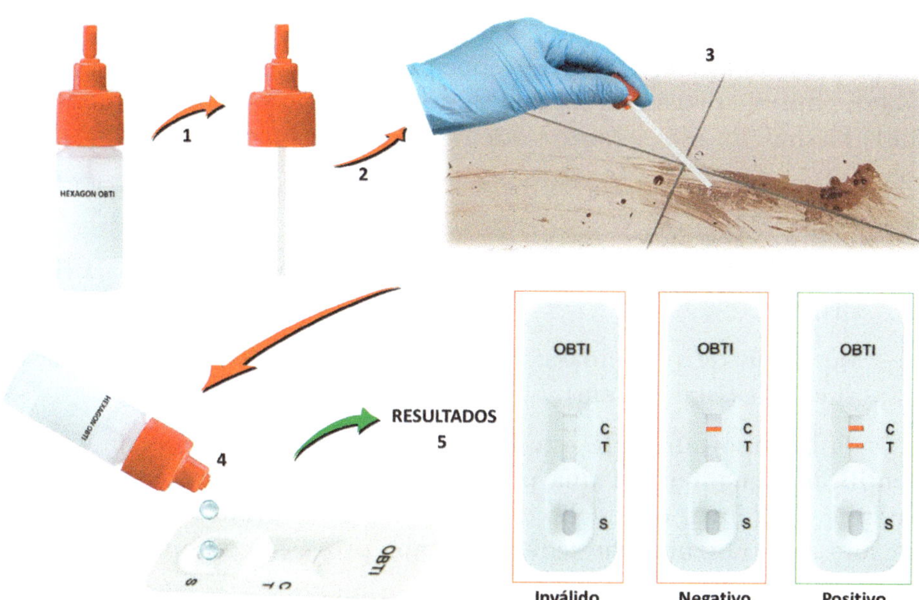

Fuente: Elaboración propia.

12.8. PROCESOS DE MEJORA VISUAL DE LA SANGRE

12.8.1. Introducción

Desde una perspectiva operativa en este apartado nos vamos a ceñir exclusivamente en el realce y calidad visual de los patrones de manchas de sangre creados básicamente por contacto (clasificación propuesta), ya que nos pueden llegar a permitir establecer la identificación de una persona. Este proceso de mejora puede servir para un posterior estudio comparativo de huellas dactilares, palmares, plantares, etc., o bien, para el estudio de impresiones de huellas de calzado entre otras.

Los procesos químicos que se utilizan para mejorar la calidad y el realce de las imágenes de este tipo de patrones identificativos pueden llegar a generar un conflicto entre la sensibilidad y la especificidad. En este contexto, cuando nos referimos a la sensibilidad estamos haciendo alusión a los múltiples componentes de la sangre que pueden reaccionar con este tipo de reactivos. Sin embargo, cuando hablamos de especificidad nos referimos a las reacciones en mayor número que esos mismos reactivos provocan en sustancias distintas a la sangre dando lugar a falsos positivos.

Sin duda alguna el grado de especificidad va a depender en gran medida del tipo de proceso que se haya utilizado para obtener esa mejora de calidad visual. En este sentido podemos establecer tres grupos:

- Tintes de proteínas: Su especificidad en sangre es media (Amido Black).
- Reactivos de aminoácidos: Su especificidad en sangre es baja (Ninhidrina).
- Reactivos de peroxidasa: Su especificidad en sangre es media alta (Leuco Cristal Violeta).

Dada la importancia de este tipo de pruebas, ya que pueden ayudar a identificar plenamente a una persona y por tanto demostrar que estuvo presente en el lugar del hecho dependiendo de su grado de participación, este autor recomienda que se lleven a cabo procesos combinados.

Esta combinación de métodos nos confirmará en primer lugar si la sustancia objeto de estudio es sangre, y seguidamente nos va a permitir visualizar con mayor nitidez las características de clase e identificativas que puedan contener estos patrones de contacto. Por ejemplo, en un rastro por contacto de la huella de un calzado ensangrentado, se puede realizar una prueba de confirmación en alguna zona que no contenga detalles significativos. En caso de huellas plantares, palmares o dactilares la prueba de confirmación se debe realizar en zonas que no contengan detalles de crestas papilares. Seguidamente y tras esta prueba confirmatoria específica de sangre, se puede realizar la prueba de mejora visual o realce.

12.8.2. Reactivos empleados en mejora de visualización de sangre

Como norma general, se debe tener en cuenta que en la preparación y uso de cualquier tipo de reactivo es necesario utilizar equipo de protección personal (EPI), y antes de comenzar se deben realizar controles positivos y negativos apropiados para asegurarse de que la solución del reactivo funciona correctamente.

12.8.2.1. Violeta Cristal Leuco (Leuco Crystal Violet)

Es una prueba presuntiva altamente sensible que actúa tiñendo la proteína al reaccionar con el grupo hemo de la sangre generando una oxidación a violeta cristal púrpura.

Utilizado para revelar y mejorar la presencia y/o rastros de sangre que se encuentren en la escena del crimen, tanto para patrones de manchas de sangre que no son visibles a simple vista, como para realzarlos generando un contraste adicional a los patrones de manchas de sangre visibles, permitiendo realizar fotografías de detalle. Su uso comúnmente se centra en huellas dactilares e impresiones de calzado que se encuentren en prácticamente cualquier superficie que haya sido transferida por sangre, aunque es muy recomendado en superficies porosas. Después de usar Leuco Crystal Violet, se pueden aplicar otros reactivos de mejora de la sangre, como Amido Black.

Su adquisición puede ser en forma sólida o liquida. En la forma líquida el peróxido de hidrógeno y la solución de LCV que lleva fijador se envasan por separado, por lo que antes de su uso se tienen que mezclar. Su preparación es muy sencilla ya que simplemente se mezclan los componentes y se agitan durante 2-3 minutos antes de rociar sobre la superficie. Según la firma comercial (Arrowhead Forensics), LCV tiene una vida útil de 2 años almacenados a temperatura ambiente cuando no se han mezclado sus componentes, pero una vez mezclados su eficacia es de 30 días.

Cuando el producto se adquiere en polvo, para preparar el reactivo según la guía de procesamiento del FBI, se necesitan los siguientes componentes en las cantidades indicadas: Peróxido de hidrógeno al 3%: 1000 ml Ácido 5-sulfosalicílico: 20 g Acetato de sodio: 7,4 g Polvo 25 g.

Figura 214. Tipo reactivos Leuco Violeta Cristal, fórmula y resultados obtenidos

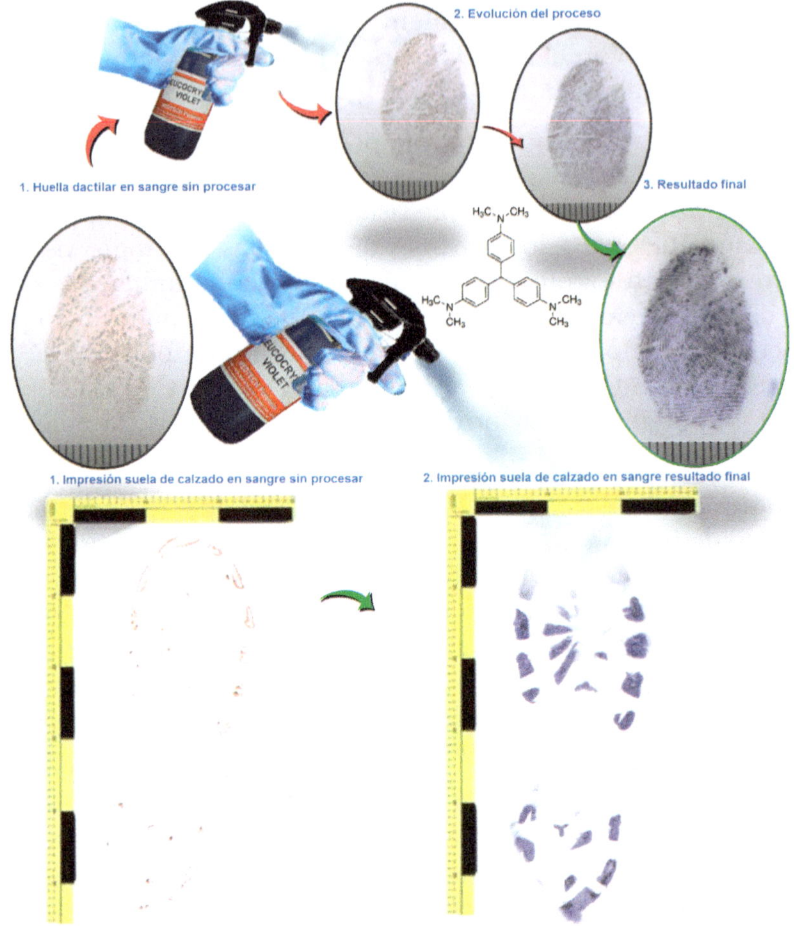

Fuente: Elaboración propia.

12.8.2.2. Amido Black (Acid Black 1)

Este producto es uno de los tintes proteicos más utilizados para realzar detalles significativos en patrones de manchas de sangre como pueden ser impresiones de calzado o crestas papilares, dando excelentes resultados en la mayoría de las superficies, incluso en la piel humana. Actúa tiñendo las proteínas que se encuentran presentes en sangre, concretamente los componentes de la sangre a los que afecta son a las proteínas del plasma, grupos hemáticos y aglutinógenos. Otros reactivos similares que afectan tiñendo a los mismos componentes de la sangre son por ejemplo el Acid Violet o el Acid Yellow.

Distintos manuales, artículos científicos y firmas comerciales recomiendan su uso especialmente cuando se intentan recuperar impresiones débiles o prácticamente invisibles de huellas dactilares en estado latente. Este autor entiende que este concepto es erróneo y que debería de abarcar el término lofoscopia que engloba tanto huellas dactilares como palmares y plantares, aunque ciertamente por estadística las huellas dactilares sean el indicio lofoscopico más abundante en la escena del crimen.

Al igual que con reactivos símiles se recomienda su uso después de que se hayan recolectado todas las demás muestras biológicas, siendo su uso apto tanto para superficies porosas como no porosas. No obstante, en superficies porosas absorberán el tinte y, a menudo, causarán una alta coloración de fondo por lo que, en tales superficies, puede ser preferible aplicar reactivos alternativos (Kent 2013).

La reacción que produce al contacto con sangre genera un fuerte color azul/negro por lo que es más adecuado utilizarlo en superficies de colores claros que permitan un buen contraste visual y buena captura de imagen fotográfica. Aunque hay que tener en cuenta que puede dar falsos positivos ante la presencia de proteína de suero, clara de huevo y semen.

Anteriormente solo se ofrecía en polvo, pero en la actualidad se administra en forma líquida lo que simplifica el uso de este reactivo ya que elimina que se tenga que preparar previamente en la escena del crimen.

Antes de mejorar las impresiones de sangre con Amido Black u otros productos similares, la sangre debe secarse y fijarse.

Solución de ácido 5-sulfosalicílico, no inflamable pero corrosivo que, almacenado a temperatura ambiente, tiene una vida útil de hasta un año.

Figura 215. Preparación del reactivo Amido Black

Amido Black - Base de metanol

Preparación del reactivo

- 2 g de tinte negro amido
- 100 ml de ácido acético glacial
- 900 ml de metanol

Solución de aclarado

- 100 ml de ácido acético glacial-
- 900 ml de metanol

Aclarado Final

- 1 litro de agua destilada

Amido Black - Base de agua

Preparación del reactivo

- 2 g de tinte negro amido
- 100 ml de ácido acético glacial
- 900 ml de metanol

Preparación del fijador

- 38 g de ácido cítrico
- 2000 ml de agua destilada

Solución del primer aclarado

- 100 ml de ácido cítrico

Aclarado Final

- Agua destilada

Fuente: División de la Bahía de Chesapeake – IAI. Elaboración propia.

Figura 216. Tipo reactivos Amido Black. Forma de aplicar y resultados obtenidos

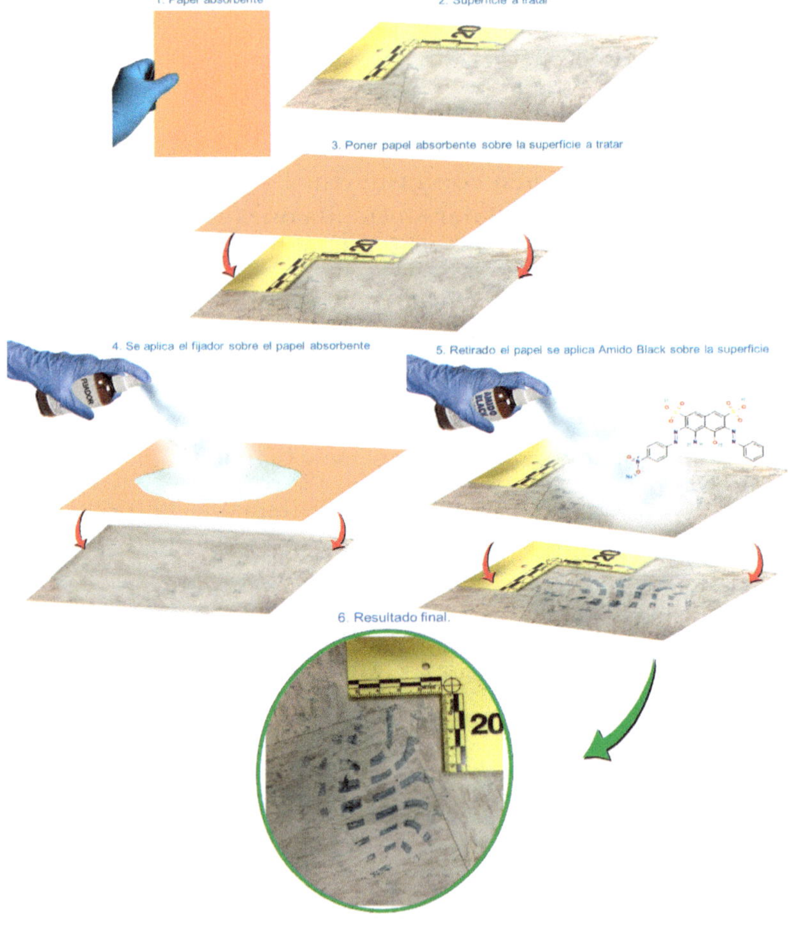

Fuente: Elaboración propia.

12.8.2.3. Azul Coomassie (Coomassie Blue)

Reactivo similar al Amido Black, también sensible a las proteínas de la sangre, aunque no presenta tanto contraste como éste debido al color más claro de las manchas tiñéndolas en un color azul brillante y al efecto del tinte en el fondo de las superficies.

Se usa tanto en superficies porosas como no porosas para mejorar las impresiones latentes contaminadas con sangre. Su aplicación se puede repetir hasta conseguir su máximo contraste.

Se ha demostrado su eficacia en trazas de sangre antiguas, consiguiéndose revelar una huella dactilar con trazas de sangre en estado latente, que se encontraba en el interior de un guante de 25 años de antigüedad (Hunter JL. 1994).

Este producto no requiere necesariamente el uso de ningún tipo de fijador, por lo que se puede aplicar directamente el reactivo con una pipeta sobre la zona a procesar, o bien, colocando el indicio objeto de estudio en una bandeja que contenga la solución, agitándose durante el tiempo de revelado que dure el proceso. Finalmente se procederá a su enjuague hasta que el fondo se aclare y el contraste se haga evidente mejorando los detalles, ya que normalmente se utiliza para indicios lofoscópicos o de calzado.

Figura 217. Preparación del reactivo Azul Coomassie

Azul Coomassie

Preparación del reactivo	Solución de aclarado
- 4 g de azul de Coomassie - 200 ml de metanol. - 200 ml de agua destilada - 40 ml de ácido acético glacial	- 450 ml de metanol - 450 ml de agua destilada - 100 ml de ácido acético glacial

Fuente: División de la Bahía de Chesapeake – IAI. Composición propia.

12.8.2.4. Mancha de Crowle (Crowle's stain)

Este producto también es conocido como tinción doble de Crowle, debido a que contiene dos colorantes: Crocein Scarlet 7B y Coomassie Brilliant Blue R. Su fórmula a base de agua contiene ácido acético y ácido tricloroacético (sustancia tóxica). Al igual que los productos anteriores tiñe las proteínas de la sangre, pero en color rojo.

La técnica de aplicación es muy sencilla pudiéndose repetir si es necesario para un mayor contraste. Consiste en aplicar en primer lugar la solución reveladora, esperando de 30 a 90 segundos y a continuación, se aplica agua destilada como enjuague final (se puede sustituir por agua ordinaria). Finalmente se fotografía el resultado. Se debe evitar aplicar sobre superficies porosas ya que absorben fuertemente el tinte, y en aquellos artículos que estén excesivamente manchados de sangre.

En comparación con otros productos como Amido Black o Acid Violet 17, ofrece peores resultados ya que presenta menor contraste.

Debido a su toxicidad se recomienda el uso de una campana extractora para aplicar el reactivo.

Figura 218. Preparación del reactivo Crowle

Crowle

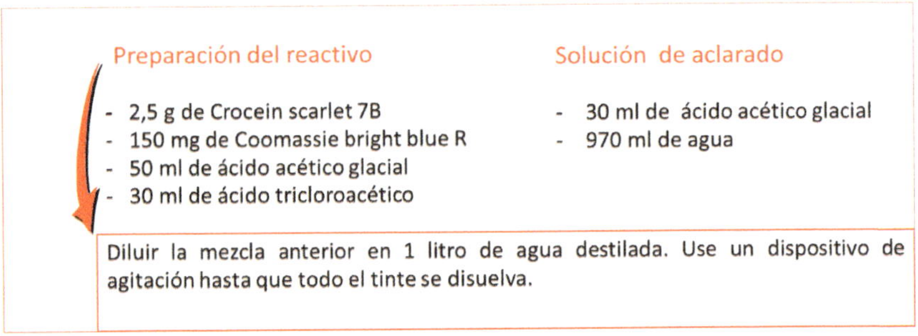

Preparación del reactivo	Solución de aclarado
- 2,5 g de Crocein scarlet 7B - 150 mg de Coomassie bright blue R - 50 ml de ácido acético glacial - 30 ml de ácido tricloroacético	- 30 ml de ácido acético glacial - 970 ml de agua

Diluir la mezcla anterior en 1 litro de agua destilada. Use un dispositivo de agitación hasta que todo el tinte se disuelva.

Fuente: División de la Bahía de Chesapeake – IAI. Composición propia.

12.8.2.5. Acid Yellow 7 (Amarillo Ácido 7)

Al igual que el Amido Black, el Acid Yellow, actúa tiñendo las proteínas que se encuentran presentes en sangre y concretamente a los mismos componentes (proteínas del plasma, grupos hemáticos y aglutinógenos). Su empleo comúnmente es para huellas de calzado y huellas lofoscópicas (dactilar, palmar y plantar) en presencia de trazas de sangre tanto en estado visible como latente.

Su composición es a base de agua/ácido acético/etanol, y para evitar que se produzca pérdida de detalles significativos que puedan distorsionar la muestra, antes de utilizar el producto se debe aplicar un fijador con una solución al 2% de ácido 5-sulfosalicílico (no se requiere fijador de sangre si el Acid Yellow 7 prefabricado contiene un 5 % de ácido sulfosalicílico). Posteriormente se aplica la solución, no se rocía directamente sobre la superficie y al entrar en contacto con la sangre la tiñe en amarillo, pero emitirá fluorescencia amarilla brillante bajo fuentes de luz alternativas en el rango de azul a azul/verde de 455nm a 470nm. Para visualizar los resultados, se debe utilizar gafas con filtro de barrera naranja para que filtren las longitudes de onda específicas, así como fotografiar con cámara con filtro del mismo color.

Finalmente se enjuaga el área con agua para eliminar la tinción, pero en caso de que la traza de sangre esté en una superficie horizontal, vierta suavemente el agua sobre la zona manchada y con papel absorbente elimine con cuidado el tinte residual del fondo.

Figura 219. Preparación del reactivo Amido Acido 7

Amarillo Ácido 7	Preparación del reactivo - 4% amarillo ácido 7 - 84% agua - Ácido acético al 10 % - Ácido fórmico al 2 %

Fuente: División de la Bahía de Chesapeake – IAI. Composición propia.

Funciona muy bien sobre fondos no absorbentes como linóleo, vidrio, azulejo o superficies pintadas, pero no se recomienda su uso en superficies excesivamente manchadas de sangre, ni en superficies absorbentes como papel, material de cartón, sábanas o alfombras, ni en superficies enceradas. Se debe a que la presencia de ácido en la solución puede destruir o deformar este tipo de material.

Se recomienda usar EPI (guantes, gafas protectoras...) y utilizar el producto en una campana extractora, ya que puede irritar los pulmones y los ojos.

12.8.2.6. Violeta Ácida 17 (Acid violet 17)

Violeta Ácida 17 es un colorante de triarilmetano (compuestos orgánicos sintéticos), hecho a base de una solución colorante de una mezcla de agua/ácido acético/etanol.

Al igual que los anteriores tiñe las proteínas de la sangre, siendo utilizado en huellas lofoscópicas y huellas de zapatos que se encuentren en superficies no porosas, semiporosas y porosas, tiñéndolas de color purpura oscuro (color similar a LCV o Coomassie Blue), aunque también produce cierta fluorescencia.

En superficies porosas suele dar mejores resultados que el Amido Black y Crowles, aunque puede ser absorbido por algunas superficies porosas, tiñendo el fondo y reduciéndose el contraste con la sangre teñida. Por este motivo, para una correcta elección del reactivo se pueden realizar pruebas por ej., con Amido Black, y comprobar cual tiñe menos el fondo en esa superficie en concreto. Obviamente estas pruebas deben realizarse en una parte distinta de donde se encuentre o se suponga que esta la traza de sangre, o en otra superficie que tenga la misma composición.

Antes de aplicar la solución para teñir y mejorar la visión de la traza de sangre, se debe aplicar un fijador, excepto en los casos que ya venga incorporado en el mismo producto.

Figura 220. Preparación del reactivo Violeta ácida 17

Violeta ácida 17

Preparación del reactivo	Preparación del fijador
- 1g de tinte Violeta ácido 17 - 250 ml de etanol - 50 ml de ácido acético - 7000 ml de agua	- 20 g Ácido 5-sulfosalicílico - 1 l de agua destilada

Fuente: División de la Bahía de Chesapeake – IAI. Composición propia.

12.8.2.7. Rojo Hungría (Hungarian Red)

Es una solución acuosa que contiene el colorante triarilmetina Acid Violet 19, y que se utiliza para teñir las impresiones lofoscópicas o de calzado que se encuentran en la sangre. Al reaccionar con las proteínas de la sangre se vuelve color rojo claro.

Este producto presenta la ventaja de que permite levantar muestras lofoscópicas y de calzado con levantadores de gelatina adhesiva blanca. Estas impresiones levantadas también emitirán fluorescencia en las trazas de sangre levantadas aplicando una fuente de luz alternativa, bajo luz verde (520nm-560nm), por lo que los detalles o las impresiones que apenas eran visibles a simple vista ahora se distinguen fácilmente en la fluorescencia. Esta fluorescencia se debe fotografiar con filtros de barrera naranja o rojo, y se produce incluso cuando se encuentran en fondos oscuros o confusos.

Se puede usar en la mayoría de las superficies porosas y no porosas, funcionando muy bien sobre fondos no absorbentes como linóleo, vidrio, azulejos, superficies pintadas o revestimientos de suelos de PVC, pero no debe usarse en superficies absorbentes como papel, materiales de cartón, sábanas o alfombras.

Antes de usar el producto y para evitar la pérdida de detalles, se debe aplicar un fijador sobre la superficie a tratar.

Seguidamente y dependiendo de la superficie a analizar se puede aplicar directamente el reactivo mediante pulverizador sobre superficies grandes, o si el objeto a analizar es pequeño, se puede colocar en una bandeja a la que se le aplicará el reactivo. Se deja durante un minuto aproximadamente para que el tinte actúe y finalmente se elimina el exceso de solución enjuagándose ligeramente con agua o mezcla de agua y ácido acético.

Finalmente, cuando el área de interés esté completamente seca, se puede levantar colocando el elevador de gelatina sobre la superficie.

Figura 221. Preparación del reactivo Rojo Hungría

Rojo hungría

Preparación del reactivo	Preparación del fijador
- 50 ml de ácido acético - 950 ml de agua destilada	- 20 g Ácido 5-sulfosalicílico - 1 l de agua destilada

Fuente: BVDA. Materiales y equipos para la escena del crimen. Composición propia.

Capítulo 13

Documentación patrones manchas de sangre y elaboración del informe

13.1. INTRODUCCIÓN

Para poder llevar a cabo una correcta documentación de los PMS es necesario que todos los analistas comprendan los principios del análisis y de la reconstrucción de la escena del crimen a escala completa. Es decir, la evaluación de los patrones de manchas de sangre debería coordinarse con la documentación global, recolección, preservación, y examen de los otros tipos de evidencias físicas que puedan estar presentes en la escena del delito. Por lo tanto en la mayoría de los casos la búsqueda y recolección de evidencias físicas como cabellos, fibras, huellas digitales, etc., pueden tener prioridad sobre la evaluación de los patrones de manchas de sangre.

Documentar con precisión las manchas y patrones de sangre en la escena del crimen, requiere de una serie de procedimientos como son tomar notas detalladas, realizar croquis y un plano final con las distintas mediciones, así como fotografías y video, quedando todo plasmado finalmente en un informe donde quede reflejada toda esta información. Por ello es importante recrear la escena del crimen tal y como se encontró, ya que sin toda esta documentación, sería prácticamente imposible poder recordar con precisión los detalles.

13.2. HOJA DE TRABAJO Y NOTAS

Las notas pueden ser escritas a mano o registradas mediante una grabadora y deben llevarse a cabo de forma completa y exacta en las que se debe de incluir como mínimo:

A saber:

- Número del caso; identificación de los agentes intervinientes; fecha, lugar y hora.

- Descripción de la escena y objetos.
- Factores ambientales.
- Fauna cadavérica, caso de que esté presente.
- Descripción de la zona donde están las manchas de sangre o la ausencia de estas (por ejemplo, textura de la superficie donde asientan las manchas de sangre; huecos, etc.).
- Descripción del tamaño, forma, distribución y aparición de manchas y de los patrones de manchas de sangre utilizando la terminología establecida.
- Complejidad de los patrones.
- Método y procedimientos que se han utilizado para la determinación de la zona de convergencia, ángulo de impacto, zona de origen, etc.
- Cálculos que se han utilizado para determinar ángulo de impacto, zona de origen, etc.
- Número de patrones de manchas de sangre que hay y en qué lugar están ubicados.
- Método de recolección de muestras de sangre que se ha utilizado.
- Equipos y/o materiales que se han utilizado.
- Hora en que se recogió.
- En su caso, el tipo de técnica de mejora visual que se ha utilizado para la búsqueda de la sangre y descripción del método.

13.3. REGISTRO FOTOGRAFÍA, VÍDEO

Fotografiar con precisión las manchas y los patrones de sangre es una parte imprescindible de la investigación de la escena del crimen, proporcionando una información fundamental para todos los participantes en este tipo de análisis.

Como la escena del crimen no permanece mucho tiempo sin modificar, deberán fotografiarse y grabarse en vídeo lo antes posible.

En primer lugar, se documenta la escena del crimen mediante fotografías de conjunto que abarquen la mayor zona posible del lugar que estamos inspeccionando para que nos dé una idea lo más completa posible. Este tipo de registro fotográfico es similar al de cualquier escena del crimen, aunque no haya involucradas manchas de sangre. Teniendo en cuenta que difícilmente se puede conseguir con una única fotografía, ya que siempre quedará algún ángulo oculto, haremos una serie de fotografías desde distintos ángulos de tal forma que quede representado todo el escenario abarcando 360º de cada habitación, incluyendo tanto el techo como el suelo si se trata de lugar cerrado. Se deben realizar desde las cuatro esquinas o cualquier otro lugar que capture la escena completa. El flash se utilizará en función de la iluminación requerida.

Seguidamente se toman fotografías a una distancia media para identificar los patrones y las manchas de sangre que se desee documentar. En este tipo de documentación, se pasa de la fotografía de conjunto a la de detalle, haciéndose de tal forma que se pueda ubicar ésta dentro de aquella, sin que quepa duda de que ese detalle forme parte del conjunto. Por lo tanto, van abarcando cada vez espacios más reducidos, llevándonos desde el todo a la parte estableciendo una relación.

En este tipo de fotografías, las exposiciones con flash pueden causar dificultades a los investigadores por lo que se aconseja anular el flash de la parte superior de la cámara ya que puede producir un exceso de luz y por lo tanto el consiguiente brillo y pérdida de calidad en la imagen. Se debe a que el flash va a rebotar en la mancha de sangre y crear una apariencia brillante que puede eliminar la mancha.

Para un uso correcto del flash, en este tipo de fotografías se aconseja utilizar un cable de sincronización de flash y poner éste a un lado de la mancha con el fin de capturar la disposición de todo el detalle disponible. El ángulo del flash no tiene que ser obtuso, pero tampoco tiene que ser perpendicular al sujeto. El ángulo de incidencia será igual al ángulo de reflexión. También se puede utilizar algún otro método de iluminación alternativo. Si se realiza correctamente se podrá captar de forma más precisa el color y la textura de la sangre permitiendo poder ser examinadas dichas imágenes por otros analistas.

La cámara se puede montar en un trípode para ayudar a asegurar el enfoque exacto y para hacer un plano de la película que será paralelo a la superficie manchada.

Se documentará en detalle el lugar, localización y el tipo de superficie donde asienta las manchas o patrones de sangre. Este tipo de imágenes tienen que estar orientadas a mostrar la relación de la zona manchada con otras características reconocibles. Se colocarán testigos métricos o se usarán escalas.

Un método muy eficaz para cumplimentar la documentación fotográfica de las manchas de sangre es la hoja de ruta y se lleva a cabo a través de un sistema alfanumérico, pudiéndose aplicar también en el análisis de manchas de sangre en la ropa. Ésta es una técnica invasiva que sólo se debe utilizar después de haber sido tomadas las fotografías y recogidas las primeras muestras en los lugares apropiados. Por esta razón, el analista generalmente espera hasta la finalización del procesamiento de la escena para completar esta hoja de ruta.

Figura 222. Fotografía de conjunto, conjunto parcial y detalle. Se observa en círculo rojo la barra de hierro con la que se le golpeó a la víctima con pelos adheridos al extremo de la barra. En rectángulo amarillo se aprecia patrón de mancha de sangre

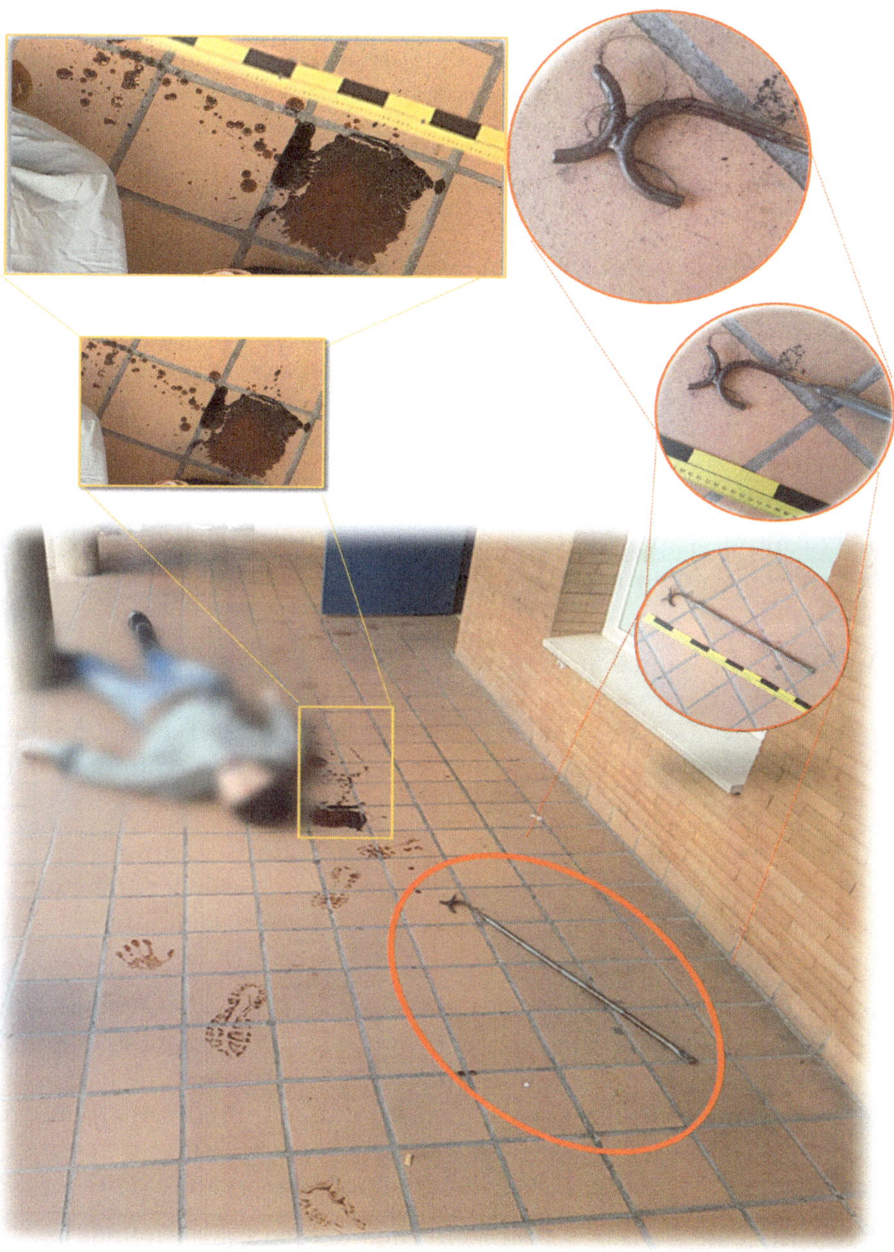

Fuente: Elaboración propia.

13.3.1. Pasos a seguir:

1. Se identifican los patrones que se desean documentar y fotografiar.
2. Se encuadran los patrones con escala métrica amarilla y con un nivel, tanto horizontal como verticalmente utilizando puntos de referencia, por ejemplo, el suelo para la escala vertical y la esquina de una pared para la escala horizontal.
3. A cada patrón se le asigna un adhesivo con un símbolo (por ejemplo, A, B, C, etc.).
4. Se eligen manchas individuales dentro de cada patrón y se pone junto a éstas un adhesivo alfanumérico. Ej.: las manchas con los identificadores alfanumérico A-1, A-2, A-3, corresponden al patrón A. Las manchas con los identificadores alfanumérico B-1, B-2, B-3, B-4 corresponden al patrón B, y así sucesivamente.
5. Se fotografían los patrones de manchas de sangre a un ángulo de 90 grados.
6. Por último captamos en detalle la mancha o patrón de sangre realizando la fotografía a escasos centímetros de la imagen que se quiere captar.
7. La cámara al igual que en las tomas parciales y a ser posible, irá sobre un trípode para ayudar a asegurar el enfoque exacto y así conseguir un plano que sea paralelo a la superficie donde está depositada la mancha o el patrón de sangre. Estas tomas de acercamiento deben hacerse sin y con testigo métrico.

Aquí es donde entran en juego los identificadores alfanuméricos citados anteriormente. Al fotografiar en detalle una mancha de sangre junto al adhesivo alfanumérico resulta sumamente fácil ubicarla dentro del patrón al que corresponda: A, B, C, D, etc.

Especialmente importantes son este tipo de fotografías, cuando de lo que se trata es de documentar un patrón por salpicadura en el que se tengan que fotografiar manchas individuales de sangre para hallar el área de origen. Si están enfocadas correctamente, a un ángulo de 90 grados y con testigo métrico, posteriormente sobre la imagen se puede realizar una correcta medición de la mancha de sangre y verificar su ángulo de impacto.

No se debe de utilizar el flash convencional para documentar este tipo de fotografías, pero sí una iluminación lateral. También es recomendable un flash de anillo para iluminar las manchas individuales, incluso con iluminación.

13.3.2. Aspectos generales a tener en cuenta al fotografiar los patrones de manchas de sangre:

A saber:

1. Las fotografías realizadas deben hacerse siguiendo un proceso ordenado, con progresión de lo general a lo específico, llevando a cabo una completa descripción de los patrones de manchas de sangre y siempre antes de cualquier alteración o recolección de evidencia de las manchas de sangre.
2. La lente de la cámara debe estar perpendicular al plano de la mancha de sangre para fotografías de gama media y macrofotografías. En las fotografías generales o de conjunto, no es posible tener todos los elementos dentro del marco perpendicular a la lente de la cámara.
3. Para un correcto posicionamiento de la cámara son necesarios un trípode y un cable disparador. No obstante, hay que ser consciente de que habrá ocasiones en que será imposible debido a las condiciones de la escena del crimen y se tendrán que realizar dichas fotografías de forma manual.
4. La primera documentación fotográfica de las manchas y patrones de sangre se debe llevar a cabo en su estado natural tal y como se observan, sin testigo métrico o cualquier otro elemento añadido por el investigador.
5. Seguidamente se documenta nuevamente mediante fotografías, colocando testigo métrico, plantillas, o usando escala en el perímetro de las manchas o patrones de sangre, así como puntos de referencia en las fotografías de gama media o semiconjunto y macrofotografías o de detalle.
6. Tomar la medida horizontal y vertical de cada patrón.
7. Fotografiar patrones de manchas antes y después de usar cualquier técnica de mejora de la sangre.
8. Usar fuentes de luz externa para iluminar correctamente la zona o elementos que se tienen que fotografiar.

9. Cuando se tengan que realizar fotografías a oscuras en zonas tratadas con luminol para detectar sangre, se utilizarán testigos métricos especiales, compuestos por tiras fosforescentes adhesivas.

10. En los casos en los que se tengan que realizar fotografías de detalle en las que lo que interesa es resaltar el color, además del testigo métrico, se debe utilizar un testigo de color de referencia, siendo generalmente el que se usa de papel blanco fotográfico.

13.4. FIJACIÓN PLANIMÉTRICA

Aunque una buena fotografía es esencial para la debida documentación de las manchas de sangre en la escena del crimen, no siempre pueden representar las distancias relativas entre objetos y otros detalles que se demuestran mejor con dibujos. Esto se debe a que las fotografías son representaciones bidimensionales de objetos tridimensionales y por tanto pueden distorsionar las relaciones espaciales de los objetos fotografiados, haciendo que aparezcan más cerca o más lejos de lo que realmente están.

Para solucionar este problema, se recurre a la planimetría que consiste en dibujar el sitio del suceso mediante un plano o croquis, que nos permite tener una visión esquemática de conjunto, en forma gráfica, proporcionando una buena orientación de los elementos de prueba dentro de la escena. A diferencia de la fotografía que puede estar saturada de detalles, este sistema contendrá solo los elementos esenciales que se quieren resaltar complementando a la descripción escrita y fotográfica.

Otro aspecto importante de la planimetría consiste en que permite efectuar una adecuada reconstrucción de la escena del crimen, aunque pase bastante tiempo ya que, a través de ella, es posible ubicar cada una de las evidencias físicas en el lugar exacto en que fueron halladas el día que el equipo de expertos se constituyó.

Hay dos tipos de diagramas: los primeros son los croquis que generalmente se realizan en el lugar a mano alzada, y posteriormente el plano que es el que se confecciona en el acta de inspección ocular técnico policía (IOPT) o informe pericial. Estos últimos suelen confeccionarse con algún programa informático.

El plano abatido o de Kenyers como su nombre indica y representado en la figura posterior, consiste en batir las paredes y techo, para dar una mayor representación a la escena, posibilitando la fijación de patrones y de manchas de sangre. Muy útil para su ilustración en la reconstrucción ya que se pueden representar en varias superficies.

Figura 223. Ejemplo de plano abatible para representar patrones y manchas de sangre

Ejemplo de plano abatible o de Kenyers

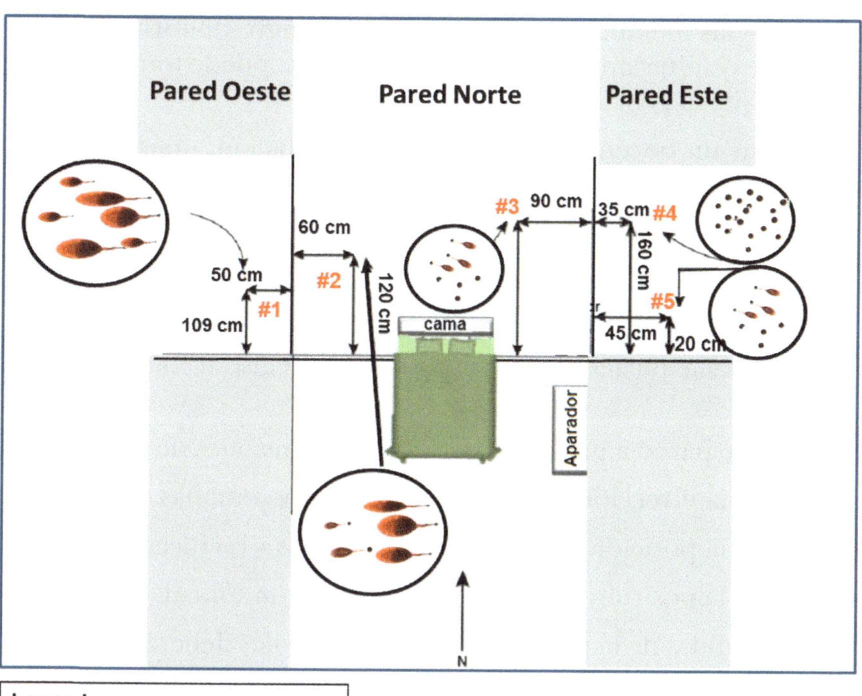

Leyenda

#1 Salpicadura elíptica
#2 Salpicadura elíptica
#3 Salpicadura circular y elíptica
#4 Salpicadura circular
#5 Salpicadura circular y elíptica

No está realizado a escala

Localización:
Caso:
Victima:
Elaborado por:
Fecha:

Fuente: Elaboración propia.

13.4.1. Reglas generales para realizar bocetos de patrones de manchas de sangre en la escena del crimen:

A saber:

1. Obtener una idea general visual del trazado antes de recolectar los datos y mediciones. Utilice fotografías como referencia si están disponibles.
2. Incluir todos los patrones principales de sangre.
3. Tomar las medidas de las manchas de sangre de forma individual, puede resultar muy laborioso por lo que se puede tomar la referencia desde el centro del patrón.
4. Dibujar un boceto de la estructura (habitación, puertas, etc). Después registrar los objetos.
5. Anotar la posición del norte magnético.
6. Incluya sólo artículos esenciales de mobiliario, instalaciones fijas y así sucesivamente para evitar desorden en el boceto.
7. La persona que lee la cinta métrica debe registrar todas las mediciones.
8. Mida de pared a pared y registre las dimensiones de la habitación.
9. Anotar la dirección en la cual las puertas y ventanas se abren.
10. Anotar la posición de las puertas, ventanas y las luces fijas.
11. Anotar la posición en la que las fotos fueron tomadas.
12. Las medidas de la posición de objetos móviles deberán ser anotadas en referencia con al menos dos objetos fijos de modo que puedan ser trasladados a su posición original posteriormente.
13. Si hay más de un cadáver en la escena se debe numerar cada cuerpo.

13.5. DOCUMENTACIÓN DE LOS PATRONES DE MANCHAS DE SANGRE EN LA ROPA Y OTRAS SUPERFICIES

Llevar a cabo un examen de manchas de sangre en prendas de vestir puede resultar difícil, así como el estudio de los patrones puede llegar a ser complejo. Por lo general, las prendas de interés para la investigación estarán presentes en la victima; el acusado y el testigo, no obstante, también pueden estar presentes en otras prendas que se hallen en la escena.

La ropa del sospechoso o la de un "supuesto testigo", es una fuente de información muy valiosa en lo que respecta a las manchas de sangre, especialmente cuando se recupera en un plazo razonable de tiempo siempre y cuando no haya sido sometida a un lavado exhaustivo, pudiendo ayudar a establecer la posibilidad de su presencia en el lugar y su participación en los hechos, desvirtuando o confirmando sus declaraciones o coartadas.

Podemos obtener información muy valiosa para la reconstrucción si se ha llevado a cabo un examen exhaustivo de la ropa y el calzado manchado de sangre en lo que respecta a la actividad, posición y el movimiento de la víctima, el sospechoso y el "supuesto testigo".

Para obtener un resultado óptimo, se deben de llevar a cabo una serie de precauciones:

1. Retirar cuidadosamente la ropa manchada de sangre después de ser fotografiada con el fin de evitar la contaminación y la producción de manchas o patrones adicionales.
2. Si no se le puede retirar la ropa a la víctima debido a su estado o a cualquier otra circunstancia, se debe de cortar de una manera ordenada evitando en lo posible alterar los patrones de manchas de sangre, orificios de disparos o cualquier otro elemento de interés.
3. Las muestras húmedas no deben de doblarse ya que se puede producir una transferencia y modificar los patrones, incluso producir patrones idénticos.
4. Se tiene que evitar en la medida de lo posible, o en su caso en el tiempo mínimamente imprescindible, introducir las prendas en bolsas que serán trasladadas desde la escena del crimen hasta las instalaciones del personal que lleva a cabo la recogida, donde se dejarán secar en un lugar protegido sobre una superficie limpia.
5. Antes de llevar a cabo un examen en profundidad sobre los patrones de manchas de sangre se deben de recoger los indicios traza, residuos de disparos, etc.
6. Si se tienen que recoger manchas de sangre para su análisis de ADN, éstas deben ser previamente fotografiadas y documentadas con su ubicación exacta. Hay que tener en cuenta que toda la sangre que se encuentra en la ropa de la víctima puede que no pertenezca a ella.

7. Si a la víctima le fue cortada la ropa antes de ser retirada en la autopsia, es conveniente coserla o pegarla con cinta antes de llevar a cabo el estudio de patrones de manchas de sangre.
8. Usar un maniquí para orientar la posición de los patrones de manchas de sangre, mientras la víctima o el asaltante tenían puestas las prendas de vestir.
9. Realizar un cotejo de las prendas que se van a estudiar directamente con las imágenes obtenidas de estas prendas en la escena del crimen. Esto nos puede alertar en caso de que se produjeran nuevas manchas de sangre durante la extracción de la ropa o su posterior manipulación de las prendas antes del examen.
10. Describir las prendas de vestir en conjunción con los patrones de manchas de sangre observados. Estos deberán ser medidos y dibujados fijando sus direccionalidades, tamaños relativos, formas y apariencias. Hay que tener cuidado con la interpretación de la apariencia física y la direccionalidad de los patrones de manchas de sangre en los tejidos. Se debe realizar fotografías generales y de acercamiento con un testigo métrico.
11. Utilizar una buena fuente de luz, especialmente cuando se están examinando salpicaduras pequeñas sobre ropa oscura y tejidos vaqueros.
12. Para realizar fotografías en las que se pretenda resaltar pequeñas salpicaduras de sangre, se pueden utilizar unos círculos blancos o flechitas indicadoras.
13. Las áreas limpias o nulas alternas en la ropa manchada de sangre pueden indicar pliegues en la ropa durante el derramamiento de sangre. Áreas vacías en la ropa también pueden indicar la presencia de un objeto intermedio entre la ropa y la sangre.
14. Si la sangre ha empapado la ropa, asegurarse de determinar en qué lado de la prenda se estableció el contacto inicial.
15. Comprobar los bolsillos de las prendas de vestir del asaltante por si hubiera transferencia de sangre proveniente de sus manos.
16. Comprobar los bolsillos, los puños y los cuellos de las camisas ya que se pueden depositar salpicaduras.
17. Comprobar las suelas de calzado del supuesto agresor ya que con frecuencia suele pisar la sangre presente en la escena del crimen.

18. Cuando las víctimas están inclinadas y son golpeadas con un objeto contundente o pateadas, generalmente se suelen encontrar salpicaduras de impacto asociadas a la paliza en las partes más bajas de la ropa (pantalones, zapatos y mangas de camisa). En estas situaciones asegúrese de examinar estas áreas, tales como la parte inferior del puño de la camisa, así como los zapatos y los calcetines del sospechoso.

19. La parte posterior del pantalón y la parte trasera de la camisa de un agresor pueden presentar patrones de mancha de sangre. Estos se producen cuando se arroja sangre desde un arma ensangrentada al girar sobre el hombro, mientras que el agresor está arrodillado golpeando a la víctima que está tendida en el suelo.

20. En los casos en los que ha transcurrido suficiente tiempo para que la ropa haya sido lavada realizar una búsqueda exhaustiva de manchas o patrones de sangre en la ropa del sospechoso. Siempre existe la posibilidad de que algún resto de sangre detectable puede haber sobrevivido al procedimiento limpiador.

21. Fotografiar las prendas de los detenidos mientras que todavía están usando sus mismas prendas de vestir.

22. La ropa manchada de sangre y el calzado del agresor pueden ser el origen de la transferencia de patrones de sangre e impresiones en paredes, puertas, suelos y otros objetos del lugar. Cuando se reproduzcan los patrones de este tipo al objeto de comparación siempre se debe utilizar un material similar con el cual se produjo el patrón original.

23. El uso de un microscopio estereoscópico es muy útil para la visualización de pequeñas manchas de sangre en los tejidos oscuros y materiales de punto grueso. Una alternativa al microscopio estereoscópico para el examen de la presencia de manchas de sangre en la ropa puede ser un microscopio digital. Este tipo de microscopio que permite visualizar imágenes a través de una cámara y un monitor, presenta entre otras ventajas la de poder almacenar y compartir imágenes.

24. El uso del reactivo verde de Leuco malaquita, fenolftaleína, u otras pruebas presuntivas de sangre pueden ayudar a distinguir la sangre de manchas de sustancias extrañas (por ejemplo, pintura, alquitrán, etc.). A los efectos de otras pruebas confirmatorias de sangre y análisis de ADN, se debe tener cuidado de no utilizar toda la muestra para las pruebas presuntivas.

13.6. LEVANTAMIENTO, EMBALAJE Y ROTULADO DE INDICIOS

Respecto a la recogida de muestras, se tiene que adoptar una serie de medidas preventivas para proteger al personal. Además se debe preservar el proceso por el cual tiene que ser recogida la muestra para que no pueda verse afectada por su recogida y siga manteniendo sus propiedades y características para ofrecer las garantías suficientes ante un suceso.

Se debe seguir el protocolo de actuación y establecer las precauciones necesarias. Estas precauciones son:

- La escena del delito tiene que estar delimitada y protegida lo antes posible.
- La utilización de guantes, debiendo cambiarse constantemente, sobre todo cuando se trabaja con materiales biológicos.
- El uso adecuado de mascarilla, evitando estornudar y/o hablar sobre las muestras.
- Utilizar ropa protectora como una bata.
- El instrumental que debe utilizarse debería ser desechable, o que sea limpiado antes de recoger las muestras.
- Las muestras deben ser secadas a temperatura ambiente antes de ser procesadas y empaquetadas.
- Cada muestra tiene que estar embalada de forma unitaria.
- Las muestras deben estar empaquetadas en bolsas de papel o cajas de cartón, evitando las bolsas de plástico.

Asimismo, se tiene que tener en cuenta que aunque el levantamiento y el embalaje son distintos según el tipo de evidencia, el rotulado debe contener la misma información en todos los embalajes, independientemente del tipo de indicio recogido. Por lo tanto, debe figurar lo siguiente:

1. Número de diligencias policiales.
2. Lugar, fecha y hora que se recogió.
3. Cantidad y tipo de evidencia levantada.

4. Técnica empleada en la recogida.
5. Identificación del agente que la recogió.

13.7. CADENA DE CUSTODIA

En relación a la cadena de custodia de una muestra entramos en una variedad de significados.

En España, según el Manual de la Policía Judicial de la Guardia Civil es "el conjunto de medidas que deben adoptarse para asegurar la identidad y permanencia de las muestras objetos de análisis"; por otra parte en el Manual de la Policía Científica del Cuerpo Nacional de Policía, indica que "la cadena de custodia consiste en asegurar que la recogida de indicios y elementos probatorios durante la práctica de la inspección ocular, se ha hecho conforme a la legalidad y que los mismos no han sido posteriormente manipulados por personas extrañas".

En otros países existe una protocolización de la cadena de custodia de una muestra como, por ejemplo en Estados Unidos, donde la recogida de las muestras la realiza la policía o el investigador del lugar crimen, que fotografía y dibuja la organización de las pruebas en el lugar del crimen; y que recogen cada muestra en una bolsa que firma con sus iniciales (Sotelo 2009).

En España, se deben regir por la norma ISO/IEC 17025 para laboratorios de ensayo, que debe ser aplicada también a los laboratorios de ADN. La aplicación de esta norma garantiza la cadena de custodia. Dicha norma dice que cada muestra recibida debe estar perfectamente identificada y relacionada con el ensayo y sus resultados, y en el que se deben anotar los detalles correspondientes al análisis que hayan realizado, como pueden ser los reactivos utilizados, métodos y/o equipos empleados, y también deben poner la fecha y la firma del responsable que haya realizado el análisis y las incidencias que hayan podido pasar durante el proceso (García 2006).

Por ello se debe establecer un método de trabajo que permita garantizar el cumplimiento de la norma anteriormente descrita, y que también cubra los puntos que a continuación se van a describir:

a) Asegurar durante la inspección ocular que la toma de indicios sea la correcta.
b) Evitar el deterioro o pérdida de una muestra, estableciendo la correcta recepción, manipulación y almacenaje.

c) Identificar cada uno de los indicios que hayan sido recogidos.

d) Conservar adecuadamente las muestras, para que no pierdan sus propiedades y no se alteren los resultados.

e) Especificar la forma de remisión y devolución de las muestras, si procede.

Al objeto de que nadie ajeno a la investigación manipule las muestras o evidencias remitidas se debe hacer constar por todo el personal que participe en la misma los siguientes datos:

- Identificación de la persona que manipula la muestra (tarjeta de identificación profesional, carnet profesional, DNI...) y su firma.
- Fecha en la que se remiten de las muestras.
- Sello de todas las unidades por las que pasen las muestras.
- Si no se indica en otro sitio, poner el tipo de actuación realizada.
- En caso de que se produzca alguna incidencia tiene que ser reflejada, como por ejemplo que un precinto llegue roto.

Teniendo en cuenta todo lo anterior, la cadena de custodia debería ser un documento de papel o soporte legal que sea cumplimentado por cada uno de los agentes que han intervenido en la investigación, donde quede reflejado todo el proceso del tratamiento de la muestra, desde que se recoge hasta que se destruya.

Por lo tanto, tal como indica el Manual de la Policía Judicial de la Guardia Civil, a la inspección ocular se tiene que ir provisto del suficiente número de hojas que deben ser rellenadas "in situ" en el mismo momento de la recogida.

Se deben realizar tantas hojas como muestras se recojan en un mismo lugar y tiempo, incorporando en una sola hoja todas aquellas evidencias que se obtengan en un mismo sitio y a una misma hora.

En conclusión, en el documento se debe hacer constar tanto información de toda persona que forma parte del proceso (filiación de todo aquel que participa en toma de datos y recogida del lugar; transporte a dependencias y/o laboratorio; recepción en dependencias y/o laboratorio; posteriores transportes, etc.), como información de cada muestra (identificación, recogida, transporte, recepción y vida en laboratorio).

13.8. ELABORACIÓN DEL INFORME PERICIAL

13.8.1. Introducción

El informe pericial es un documento científico que aporta datos objetivos a la investigación permitiéndonos averiguar la verdad, confirmando o descartando un hecho. Sus conclusiones son de gran valor por su influencia en el esclarecimiento de los hechos enjuiciados, por lo que se tienen que cumplir cuatro requisitos como mínimo para su elaboración: honestidad sobre las propias capacidades, metodología analítica solvente, objetividad e imparcialidad y claridad en la información.

13.9. ETAPAS EN LA ELABORACIÓN DEL INFORME

Normalmente es en la fase del juicio oral, donde al valorarse el informe pericial como prueba y siempre bajo el respeto a los principios de inmediación, contradicción, oralidad y publicidad, alcanza su punto más álgido desde una perspectiva jurídico-procesal.

Pero hasta llegar a su parte más álgida, el informe pericial se ha ido preparando y pasando por distintas etapas que se citan a continuación:

13.9.1. Contacto inicial

En un primer momento y dependiendo del especialista que lo confeccione, va a existir un contacto inicial, que bien puede comenzar en la escena del crimen si el que lo confecciona es miembro de las Fuerzas y Cuerpos de Seguridad; o a través del abogado o juez que lo requiera, si de un perito privado se tratase, que le va a marcar las pautas de la relación de trabajo. En este punto el especialista tiene que ser honesto y reconocer sus limitaciones, ya que puede encontrarse con situaciones que pueden superar sus conocimientos; su falta de experiencia en el área específica objeto de la pericia; e incluso situaciones en las que pueda comprometer su objetividad y honestidad.

EJEMPLO DE CASO:

Un abogado X se pone en contacto con un criminalista para que emita un informe contrario al realizado por un experto analista en patrones de manchas de sangre, en relación a un presunto homicidio. El abogado, que representa al presunto autor del delito, quiere que el criminalista examine los informes periciales y prepare un informe contradictorio para desvirtuar al perito de la otra parte. Es aquí donde el criminalista contratado tiene que ser honesto, objetivo e imparcial y no alterar la calidad de su informe por el simple hecho de satisfacer la petición de su abogado, orientándolo hacía un resultado en concreto.

13.9.2. Obtención y examen de datos

De la calidad y cantidad de los datos obtenidos y del estudio que realice el perito, va a depender la precisión con la que se realice el informe. En esta fase tendrá que realizar un minucioso estudio, no solo de los PMS presentes en la escena del crimen, sino también a través de la recopilación de toda la documentación de la que se disponga (por ejemplo notas, fotografías, escaneo láser 3D, software…). Todo ello nos va a permitir documentar las manchas o patrones de sangre, y con ello poder extraer el mayor número de características posibles a través de su tamaño forma, distribución, aspecto, ubicación…

En este punto es donde el investigador tiene que determinar si dispone de datos suficientes que puedan responder a las preguntas formuladas por la autoridad judicial y así poder redactar el informe pericial en caso de tratarse de funcionarios policiales.

En caso de tratarse de investigadores privados resolverá si con esos datos puede apoyar o no la posición del abogado con el que colabora. En caso de que no se disponga de datos suficientes, como por ejemplo cuando se trate de patrones de mancha de sangre complejos, debe informar al abogado y saber si desea o no que continúe con el informe.

13.9.3. Redacción del informe

Finalmente nos encontramos en el último peldaño de la elaboración del informe, que se subdivide en tres fases: planificación, redacción y edición.

- Planificación: Es en esta fase donde antes de redactar el informe se estudiará toda la información recopilada en la etapa anterior, incluyendo literatura relevante y actualizada sobre PMS.
- Redacción: Si la fase de planificación se ha realizado de forma correcta, la redacción no debería presentar mayor problema siempre y cuando se apliquen los principios de claridad, sencillez, brevedad y honestidad, evitando en todo momento el uso de palabras ambiguas.
- Edición: Es la fase final y consiste en una última revisión del informe que requiere de una visión crítica sobre el propio informe, que puede conllevar la reformulación de algunos aspectos del mismo, en

términos más claros y precisos. Es también durante esta fase, cuando se deben buscar errores gramaticales y tipográficos, y así evitar correr el riesgo de que el informe pueda quedar en evidencia por estos errores, ya que denotan el poco valor, importancia o formación académica que el perito tiene y por ende la preparación de sus informes.

13.9.4. Defensa del informe

Junto con el informe escrito, el testimonio del especialista forense es el aspecto más importante de su trabajo. De poco sirve que el perito presente un informe muy bien elaborado, si en el juicio a la hora de defenderlo no trasmite la información de forma eficaz ni presenta un discurso narrativo compuesto de argumentación y expectación que complemente lo que se expone o muestra en el informe escrito. Es decir, el testimonio tiene que ser creíble, carente de tecnicismos y congruente con el informe escrito que se ha presentado.

Por lo tanto, recordemos que estos informes requieren de una habilidad esencial que implica el acceso a la información, su examen, su análisis y su interpretación, bien de forma directa en el lugar del hecho, o bien, a través de su estudio en el laboratorio o en imágenes que permitan dar una respuesta precisa, objetiva y eficaz a las preguntas planteadas.

El experto al redactar el informe tiene que huir de la intuición, ya que esta no es más que una actividad cognitiva que se aparta del razonamiento lógico. La Real Academia de la Lengua Española en su acepción primera, define intuición como “facultad de comprender las cosas instantáneamente, sin necesidad de razonamiento”. Este concepto que sería sinónimo de corazonada o presentimiento, no goza de rigor científico y solo respondería al exceso de autoestima del perito, falta de profesionalidad, etc.

El informe pericial sobre PMS se confecciona básicamente sobre hechos en los que han acaecido muertes violentas o sospechosas de criminalidad y lesiones (de ahí su importancia). Con este tipo de informes se pretende responder a cuestiones planteadas por el juez instructor o tribunal, en el marco de un procedimiento judicial. Por ello juegan un papel muy importante, ya que a través del estudio y análisis de esos patrones nos va a permitir extraer información relevante que van a permitir poder realizar distintos tipos de informes periciales, que arrojen luz de forma certera al esclarecimiento de los hechos.

Dichos informes tienen que ser redactados de forma detallada, clara, comprensible, empleando una terminología común al análisis de PMS, y sin ningún tipo de lenguaje engañoso que pueda crear error o confusión al lector. En definitiva, en el informe queda plasmado todo el trabajo realizado por el especialista, y por tanto es a través de la elaboración de este informe donde queda reflejada toda la investigación y estudios realizados que requieren de una gran habilidad y profesionalidad, ya que nos van a permitir establecer distintos aspectos relacionados con los PMS:

- Mecanismos que los produjeron.
- Identificación o descarte de un sospechoso.
- Reconstrucción de la dinámica de los hechos sucedidos.

No existe un modelo único y generalizado para cada uno de los distintos tipos de informes periciales sobre PMS, por lo que su estructura va a depender del tipo de organismo o experto privado que los emita.

No obstante, todos estos informes presentan una característica en común, y es la calidad y cantidad de información que se tiene que obtener para poder elaborarlos y llegar a unas conclusiones científicas y no caer en especulaciones. Es aquí donde la capacidad del analista para identificar los patrones de manchas de sangre debe abandonar el terreno de lo posible para centrarse en lo probable.

Según consultas realizadas a la RAE, los términos posibilidad y probabilidad no son sinónimos, la posibilidad implica que algo puede suceder o no, mientras que la probabilidad implica que es muy posible que suceda.

Ejemplos de probabilidad y posibilidad.

Probabilidad. Una persona aparece muerta en el interior de una habitación, de un disparo en la cabeza con el arma en la mano, presentando un espasmo cadavérico, sumado a que la puerta está cerrada desde el interior a través de una barra de alta seguridad que solo se puede manipular desde el interior. En este caso, lo probable es que la víctima se haya disparado ya que todos los indicios nos indican esto.

Posibilidad. Una persona aparece muerta en el interior de una habitación de un disparo en la cabeza, con el arma en el suelo junto a la víctima. La puerta está cerrada solo con el resbalón de la cerradura, pudiéndose accionar su apertura tanto desde el exterior como desde el interior. En este caso se pueden dar dos posibilidades: que la víctima se haya disparado o que la hayan matado.

13.10. DIRECTRICES PARA LA REDACCIÓN DE INFORMES

Aunque los bocetos y las fotografías son aspectos muy importantes en la investigación y reconstrucción de la escena del crimen deben complementarse con el informe pericial ya que es la base de toda documentación de la investigación. El informe debe estar escrito con claridad y de la forma más concisa, completa y objetiva posible, tratando de evitar en la medida de posible la confusión por parte del lector.

Para ello, en EE.UU. el grupo de trabajo científico para el análisis de patrones de manchas de sangre del F.B.I. (SWGSTAIN) estableció una serie de normas para la redacción de informes que ha sido revisada y actualizada por el Subcomité de Análisis de Manchas de Sangre de la Organización de Comités del Área Científica (OSAC).

Con este documento se intenta proporcionar una serie de directrices para una correcta redacción de informes, así como orientar respecto a las declaraciones que deben ser evitadas en el informe:

1. Encabezado:

En ese apartado se definirá y referenciará la terminología empleada en el análisis de patrones de manchas de sangre.

2. Elementos de informe

En este apartado se tiene que incluir lo siguiente. A saber:

A) Hacer constar como mínimo:

- Objetivo del informe (por ejemplo: "Estudio de patrones de manchas de sangre").
- Identificación de los agentes intervinientes.
- A petición de quien se origina el informe.
- Nº de diligencias policiales o judiciales.
- Institución que emite el informe.
- Fecha, lugar y hora en el que se emite.

B) Detallar los antecedentes del hecho, entre los que se deben incluir:

- Descripción de la solicitud y cuestiones planteadas.
- Resumen de antecedentes del caso.

- Información proporcionada por los agentes que acudieron en primer lugar (cualquier cosa de interés para la investigación).
- Informes médicos y/o autopsia.
- Informes de ADN.
- Informes de biología.
- Informe de investigación.
- Cualquier otro informe (huellas de calzado; huellas latentes: dactilares, plantares, palmares), etc.
- Factores ambientales.
- Fauna cadavérica, caso de que esté presente.
- Condiciones que rodean la participación del autor en el caso.
- Cualquier otro dato de importancia.

C) Describir los elementos de prueba o los materiales recibidos, que sean relevantes para el análisis de patrones de manchas de sangre. Como mínimo, esto debe incluir las pruebas examinadas:

- Descripción física de la mancha de sangre (por ejemplo, tamaño, color, etc.).
- Descripción física de la ropa (por ejemplo, la condición de humedad, moho, suciedad, deterioro de la ropa, el tipo de tejido, etc.).
- Identificación inequívoca (por ejemplo, número de artículo, número de serie, etc.).
- Fotografías.
- Lugar donde se recogieron las pruebas.
- Se recomienda que se incluya la fecha y el modo de recepción de las muestras.

D) Ubicación de las pruebas o exámenes realizados. El informe debe indicar los lugares en el que los que los exámenes se llevaron a cabo. Por ejemplo:

- "El lugar de los hechos se encuentra en (dirección)…"
- "Los siguientes elementos han sido examinados en (laboratorio)…"

3. Métodos

En esta sección del informe debe de incluir. A saber:

A) Identificación de las técnicas utilizadas en el examen. Por ejemplo:

- Se empleó fenolftaleína, como prueba presuntiva de sangre.
- Se determinó un área de origen utilizando una técnica de software forense.
- La técnica utilizada para determinar el área de origen fue a través del método...
- Se utilizó fotografía infrarroja.

B) Incluir en el informe las limitaciones con las que se encuentra el investigador al analizar la evidencia (fotografía de mala calidad, estado de las pruebas, falta de pruebas de perfiles de ADN, etc.). Por ejemplo:

- "Las limitaciones que puedan existir cuando basa sus conclusiones solo en la evidencia fotográfica. Desde una perspectiva técnica, pueden existir limitaciones al basar cualquier conclusión únicamente en pruebas fotográficas.
- "La contaminación causada por varios elementos, guardados juntos ha limitado el examen del patrón de manchas de sangre."
- "No se pudo obtener el perfil de ADN en numerosas manchas de sangre y por lo tanto no se ha podido llevar a cabo un examen más completo.

C) En esta sección del informe se deben incluir las observaciones y los exámenes realizados durante el análisis de los patrones de manchas de sangre, ya que van a proporcionar la base sobre la que se van a hacer las conclusiones finales.

D) En este apartado se debería abordar por separado el lugar donde han sido registras las observaciones. Las secciones definidas aquí dependerán del caso. Por ejemplo:

- Dividir la escena del crimen habitación por habitación, establecer áreas dentro de una habitación, etc.
- Víctimas/Fallecido.
- Evidencia física (por ejemplo, la ropa de la víctima, la ropa del sospechoso, etc.).

E) Describir las manchas y los patrones de manchas de sangre. Por ejemplo:

- "Numerosas manchas de sangre de menos de" x "milímetros de tamaño..."
- " Se observan manchas de sangre de forma elíptica..."
- "Las manchas de sangre estaban distribuidas de forma lineal..."

F) Se recomienda incluir los puntos cardinales al describir la escena.

G) Se deben incluir medidas que incluyan pero no se limiten al:

- Área (s) de origen.
- Tamaño de la habitación.
- Localización de las manchas de sangre.
- Dimensiones de los patrones de manchas de sangre y manchas de salpicaduras.

H) La terminología que se utilice en el análisis de patrones de manchas de sangre debe ser explicada, bien con notas al pie de página, un apéndice, un glosario o definida dentro del cuerpo del informe.

I) Se deben incluir fotografías para que ayuden en la presentación de los informes a través de las observaciones de manchas. Si se utilizan, éstas deben ser identificadas y referencias. Las fotografías pueden llevar anotaciones.

J) Se recomienda incluir bocetos, diagramas de la escena, croquis o planos. En el caso de que se utilicen, deberán identificarse y referenciarse. Los croquis pueden llevar anotaciones.

K) Cuando sea pertinente para las conclusiones, deberá informarse de la ausencia de manchas de sangre. Por ejemplo

- "No se observan manchas de sangre a simple vista".
- "No se han observado ni detectado manchas de sangre aplicando el reactivo químico..."

L) En el informe se incluirán los exámenes realizados durante el análisis de patrones de sangre. Estos exámenes, proporcionan la base sobre la que se elaborarán las conclusiones, indicando los resultados de cualquier producto químico que se aplique por mejoras químicas, prueba presuntiva de sangre, etc. Por ejemplo:

- " Se aplicó Violeta Leuco Crystal Violet (LCV) a (lugar o elemento) y esto reveló..."
- "La prueba presuntiva de sangre dio positiva en las manchas situadas en..."

M) Se tiene que documentar el lugar donde se recoge cada muestra de mancha de sangre que sea importante para el análisis de los patrones, asignándosele un identificador único.

N) En base a la información y a las observaciones anteriormente expuestas en el informe, cuando se presenten las conclusiones, el informe incluirá los resultados extraídos del análisis y se basará en la información y las observaciones presentadas previamente en el informe. Por ejemplo:

- "La direccionalidad de las manchas de goteo y los patrones de flujo de la sangre que se observa en la ropa que llevaba el fallecido indicó que estaba en una posición vertical mientras que sangraba."
- **Nota:** cuando se lleve a cabo una conclusión, esta tiene que estar claramente identificada como tal, indicando en base a qué se llega a esa conclusión, debiendo ser documentada.

O) Se debe incluir un apartado en el que se indique que, si cambia la información, las conclusiones dictadas en el informe original pueden verse afectada. Por ejemplo:

- "Este informe se basa únicamente en la información y materiales de los que se dispone en este momento, pudiendo ser modificado con la incorporación de nueva información."
- "Esta afirmación se basa en la información proporcionada durante esta investigación, (yo/el analista) podría tener que reevaluar (mis/las) resultados y conclusiones."

P) Una vez finalizado el informe deberá someterse a una revisión por pares.

Q) Se deben de evitar:

➢ Las conclusiones y opiniones sin fundamento. Por ejemplo:

- "Las manchas de sangre en la manilla de la puerta delantera indicaba que la víctima trató de salir de la residencia."
- "La víctima recibió un disparo en la cama mientras dormía."

- "En base a la cantidad de manchas de sangre en la escena, el autor deberá estar lleno de sangre."
- "El patrón de desprendimiento indica que el asaltante era diestro."

➢ Las declaraciones que no sean propias de la formación del investigador. Por ejemplo:

- "La víctima no fue capaz de moverse por ella misma debido a la gran cantidad de pérdida de sangre."
- "La víctima no habría sido capaz de caminar debido a su nivel de alcohol en la sangre."

➢ Se evitará el uso de lenguaje emotivo o tendencioso. Por ejemplo:

- "Los patrones de las manchas de sangre indicaban que se trataba de un ataque con saña".
- "La presencia de manchas de sangre en las prendas de vestir que llevaba la Sra. X demostraba que ella era la agresora en este brutal crimen, como se indica en los informes de investigación".

➢ Se evitará el uso de datos no probados. Por ejemplo:

- "La mancha de sangre en la ropa del señor X indicaba que estaba a menos de dos metros de distancia de la víctima en el momento del impacto."
- "Basado en el tamaño del patrón de mancha de sangre en la cama, un mínimo de dos litros de sangre estaba presente."
- "La presencia de coágulos dentro de las manchas de salpicaduras mostraron que la hemorragia se había iniciado X minutos antes del impacto."

Capítulo 14

Introducción a la reconstrucción de la escena del crimen

14.1. INTRODUCCIÓN

La Real Academia de la Lengua Española (RAE), en su acepción primera y segunda nos define el término reconstruir como volver a construir; unir, allegar, evocar recuerdos o ideas para completar el conocimiento de un hecho o el concepto de algo. En un sentido estricto, la Asociación de Reconstrucción de las Escenas del Crimen (Association of Crime Scene Reconstruction, ACSR) de EE.UU. define este término como el uso de los métodos científicos, evidencia física, razonamiento deductivo e inductivo, y sus interrelaciones para obtener conocimiento explícito de las series de eventos que rodean la comisión de un crimen (Gardner y Bevel, 2009).

Sin lugar a dudas esta es una de las actividades más complejas dentro del campo de la Criminalística. De hecho en 1992, Osterburg formuló el principio de reconstrucción de hechos, pero no ofreció ninguna metodología específica, tan solo destacó la importancia de usar las evidencias físicas en la reconstrucción (Osterburg y Ward, 2010).

Cuando se tiene que llevar a cabo una reconstrucción de la escena del crimen nos encontramos ante un ecosistema complejo, cuyo fin consiste en tratar de reproducir la actividad humana desarrollada en un momento concreto del pasado a través de las evidencias físicas dejadas por el autor y la víctima. Este proceso nos va a permitir formular teorías que finalizarán con la emisión de conclusiones.

Para poder realizar esta reconstrucción de forma científica es necesario que previamente los investigadores hayan realizado una investigación de forma sistemática, rigurosa, precisa, objetiva, carente de toda subjetividad y basándose siempre única y exclusivamente en los indicios hallados. Como norma general, se realiza a través de la correspondiente inspección técnico policial, consistente fundamentalmente en observar, recoger y registrar de forma exhaustiva todo aquello presente en la escena.

Posteriormente todos estos datos serán estudiados detallada y exhaustivamente al objeto de ser analizados fundamentalmente desde el punto de vista de la reconstrucción del hecho.

14.2. FÍSICA Y DINÁMICA EN LA RECONSTRUCCIÓN DE HECHOS

La reconstrucción de hechos (término jurídico en el marco del procedimiento criminal) es una fase fundamental de la investigación y uno de los principios establecidos en criminalística que, aunque la Ley de Enjuiciamiento Criminal en España no la regula de forma expresa, es fundamental para poder establecer cómo se desarrollaron estos hechos. El propósito de esta reconstrucción es permitir a los investigadores comprender mejor el desarrollo de lo sucedido de una forma técnica, por lo que hay que diferenciarla claramente de la diligencia judicial del mismo nombre.

En principio, es en esta fase de la investigación donde se deben explicar cómo sucedieron los hechos de una forma científica, y puesto que todo hecho tiene elementos físicos y dinámicos los exponemos a continuación con ejemplos para una mejor comprensión.

Formas

A través del estudio de las características de un objeto que ha sido proyectado sobre un plano, ejemplo:

- De una persona herida cae una gota de sangre en caída perpendicular al plano sobre un cristal, lo que generaría una gota de forma circular.
- Un proyectil es hallado en la escena de un crimen y presenta forma de hongo, nos indica que ha sido disparado de forma perpendicular al plano sobre el que ha impactado.

Potencia

A través de la cantidad de trabajo efectuado, es posible saber si el agresor puede tratarse de una persona que se encuentre en mejor o peor estado físico, si es corpulento..., ejemplo:

- La energía que consume o necesita una persona en un tiempo determinado para empujar un vehículo.
- Balancear un bate de béisbol desde arriba hacia abajo o viceversa.
- Arrastrar o levantar un cadáver.

Espacio

Espacio físico donde se producen los hechos:

- Una pelea que se desarrolla dentro de una habitación de un hotel; una agresión sexual que se produce dentro de un vehículo, o un apuñalamiento que se produce dentro de una entidad bancaria.

Tiempo

Todo el desarrollo de los hechos, es decir toda la cadena temporal del suceso:

- En un tiroteo, desde que comienza hasta que finaliza y el proyectil queda en su posición final, sin más interacción entre víctima y victimario.
- En una agresión con arma blanca desde que comienza la discusión hasta que la víctima queda en el suelo en su posición final.
- En un atropello desde que el conductor se encuentra en la fase de percepción, es decir desde el punto de percepción posible en la que el conductor debió darse cuenta de la posibilidad de que ocurriera el accidente hasta la posición final en la que queda la víctima.

Secuencia

Donde se suceden una serie de eventos que guardan cierta relación entre sí:

- Golpear a una persona con un bate de béisbol fuertemente en la cabeza, generándole una herida que le produce una hemorragia y fallece.
- Perder el control de un vehículo, que golpea contra otro que está estacionado en la acera y lo desplaza atropellando a una persona que en ese momento transitaba por la acera, produciéndole lesiones graves o la muerte.
- Saltar una alambrada con una escopeta cargada, cayendo el arma al suelo y generando un disparo que produce la muerte de una persona que se encontraba en el interior de un vehículo.

Esta reconstrucción a la que nos estamos refiriendo, no debe ser confundida con la diligencia llevada a cabo por el juez instructor en el lugar de los hechos, que ha de contar con la presencia del letrado de la Administración de Justicia que dará fe pública mediante el levantamiento de la correspondiente acta, y de las partes intervinientes. Esta diligencia solamente reproduce de forma artificial e imitativa cómo pudieron suceder estos hechos en base a la declaración de los que intervinieron en los mismos.

Otro punto de vital importancia es que el término de reconstrucción es muy a menudo confundido con el de recreación de un evento. Es muy importante aclarar este punto, puesto que puede incidir de forma decisiva en la decisión del tribunal del jurado, ya que al no tratarse de un tribunal profesional, pueden dejarse llevar por una representación dramatizada del caso que se investiga, basándose solamente en rumores o declaraciones de testigos, carentes del más mínimo rigor científico. No hay que olvidar que existen estudios que nos señalan que es muy limitada la capacidad que tienen los seres humanos para diferenciar entre relatos falsos y verdaderos.

14.3. ANÁLISIS CIENTÍFICO DE LA RECONSTRUCCIÓN DE LA ESCENA DEL CRIMEN

Una reconstrucción requiere de un análisis científico, y por tanto, de un trabajo metódico que tan sólo puede ser llevado a cabo por aquellas personas que posean los conocimientos adecuados para poder realizar un correcto análisis de los hechos en base a los indicios científicos obtenidos. No debemos de olvidar que una inspección técnico policial y una reconstrucción defectuosa pueden llegar a jugar un papel muy importante, hasta tal punto de condenar injustamente a una persona.

La incorporación de fuentes visuales en los informes periciales ha sido, es y será un pilar básico fundamental. En la reconstrucción, cuando se confecciona un informe de estas características, se debe hacer de forma visual y detallada puesto que esta visualización científica es la transformación de datos en imágenes (lugar del crimen, objetos presentes en él…). Es aquí donde se pone de manifiesto lo expresado de forma escrita, quedando escenificadas tanto las actuaciones llevadas a cabo durante la inspección técnico policial, como las conclusiones establecidas por los peritos en sus informes. Asimismo, es mucho más fácil de entender por los legos o poco instruidos en la materia, a la vez que deja la puerta abierta de forma más objetiva al análisis crítico de otros especialistas.

Algunos autores como Rafael Moreno establecen algunas definiciones de criminalística moderna, desprendiéndose de su lectura que se está haciendo alusión al metaanálisis. Desde una perspectiva criminalística no es otra cosa que la exposición de cuantos llamémosle, indicios, vestigios, etc., que son estudiados en su conjunto, interrelacionándose unos con otros, al objeto de obtener datos que nos ayuden a determinar la verdad material de lo sucedido.

Otros autores como Enrique Prueger también profundizan en el metaanálisis, señalando su importancia en la investigación de homicidios.

En la evolución de la criminalística podemos establecer tres periodos:

Primer periodo

Se inicia con la criminalística clásica en la que se estudiaba un indicio, y a partir de él se establecía una hipótesis. El clásico ejemplo de: "Aquí han fumado" cuando se encuentra una colilla.

Segundo periodo

Surge una segunda visión holística, que está arraigada actualmente y que analiza todos los elementos en su conjunto para hacerse una composición de lugar y así poder establecer lo sucedido.

Tercer periodo

Finalmente emerge una visión que abarca el metaanálisis, y que por tanto va mucho más allá de analizar los elementos en su conjunto, encargándose de estudiar cómo interactúan unos indicios con otros. Para ello se comienza con un análisis integral que nos va a permitir poder establecer qué ocurrió, cómo ocurrió y posiblemente en qué secuencia con un antes, un durante y un después de cómo sucedieron los hechos. Por consiguiente, a través de un estudio exhaustivo de los indicios hallados vamos a establecer una serie de conceptos que nos van a permitir determinar la evolución del suceso en sus distintas etapas espaciotemporales delimitándonos sus distintas fases desde un punto espacio-tiempo (dinámico-físico), estableciendo lo que podríamos determinar "causa-efecto". Es decir, a través de un disparo se produce un tipo de lesión con orificio de salida, que genera sangre, presentando un tipo de patrón de manchas de sangre debido al impacto, que a su vez puede transferir sangre a la ropa, manos etc. Todo estudiado en su conjunto e interactuando y relacionando unos indicios con otros es lo que nos va a decir cómo sucedieron los hechos en sus distintas etapas. Es lo que dará pie a una reconstrucción científica demostrada de forma objetiva, metódica y verificable de lo sucedido y de cómo sucedió.

Por todo ello y para poder llevar a cabo una reconstrucción de hechos o fenómenos, no podemos cometer el gran error de atenernos solamente al estudio de las técnicas clásica ya que éstas de lo que se encargan principalmente es de verificar, es decir identificar. A modo de ejemplo citamos algunas como pueden ser:

1. Lofoscopia, que comprende:

   Dactiloscopia: estudio de las impresiones digitales.

   Quiroscopia: estudio de las impresiones palmares.

   Pelmatoscopia: estudio de los dibujos de la planta del pie.

   Poroscopia: estudio de los poros sudoríparos que existen en las crestas papilares.

2. Otograma, es el estudio de las huellas de oreja.

3. A.D.N., que aplicado a la criminalística, ha sido el avance más importante desde el establecimiento de las huellas dactilares como medio de identificación, ya que en la mayoría de los crímenes violentos existe un intercambio de materiales biológicos entre el autor-res y la víctima-s.

Estas técnicas clásicas son el pilar básico sobre el que asienta el principio de intercambio, que recordemos nuevamente fue enunciado por el criminalista francés Edmond Locard (1877-1966). Este autor es considerado uno de los padres de la criminalística, y establecía que: "Siempre que dos objetos entran en contacto, transfieren parte del material que incorporan entre ellos". Por lo que se puede afirmar que siempre existe una interacción entre víctima, victimario y lugar del hecho. Pero lo que nunca se debería de hacer es considerar a estas técnicas por sí solas como suficiente prueba de cargo para incriminar a una persona, indicándonos a lo sumo su presencia en el lugar del hecho.

Para ello hay que sustentarse en las técnicas interpretativas que forman parte de la criminalística moderna como pueden ser:

1. RECONSTRUCCIÓN A TRAVÉS DEL ANÁLISIS E INTERPRETACIÓN DE PATRONES DE MANCHAS DE SANGRE

   El estudio científico de los patrones de las manchas de sangre en la escena del crimen proporciona una prueba inestimable para la secuenciación y la reconstrucción de los acontecimientos que puedan haber ocurrido en la escena del crimen. Podemos llegar a conocer y por tanta reconstruir a través del análisis de la escena, de la ropa y la posible arma u objetos empleados.

- *En la escena*
  - Lugar donde comenzó el derramamiento de sangre.

    Al contrario de lo que muchos piensan, el lugar donde se observa mayor cantidad de manchas de sangre es el punto final del incidente, mientras que el lugar donde hallamos menor cantidad de sangre (salpicaduras y gotas) nos está indicando que es próxima a esa zona donde comenzó el derramamiento de sangre. Se debe a que, como es lógico, la víctima intenta huir del lugar, bien para escapar del agresor, bien para coger algún objeto con el que defenderse, etc.
  - Posición de la víctima y del agresor y/o de los objetos en el momento del derramamiento de sangre.
  - Movimiento de personas y/u objetos alrededor de la escena del crimen.
  - Si hubo una pelea o una lucha de cualquier tipo.
  - Naturaleza de la fuerza y el objeto utilizado para causar el derramamiento de sangre.
  - Número mínimo de golpes, disparos o acciones lesivas.
  - Posibles lesiones del delincuente.
  - Determinación de rastros de sangre, su dirección y la velocidad relativa de su movimiento horizontal.
  - Cantidad y naturaleza de las manchas de sangre en el agresor.
  - Si alguien intentó limpiar después de la agresión.
  - Interpretación de transferencia o patrones de transferencia.
- *En la ropa*
  - Acciones del individuo que usa la ropa.
  - Posición del individuo que vestía la ropa cuando se depositó la sangre.
  - Intentos de limpieza de la ropa y destrucción de pruebas.

- *Sobre Armas/Objetos*
  - ¿Se usó como arma o solo estaba presente cuando se derramó sangre?
  - ¿Se movió después de depositar la sangre?
  - ¿Se intentó limpiar?

2. RECONSTRUCCIÓN DE TRAYECTORIAS BALÍSTICAS.

   A través de su estudio podemos llegar a saber entre otras:

   - La distancia a la que se produjo el disparo.
   - El ángulo en el que se efectuó.
   - Dirección.
   - Posición de la víctima y el victimario.
   - Secuencia de los disparos efectuados.

3. RECONSTRUCCIÓN A TRAVÉS DEL ESTUDIO DE CRISTALES.

   - Dirección de la fractura (de qué lado del cristal).
   - Secuencia de los disparos.

4. BIOMECÁNICA APLICADA A LA CRIMINALÍSTICA.

   Cuyo objetivo es reconstruir los movimientos del cuerpo humano en el lugar de un presunto hecho.

Por lo tanto, concluimos que para poder llevar a cabo el principio de reconstrucción de hechos o fenómenos es necesario conjugar ambas técnicas (clásicas e interpretativas), que a través del metaanálisis nos permitirán establecer cómo interactúan unos vestigios con otros, lo que nos llevará a la verdad material de lo sucedido. En caso contrario se estaría haciendo un flaco favor a la justicia, ya que no imperaría ni el razonamiento ni la lógica si se pretende reconstruir todo lo sucedido alrededor uno o varios indicios sin aunar y valorando en su conjunto los resultados obtenidos.

14.4. ETAPAS EN LA RECONSTRUCCIÓN DE LA ESCENA DEL CRIMEN

Como cualquier investigación criminal, la reconstrucción sobre lo sucedido en la escena de un presunto hecho delictivo, se realiza a través de una serie de pasos, en los que se llevan a cabo ensayos, pruebas empíricas, y recopilación de datos sobre los que desarrollar finalmente sus teorías.

Por tanto, el método científico en la reconstrucción se establece a través de los siguientes pasos:

1. Identificación del problema (Reconocimiento de la evidencia).
2. Recopilar información y hacer observaciones.
3. Formular las hipótesis correspondientes.
4. Realizar las pruebas pertinentes.
5. Recopilar y analizar los datos necesarios.
6. Interpretar estos datos y establecer hipótesis.
7. En base a todo lo anterior, desarrollar una teoría.

14.4.1. Identificación del problema (Reconocimiento de la evidencia)

Este es el primer paso del proceso y sin duda alguno el más importante ya que si no se identifica y reconoce la evidencia ab initio, no se puede avanzar en la investigación y por consiguiente en los sucesivos pasos de la reconstrucción. Es en esta etapa del proceso de investigación donde el investigador demuestra sus conocimientos, reflejando sus habilidades que lo capacitan para el desempeño correcto de esta actividad de una manera eficiente.

14.4.2. Recopilación de datos

La recogida de datos en la escena del crimen en la fase material de la investigación es crucial para determinar la fiabilidad, alcance y precisión de una reconstrucción técnica.

Es en esta etapa donde se deben de recoger todos los datos posibles, teniendo en cuenta que cuanto mayor sea la cantidad y calidad de información recogida mayores serán las posibilidades de éxito.

Si por el contrario la información obtenida es escasa o carente de rigor, esta reconstrucción se tornará en especulación y no se podrá llegar a conclusiones fiables, abandona el terreno de lo probable para caer en lo posible. Por ello, toda la información que previamente ha sido obtenida de la escena del crimen, será revisada, organizada, estudiada detalladamente y carente de toda parcialidad.

14.4.3. Formulación de hipótesis correspondientes

En esta fase de la pirámide se establecen las hipótesis, a la que la Real Academia Española, las define como "una suposición de algo posible o imposible para sacar de ello una consecuencia", y como hipótesis de trabajo "la que se establece provisionalmente como base de una investigación que puede confirmar o negar la validez de aquella".

Garza A. (2007) establece que las hipótesis tienen por objeto ofrecernos provisionalmente una explicación sobre una posible resolución del problema de forma que pueda ser comprobada, rechazada o abandonada por otra mejor, durante la fase de investigación, orientando al investigador para recopilar los indicios pertinentes.

Llegados a este punto cabe recordar aquel aforismo que establece que los hechos no deben adaptarse a las hipótesis, sino, al contrario, las hipótesis a los hechos.

Estas hipótesis cuyas proposiciones en un primer momento no se cuestionan y funcionan como respuesta a las preguntas planteadas sobre cómo sucedieron los hechos, tienen que ser verificadas durante su desarrollo para que gocen de validez.

Bertrand Russel, premio Nobel de literatura dijo: "Si pudiésemos probar que ninguna otra hipótesis es compatible con los hechos observados, podríamos llegar a la certeza de que es verdadera, pero esto generalmente no es posible".

Otro dato a tener en cuenta es que jamás deben barajarse en el estudio de PMS hipótesis complejas como el porqué, ya que éstas quedan fuera del ámbito del analista por no gozar de contenido netamente científico. Nuestras hipótesis deben ser de carácter más sencillo relacionadas con el cómo se produjeron los hechos investigados.

Una excelente herramienta para determinar la causa más probable, y por ende la hipótesis más acertada es a través del principio de parsimonia o más conocido como Navaja de Ockham, y se debe a Guillermo de Ockham, fraile franciscano, filósofo y lógico escolástico inglés del siglo XIV.

Este principio establece que si hay que explicar un fenómeno determinado en el que tenemos varias hipótesis, lo más lógico es aceptar la más simple ya que es la más probable, aunque no necesariamente la verdadera. Su sentido se basa en el hecho de que en idénticas condiciones las teorías más simples son preferibles a las más complejas, ya que en caso de tener que descartarla es más sencillo que si se empieza por la compleja.

Pongamos un ejemplo:

Supongamos que el analista de patrones de manchas de sangre está en la escena de un crimen en el que hay innumerables salpicaduras de sangre en una pared, inferiores a 1 mm. de diámetro, y en el suelo hay varios dípteros muertos.

Lo más probable, y quizá, lo más lógico es pensar que estas manchas pertenecen a la actividad de los insectos y no a consecuencia de salpicaduras producidas por un disparo.

Figura 224. Representación gráfica de moscas muertas en el suelo junto a presuntas salpicaduras de sangre

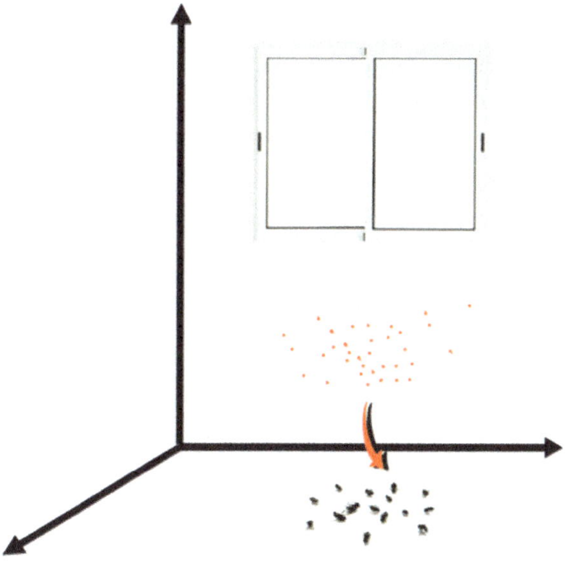

Fuente: Elaboración propia.

¿Por qué? Porque en principio, asumiendo que todas las hipótesis presentan los mismos parámetros y sin otros elementos que nos demuestren lo contrario, es la explicación más sencilla y probablemente la más correcta ya que, a priori, las evidencias iniciales, están apoyando esta teoría.

A partir de ahí y una vez se estudien detalladamente, se podrá determinar si pertenecen a la actividad de los insectos, o descartarse y estudiar otras hipótesis más complejas. Para ello podemos tener en cuenta dos conceptos muy importantes como son la precisión y la exactitud. La precisión (repetibilidad de estas manchas, que a priori pueden ser compatibles con la actividad humana o de los insectos), nos va a dar una y otra vez el mismo resultado, mientras que la exactitud nos va a proporcionar una clasificación real de las manchas (se trata de insectos: regurgitación/defecación; o de actividad humana: salpicadura arrojada, desprendida, etc.). Siendo recomendable para mejorar estos conceptos, comparar las manchas de sangre presentes en la escena del crimen con ejemplos conocidos que hayan sido previamente comprobados y ensayados.

Siguiendo el ejemplo anterior, cuando observamos pequeñas salpicaduras de sangre, éstas pueden haber sido generadas tanto por un impacto como por la actividad de los insectos, por lo que a priori el resultado es el mismo (precisión), si bien, cuando realizamos un estudio más profundo de esas pequeñas manchas de sangre, vamos a obtener un resultado real del origen de esas manchas de sangre (exactitud). Otro ejemplo sería en el caso del área de origen, en el que la exactitud y precisión para hallar la trayectoria estimada dependerá entre otras variables del ángulo de incidencia, distancia del objeto sobre el que golpea, propiedad del material sobre el que impacta, etc.

En base a ello, para una correcta reconstrucción de la escena de un crimen, es necesario analizar adecuadamente toda la documentación que nos pueda facilitar datos, ayudándonos a establecer hipótesis sobre cómo se produjeron las distintas secuencias del suceso considerando, en primer lugar, las factibles y lógicas que se puedan derivar de un correcto análisis y valoración de los indicios o vestigios hallados. Con todos estos datos se irán descartando, modificando o generando nuevas hipótesis.

PONGAMOS UN EJEMPLO:

Una persona ha sido asesinada por arma blanca en el interior de su domicilio y otra está herida. En las inmediaciones de ese domicilio, cerca de la puerta de salida que se encontraba abierta, se halla una navaja ensangrentada que es compatible con las heridas que ocasionaron la muerte y lesiones respectivamente a las víctimas.

Estos hechos pueden hacer pensar a los investigadores, que durante la fuga, al autor se le pudo caer la navaja. Esto sería a priori una posibilidad bastante aceptable lo que haría que se descartaran otras posibilidades. No obstante, no se deben descartar otras posibilidades, ya que nos encontramos ante una evidencia carente de solidez.

Una hipótesis sería que puede deberse a un robo con violencia, otra hipótesis que puede tratarse de un ajuste de cuentas..., aunque todas son válidas, no son más que teorías del crimen sin una base sólida que no pueden llegar a ninguna conclusión absoluta.

Si aparece una huella digital anónima en la empuñadura de la navaja, nos estaría confirmando las hipótesis del robo, ajuste de cuentas, etc. Pero en cambio, si aparece una huella en la empuñadura de la navaja, perteneciente al cónyuge herido de la víctima, nos haría cambiar la hipótesis. Por ello, hasta que todas las evidencias no sean analizadas y consideradas para poder llevar a cabo una correcta reconstrucción, no se debe descartar ninguna hipótesis, ni llegar a ninguna conclusión absoluta.

Cuando se está realizando una investigación, debemos de estar abiertos a todas las hipótesis que se nos puedan plantear por mucho que pensemos que las nuestras son las más objetivas y racionales y que las otras hipótesis tienen menos lógica que las nuestras. Esto se debe a que de forma inconsciente estamos adoptando un pensamiento desiderativo, ignorando aquellas hipótesis que no están alineadas con la nuestra, pudiendo poner en peligro la investigación.

14.4.4. Realización de pruebas pertinentes

En toda reconstrucción, indistintamente del tipo de estudio que sea, es necesario la realización de pruebas, por ejemplo:

- Accidentes de tráfico: Factor de arrastre, deceleración de vehículo, etc.
- Balística: Determinación de las trayectorias del proyectil y la ubicación del tirador, etc.

14.4.5. Recopilación y análisis de datos necesarios

Es en esta fase donde el especialista deberá estudiar, recopilar y analizar paso a paso los datos que serán presentados con precisión, brevedad y máximo detalle posible, tratando de usar siempre términos plenamente aceptados en el lenguaje jurídico y científico.

14.4.6. Interpretación de datos y establecimiento/descarte de hipótesis

Es en esta fase donde los datos recopilados son interpretados. Las hipótesis propuestas pueden ir fortaleciéndose o debilitándose, hasta el punto de descartarse, así como generándose nuevas hipótesis.

Muchas veces llegamos a la conclusión de que nuestras hipótesis son las correctas debido a nuestra experiencia y formación. Hay que tener mucho cuidado con esto ya que podemos llegar a caer en el error del sesgo de confirmación.

Aunque la experiencia (fruto del trabajo diario del investigador) es fundamental, puesto que no solo hace referencia a la práctica propia del trabajo, sino que también abarca el aprendizaje obtenido a partir de él, puede llegar en ocasiones a interpretaciones incorrectas. Es aquí donde entraría en juego el llamado síndrome de "esto lo he visto yo un millón de veces", produciéndose un sesgo de forma subconsciente que puede impedirnos apreciar de forma objetiva las situaciones, entrando en juego aquel aforismo que establece que "solo vemos lo que queremos ver y solo oímos lo que queremos oír".

Finalmente, para evitar una conclusión equivocada, el investigador tiene que tener en cuenta que la conclusión o hipótesis primaria a la que ha llegado tras la investigación debe confrontarse con otras hipótesis alternativas, que de la misma forma deben ser sometidas a un juicio de falsabilidad o refutabilidad (sometida a potenciales pruebas que la contradigan). Esta regla establece que toda proposición científica debe ser susceptible de ser falsada o refutada, constituyéndose así en el segundo pilar del método científico, siendo el de reproducibilidad, el primero.

PONGAMOS UN EJEMPLO: (CASO REAL)

Antecedentes de hecho:

Se comete un doble homicidio en un inmueble de una localidad rural donde dos víctimas (hombre y mujer) drogodependientes y portadores de VIH (síndrome de inmunodeficiencia adquirida) que se dedican a la venta de drogas, son apuñaladas por arma blanca. La mujer carecía de antecedentes penales, pero su pareja tenía antecedentes por tráfico de drogas entre otros delitos.

Los cuerpos son hallados en el interior del domicilio: el cadáver del hombre, se encontraba cerca de la entrada de la casa y el de la mujer en el comedor. Llevaban meses fallecidos, lo que motivó gran cantidad de fauna entomológica, que unido a la descomposición de los cuerpos y la gran cantidad sangre y restos de fluidos corporales, convertía el escenario en un lugar dantesco.

Durante el proceso de la investigación en la escena, una vez fueron retirados los cuerpos, se aplicaron entre otros, reactivos para hacer aflorar y fijar restos de sangre.

En el palo de una fregona que previamente había sido utilizada para intentar limpiar, apareció una huella dactilar. Procesada dicha impronta hemática, se comprobó que coincidía con la de un sobrino del fallecido.

Hipótesis:

En primer lugar, se barajaban dos hipótesis de trabajo alternativas, la primera que se tratase de un ajuste de cuentas y la segunda que las víctimas se apuñalaron mutuamente. Aplicando el juicio de falsabilidad, la segunda hipótesis se descartó, toda vez que según la autopsia ello no era posible.

Posteriormente al hallar la huella dactilar, la hipótesis del ajuste de cuentas relacionado con el menudeo de drogas se convirtió exclusivamente en hipótesis primaria, descartando la anterior como única hipótesis alternativa. Por lo tanto, el sobrino que contaba con antecedentes penales por tráfico de drogas, fue detenido e ingresó en prisión como presunto autor del doble homicidio.

Desarrollo:

Hasta aquí todo es correcto y podemos decir que la investigación ha sido realizada con total garantía. Pero ¿cree que los datos que hemos obtenido son suficientes para detener a una persona y cerrar la investigación?, ¿Cree que al obtener la huella dactilar en el palo de la fregona que se utilizó para limpiar, y que incriminan al sospechoso, se podrían modificar o generar nuevas hipótesis?, ¿Cree que se tienen las evidencias suficientes para culpar al sospechoso?

A priori, todo parece demostrar que ha ocurrido así y que ha sido el sobrino el autor de los hechos.

Ahora vamos a aplicar la falsabilidad o refutabilidad de esta hipótesis, ya que si no, la damos por cierta quedando la investigación sesgada y podría hacer que la culpabilidad recaiga sobre un inocente. Por muy convencido que se esté, siempre se tiene que llegar a una conclusión final (hipótesis primaria), eligiendo la más robusta de entre las hipótesis alternativas (hipótesis que devendrán en nulas).

Volviendo al caso planteado, el investigador tiene que contrastar si el hecho de que aparezca una huella ensangrentada del presunto autor puede deberse a cualquier otra circunstancia, con lo cual tomaría fuerza una de las hipótesis alternativas.

Veamos que preguntas deberíamos hacernos aquí:

– ¿A quién pertenecía la sangre que transfirió y estampó la huella dactilar del sobrino?, ¿pertenecía a la víctima, al sospechoso o a ninguno de los dos?

  El reactivo que se utilizó sobre el palo de la fregona, era para detectar sangre tanto humana como animal y aunque reactivó la huella, y la fijó, eliminó toda posibilidad de conocer si se trataba de sangre humana o animal y mucho menos de extraer el ADN.

– ¿Qué relación tenía el sobrino hasta ese momento con su tío y la pareja de este?

  Hasta ese momento que se sepa la relación era buena, y el sobrino era el encargado de limpiar y cocinar en la casa de su tío (víctima).

– ¿Es posible que la huella estampada en sangre hubiese sido puesta en el palo de la fregona en otro momento distinto al de la ocurrencia de los hechos?

  Sí, es perfectamente posible, ya que al realizar él las labores de limpieza y cocina, podía haber manipulado carne y posteriormente al coger la fregona estampara su huella en el palo de la misma, o incluso se podía haber cortado en algún momento por alguna circunstancia y fuese sangre suya.

Como se puede comprobar, en este caso la hipótesis alternativa no se puede rechazar, ya que no se puede demostrar que ésta sea falsable y por lo tanto como hipótesis principal o primaria pierde valor.

Conclusión:

Finalmente, el sobrino declaró y así quedo constatado, que él era el encargado de limpiar y cocinar en la casa de su tío (víctima) y que posiblemente se podía haber cortado con algún objeto, o bien haber manipulado carne para cocinarla, y que posteriormente al coger la fregona para limpiar, su huella se hubiese estampado en el palo de la misma. Todo ello unido a una buena defensa concluyó con la absolución del acusado.

14.4.7. Desarrollo de una teoría

Es aquí donde tras un arduo y largo camino se desarrolla una teoría sólida que goce de un enfoque científico que dé lugar a conclusiones rigurosas. Para ello el investigador/científico tiene que haber "probado" todas las hipótesis barajadas y agotado todas las explicaciones alternativas posibles.

Pero aun así, hay que dejar abierta la posibilidad de que se pueda desarrollar una nueva teoría, que dé lugar a conclusiones distintas, siempre y cuando se presenten nuevas pruebas que puedan dar un giro a la investigación.

PONGAMOS UN EJEMPLO:

Imaginemos que vamos a la escena de un crimen donde hay una persona fallecida en el interior de un vehículo con un impacto de bala en la cabeza sin orificio de salida, y otro orificio de impacto en la chapa del vehículo. El hombre está sentado en el asiento del conductor, la pistola está sobre sus pies y junto al asiento del acompañante hay una nota de despedida. A priori todo parece ser compatible con un suicidio, por lo tanto esta sería la hipótesis que toma mayor fuerza (esta hipótesis no tiene rigor científico).

Ahora con los datos obtenidos e interpretados sigamos con el ejemplo anterior, pero aplicando el método científico citado:

El especialista de inspecciones oculares llega al lugar de los hechos, recoge una pistola y dos vainas o casquillos que se encontraban en el interior del vehículo. La primera pregunta que se nos plantearía sería ¿han sido las dos vainas percutidas por esta pistola?, ¿pertenece la pistola al hombre fallecido?, ¿se ha suicidado? Tras examinar las vainas percutidas se comprueba que son de calibre 9 mm. y el arma es una Beretta 92FS semiautomática del calibre 9mm.

En principio en el presente caso podremos barajar tres hipótesis alternativas:

La primera, que han sido disparadas por la misma pistola y puede corroborarse la hipótesis del suicidio (hipótesis A).

Una segunda, que una de las vainas ha sido percutida por la pistola hallada en la escena y la otra vaina puede haber sido disparada por otra pistola, lo que nos indicaría que puede tratarse de un homicidio (hipótesis B).

O una tercera, que las dos vainas han sido percutidas por dos armas distintas a la indubitada, lo cual nos indicaría la participación de mínimo dos personas más (hipótesis C).

Tras documentar toda la información adecuadamente, recoger las evidencias y enviarlas al laboratorio, las vainas son examinadas al microscopio concluyendo que han sido percutidas por dos armas de fuego diferentes. Se realizan pruebas con la pistola Beretta 92FS, se recogen las vainas percutidas y se comparan con las halladas en el lugar de los hechos, comprobando que ninguna de ellas fue disparada por el arma indubitada (Beretta 92FS). Asimismo se estudia el orificio del proyectil en el vehículo y se comprueba que el disparo se realizó de dentro hacia fuera, y que la víctima no presenta residuos de disparo en sus manos.

Si aplicamos el juicio de falsabilidad o refutabilidad a las tres hipótesis alternativas que se han barajado en base a los datos obtenidos en el examen de balística, llegaremos a la conclusión final que la hipótesis C, se convierte en la de mayor peso, en base a las evidencias obtenidas, y por ello en hipótesis primaria o final decayendo las anteriores (hipótesis A y B) en nulas.

Finalmente, esta investigación que comenzó con hipótesis muy vagas, y en la que todo parecía indicar que se trataba de un suicidio, se ha ido transformando a través del método científico que ha sido convenientemente contrastado hasta llegar a una hipótesis cierta.

14.5. MÉTODOS ACTUALES QUE SE UTILIZAN PARA EL ANÁLISIS DE PATRONES DE MANCHAS DE SANGRE

Actualmente debido a la constante evolución de la tecnología, existen softwares automatizados que han permitido a todas las disciplinas de las Ciencias Forenses realizar su trabajo de manera más eficiente. Por ejemplo, el sistema AFIS (Siglas en ingles del Sistema Automático de identificación Dactilar-SAID) permite a los analistas de huellas dactilares llevar a cabo miles de búsquedas, o el sistema IBIS (Siglas en ingles del sistema de Identificación Balística-SAIB) programa de identificación de armas de fuego mediante la comparación de proyectiles y vainillas ya disparadas.

Como es lógico pensar, estos avances también han alcanzado a esta disciplina surgiendo una evolución de la tecnología a mediados del siglo XX con software que supuso un avance significativo en el estudio de los patrones de manchas de sangre.

Como pudimos ver en capítulos anteriores, existen en la actualidad diversos programas como por ejemplo el BackTrack™, o HemoSpat. Básicamente todos los países donde se estudian las proyecciones de manchas de sangre utilizan este tipo de aplicaciones informáticas cuyo fin es determinar el área de origen con precisión y en menos tiempo que por los métodos tradicionales.

En España, la Guardia Civil utiliza un programa denominado "Blood Pattern Analysis" de la empresa Delfttech, dicho programa proporciona un resultado que representa gráficamente el punto de origen.

Asimismo, el Cuerpo Nacional de Policía dispone de un software propio del escáner denominado Z+F LaserControl V7.45, que genera escenarios virtuales de la escena del crimen en tres dimensiones, recreando las distintas hipótesis sobre cómo pudieron ocurrir los hechos.

Metodología

Estos programas informáticos, permiten trasladar los resultados obtenidos en un entorno 2D (fotografías) a un escenario 3D, mediante la interpretación de los vectores que describen las salpicaduras para situarlas en el espacio al recrear coordenadas X, Y, Z de sus respectivos orígenes. Esto proporciona un resultado en forma de esfera en posición espacial en 3D.

Para ello se captura la escena mediante un láser escáner 3D, que nos va a permitir realizar modelos virtuales a escala 1:1 de modelos reales, generando medidas precisas sobre el modelo virtual.

Este láser, que al capturar de forma digital la imagen, emite un pulso láser (luz en forma de flashes) generando una onda sinusoidal que interfiere contra la superficie capturada y que es reflectada de vuelta a un fotodiodo que se encuentra en la cabeza del láser, dotándolo de coordenadas X, Y, Z que permiten el visionado y la medición entre cualquier punto de la imagen.

En el laboratorio es donde el especialista orienta las fotografías en 2D obtenidas en el lugar de los hechos a través de la cámara digital, con las capturas en 3D por el láser escáner.

Este paso es decisivo ya que el especialista va a seleccionar las gotas de sangre que considere de interés, siendo a su vez estas, las que van a permitir que el software busque el área de origen de donde partieron estas manchas de sangre.

14.6. RECONSTRUCCIÓN VIRTUAL-INFOGRAFÍA FORENSE

Actualmente y debido a la complejidad de las pruebas científicas, la mejor herramienta para exponer la reconstrucción histórica del hecho es mediante la reconstrucción virtual que permite escenificar en animaciones cortas a través de modelos virtuales las conclusiones establecidas por los peritos en sus informes periciales. Para ello se pueden utilizar distintos softwares, tomando de cada uno de ellos la herramienta necesaria, o bien a través de alguno más específico para tal fin. No obstante, no hay que olvidar que aunque se realice la reconstrucción de forma virtual, ésta también debe ser expuesta mediante el correspondiente informe de ensayo, donde debe quedar todo perfectamente expresado.

En la reconstrucción virtual se expone de una forma clara lo mismo que en el informe de ensayo o de reconstrucción. Es mucho más didáctico, ya que se puede apreciar la secuencia de los hechos desde cualquier ángulo de visión, proporcionando texturas y colores que dan un realismo asombroso, y captando la atención de jueces, jurado popular, etc., que pueden observar de forma metódica todo lo ocurrido tanto en la fase de criminalística de campo (investigación de la escena del crimen) como de laboratorio (biología, química, física, balística, identificación, etc.). Es decir, desde que se comete el hecho delictivo, pasando por el análisis de pruebas en el laboratorio y la conclusión final que sería la reconstrucción propiamente dicha.

Seguidamente, se describirá una de las distintas formas de exponer una reconstrucción virtual.

Se comienza con la presentación de lo que sería la portada propiamente dicha, donde se debe hacer constar el asunto, víctima, autor, fecha, hora y lugar del hecho, número de diligencias policiales, juzgado de instrucción, etc.

A continuación, de forma clara y resumida, se realiza una breve descripción de los hechos acaecidos, que serían similares a la exposición de los mismos plasmada en el acta realizada por el equipo policial.

El siguiente paso sería realizar una ubicación espacio-tiempo a través de Google Earth o programa similar, donde nos iremos aproximando y estableciendo el sitio exacto el lugar. La misma que irá desde la vista aérea (de lo general a lo particular) hasta el lugar exacto del presunto hecho delictivo, con lo cual tendremos una composición de lugar lo más exacta posible al espacio físico de la ocurrencia del hecho.

Figura 225. Ubicación espacio-temporal del lugar exacto donde tuvo lugar el hecho

Fuente: Elaboración propia.

Se recopilarán todos los datos posibles sobre imputado/os y la víctima/as, de los que se reseñarán todas las características relevantes, como rasgos fisonómicos en base a las fotografías de las que dispongamos, peso, estatura, edad, domicilio, profesión, fecha y país de nacimiento, ropa que llevaba en el momento de los hechos, etc.

Figura 226. Descripción víctima y/o autor

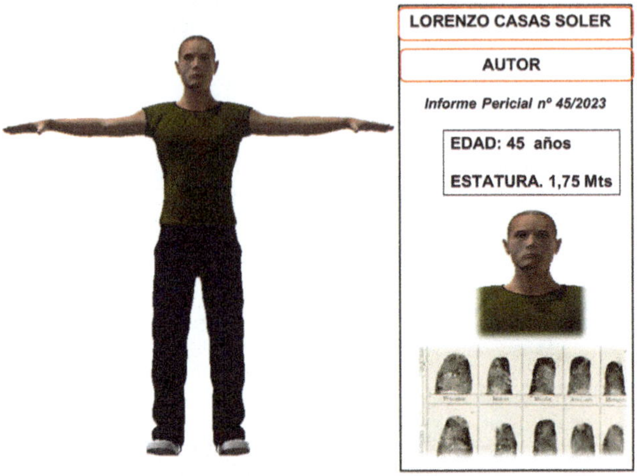

LORENZO CASAS SOLER
AUTOR
Informe Pericial nº 45/2023
EDAD: 45 años
ESTATURA. 1,75 Mts

Fuente: Elaboración propia.

Se describirán las lesiones presentes según la autopsia, ubicándose las mismas en el lugar correspondiente de la figura.

Figura 227. Descripción lesiones autopsia

HERIDA Nro. 1
HERIDA Nro. 2

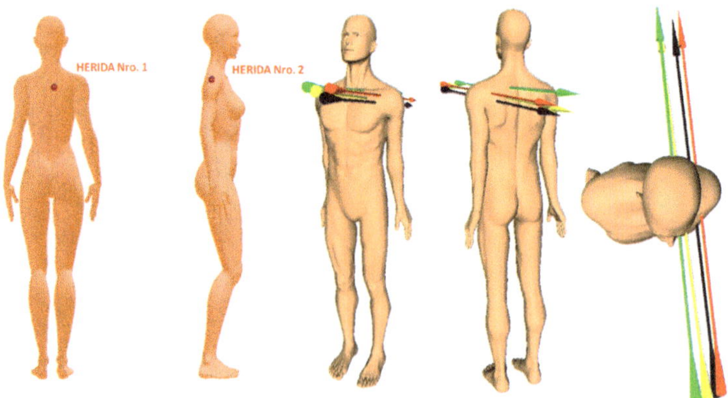

Fuente: Elaboración propia.

Se continuará con el estudio de los indicios hallados en la escena del crimen, y los resultados obtenidos tras ser analizados por los distintos laboratorios.

Figura 228. Material probatorio y estudios realizados en el laboratorio

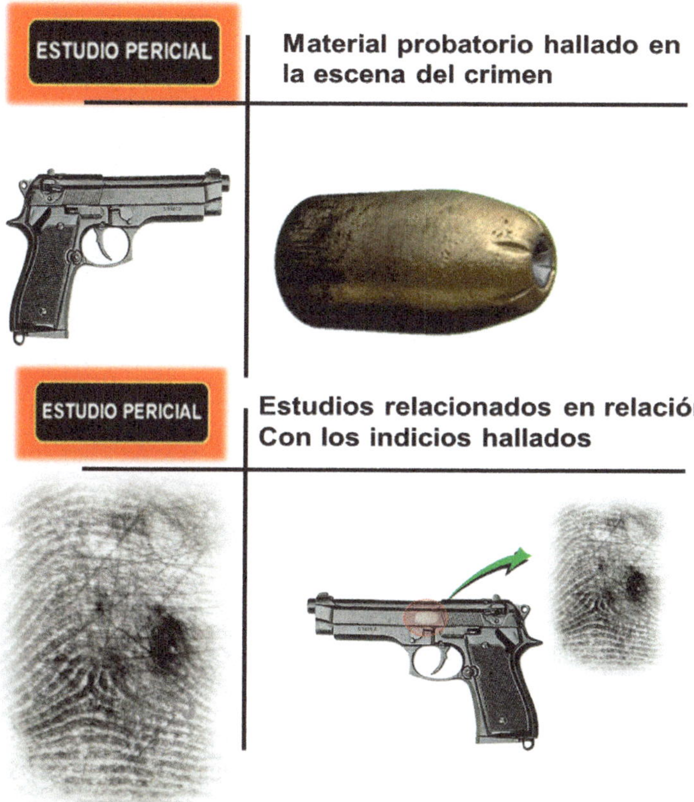

Fuente: Elaboración propia.

Finalmente, se expondrá la reconstrucción propiamente dicha, donde quedarán reproducidas de una forma gráfica y objetiva las condiciones del suceso, y siempre en base a los resultados criminalísticos obtenidos a través de los distintos datos aportados a la causa.

Figura 229. Reconstrucción final en base a todo lo anterior

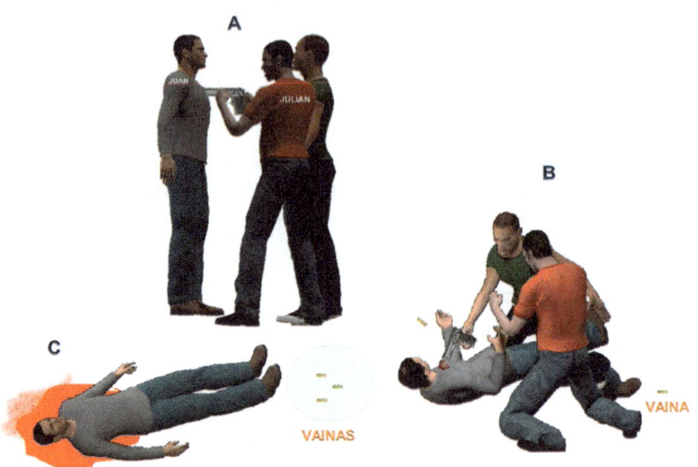

Fuente: Elaboración propia.

Índice de Figuras

Bibliografía, webgrafía y normativa

—A—

AAFS Standars Board. (2018). Guidelines for Report Writing in Bloodstain Pattern Analysis.

Adair, Thomas W. and Shaw, Rebecca L. (2005). Enhancement of Bloodstains on Washed Clothing Using Luminol and LCV Reagents. I.A.B.P.A. News.

Agrawal, Prashant; Barnet, Laurel; Attinger, Daniel. (2017).Bloodstains on woven fabric: Simulations and experiments for quantifying the uncertainty on the impact and directional angles. Elsevier. Forensic Science International. Volume 278. Pages 240-252.

Akin, L.L. (2005). Blood Spatter Interpretation at Crime and Accident Scenes: A Basic Approach. FBI Law Enforcement Bulletin, 74(2), 21-24.

Albanese, John; Montes, Ronald. (2011). Latent Evidence Detection using a Combination of Near Infrared and High Dynamic Range Photography: An Example Using Bloodstains. Journal of forensic sciences. Volume 56. Pages 1601-1603.

Almeida, Juliana Piva de; Nadine Glesse, Cristina Bonorino. (2011). Effect of presumptive tests reagents on human blood confirmatory tests and DNA analysis using real time polymerase chain reaction. Volume 206. Pages 58-61.

Andersson, Rebecca. (2017). An Evaluation of Two Presumptive Blood Tests and Three Methods to Visualise Blood. Linköping University | Department of Physics, Chemistry and Biology Bachelor thesis.

ANSI/ASB Standard 030. (2019) Standard for a Quality Assurance Program in Bloodstain Pattern Analysis

ANSI/ASB Standard 031. (2020). Standard for Report Writing in Bloodstain Pattern Analysis. Terms and Definitions in Bloodstain Pattern Analysis.

ANSI/ASB Standard 032. (2020). Standards for a Bloodstain Pattern Analyst's Training Program.

ANSI/ASB Standard 072. (2019). Standard for the Validation of Procedures in Bloodstain Pattern Analysis.

Antón, F., & de Luis J.V. (2012). Policía Científica. 1st. Ed. Tirant lo Blanch, Valencia.

Aplin, S.; Reynolds, M.; Mead, R. J.; S peers, S J. (2019). The Influence of Hematocrit Value on Area of Origin Estimations for Blood Source in Bloodstain Pattern Analysis. Journal of Forensic Identification; Alameda Tomo 69, Nº 2. Page 163-175.

Aquila, Isabella; Sacco, Matteo A; Gratteri, Santo; Di Nunzio, Ciro and Ricci, Pietrantonio. (2016). Sudden death by rupture of a varicose vein: Case report and review of literatura. Medico-Legal Journal.

ASB Technical Report 033. (2017). Terms and Definitions in Bloodstain Pattern Analysis.

Attinger, Daniel. (2018). A data set of bloodstain patterns for teaching and research in bloodstain pattern analysis: Impact beating spatters. Elsever. Data in Brief. Volume 18. Pages 648-654.

Attinger, Daniel. (2018) Charts based on big data from fluid dynamics simulations provide a simple tool to estimate how far from its source a specific blood stain can be found. Elsevier. Forensic Science International. Volume 298. Pages 97-105.

Attinger, Daniel; Liu, Yu; Bybee, Tyler; De Brabanter, Kris. (2018). A data set of bloodstain patterns for teaching and research in bloodstain pattern analysis: Impact beating spatters. Elsevier. Volume 18, Pages 648-654.

Attinger, Daniel; Moore, Craig B.; Donaldson, Adam; Jafari, Arian; Stone, Howard A. (2013). Fluid dynamics topics in bloodstain pattern analysis: Comparative review and research opportunities. Elsevier. Forensic Science International. Volume 231. Pages 375-396.

Attinger, Daniel; Liu, Yu; Faflak, Ricky; Rao, Yalin; Struttman, Bryce A.; De Brabanter, Kris; Comiskey, Patrick M.; Yarin, Alexander L. (2019). A data set of bloodstain patterns for teaching and research in bloodstain pattern analysis: Gunshot backspatters. Esevier. Data in Brief. Volume 22. Pages 269-278.

Ávila, R.V. (2010). La valoración de la prueba científica de ADN en el proceso penal. Revista Prolegómenos. Derechos y Valores de la Facultad de Derecho, 13(25), 127-146.

— B —

Baby, Ruksana; Michielsen, Stephen, Wu, Jiaying (2021). Effects of yarn size and blood drop size on wicking and bloodstains in textiles. Journal of Forensic Sciences. Volume 66, Issue 4. Pages 1246-1256.

Balthazard, V., Piedelieuve, R., Desoille, H., & Derobert, L.A. (1939) Etude des Gouttes de Sang Projectée. Annual Medecine Legale Criminol Police Science Toxicology, 19, 265-323.

Balance de Criminalidad. Cuarto trimestre 2023 (Ministerio del Interior). https://www.interior.gob.es/opencms/es/prensa/balances-e-informes/

Balance de Criminalidad. Segundo trimestre 2024 (Ministerio del Interior). https://www.interior.gob.es/opencms/es/prensa/balances-e-informes/

Bandyopadhyay, Samir; Chowdhury, G. A.; Goutam, Roy. (2017). Analysis of Bloodstain patterns at the Crime Scene Due to Arterial Bleeding. International Journal of Development Research. Volume.07. Page.10978-10983.

Bandyopadhyay, Samir Kumar and Basu, Nabanita (2018). Review of Common Bloodstain Patterns Documented at a Crime Scene in the Event of Blunt Force Hit. American Journal of Computer Science and Information Technology.

Barbaro, A.; Cormaci, P.; Teatino, A. (2004). Validation of forensic DNA analysis from bloodstains treated by presumptive test reagents. Elsvier. International Congress Series. Volume 1261. Pages 631-633.

Barni, Filippo; Lewis, Simon W.; Berti, Andrea; Miskelly, Gordon M.; Lago, Giampietro. (2007). Forensic application of the luminol reaction as a presumptive test for latent blood detection. Elsevier. Talanta. Volume 72, Issue 3. Pages 896-913.

Becker, R. & Dutelle, A.W. (2012). Criminal Investigation. 4th. Ed. Jones & Bartlett Learning.

Beecher-Monas, E. (1998). Blinded by science: how judges avoid the science in scientific evidence. Temple Law Review, 71, 55–102.

Bell, S. (2008). Encyclopedia of forensic science. Infobase Publishing, 41-42.

Benecke, M.; Barksdale, L. (2003). Distinction of bloodstain patterns from fly artifacts. Forensic science international, 137(2), 152-159.

Betz, P., Peschel, O., Stiefel, D, and Eisenmenger, W., (1995) Frequency of Blood Spatters on the Shooting Hand and of Conjunctival Petechiae Following Suicidal Gunshot Wounds to the Head, Forensic Science International, 76. Page 47–53.

Bevel, T. & Gardner, R.M. (2002). Bloodstain Pattern Analysis: with an Introduction to Crime Scene Reconstruction. 2nd. Ed. CRC Press.

Bevel, T., & Gardner, R.M. (2008). Bloodstain Pattern Analysis with an Introduction to Crime Scene Reconstruction. 3rd. Ed. CRC Press.

Bevel, T., & Gardner, R.M. (2009) Practical Crime Scene Analysis and Reconstruction. Ed. CRC Press.

Bini, Carla; Giorgetti, Arianna; Iuvaro, Alessandra; Giovannini, Elena; Gianfreda, Denise; Pelletti, Guido; Pelotti, Susi. (2021). A DNA-based method for distinction of fly artifacts from human bloodstains. International Journal of Legal Medicine.

Blanco Pampín, J. (2001). Suicidio por arma de fuego: hallazgos típicos y atípicos. Cuadernos de Medicina Forense Nº 24.

Bleay, Stephen M.; Croxton, Ruth S.; de Puit, Marcel (2018). Fingerprint Development Techniques: Theory and Application Enhancement processes for marks in blood. Ed. Wiley.

Bloodstain Pattern Analysis Subcommittee Physics/Pattern Interpretation Scientific Area Committee Organization of Scientific Area Committees (OSAC) for Forensic Scienc. (2017). Guidelines for Report Writing in Bloodstain Pattern Analysis.

Boudarham, Guillaume. (2014). La morphoanalyse des traces de sang:

fondations théoriques et expériences. UNIVERSITE PARIS-DESCARTES Faculté de Médecine Laboratoire d'Éthique Médicale et de Médecine Légale.

Bowers, C.M. (2013). Forensic Testimony: Science, Law and Expert Evidence. Ed. Academic Press.

Brenzini, Valentina; Pathak, Rahul (2018). A comparison study of the detection of bloodstains on painted and cleaned surfaces with luminol. Esevier. Forensic Science International. Volume 289. Pages 75-82.

Brutin, D.; Sobac, B.; Loquet, B.; Sampol, J. (2011). Pattern formation in drying drops of blood, J. Fluid Mech. 667, pp.85-95.

Butler, Julie; Chaseling, Janet; Wright, Kirsty. (2019). Comparison of Four Presumptive Tests for the Detection of Blood on Dark Materials. Journal of forensic sciences. Volume64. Pages 1838-1843.

Bunge, M. (2018). La ciencia: su método y su filosofía. Siglo XX. Nueva Imagen.

Byard, Roger W.; Veldhoen, David; Manock, Colin; Gilbert, John D. (2007). Blood stain pattern interpretation in cases of fatal haemorrhage from ruptured varicose veins. Elsevier. Journal of Forensic and Legal Medicine.

Byrd, J.H., & Castner, J.L. (2009). Forensic entomology: the utility of arthropods in legal investigations. Ed. CRC press.

Byrd, Jason H. & Castner, James L. (2010). FORENSIC ENTOMOLOGY The Utility of Arthropods in Legal Investigations. Ed. CRC Press.

— C —

Camana, Francesco (2013). Determining the area of convergence in Bloodstain Pattern Analysis: A probabilistic approach. Forensic Science International. Volume 231. Pages 131-136

Camana, Francesco; Gori, Massimiliano; Gravina, Nicola; Quintarelli, Marco. (2018). Confirmative laboratory tests and one example of forensic application of the probabilistic approach to the area of convergence in BPA https://arxiv.org/pdf/1311.4395.pdf.

Cardini, F., Carrada A.H., Centron, D.C., Fernadez, E.J., Gobbi, E.J., Graells De Kempny, R.S. & Volpato, E.D. (1983). Tratado de Criminalística Tomo II, La Química Analítica en la Investigación del Delito. Ed. Policial.

Carr, Debra. (2017). Forensic Textile Science. Ed. Woodhead Publishing. ISBN: 978-0-08-101873-6; ISBN: 978-0-08-101872-9.

Carter, A.L. (2001). The directional analysis of bloodstain patterns theory and experimental validation. Canadian Society of Forensic Science Journal, 34(4), 173-

Carter, A.L., & Podworny, E.J. (1991). Bloodstain pattern analysis with a scientific calculator. Canadian Society of Forensic Science Journal, 24(1), 37-42.

Castelló, Ana; Francés, Francesc; Verdú, Fernando (2009). Bleach interference in forensic luminol tests on porous surfaces: More about the drying time effect.Talanda. Volume 77. Pages 1555-1557.

Castillo, M. (2019). Tácticas, técnicas y protocolos para las fuerzas y cuerpos de seguridad. Un estudio de la praxis profesional, desde un análisis jurídico, sociológico y operativo. Laborum.

Castillo, M. (2022). Repercusión de Internet y las TIC en las Ciencias Jurídicas: La Ciberestafa. Economist & Jurist, Vol. 30, Número 263, 16-23. https://dialnet.unirioja.es/servlet/articulo?codigo=8598568

Castillo, M. (2023). Efecto rashomon versus la prueba testifical en el proceso penal. Economist & Jurist, Vol. 31, Número 267, 56-61. https://dialnet.unirioja.es/servlet/articulo?codigo=8881341

Castillo, M. (2024). Capacitación integral en Ciencias Forenses: estrategias pedagógicas y tecnológicas para la preservación y análisis de pruebas. El Criminalista Digital. Papeles de Criminología. II Época, Número 12, 19-32. https://revistaseug.ugr.es/index.php/cridi/article/view/31067.

Castillo Rodríguez, Nancy; Martinez Garcia, Sebastian (2020). TEICHMANN Prueba Confirmativa Para Identificación de Sangre en Manchas. Dialnet. Scientia et Technica. Volume. 25, N°. 1, págs. 158-163.

Castro, Therese C. de; Taylor Michael C.; Kieser Jules A.; Carr, Debra J.; Duncan, W. (2015). Systematic investigation of drip stains on apparel fabrics: The effects of prior-laundering, fibre content and fabric structure on final stain appearance. Forensic Science International. Volume 250, Pages 98-109.

Castro, T. C. de; Carr, D. J.; Taylor, M. C.; Kieser, J. A.; and Duncan, W. (2016). "Drip bloodstain appearance on inclined apparel fabrics: Effect of prior-laundering, fibre content and fabric structure," Forensic Sci Int. Volume 266. Page 488-501.

Cazorla, J. (2006). Escena del Crimen: Manual Básico de Comportamiento Policial. Ed. CEP. Madrid.

Chafe, F. (2003). Determination of impact angle using mathematical properties of the ellipse. International Association of Bloodstain Pattern Analysts News, 19, 5-9.

Chamía, J.G.A. (2013). La importancia de la prueba científica en el proceso penal.

Champod, C., & Vuille, J. (2011). Scientific Evidence in Europe–Admissibility, Evaluation and Equality of Arms. International Commentary on Evidence, 9(1).

Cheatham, C.S., & Flach, N.W. (2003). A National Survey of Police Exposure to Bloodstain Pattern Analysis. IABPA Newsletter, 4-13.

Cheeseman R. Fluorescein as a Suitable Replacement for Luminol as a Latent Blood DetectionSystem. Journal of Forensic Identification. 1995; 45.

Cheeseman R. Direct sensitivity comparison of fluoresecin and luminol bloodstain enhancement techniques. Jounral of Forensic Identification. 1999; 49.

Cheeseman R, DiMeo LA. Fluorescein as a Field-Worthy Latent Bloodstain Detection System. Journal of Forensic Identification. 1995; 45 (6):631-45.

Cheeseman R, Tomboc R. Fluorescein Technique Performance Study on Bloody Foot Trails. Journal of Forensic Identification. 2001; 51 (1):16-27.

Chen, Ruoyang; Zhang, Liyuan; Zang, Duyang and Shen, Wei. (2016). Blood drop patterns: Formation and applications. Blood drop patterns: Formation and applications. Advances in Colloid and Interface Science Elsevier. Volume 231. Pages 1-14.

Chen, Ruoyang; Zhang, Liyuan; and Shen, Wei. (2018). Controlling the contact angle of biological sessile drops for study of their desiccated cracking patterns. Journal of Materials Chemistry B. DOI: 10.1039/C8TB01979G.

Chesapeake Bay Division – IAI. https://www.cbdiai.org/.

Chisum, W. Jerry; Turvey, Brent E. Crime Reconstruction (2006). Elsevier.

Choromanski, Kacper. (2020). Bloodstain Pattern Analysis in Crime Scenarios. Ed. Springer. ISBN 978-981-33-4428-0.

Chowdhuri, Soumeek; Chattopadhyay, Saurabh; Biswas, Achintya; Ghosal, Somasish. (2022). Distinction of Fly Artifacts from Bloodstains in Crime Scenes: A Brief Literature Review. Arab. Journal of Forensic Sciences and Forensic Medicine 4(1):43-5.1.

Clark, K. (2006). Differentiating High Velocity Blood Spatter Patterns, Expirated Bloodstains, and Insect Activity (Doctoral dissertation, National University, San Diego).

Clayborn, Julie (2012). Determining Distance Between Shooter and Victim Using Blood and Back Spatter Patterns. Michigan-Ontario Identification Association Newsletter.

Código Penal. Ley Orgánica 10/1995, de 23 de noviembre.

Comiskey, P. M.; Yarin, A. L.; Kim, S.; Attinger, D. (2016). Prediction of blood back spatter from a gunshot in bloodstain pattern analysis. Physical Review Fluids.

Comiskey, P. M.; Yarin, A. L.; Attinger, Daniel; (2017). Hydrodynamics of back spatter by blunt bullet gunshot with a link to bloodstain pattern analysis. Physical Review Fluids.

Comm. on Scientific Assessment of Bullet Lead Elemental Composition Comparison, Nat'l Research Council. (2004). Forensic Analysis: Weighing Bullet Lead Evidence.

Constitución Española. Boletín Oficial del Estado (España), 29 de diciembre de 1978. (Legislación en España).

Cooper, C. (2008). Forensic Science (Eyewitness). Ed. DK Publishing, p.21.

Cox M. (1991). A study of the sensitivity and specificity of four presumptive tests for blood. J Forensic Sci 36(5):1503–1511.

Creamer, J. I., Quickenden, T.I., Apanah, M. V., Kerr K. A and Robertson, P. (2003). A comprehensive experimental study of industrial, domestic and environmental interferences with the forensic luminol test for blood. Published online in Wiley InterScience (www.interscience.wiley.com). DOI: 10.1002/bio.723.

Creamer, Jonathan I.; Quickenden, Terence I; Leah B Crichton, Patrick Robertson, Rasha A Ruhayel. (2005). Attempted cleaning of bloodstains and its effect on the forensic luminol test. Luminescence. Volume20. Pages 411-413.

— D —

Davidson, Peter L.; Taylor, Michael C.; Wilson, Suzanne J.; Walsh, Kevan A. J.; and Kieser, Jules A. (2012). Physical Components of Soft-Tissue Ballistic Wounding and Their Involvement in the Generation of Blood Backspatter. Journal of forensic sciences. Volumen 57.Page 1339-1342.

Dees, T. M. (1995). Simplifying Blood Spatter Analysis at the Crime Scene. Law Enforcement Technology, 22(8), 42-44.

Dilbeck, L. "se of Bluestar® in Lieu of Luminol at Crime Scenes, Journal of Forensic Identification (2006) 56:706-720.

DiMaio, V.J. (1998). Gunshot wounds: practical aspects of firearms, ballistics, and forensic techniques. 2nd. Ed. CRC press.

Dixon, L. & Gill, B. (2002). Changes in the standards for admitting expert evidence in federal civil cases since the Daubert decision. Psychology, Public Policy and Law, 8, 251–308.

Doberentz, E.; Hagemeier, L.; Veit, C.; Madea, B. (2011). Unattended fatal haemorrhage due to spontaneous peripheral varicose vein rupture—Two case reports. Elservier. Forensic Science International.

Donaldson, A.E., Taylor, M.C., Cordiner, S.J., & Lamont, I.L. (2010). Using oral microbial DNA analysis to identify expirated bloodspatter. International journal of legal medicine, 124(6), 569-576.

Dryzal, Dana. (2018). Bloodstain Pattern Analysis: Applications and Challenges. D.U.Quark.

Duncan, Christopher D. (2015). Advanced crime scene photography. 2nd. Ed. CRC Press. ISBN9780429255748

Durdle, Annalisa; van Oorschot, Roland A.H.; Mitchell, Robert John. (2009). The transfer of human DNA by Lucilia cuprina (Meigen) (Diptera: Calliphoridae). Elsevier. Forensic Science International: Genetics Supplement Series. Page 180–182.

Durdle, A., van Oorschot, R.A., & John Mitchell, R. (2013). The morphology of fecal and regurgitation artifacts deposited by the blow fly Lucilia cuprina fed a diet of human blood. Journal of forensic sciences.

Durdle, Annalisa; Mitchell, R. John; and van Oorschot, Roland A.H. (2014). The Use of Forensic Tests to Distinguish Blowfly Artifacts from Human Blood, Semen, and Saliva. Journal of Forensic Sciences.

Durdle, A., Mitchell, R., & van Oorschot, R. (2016). The food preferences of the blow fly Lucilia cuprina offered human blood, semen and saliva, and various nonhuman food sources. Journal of Forensic Sciences, 61(1), 99–103.

Dutelle, A. W. (2013). An introduction to crime scene investigation. Jones & Bartlett Publishers. Eckert, W.G. (1996). Introduction to forensic sciences. 2nd. Ed. CRC press.

— E —

Eckert, W.G., & James, S.H. (1998). Interpretation of bloodstain evidence at crime scenes. 2nd. Ed. CRC press.

Edelman G, Manti V, Van Ruth SM, Van Leeuwen T, Aalders M. Identification and age estimation of bloodstains on colored backgrounds by near infrared spectroscopy. Forensic Sci Int. 2012; 220(1–3):239–44.

Edler, C.; Krebs, O.; Gehl, A.; Palatzke, K.; Tiedemann, N.; Schröder, A. S. and Klein, A.. (2020). The effect of bleaching agents on the DNA analysis of bloodstains on different floor coverings. Int J Legal Med 134. Page 921–927. https://doi.org/10.1007/s00414-020-02250-y.

El-Bassiony, Ghada Mohamed; Stoffolano Jr., John George (2016). Elsevier. Asian Pacific Journal of Tropical Biomedicine. Volumen 6. Pages 640-645.

Emes, A. & Price, C. (2004). Blood Pattern Analysis. In: Crime Scene to Court: The Essentials of Forensic Science. 2nd. Ed. Royal Society of Chemistry.

Erzinclioglu, Z. (2006). The Illustrated Guide to Forensics: True Crime Scene **Investigation. Ed. Carlton Books Ltd.**

Etxeberria, F. (2003). Lesiones por arma de fuego. Problemas médico-forenses. Lesiones por arma de fuego: Problemas médico-forenses, 4.

— F —

Farrugia, Kevin J.; Bandey, Helen; Savage, Kathleen; NicDaéid, Niamh. (2013). Chemical enhancement of footwear impressions in blood on fabric — Part 3: Amino acid staining. Elsevier. Science and Justice. Volume 53. Pages 8-13.

FBI. (The Federal Bureau of Investigation). (2015). White House FBI.gov is an official site of the U.S. government, U.S. Department of Justice. Extraido de http://www.fbi.gov/about-us/lab/forensic-science-communications/ fsc/july2002/swgstain.htm/

Finnis, Jonathan; Lewis, Jennie; Davidson, Andrew. (2013). Comparison of methods for visualizing blood on dark surfaces. Elsevier. Science and Justice. Volumen 53. Page 178–186.

Fisher, B.A., & Fisher, D.R. (2004). Techniques of crime scene investigation. 7th. Ed. CRC Press.

Fisher, B.A., Tilstone, W.J., & Woytowicz, C. (2009). Introduction to criminalistics: the foundation of forensic science. 1st. Ed. Academic Press.

Florence y Lacassagne (1895). La Tunique d'Argenteuil. Etude Médico-Legale sur son Identité. Ed. G Masson.

Forensic Science Regulator. (2020). Code of Practice and Conduct Bloodstain Pattern Analysis FSR-C-102.

Forest, P.R. De; Gaensslen, R. E.; Lee, H. (1983). Forensic Science: An Introduction to Criminalistics. 1st. Ed. McGraw-Hill, New York.

Forest, Peter R. De; Pizzola, Peter A.; Kammrath, Brooke W. (2021). Blood Traces: Interpretation of Deposition and Distribution. Ed. Wiley.

Fratini, P.; Ceneroni, G.; Talamelli, L; Sampo, G; `, Garofano, L. (2006). BPA analysis as a useful tool to reconstruct crime dynamics Part III. Elsevier. International Congress. Page 541-543.

Fratini, P: Floris, T; Pierni, M.; Talamelli, L.; Garofano, L. (2006). BPA analysis as a useful tool to reconstruct crime dynamics Part I. Elsevier. International Congress. Page 535-537.

French, L.J. (2008). Criminal Investigations: Homicide; Ed. Chelsea House.

French, L.J. (2009). Criminal Investigations:

Crime Scene investigation, Ed. Chelsea House Publishers; Library Bingdin edition.

Fujikawa, A., Barksdale, L., & Carter, D. O. (2009). Calliphora vicina (Diptera: Calliphoridae) and their ability to alter the morphology and presumptive chemistry of bloodstain patterns. Journal of Forensic Identification, 59(5), 502.

Fujikawa, Amanda; Barksdale, Larry; Higley, Leon G; and Carter, David O. (2011). Changes in the Morphology and Presumptive Chemistry of Impact and Pooled Bloodstain Patterns by Lucilia sericata (Meigen) (Diptera: Calliphoridae). Journal of forensic sciences. Vol. 56, No. 5.

— G —

Galera V., Figueroa C., Otero J. M., Montes F. & Calle J. M. (2009). Memoria 2008 del Instituto Universitario de Investigación en Ciencias Policiales. Ed. Gráficas Algorán.

Gambaryan-Roisman, Tatiana. (2014). Liquids on porous layers: wetting, imbibition and transport processes. Elsevier. Current Opinion in Colloid & Interface Science. Volume 19. Pages 320-335.

García, R.C. (2006). Laboratorios acreditados: un aval de confianza en las pruebas periciales de ADN. La Ley: Revista jurídica española de doctrina, jurisprudencia y bibliografía, (4), 1746-1751.

Gardner, R.M., & Bevel, T. (2009). Bloodstain Pattern Analysis with an Introduction to Crime Scene Reconstruction. Journal of forensic sciences, 54(4), 968-969.

Garner, D. D.; Cano, K. M.; Peimer, R. S.; Yeshion, T. E.. (1976). An evaluation of tetramethylbenzidine as a presumptive test for blood. Journal of Forensic Sciences 21(4). Page 816-821.

Garza Mercado, A. (2007). Manual de técnicas de investigación para estudiantes de ciencias sociales y humanitarias, Fondo de Cultura Económica, México, D F.

Gascón, M. (2007). Validez y valor de las pruebas científicas: la prueba del ADN. Cuadernos Electrónicos de Filosofía del Derecho, 15, 1-12.

Gatowski, S.I., Dobbin, S.A., Richardson, J.T., Ginsburg, G.P., Merlino, M.L. & Dahir, V. (2001). Asking the gatekeepers: a national survey of judge on judging expert evidence in a post-Daubert world. Law and Human Behavior, 25, 433-458.

Gestring, B., Ristenbatt, I.R., Buffolino, P. & Shaler, R. (1999). An Assessment of Trigonometric Methods for Calculation of Angle of Incidence for Blood Droplets and Bullets. In 51st annual meeting of the American Academy of Forensic Sciences. Orlando, FL.

Giannelli, P.C. (2010). Comparative Bullet Lead Analysis: A Retrospective. Criminal Law Bulletin, 47, 306.

Gisbert, J.A. (1998). Medicina legal y toxicología. 5th. Ed. Masson.

Gomes, Cláudia; López-Matayoshi, César; Sara Palomo-Díez, Ana María López-Parra, Pedro Cuesta-Alvaro, Carlos Baeza-Richer, Juan F. Gibaja, Eduardo Arroyo-Pardo. (2017). Presumptive tests: A substitute for Benzidine in blood samples recognition. Elsevier. Forensic Science International: Genetics Supplement Series. Volume 6. Pages e546-e548.

Gómez Del Castillo, M.M. (2001). Aproximación a los nuevos medios de prueba en el proceso civil. Derecho y conocimiento: anuario jurídico sobre la sociedad de la información y del conocimiento, (1), 77-90.

González, M.R. (2012). Reflexiones sobre la práctica y valor de la prueba científica en el proceso penal: a propósito del asunto de los niños desaparecidos en Córdoba. Diario La Ley, (7930), 1.

Gross, H. (1906). Criminal investigation. 1st. Ed. Sweet and Maxwell.

Grove, W.M. & Barden, R.C. (1999). Protecting the integrity of the legal system: the admissibility of testimony from mental health experts under Daubert/Kumho analyses. Psychology, Public Policy and Law, 5(1), 224–242.

Gunn, A. (2009). Essential Forensic Biology.2nd. Ed. CRC Press.

— H —

HemoSpat. (2015). Bloodstain Pattern Analysis Software. Recuperado de http://hemospat.com/terminology/?org=SWGSTAIN

Hernández Moreno, M. (2021).Test orientativos para la Localización de Manchas de Sangre. Estudio Comparativo y Aplicación en la Escena del Delito.Tesis Doctoral Universidad de Alcalá (UAH) Madrid.

Hombreiro, L.F. (2013). El ADN de Locard: Genética forense y criminalista. Teoría y práctica policial. 1st. Ed. Reus, Madrid.

Horswell, J. (2004). The practice of crime scene investigation. 5th. Ed. CRC Press.

Hueske, E. E. (1997). Some Observations Concerning the Deposition of Blood on Handguns as a Result of Back Spatter from Gunshot Wounds, Southwestern Association of Forensic Science Journal, 19-1, ', pp. 19–20.

Hueske, Edward E. (2005) Practical Analysis and Reconstruction of Shooting Incidents. Ed. CRC Press.

Hunter JL. (1994) Fingerprint evidence with Coomassie Blue—after 25 years. J Forensic Ident.

— I —

IABPA. (International Association of Bloodstain Pattern Analysts). (2003). IABPA Newsletter, 1-20.

IABPA. (International Association of Bloodstain Pattern Analysts). (1996). IABPA Newsletter, 15-17.

IABPA. (International Association of Bloodstain Pattern Analysts). (2011). Recuperado de http://www.iabpa.org/about.

Indalecio Céspedes, Carlos Rafael; Hernández Romero, Diana; Legaz, Isabel; Sánchez Rodríguez, María Faustina, Osuna, Eduardo (2021). Occult bloodstains detection in crime scene analysis. Elsevier. Forensic Chemistry.

Innes, B. (2007). La Escena del Crimen-Investigación Policial de los hechos. Ed. Libsa, pag.88.

Interpol (2013). Informe anual. Lyon, Francia, pag. 42.

— J —

James, S.H., Kish, P.E., & Sutton, T.P. (2005). Principles of bloodstain pattern analysis: theory and practice. Ed. CRC Press.

Johnston, Emma; Ames, Carole E; Dagnall, Kathryn E; John Foster, Bárbara E Daniel (2008). Comparison of presumptive blood test kits including hexagon OBTI. Journal of forensic sciences. Volume53. Nº 3. Pages 687-689.

Joris, Philip; Develter, Wim; Jenar, Els; Suetens, Paul; Vandermeulen, Dirk; Van de Voorde, Wim; Claes, Peter (2014). Calculation of bloodstain impact angles using an Active Bloodstain Shape Model. Elsevier. Journal of Forensic Radiology and Imaging. Page 188-198.

— K —

Kabaliuk, N., Jermy, M.C., Williams, E., Laber, T.L., & Taylor, M.C. (2014). Experimental validation of a numerical model for predicting the trajectory of blood drops in typical crime scene conditions, including droplet deformation and breakup, with a study of the effect of indoor air currents and wind on typical spatter drop trajectories. Forensic science international, 245, 107-120.

Kailin, Chen; Michael, James B.; Yarin, Alexander L. (2023). Effect of secondary atomization on blood backspatter affected by muzzle gases. Physics of Fluids. Volume 35, Issue 4.

Karger, B.; Niisse, R.; Schroeder, G.; Wiistenbecker, S.; Brinkmann, B. (1996). Backspatter from experimental close-range shots to the head. I. Macrobackspatter. International Journal of Legal Medicine Volume 109. Pages 66–74.

Karger, B.; Nüsse, R.; Tröger; Brinkmann, B. (1997). Backspatter from experimental close-range shots to the head. II. Microbackspatter and the morphology of bloodstains.. International Journal of Legal Medicine Volume 110. Pages 27–30.

Karger, Bernd; Nüsse, Roland; and Bajanowski, Thomas. (2002). Backspatter on the Firearm and Hand in Experimental Close-Range Gunshots to the Head. The American Journal of Forensic Medicine and Pathology. Page 211–213.

Karger, B.; Rand, S.; Fracasso, T.; Pfeiffer, H. (2008). Bloodstain pattern analysis—Casework experience. Elsevier. Forensic Science International. Page 15-20.

Keenan, Hilary Kristen; Gerhardt, Kim; Fenger, Terry. (2013). A Comparison of Bloodstains on Fabric: Characteristics of Impact Spatter. Marshall University Forensic Science Program.

Kent, T. (2013). Visualization or Development of Crime Scene Fingerprints. Encyclopedia of Forensic Sciences. pp 117-129 Elsevier.

Kerr, D.J.A. (1926) The Haemochromogen Cristal Test For Blood, The British Medical Jornal, vol. 1, n° 134-6, p. 3395, 1926. PMID: 20772327.

Kiely, T.F. (2001). Forensic evidence: science and the criminal law. 15a. Ed. CRC Press.

Kish, P.E. & MacDonnell, H.L. (1996). Absence of Evidence is not Evidence of Absence. Journal of Forensic Identification, 46(2), 160 – 164.

Kulstein, Galina; Amendt, Jens and Zehner, Richard. (2015). Blow fly artifacts from blood and putrefaction fluid on various surfaces: a source for forensic STR typing. Entomología Exerimentalis et Applicata.

Kumar, A. and Singh, J. (2020). Significance of Blood and its Identification: A Perspective in Forensic Investigation. Vigyan Varta. Volume-1 Issue-7.Page 5-9.

Kunz, S.N.; Brandtner, H.; Meyer, H. (2013). Unusual blood spatter patterns on the firearm and hand: A backspatter analysis to reconstruct the position and orientation of a firearm. Elsevier. Forensic Science International.Page 54.57.

Kunz, Sebastian N.; Brandtner, Herwig; and Meyer, Harald J. (2015). Characteristics of Backspatter on the Firearm and Shooting Hand—An Experimental Analysis of Close-range Gunshots. Journal of Forensic Sciences. Volume 60. Pages 166-170.

— L —

Laan, N. (2015). Impact of blood droplets. PhD thesis, University of Amsterdam, Tehe Netherlands.

Laan, N.; de Bruin, K.G.; Slenter, D.; Wilhelm, J; Jermy, M. & Bonn, D. (2015). Bloodstain Pattern Analysis: implementation of a fluid dynamic model for position determination of victims. National Library of Medicine.

Laan, Nick; Smith, Fiona; Nicloux, Celine; Brutin, David. (2016). Morphology of drying blood pools. Elsevier Forensic Science International. Volume 267, Pages 104-109.

Laber, T., Kish, P., Taylor, M., Owens, G., Osborne, N., & Curran, J. (2014). Reliability assessment of current methods in bloodstan pattern analysis. National Institute of Justice, US Departament of Justice.

Laber, T.L. (1985). Bloodstain Classification. International Association of Bloodstain Pattern Analysts News. 14(3): p. 44-55.

Laber, T.L., Epstein, B.P., Taylor. M.C. High Speed Digital Video Mechanisms. Disponible en https://alvideo.ameslab.gov/archive/bpa-videos/.

Langer, S.V. and Illes, M. (2015). Confounding factors of fly artefacts in bloodstain pattern analysis. Canadian Society of Forensic Science Journal, 48 (4), 215-224.

Lautz, J.; Webb, S. (2011). A Comparison Study On The New Formula of Bluestar ® Latent Bloodstain Reagent and its Effects on DNA Typing / Amplification.

Lazarjan, Milad S. (2015). Dynamic behaviour of brain and surrogate materials under ballistic impact. Tesis Universidad de Canerbury Christchurch, Nueva Zelanda.

Le, Quan; Liscio, Eugene (2016). The accuracy of laser scanning technology on the determination of bloodstain origin. Canadian Society of Forensic Science Journal. Volume 49, Pages 38-51.

Le, Quan; Liscio, Eugene (2019). A comparative study between FARO Scene and FARO Zone 3D for area of origin analysis. Forensic Science International. Volume 301.

Lee, H.C., & Harris, H.A. (2000). Physical evidence in forensic science. 3rd. Ed. Lawyers&Judges Publishing Company.

Li, Gen; Sliefert, Nathaniel; Michael, James B.; Yarin, Alexander L. (2021). Blood backspatter interaction with propellant gases. Física de Fluidos. Volume 33. Mechanical Engineering Publications. 477.https://lib.dr.iastate.edu/me_pubs/477

Li, Xingyu; Li, Jingyao; Michielsen, Stephen. (2017). Effect of yarn structure on wicking and its impact on bloodstain pattern analysis (BPA) on woven cotton fabrics. Elsevier. Forensic Science International. Volume 276, July. Pages 41-50.

Lin, Apollo Chun-Yen; Hsieh, Hsing-Mei; Tsai, Li-Chin; Linacre, Adrian; Lee, James Chun-I. (2007). Forensic applications of infrared imaging for the detection and recording of latent evidence. Journal of forensic sciences. Volume 52. Pages 1148-1150.

Liu, Yu; Attinger, Daniel; De Brabanter, Kris. (2020). Automatic Classification of Bloodstain Patterns Caused by Gunshot and Blunt Impact at Various Distances. Journal of Forensic Sciences. Volume 65. Pages 729-743.

Loy, T.H., Dixon, E.J., 1998. Blood residues on fluted points from eastern Beringia. Am. Antiq. 63, 21e46.

Luca, S. de; Navarro, F.; Cameriere, R. (2013). La prueba pericial y su valoración en el ámbito judicial español. Revista electrónica de ciencia penal y criminología, (15), 19.

Lucena, J.J. (2014). Cuadernos de la Guardia Civil. Revista de Seguridad Pública. Núm. 48. Ed. Ministerio del Interior; Secretaría General Técnica; Dirección General de la Guardia Civil y Asociación Pro-Huérfanos de la Guardia Civil, p. 99.

Lucena, J.J., & Iranzo, V.P. (2011). Elementos para el debate sobre la valoración de la prueba científica en España: hacia un estándar acreditable bajo la norma ISO 17.025 sobre conclusiones de informes periciales. Riedpa: Revista Internacional de Estudios de Derecho Procesal y Arbitraje, (2), 2-122.

Luedeke, Makayl; Miller, Emily; Sprague, Jon E. (2016). Technical note: The effects of Bluestar and luminol when used in conjunction with tetramethylbenzidine or phenolphthalein. Elsevier. Forensic Science International.Volume 262. Pages 156-159.

Lux, Constantin; Schyma, Christian; Madea, Burkhard; Courts, Cornelius. (2014). Identification of gunshots to the head by detection of RNA in backspatter primarily expressed in brain tissue. Forensic Science International. Volume 237, Pages 62-69.

Lyle, D.P. (2004). Forensics for dummies. 1st. Ed. John Wiley & Sons.

— M —

MacDonell, H.L. (1971). Flight Characteristics and Stain Patterns of Human Blood. Superintendent of Document, U.S. Government Printing Office Washington D.c.

MacDonell, H.L. (1971). Interpretation of Bloodstains—Physical Considerations. Legal Medicine Annual, Cyril Wecht, Ed. New York: Appleton-Century-Crofts.

MacDonell, H.L. (1992). Segments of History in the Documentation of Bloodstain Pattern Interpretation. International Association of Bloodstain Pattern Analysts News, V8. Page 5-22.

MacDonell, H.L. (1993). Blood stains patterns. Legal Medicine Annual, Cyril Wecht, Ed. New York: Appleton-Century-Crofts.

MacDonell, H.L. (2004). Another Confusing Bloodstain Pattern, IABPA News, Vol. 20, No.3, p. 11–14.

MacDonell, H.L., & Bialousz, L.F. (1971). Flight characteristics and stain patterns of human blood. National Institute of Law Enforcement and Criminal Justice.

MacDonell, H.L., & Brooks, B.A. (1977). Detection and significance of blood in firearms. Legal medicine annual, 183.

Maloney, K., Killeen, J., & Maloney, A. (2009). The use of HemoSpat to include bloodstains located on nonorthogonal surfaces in area-of-origin calculations. Journal of Forensic Identification, 59(5), 513-524.

Mancini, Keith; Sidoriak, John (2017). Fundamentals of Forensic Photography. Practical Techniques for Evidence Documentation on Location and in the Laboratory. Ed. Routledge. ISBN9781315693125.

Manning, A.P., 1994. A cautionary note on the use of Hemastix and dot-blot assay for the detection and confirmation of archaeological blood residues. J. Archaeol. Sci. 21, 159e162.

Manzano-Trovamala Figueroa, J.R.; Guerrero Molina, María Guadalupe; Arcaute Velazco, Fernando. (2001). Balística: Balística de efectos o balística de las heridas. Cirujano General Vol. 23 Núm. 4.

Marcano, D. (2018). Introducción a la Química de los colorantes. Colección Divulgación Científica y Tecnológica. Academia de Ciencias Físicas, Matemáticas y Naturales, Caracas, Venezuela.

Marin, Norman; Buszka, Jeffrey. (2013). Alternate Light Source Imaging Forensic Photography Techniques. Ed. Routledge. ISBN 9781315722160.

Marsh, Nick (2014). Forensic Photography. A Practitioner's Guid. Ed. Wiley-Blackwell. ISBN: 978-1-119-97582-3.

Matheson, Carney D. & Veall, Margaret-Ashley, (2014). Presumptive blood test using Hemastix with EDTA in archaeology. Journal of Archaeological Science 41 (2014) 230e241.

Matheson, Carney D.; Veall, Margaret-Ashley; Badman, Lucy K. (2022). A method validation for the hemoglobin chemical reagent test strip with the addition of ethylenediaminetetraacetic acid to increase the selectivity of this presumptive test for residual blood. Elsevier. Forensic Science International. Volume 332.

Matisoff, M., & Barksdale, L. (2011). Bloodstains as Evidence: A Field Manual. 2nd. Ed. Martin Matisoff.

Matisoff, Martin; Barksdale, Larry. (2012). Mathematical & Statistical Analysis of BLOODSTAIN PATTERN EVIDENCE Part 1. Forensic Examiner; Tomo 21, Nº 1. Page 26-33.

Matisoff, Martin; Barksdale, Larry. (2012). Mathematical & Statistical Analysis of BLOODSTAIN PATTERN EVIDENCE Part 2. Forensic Examiner; Tomo 21, Nº 2. Page 22-32.

Medina, J.C. (2008). Fundamentos de investigación criminal. Instituto Universitario General Gutiérrez Mellado.

Michielsen, Stephen; Taylor, Michael; Parekh, Namrata; Ji, Feng. (2015). Bloodstain Patterns on Textile Surfaces: A Fundamental Analysis. US Dept of Justice NIJ https://www.ojp.gov/ncjrs/virtual-library/abstracts/bloodstain-patterns-textile-surfaces-fundamental-analysis.

Miles, H.F.; Morgan, R.M.; Millingtond, J.E. (2014). The influence of fabric surface characteristics on satellite bloodstain morphology. Science & Justice Volume 54, Issue 4, Pages 262-266.

Miles, H.F. (2014). Bloodstain Pattern Analysis: Developing quantitative methods of crime scene reconstruction through the interpretation and analysis of environmentally altered bloodstains. University College London (UCL).

Minj, Kimee Hiuna; Faiz, Aasim. (2021). Bloodstain Pattern Analysis and Its Dynamics, International Medico-Legal Reporter Journal. ISSN: 2347 - 3525

Moreno Lopera M. (2016). Tesis Doctoral: Análisis e Interpretación de los Patrones de Manchas de Sangre: Experiencia, Conocimientos, Formación y Opiniones de los Profesionales Implicados en la Investigación Criminalística. Universidad de Murcia

Moreno Lopera M. (2018). Análisis e interpretación de los patrones de manchas de sangre. Estudio y reconstrucción de un caso. Revista Minerva. Secretaría de Investigación y Desarrollo del Instituto Universitario de la Policía Federal de Argentina. ISSN en línea 2545-6245 ISSN IMPRESO 2591-3804.

Moreno Gonzalez, R. (2002). Introducción a la Criminalística. 10th. Ed. Porrúa S.A. México D.F.

— N —

Nagesh, Deepthi; Ghosh, Shayani (2017). A time period study on the efficiency of luminol in the detection of bloodstains concealed by paint on different surfaces. Elsevier. Forensic Science International. Volume. Pages 1-7.

Nascimento, Rodney Marcelo Do; Ramos, Ana Paula; Ciancaglini, Pietro; Hernandes, Antônio Carlos. (2019). Blood droplets on functionalized surfaces: Chemical, roughness and superhydrophobic effects. Elsevier. Volume 574, 5. Pages 188-196.

Newton, M. & French, L.J. (2008). The Encyclopedia of Crime Scene Investigation. 1st. Ed. Checkmark Books.

Nickell, J., & Fischer, J.F. (1999). Crime science: methods of forensic detection. 1st. Ed. University Press of Kentucky.

— O —

OSAC. Guidelines for Report Writing in Bloodstain Pattern Analysis.

OSAC. S-0030 Standard for Methodology in Bloodstain Pattern Analysis. (2022).

Osborne, Nikola K.P.; Taylor, Michael C.; Healey, Matthew; Zajac, Rachel (2018). Bloodstain pattern classification: Accuracy, effect of contextual information and the role of analyst characteristics. Science & Justice. Volume 56, Issue 2, Pages 123-128.

Osterburg, J. & Ward, R., 2010. Criminal Investigation: A Method for Reconstructing the Past. 6 Ed. New Providence: Anderson Publishing.

— P —

Página oficial de Lumiscene. https://www.lociforensics.nl/lumiscene/lumiscene/.

https://www.bluestar-forensic.com/es/

Página oficial de bluestar® Forensic. https://www.bluestar-forensic.com/es/productos-bluestar-forensic/

Parker, M.A.; Benecke, M.; Byrd, J.H.; Hawkes, R. and Brown, R. (2010). Entomological Alteration of Bloodstain Evidence. In: Byrd, J.H. and Castner, J.L. eds.2010. Forensic Entomology: the utility of arthropods in legal investigations. London: CRC Press.

Passi, Neha; Garg, Rakesh Kumar; Yadav, Mukesh; Singh, Ram Sarup; Kharoshah, Magdy A (2012). Effect of luminol and bleaching agent on the serological and DNA analysis from bloodstain. Elsevier. Egyptian Journal of Forensic Sciences. Volume 2. Pages 54-61.

Patterson, E.L. (2018). 3D Laser Scanning Technology: Calculating the Area of Origin for Bloodstains Using FARO Zone 3D. (M.S.). University of Central Oklahoma.

Pelletti, Guido; Martini, Desiree; Ingrà, Laura; Mazzotti, Maria Carla; Giorgetti, Arianna; Falconi, Mirella; Fais, Paolo. (2021). Morphological characterization using scanning electron microscopy of fy artifacts deposited by Calliphora vomitoria (Diptera: Calliphoridae) on household materials. International Journal of Legal Medicine. Page 357–364.

Pelletti, Guido; Mazzotti, Maria Carla; Fais, Paolo; Martini, Desiree; Ingrà, Laura; Amadasi, Alberto; Palazzo, Chiara; Falconi, Mirella; Pelotti, Susi. (2019). Scanning electron microscopy in the identification of fly artifacts. International Journal of Legal Medicine.

Pepper, I.K. (2005). Crime Scene Investigation Methods and Procedures. Ed. Open University Press.

Peralta, M. (2012). Minimización de la generación de entropía de un flujo electroosmotico en un microcanal con un fluido de ley de potencia (Doctoral Dissertation).

Peschel, O., Kunz, S.N., Rothschild, M.A., & Mützel, E. (2011). Blood stain pattern analysis. Forensic science, medicine, and pathology, 7(3), 257-270.

Piotrowski, E. (1895). Origin, Shape, Direction and Distribution of the Bloodstains Following Head Wounds Caused by Blows. [Translated from German]. The Institute of Forensic Medicine of the K. K. University, Vienna, Austria.

Pizzamiglio, M.; Fratini, P; Floris, T.; Cappiello, P,; Matassa, A; Festuccia, N.; Garofano, L. (2006). BPA analysis as a useful tool to reconstruct crime dynamics. Part II. Elsevier. International Congress. Page 538-540

Pizzola, P. A., Roth, S., & De Forest, P. R. (1986). Blood droplet dynamics–II. Journal of forensic sciences, 31(1), 50-64.

Polacco, Sumiko; Wilson, Paul; Illes, Mike; Stotesbury, Theresa (2018). Quantifying chemiluminescence of the forensic luminol test for ovine blood in a dilution and time series. Elsevier. Forensic Science International. Volume 290. Pages 36-41.

Porter, T., Gibson, J., Shokralla, S., Baird, D., Golding, B., & Hajibabaei, M. (2014). Rapid and accurate taxonomic classification of insect (class Insecta) cytochrome c oxidase subunit 1 (COI) DNA barcode sequences using a naïve Bayesian classifier. Molecular Ecology Resources Volume 14.

Prueger, E. E. j. & Nuñez, P. M "Importancia del Metaanálisis en la Investigación de Homicidios", Revista Digital de Criminología y Seguridad, 2016, nº 39, 06-25.

— Q —

Quickenden, Terence I. and Cooper, Paul D.. (2001). Increasing the specificity of the forensic luminol test for blood. Luminescence. Volume16. Pages 251-253.

— R —

Radford, G.E.; Taylor, M.C.; Kieser, J.A.; Waddell, J.N. (2015). Simulating backspatter of blood from cranial gunshot wounds using pig models. International Journal of Legal Medicine.

Ramotowski, R. (2012). Lee and Gaensslen's Advances in Fingerprint Technology, Third Edition. ISBN: 978-1-4200-8834-2, Ed. CRC Press, p. 152-153.

Ramsthaler, Frank; Schmidt, Peter; Bux, Roman; Potente, Stefan; Kaiser, Cristina and Kettner, Mattias. (2012). Drying properties of bloodstains on common indoor surfaces. International Journal of Legal Medicine. Volume 126. Pages 739–746.

Ramsthaler, Frank; Schlote, J.; Wagner, C.; Fiscina, J.; and Kettne, M. (2016). The ring phenomenon of diluted blood droplets. International Journal of Legal Medicine. DOI: 10.1007/s00414-015-1304-1.

Raymond, M.A. (1997). Oscillating Blood Droplets: Implications for Crime Scene Reconstruction. PhD Thesis, La Trobe University, Melbourne, Vic.

Raymond, M.A., Hall, N.M.G. & Jones, M.K. (2001). Bloodstain Pattern Interpretation. In Freckelton, I., and Selby, H. Ed. Expert Evidence Vol. 3. Law Book Company; Sydney, NSW.

Reuter, F. (1933). Forensische Wertung von Blutspuren. Lehrbuch der gerichtlichen Medizin, Berlin und Wein, Urban und Schwarzenberg.

Ristenbatt 3rd, R.R., &Shaler, R.C. (1995). A bloodstain pattern interpretation in a homicide case involving an apparent" stomping". Journal of forensic sciences, 40(1), 139-145.

Ristenbatt, Ralph R. III. (2019). Forensic Science International: Synergy. Volume 1. Pages 303-304.

Rivers, David B.; Dahlem, Gregory A. (2014). The Science of Forensic Entomology. Ed. Offices.

Rivers, David; Geiman, Theresa. (2017). Insect Artifacts Are More than Just Altered Bloodstains. Insects. https://doi.org/10.3390/insects8020037.

Rivers, David B.; McGregor, Andrew. (2017). Morphological Features of Regurgitate and Defecatory Stains Deposited by Five Species of Necrophagous Flies are Influenced by Adult Diets and Body Size. Journal of Forensic Sciences.

Rivers, David B.; Acca, Gillian; Fink, Marc; Brogan, Rebecca; Chen, Dorothy; and Schoeffield, Andrew. (2018). Distinction of Fly Artifacts from Human Blood using Immunodetection. Journal of Forensic Sciences.

Rivers, David B.; Cavanagh, Gregory; Greisman, Valerie; McGregor, Andrew; Brogan, Rebecca; Schoeffield, Andrew (2019). Immunoassay detection of fly artifacts produced by several species of necrophagous flies following feeding on human blood. Elsevier. Forensic Science International: Synergy. Page 1-10.

Rivers, David B; Dunphy, Brendan; Hammerschmidt, Claire; Carrigan, Alexandra. (2020). Characterization of Insect Stains Deposited by Calliphora vicina (Diptera: Calliphoridae) on Shirt Fabrics. Journal of Medical Entomology, Volume 57. Pages 1399–1406.

Rivers, David B.; Hammerschmidt, Claire; Carrigan, Alexandra; and Melvin, Kayleen. (2021). Retention of Human Body Fluids in Adults of Calliphora vicina (Diptera: Calliphoridae). Journal of Medical Entomology, Page 1663–1672.

Rizer, Conrad (1950). Police Mathematics. University Microfilms.

Robertson, James; Roux, Claude; Wiggins, Kenneth G. (2017). Forensic Examination of Fibres. Ed. CRC Press. ISBN9781315156583.

Robinson, Edward M. (2016). Crime Scene Photography. 3rd edition. Ed. Amsterdam: Academic Press.

Robledo, M.M. (2015). La aportación de la prueba pericial científica en el proceso penal. Gaceta internacional de ciencias forenses, (15), 5-12.

Rodrigues Dias Filho, Claudemir; Vieira Peixoto D'Ávila, André; Gehringer Ursini, Alex; de Oliveira Silveira Murrer, Diogo, de Almeida, Keila Aparecida; Martins Pereira, Priscila; Douglas Travascio de Oliveira, Willian (2022). Hematologia Forense Da Identificação À Análise De Manchas De Sangue. Ed. Millennium. I.S.B.N: 978-85-7625-378-5.

Rollins, B.B. & Dahl, M. (2004). Blood Evidence (Forensic Crime Solvers). Ed. Capstone Press, p. 17

Rossi, Celestina; Herold, Lynne D.; Bevel, Tom; McCauley, Leslie; Guadarrama, Stephanie. (2017). Cranial Backspatter Pattern Production Utilizing Human Cadavers. Journal of forensic sciences. Pag 1526-1532.

Rost, Thomas; Kalberer, Nicole; Scheurer. Eva. (2017). A user-friendly technical set-up for infrared photography of forensic findings. Elsevier. Forensic Science International. Volume 278. Pages 148-155.

Rowe, Walter F. (2005). Errors in the determination of the point of origin of bloodstains. Elsevier. Forensic Science International 161. Page 47–51.

Rubio, Aurélien; Esperança, Philippe; Martrille, Laurent. (2014). Backspatter Simulation: Comparison of a Basic Sponge and a Complex Mode. Journal of Forensic Identification. Volume 64. Page 285-303.

— S —

Sánchez, A. (2019). La Prueba Científica en la Justicia Penal. Tirant lo Blanch.

Sant, Sonia P.; Fairgrieve, Scott I. (2012). Exsanguinated Blood Volume Estimation Using Fractal Analysis of Digital Images. Journal of Forensic Sciences. Volume57, Issue 3 Pages 610-617

Santosuosso, A. & Redi, C.A. (2004a). The need for scientists and judges to work together. Regarding a European network. En A. Santosuosso, G. Gennari, S. Garagna, M. Zuccotti & C.A. Redi (Eds.), Science, law and the courts in Europe. Pavia: CollegioGhisleri, Ibis.

Santosuosso, A. & Redi, C.A. (2004b). Science, Law and the courts in Europe. Introduction. En A. Santosuosso, G. Gennari, S. Garagna, M. Zuccotti & C.A. Redi (Eds.), Science, law and the courts in Europe. Pavia: CollegioGhisleri, Ibis.

Sauvageau, Anny; Schellenberg, Morgan; Racette, Stéphanie; Julien, François. (2007). Bloodstain Pattern Analysis in a Case of Fatal Varicose Vein Rupture. The American Journal of Forensic Medicine and Pathology 28(1). Pages 35-37. DOI: 10.1097/01.paf.0000257390.59657.6ª.

Schotman, Tom G.; Westen, Antoinette A.; van der Weerd, Jaap; de Bruin, Karla G. (2015). Understanding the visibility of blood on dark surfaces A practical evaluation of visible light, NIR, and SWIR imaging. Elsevier. Forensic Science International. Volume 257. Pages 214-219.

Schwenke, Kate; Barksdale, Larry and Hall, Ashley. A Protocol for Discovery of Latent Bloodstains on Dark and Patterned Clotting. (2020), (En línea). https://documents.pub/document/a-protocol-for-discovery-of-latent-bloodstains-on-dark-and-neiaiorgneiaiuploadskent.html?page=1

Short, Jade. (2016). A comparative analysis of impact spatter and satellite spatter on fabric. UCO - Graduate Theses.

Siemens Healthcare Diagnostics Inc. 2008. "HEMASTIX® Reagent Strips – Product Information".

Singh, P.; Gupta, N.; & Rathi, R. Blood pattern analysis—a review and new findings. (2921). Egypt J Forensic Sci 11, 9. https://doi.org/10.1186/s41935-021-00224-8.

Smith, Fiona R.; Buntsma, Naomi C.; Brutin, David (2017). Roughness Influence on Human Blood Drop Spreading and Splashing. ACS Publications. https://doi.org/10.1021/acs.langmuir.7b02718.

Smith, F.R.; Nicloux, C.; & Brutin, D. (2020). A new forensic tool to date human blood pools. Scientific Reports.

Soderman H., & O' Connell J.J. (1990). Métodos Modernos de Investigación Policial. Ed. Limusa. México.

Sotelo, H. (2009). La identificación del imputado: rueda, fotos, ADN... De los métodos basados en la percepción a la prueba científica. Ed. Tirant Lo Blanch.

Spitaleri, S., Romano, C., Di Luise, E., Ginestra, E., & Saravo, L. (2006). Genotyping of human DNA recovered from mosquitoes found on a crime scene. International Congress Series, 1288, 574–576.

Steelberg, Raeghan and San Pietro, David. (2019). A Preliminary Assessment of the Correlation of Drying Time and the Peripheral Rim Thickness of Perimeter Bloodstains. Journal of Forensic Research.

Steijn, L.J. van; Limborgh, J.C.M.; Edelman, G.J. (2017). Visual characteristics for sequencing of overlapping bloodstain patterns. Elsevier. Forensic Science International. Volume 286, Pages 166-176.

Sterzik, V. and Bohner, M.. (2016). Reconstruction of crimes by infrared photography. International Journal of Legal Medicine. Volume 130. Pages 1379–1385.

Stewart, Vanessa; Diácono, Pablo; Zahra, Nathalie; Uchimoto, Mari L; Farrugia, Kevin J. (2018). The effect of mark enhancement techniques on the presumptive and confirmatory tests for blood. Science & Justice. Volume 58. Pages 386-396.

Striman, B., Fujikawa, A., Barksdale, L., and Carter, D. O. (2011). Alteration of Expirated Bloodstain Patterns by Calliphora vicina and Lucilia sericata (Diptera: Calliphoridae) Through Ingestion and Deposition of Artifacts. Journal of forensic sciences, 56(s1), 123-127.

SWGSTAIN. (Scientific Working Group on Bloodstain Pattern Analysis). (2008). Guidelines for the Minimum Educational and Training Requirements for Bloodstain Pattern Analysts. Vol. 10, Num. 1.

SWGSTAIN. (Scientific Working Group on Bloodstain Pattern Analysis). (2009). Recommended Terminology Scientific Working Group on Bloodstain Pattern Analysis. Vol. 11, Num. 2.

SWGSTAIN. (Scientific Working Group on Bloodstain Pattern Analysis). (2012). Guidelines for Report Writing in Bloodstain Pattern Analysis, p. 1-9.

SWGSTAIN. (Scientific Working Group on Bloodstain Pattern Analysis). (2015). Admissibility Resource Kit on Bloodstain Pattern Analysis. Recuperado de http://www.swgstain.org/resources/ark.

— T —

Takahashi, H., Horibe, N., Ikegamai, T. and Shimada, M. (2008). Analysing the house fly's exploratory behaviour with autoregression methods. Journal of the Physical Society of Japan, 77, 1-17.

Taupin JM, Cwiklik C. (2011). Scientific protocols for forensic examination of clothing. CRC Press, Taylor & Francis Group, Boca Raton Fl.

Taylor, Michael C; Laber, Terry; Kish, Paul E.; M.Sc.; Owens, Glynn; and Osborne, Nikola K.P. (2016). The Reliability of Pattern Classification in Bloodstain Pattern Analysis, Part 1: Bloodstain Patterns on Rigid Non-absorbent Surfaces. Journal of Forensic Sciences Volume 61, Issue 4. Pages 922-927

Taylor, Michael C; Laber, Terry; Kish, Paul E.; M.Sc.; Owens, Glynn; and Osborne, Nikola K.P. (2016). The Reliability of Pattern Classification in Bloodstain Pattern Analysis—Part 2: Bloodstain Patterns on Fabric Surfaces. Journal of Forensic Sciences. Volume 61, Issue 6. Pages Pages 1461-1466.

Taylor, Michael C.; Osborne, Nikola K. P. (2018). Letter to the Editor—A Contribution to Contextual Information Management in Bloodstain Pattern Analysis: Preliminary Idea for a Two-Step Method of Analysis. Forensic Science International. Volume63, Issue 1. Pages 341-341.

Tobe, Shanan S.; Watson, Nigel; Nic Daeid, Niamh. (2006). Evaluation of Six Presumptive Tests for Blood, Their Specificity, Sensitivity, and Effect on High Molecular-Weight DNA.. Journal of forensic sciences. Volume 52. Pages 102-109.

Tontarski KL, Hoskins KA, Watkins TG, Brun-Conti L, Michaud AL (2009). Chemical Enhancement Techniques of Bloodstain Patterns and DNA Recovery After Fire Exposure. Journal of Forensic Sciences. Volume54. Pages 37-48.

Tsokos, M. (2008). Forensic Pathology Reviews, Humana Press Inc. Volume 5, p.158-162.

— V —

Vecellio, Mark E.; Bryant, Erik P. (2018). Pocket Guide to Crime Scene Photography. CRC Press. ISBN 9780367787554.

Velho J. A.; Costa K. A.; Damasceno C. T. M. (2013) Locais de crime – dos vestígios a dinámica criminosa.

Vennemann, Marielle; Scott, Georgina; Curran, Lynn; Bittner, Felix; Tobe, Shanan S. (2014). Sensitivity and specificity of presumptive tests for blood, saliva and semen. Forensic Sci Med Pathol. Page 69–75.

Verdú, F.A. (2006). Del indicio a la evidencia. Técnicas de Criminalística. Ed. Comares, S.L. Granada.

Viero, A.; Montisci, M.; Pelletti, G.; Vanin, S. (2019). Crime scene and body alterations caused by arthropods: implications in death investigation. International Journal of Legal Medicine. Page 307–316.

Virkler, Kelly; Lednev, Igor K. (2009). Analysis of body fluids for forensic purposes: From laboratory testing to non-destructive rapid confirmatory identification at a crime scene. Elsevier. Forensic Science Internationa. Volume 188. Pages 1-17.

Vittori, Elisabetta de; Barni, Filippo; Lewis, Simon W.; Antonini, Giovanni; Rapone, Cesare; Berti, Andrea. (2016). Forensic application of a rapid one-step tetramethylbenzidine-based test for the presumptive trace detection of bloodstains at the crime scene and in the laboratory.. Elsevier Forensic Chemistry. Volume 2.Page 63-74.

— W —

Wang, Chu; and Zhang, Lucy T. (2014). Simulations of Blood Drop Spreading and Impact for Bloodstain Pattern Analysis. CMES, vol.98, no.1. Page 41-67.

Wang, Fujun; Gallardo, Vanessa; Michielsen, Stephen; Fang, Tiegang. (2021). Fundamental study of porcine drip bloodstains on fabrics: Blood droplet impact and wicking dynamics. Elsevier. Forensic Science International. Volume 318.

Webb, Joanne L.; Creamer, Jonathan I.; Quickenden, Terence I.. (2006). A comparison of the presumptive luminol test for blood with four non-chemiluminescent forensic techniques. Luminescence. Volumen 21. Pages 214-220.

White, P. (2010). Crime scene to court: the essentials of forensic science. 2nd. Ed. Royal Society of Chemistry.

Willis, C., Piranian, A. K., Donaggio, J. R., Barnett, R. J., & Rowe, W. F. (2001). Errors in the estimation of the distance of fall and angles of impact blood drops. Forensic science international, 123(1), 1-4.

Winnepenninckx, Astrid; Verhoeven, Elke; Vermeulen, Steve; Bekaert, Bram (2022). Evaluation of infrared photography for latent bloodstain visualization and the influence of time. Forensic Science International Volume 331.

Wonder, A. Y. (2001). Blood dynamics. 6th. Ed. Academic Press.

Wonder, A.Y. (2007). Bloodstain Pattern Evidence: Objective approaches and case applications. London: Elsevier. Academic Press.

— Y —

Yen, Kathrin; Thali, Michael J.; Kneubuehl, Beat P.; Peschel, Oliver; Zollinger, Ulrich; Dirnhofer, Richard. (2003). Blood-spatter patterns: hands hold clues for the forensic reconstruction of the sequence of events.The American Journal of Forensic Medicine and Pathology • Volume 24, Number 2.

Young, B., Lowe, J. S., Stevens, A., & Heath, J. W. (2006). Weather's Functional Histology - A text and colour atltas, 5th edition. Elsevier.

Young, Tina. (2006). A Photographic Comparison of Luminol, Fluorescein, and Bluestar. Journal of Forensic Identification 906 / 56 (6).

Yuen, Sita K.Y.; Taylor, Michael C.; Owens, Glynn; D.Phil.; and Elliot, Douglas A. (2017). The Reliability of Swipe/Wipe Classification and Directionality Determination Methods in Bloodstain Pattern Analysis. Forensic Science International. Volume 62, Issue 4. Pages 1037-1042.

— Z —

Ziemke, E. (1914). Die Untersuchung Von Blutspuren, in Th. Lochte, Gericlhtar and Polizeiartliche Technik, Wiesbaden, 152-165.

Zuha, R.M., Supriyani, M. and Omar, B. (2008). Fly artefact documentation of Chrysomya megacephala (Fabricus) (Diptera: Calliphoridae) a forensically important blowfly species in Malaysia. Tropical Biomedicine, 25 (1), 17–22.

Zunun Carrera, L. (2007). Causas por las que la prueba científica no es correctamente utilizada por los Fiscales del Ministerio Público en los distintos procesos penales. (Tesis Doctoral) Universidad San Carlos de Guatemala. Facultad de Ciencias Jurídicas y Sociales.